仓库安全管理与技术

（第 3 版）

王　丰　主　编

王锐淇　张剑芳　卢宝亮　副主编

中国财富出版社

图书在版编目（CIP）数据

仓库安全管理与技术 / 王丰主编. —3 版. —北京：中国财富出版社，2018.1（2019.9 重印）

ISBN 978－7－5047－4925－3

Ⅰ. ①仓…　Ⅱ. ①王…　Ⅲ. ①仓库管理－安全管理－高等学校－教材　Ⅳ. ①F253.4

中国版本图书馆 CIP 数据核字（2018）第 007201 号

策划编辑　郑欣怡　　**责任编辑**　郑欣怡
责任印制　尚立业　　**责任校对**　孙丽丽　　**责任发行**　敬　东

出版发行　中国财富出版社
社　　址　北京市丰台区南四环西路 188 号 5 区 20 楼　　**邮政编码**　100070
电　　话　010－52227588 转 2098（发行部）　　010－52227588 转 321（总编室）
　　　　　010－52227588 转 100（读者服务部）　　010－52227588 转 305（质检部）
网　　址　http://www.cfpress.com.cn
经　　销　新华书店
印　　刷　北京九州迅驰传媒文化有限公司
书　　号　ISBN 978－7－5047－4925－3/F·2863
开　　本　787mm×1092mm　1/16　　**版　　次**　2018 年 1 月第 3 版
印　　张　22.5　　**印　　次**　2019 年 9 月第 2 次印刷
字　　数　493 千字　　**定　　价**　58.00 元

第 3 版前言

仓库是物资储存基地，仓储的物资大多是易燃、可燃物质，危险性较大。如果管理不善，就可能发生火灾或爆炸事故，给国家和人民的财产造成损失。因此，加强仓库安全管理，提高仓库安全技术水平，及时发现和消除仓库中的安全隐患，杜绝各类事故的发生，具有十分重要的意义。

仓库安全系统是一个多因素、多环节、多专业的综合系统，包括人、机、物等诸多因素，渗透于仓库的每一项工作之中，贯穿于仓储物资的接收、储存、养护、包装、装卸搬运、发放等环节，涉及诸多的技术和管理问题。仓库安全管理十分复杂，为了提高仓库安全管理和技术水平，为读者提供一本系统、实用的仓库安全参考书籍，本书结合仓库管理实践，对仓库安全涉及的有关问题进行了系统的分析和总结，详细介绍了仓库安全管理、仓库设计与安全、仓库电气安全、仓库防静电、仓库防雷、仓库安全监控系统、仓库消防、仓库人员安全管理和仓库事故管理等内容。本书理论与实践结合紧密，内容系统，通俗易懂，具有较高的实用价值，可作为仓库业务培训教材，也可作为高等院校相关专业的教材和参考资料。

本书由陆军勤务学院王丰教授担任主编，陆军勤务学院王锐淇讲师、张剑芳副教授、卢宝亮副教授担任副主编，王丰教授主审。全书共分为九章，主要分工如下：第一、五、九章由张剑芳、王锐淇编写，第二章由王会云编写，第三章由王丰、卢宝亮编写，第四章由陈志莉编写，第六章由安文斗、郭凌编写，第七、八章由王丰编写。

本书第 1 版于 2003 年出版，2008 年进行了第一次修订，以其系统性和实用性，受到读者欢迎。近年来，仓库安全管理新技术、新方法层出不穷，各种安全法规、标准不断出台，特别是物联网、大数据、云计算开始用于设备设施状态监测和安全管理决策，仓库事故预防预警和智能决策水平有了较大提高，主动防范事故的能力增强。为了适应仓库安全技术和管理的发展，我们对第 2 版进行了重新修订，调整了章节内容，删减了部分烦琐、过时的内容，根据新的安全法规、标准，全面核对了有关数据和内容，使其更加系统、完善。

本书的编写得到了原总后司令部的大力支持，周晓鹏、孙志刚、郑暄阳等同志对原稿进行了修改并提出许多有益的建议，陆军勤务学院杨西龙教授对本书进行了审查并提出了修改意见。

在本书编写过程中，编写人员参阅和研究了许多资料，主要参考文献列于书后，在此一并对这些文献的作者表示感谢。由于水平所限，书中难免存在不妥之处，欢迎读者批评指正。

作　者

2017 年 10 月 6 日于重庆

第 1 版前言

仓库是物资储存基地，仓库安全管理十分重要。仓储物资大多是易燃可燃物质，危险性较大。如果管理不善，就可能发生燃烧或爆炸事故，给国家和人民的生命财产造成损失。因此，加强仓库安全管理，提高安全技术水平，及时发现和消除仓库中的不安全因素，杜绝各类事故的发生，具有十分重要的意义。

仓库安全系统是一个多因素、多环节、多专业的综合系统，包括人、物、环境诸因素，渗透于仓库的每一项工作之中，贯穿于仓储物资的接收、储存、养护、包装、装卸搬运、发放等环节，涉及诸多的技术和管理问题，仓库安全管理十分复杂。为了提高仓库安全管理和技术水平，为读者提供一本系统、实用的仓库安全参考书籍，本书结合仓库管理实践，对仓库安全涉及的有关问题进行了系统的分析和总结，介绍了仓库安全管理、仓库规划设计与安全、仓库防爆电气设备、仓库防静电、仓库防雷、仓库安全监控系统、仓库消防、仓库事故管理等内容。本书理论与实践结合紧密，内容系统，通俗易懂，具有较高的实用价值，可作为仓库业务培训教材，也可作为大中专院校相关专业的教材和参考资料。

本书由后勤工程学院现代物流研究所组织编写。全书共分八章，主要分工如下：第一、五、八章（张剑芳、卢宝亮编写），第二章（王会云编写），第三章（卢宝亮、甘文旭编写），第四章（陈志莉编写），第六章（安文斗、郭凌编写），第七章（王丰、姜大立编写）。

本书的编写得到了总后司令部的大力支持，周晓鹏、孙志刚、郑暄阳等同志对原稿进行了修改并提出许多有益的建议，后勤工程学院杨西龙教授对本书进行了审查并提出了修改意见。

在本书编写过程中参阅和研究了许多资料，在此一并对这些作者表示感谢。由于作者水平所限，书中难免存在不妥之处，欢迎读者批评指正。

作　者

2003 年 9 月 8 日于重庆

第 2 版前言

仓库是物资储存基地，仓储物资大多是易燃可燃物质，危险性较大。如果管理不善，就可能发生燃烧或爆炸事故，给国家和人民的生命财产造成损失。因此，加强仓库安全管理，提高安全技术水平，及时发现和消除仓库中的不安全因素，杜绝各类事故的发生，具有十分重要的意义。

仓库安全系统是一个多因素、多环节、多专业的综合系统，包括人、物、环境诸因素，渗透于仓库的每一项工作之中，贯穿于仓储物资的接收、储存、养护、包装、装卸搬运、发放等环节，涉及诸多的技术和管理问题，仓库安全管理十分复杂。为了提高仓库安全管理和技术水平，为读者提供一本系统、实用的仓库安全参考书籍，本书结合仓库管理实践，对仓库安全涉及的有关问题进行了系统的分析和总结，详细介绍了仓库安全管理、仓库设计与安全、仓库电气安全、仓库防静电、仓库防雷、仓库安全监控系统、仓库消防、仓库人员安全管理和仓库事故管理等内容。本书理论与实践结合紧密，内容系统，通俗易懂，具有较高的实用价值，可作为仓库业务培训教材，也可作为大中专院校相关专业的教材和参考资料。

本书由后勤工程学院现代物流研究所王丰教授、张剑芳副教授、卢宝亮副教授主编，王丰教授和张剑芳副教授主审。全书共分九章，主要分工如下：第一、五、九章（张剑芳编写），第二章（王会云编写），第三章（王丰、卢宝亮编写），第四章（陈志莉编写），第六章（安文斗、郭凌编写），第七、八章（王丰、姜大立编写）。

本书自 2003 年出版以来，以其系统性和实用性，受到读者欢迎。为了适应仓库安全管理的发展，我们组织有关专家对其进行了重新修订，调整了章节内容，删减了部分繁琐的内容，新增了仓库安全管理任务、各类人员职责、仓库人员安全管理和仓库一般电气设备安全管理等内容，使其更加系统、完善。

本书的编写得到了总后司令部的大力支持，周晓鹏、孙志刚、郑暄阳等同志对原稿进行了修改并提出许多有益的建议，后勤工程学院杨西龙教授对本书进行了审查并提出了修改意见。

在本书编写过程中参阅和研究了许多资料，主要参考文献列于书后，在此一并对这些作者表示感谢。由于作者水平所限，书中难免存在不妥之处，欢迎读者批评指正。

作　者

2008 年 2 月 6 日于重庆

目　录

第一章　仓库安全管理 …… 1

第一节　仓库安全管理概述 …… 1

第二节　仓库安全管理原理 …… 11

第三节　仓库安全目标管理 …… 16

第四节　仓库安全管理的基本任务 …… 24

第五节　仓库各类人员安全管理职责 …… 27

第六节　仓库安全管理信息系统 …… 30

第二章　仓库设计与安全 …… 35

第一节　通用仓库的安全设计 …… 35

第二节　特种仓库的安全设计 …… 41

第三章　仓库电气安全 …… 57

第一节　仓库一般电气设备的安全管理 …… 57

第二节　仓库爆炸和火灾危险场所危险等级划分 …… 62

第三节　爆炸和火灾危险场所电气设备的选型 …… 65

第四节　仓库危险场所的电气线路 …… 67

第五节　防爆电气设备的检查与维护 …… 72

第四章　仓库防静电 …… 78

第一节　静电的产生与积聚 …… 78

第二节　静电的危害 …… 81

第三节　静电的检测 …… 87

第四节　油库防静电 …… 92

第五节　弹药库防静电 …… 97

第五章　仓库防雷 …… 101

第一节　雷电基本知识 …… 101

第二节　防雷装置 …… 105

第三节　防雷装置的保护范围 …… 113

第四节　防雷装置的检测与管理 …… 128

第五节　仓库防雷措施 …… 135

第六节　仓库计算机网络系统防雷 …… 142

第六章　仓库安全监控系统 …… 147

第一节　概述 …… 147

第二节　入侵防范系统 …… 147

第三节　门禁控制系统 …… 152

第四节　电视监控系统 …… 157

第五节　数字硬盘录像系统 …… 162

第六节　网络电视监控系统 …… 167

第七节　仓库安全监控系统的设计 …… 179

第七章　仓库消防 …… 188

第一节　仓库消防管理 …… 188

第二节　仓库防火 …… 194

第三节　灭火剂 …… 209

第四节　仓库常用灭火器 …… 217

第五节　消防装备 …… 231

第六节　仓库灭火设施 …… 250

第七节　仓库火灾扑救方法 …… 264

第八章　仓库人员安全管理 …… 281

第一节　仓库人员的不安全行为分析 …… 281

第二节　仓库人员的安全培训教育 …… 286

第三节　人体生物节律理论及应用 …… 288

第四节　生活事件分析法及应用 …… 290
第五节　仓库人员疲劳的原因及预防 …… 295

第九章　仓库事故管理 …… 297
第一节　仓库事故概述 …… 297
第二节　事故致因理论 …… 301
第三节　仓库事故模型 …… 316
第四节　仓库事故调查处理 …… 320
第五节　仓库事故分析 …… 323
第六节　仓库事故处理 …… 339
第七节　仓库事故报告与统计 …… 340

参考文献 …… 346

第一章　仓库安全管理

第一节　仓库安全管理概述

安全管理是管理科学的一个重要分支，它是为实现安全目标而进行的有关决策、计划、组织和控制等方面的活动。其主要任务是运用现代安全管理原理、方法和手段，分析和研究各种不安全因素，从技术上、组织上和管理上采取有力措施，解决和消除各种不安全因素，防止事故的发生。仓库安全管理是以仓库作为一个系统，为实现仓库安全目标而进行的有关决策、计划、组织、控制等方面的活动。

安全管理从管理对象来看，由近代的事故管理，发展到现代的隐患管理。早期，人们把安全管理等同于事故管理，安全管理的效果是有限的。只有强化了隐患的控制，消除危险，事故的预防才高效。因此，20 世纪 60 年代发展起来的安全系统工程强调了系统的危险控制，揭示了隐患管理的机理。

从管理过程来看，安全管理的早期主要是事故后管理，进展到20 世纪60 年代后逐步变为强化超前管理和预防管理（以安全系统工程为标志）。随着安全管理科学的发展，人们逐步认识到，安全管理是人类预防事故的三大对策之一。科学的管理要协调安全系统中的人、机、物、环、管诸因素，其中人的因素是指在生产活动中，来自人员或人为性质的危险和有害因素；机的因素是指机械、设备、设施等方面存在的危险和有害因素；物的因素是指各种物资存在的危险和有害因素；环的因素是指生产作业环境中的危险和有害因素；管的因素是指管理和管理责任缺失所导致的危险和有害因素。管理不仅是技术的一种补充，更是对人员、技术和过程的控制与协调。

安全管理从管理理论上来看，从建立在事故致因理论基础上的管理，发展到现代科学管理。20 世纪 30 年代美国著名的安全工程师海因里希（Heinrich），提出了 1∶29∶300 安全管理法则，到了 20 世纪末，现代的安全管理理论有了全面的发展，如安全系统工程、安全人机工程、安全行为科学、安全法学、安全经济学、风险分析与安全评价等。

安全管理从管理方法的角度来看，从传统的行政手段、经济手段以及常规的监督检查，发展到现代的法治手段、科学手段和文化手段；从基本的标准化、规范化管理，发展到以人为本、有着科学管理的技巧与方法。安全管理系统工程、安全评价、风险管理、预期型管理、目标管理、无隐患管理、行为抽样技术、重大危险源评估与监控等现代安全管理方法，成为主要的安全管理技术。

一、与仓库安全有关的基本术语

1. 安全

安全是指客观事物的危险程度能够被人们普遍接受的状态。人们从事的某项活动或某系统（即某一客观事物）是否安全，是人们对这一事物的主观评价。当人们均衡利害关系，认为该事物的危险程度可以接受时，则这种事物的状态是安全的，否则就是危险的。万事万物都存在着危险因素，不存在危险因素的事物几乎没有，只不过危险因素有大有小，有轻有重而已。有的危险因素导致事故的可能性很小，有的则很大；有的引发事故后果非常严重，有的则可以忽略。因此，我们从事任何活动或操作任何系统，都有不同的危险程度。

人们常把危险程度分为高、中、低三个档次。发生事故可能性大且后果严重的为高危险程度；一般情况为中等危险程度；发生事故可能性小且事故后果不严重的为低危险程度。当客观事物状态处于高危险程度时，人们是不能接受的，是危险的；处于中等危险程度和低危险程度时，人们往往是可以接受的，则这种状态是安全的。中等以上的危险程度为危险范围，中等及以下的危险程度为安全范围。

2. 危害

危害是指可能带来人员伤害、疾病、财产损失或作业环境破坏的根源或状态。危害也可理解为危险源或事故隐患。从本质上讲，就是存在能量、有害物质或能量、有害物质失去控制而导致的意外释放，或有害物质的泄漏、散发等方面的危害因素。危害因素根据《生产过程危险和有害因素分类与代码》（GB/T 13861—2009）分为物理性、化学性、生物性、心理生理性、行为性及其他危害因素。

3. 危险

危险是一种状态，它具有可以引起人身伤亡、设备破坏或降低完成预定功能的能力。当存在危险性时，就存在产生这些不良影响的可能性。

4. 危险性

危险性表示危险的相对暴露。当可能存在危险时，若没有采取预防措施，则危险性可能很高。例如高压变压器组，只要通了电，就有使人触电死亡的固有危险性。如果这个变压器组不加防护，放在人员比较集中的地方，就有高度危险性。

5. 事故

事故是指造成主观上不希望出现的结果的意外发生的事件，包括死亡、疾病、伤害、财产损失或其他损失共五大类。

6. 风险

特定危害性事件发生的可能性与后果的结合，称为风险。

风险可认为是潜在的伤害，可能引起致伤、致命、中毒、设备或财产损害等。风险具有两个特性，即可能性和严重性。如果其中某一个特性不存在，则认为这种风险不存在。如电击风险，如果能保证在有电击可能性的地方，不允许人员进入，就可认为这个风险是不存在的。风险性可按其严重程度进行分类，对某一系统的风险性应进行风险评价。

7. **职业病**

职业病是指企业、事业单位和个体经济组织的劳动者在职业活动中，因接触粉尘、放射性物质和其他有毒、有害物质等因素而引起的疾病。

8. **风险评价**

评价风险程度并确定其是否在可承受范围的全过程，称为风险评价，也称为危险度评价或安全评价。如果在对某一系统的风险分析过程中发现系统中存在风险性，就必须评估它在系统运行中的严重程度或可能性，以确认其是否在可承受的范围内。

9. **危害辨识**

识别危害是否存在并确定其性质的过程，称为危害辨识。危害辨识就是确定危害的存在和性质，辨识时应识别出危害因素的种类与分布、伤害（危害）的方式、途径和性质。对于用人单位来说，应辨识的主要对象为厂址、厂区平面布局、建筑物、生产工艺过程、生产机械设备、有害物质与环境（粉尘、毒物、噪声、振动、辐射、高温、低温等）、事故应急抢救设备及辅助生产生活的卫生设施设备等。

10. **危险因素、有害因素和事故隐患**

在生产过程中存在着各种与人的安全和健康息息相关的因素，其中，能对人造成伤亡或对物造成突发性损坏的因素称为危险因素；能影响人的身体健康，导致疾病，或对物造成慢性损坏的因素，称为有害因素。事故隐患泛指现存系统中可导致事故发生的物的危险状态、人的不安全行为及管理上的缺陷。通常，通过检查、分析可以发现和察觉它们的存在。事故隐患在本质上属于危险、有害因素的一部分。

11. **劳动保护**

劳动保护是指依靠技术进步和科学管理，采取技术措施和组织措施，来消除劳动过程中危及人身安全和健康的不良条件和行为，防止伤亡事故和职业病危害，保障劳动者在劳动过程中的安全与健康。劳动保护强调为劳动者提供人身安全与身心健康的保障。

12. **劳动安全卫生**

劳动安全卫生是指劳动者在劳动过程中应得到安全和健康基本保障的制度以及在法律、技术、设备、组织制度和教育等方面所采取的保障劳动者劳动安全卫生的相应措施。劳动安全卫生也称职业安全卫生。

13. **安全信息**

安全信息是安全活动所依赖的资源，是对安全的事物在时间和空间上定性或定量的表达。安全信息类型分为一次安全信息和二次安全信息。一次安全信息是指生产过程中的人机环境客观安全性；二次安全信息包括安全法规、条例、政策、安全科学理论、总结、分析报告等。

14. 安全收益

安全收益即安全产出。安全的实现不但能减少或避免人员伤亡和财产损失，而且能通过维护和保护生产力，促进经济生产。由于安全收益具有潜伏性、间接性、延长性、迟效性等特点，因此研究安全收益是安全经济的重要课题之一。

15. 安全目标管理

安全目标管理就是在一定时期内（通常为一年），根据企业管理的总目标，从上到下地确定安全工作目标，并为达到这一目标制定一系列对策措施，开展一系列的组织、协调、指导、激励和控制活动。

16. 职业健康安全管理体系（OHSMS）

职业健康安全管理体系（Occupation Health Safety Management System，OHSMS）是指为建立职业安全健康方针和目标并实现这些目标所制定的一系列相互联系或相互作用的要素管理体系。其运行模式按戴明模型进行，具体包括：计划、行动、检查、改进四个相关联的环节。

17. 绩效测量

绩效测量是 OHSMS 中的一个基本术语，是指用人单位根据职业健康安全方针、目标，在控制和消除职业健康安全风险方面所取得的可测量的结果，也可以说，绩效测量是职业健康安全管理活动和结果的测量。绩效测量可分为主动测量和被动测量两种。绩效是职业健康安全管理体系运行的结果与成效，是根据职业健康安全方针、目标、指标的要求控制危险危害因素而得到的。因此，绩效可用各单位的职业健康安全方针、目标及指标的实现度来描述，并可具体体现在某一或某类危险危害因素的控制上。

18. 可承受风险

可承受的风险是 OHSMS 中的另一个基本术语，是指根据用人单位的法律义务和职业安全健康方针，已将危害性事件发生的可能性与后果降至可接受的程度。风险一般是不能转化为安全的，但可以减小风险的可能性或严重性或者两者均减小来降低风险的程度。

19. “三同时”原则

《中华人民共和国劳动法》第五章第 53 条规定，劳动安全卫生设施必须符合国家规定的标准，并要求遵循“三同时”原则，即“新建、改建、扩建工程的劳动安全卫生设施必须与主体工程同时设计、同时施工、同时投入生产和使用”。

20. “三不放过”原则

1989 年 3 月 29 日，国务院颁布第 34 号令规定：伤亡事故应在 90 日内结案；特殊情况下不超过 180 天；必须采取“三不放过”原则：原因分析不清，不放过；责任者和职工没有受到教育，不放过；没有防范措施，不放过。

21. 系统安全

系统安全是指在系统运行周期内，应用系统安全管理及安全工程原理，识别系统中的危险性并排除危险，或使危险减至最小，从而使系统在操作效率、使用期限和投资费用的约束条件下达到最佳安全状态。简言之，系统安全就是系统在一定的功能、时间和费用的约束条件下，使系统中人员和设备遭受的伤害和损失为最少。也可以这样说，系统安全是一个系统的最佳安全状态。

要达到系统安全，就必须在系统的规划、研究、设计、制造、试验和使用等各个阶段，正确实施系统安全管理和安全工程。人们在运用系统时，总是希望在人力、物力、财力和时间等约束条件下，所设计的系统具有最佳工作状态，如最佳性能、最大可靠性、最小重量和最大期望寿命等。寻求这种最佳效果的愿望，几乎渗透于产品的规划、研究、设计、制造、运行等各个阶段，这就需要应用优化理论。

要使系统能达到安全的最佳状态，应满足：①在能实现系统安全目标的前提下，系统的结构尽可能简单、可靠；②配合操作和维修用的指令数目最少；③任何一个部分出现故障，保证不导致整个系统运行中止或人员伤亡；④备有显示事故来源的检测装置或警报装置；⑤备有安全可靠的自动保护装置并制订行之有效的应急措施。

22. 安全系统工程

安全系统工程是应用系统工程的原理与方法，识别、分析、评价、排除和控制系统中的各种危险，对工艺过程、设备、生产周期和资金等因素进行分析评价和综合处理，使系统可能发生的事故得到控制，并使系统安全性达到最佳状态。简单地说，安全系统工程就是用系统工程的知识、方法和手段解决生产中的安全问题。其最终目的是消除危险，保证人身财产安全。由于安全系统工程从根本上和整体上考虑安全问题，因而它是解决安全问题的具有战略性的措施。为安全工作者提供了一个既能对系统发生事故的可能性进行预测，又可对安全性进行定性、定量评价的方法，从而为有关决策人员提供决策依据，并据此采取相应安全措施。

安全系统工程的理论基础除了有系统论、控制论、信息论、运筹学、优化理论等外，还有如预测技术、可靠性工程、人机工程、行为科学、工程心理学、职业卫生学、劳动保护法规、法律以及相关的各工程学等多门学科和技术。

二、现代仓库安全管理观念

由于仓库存储物资具有易燃、易爆以及易腐蚀等不安全因素，有些危化品物资还有毒性，危险性大。一旦发生事故，将可能造成人员伤亡和物资的大量损失，因此，仓库管理的基本任务是发现、分析和消除仓库物资管理过程中的各种危险，保护仓库中的人、财、物不遭受破坏、损害和损失，并在一定条件下取得最佳的经济效益和社会效益。

推行安全管理的科学化、现代化，是仓库安全管理的一项重要工作。传统的仓库安全管理，基本是凭经验和感性认识去分析和处理仓库管理中的各类安全问题。它主要解决已经发生的或即将发生的事故或隐患问题，对安全的评价只有“安全”或“不安全”的定性估计。现代安全管理在总结安全管理发展历史经验的基础上，综合应用现代管理科学和技术科学的理论和方法，去研究现代条件下管理活动的基本规律和一般方法，也就是从实际出发，认真总结经验教训，研究新情况，汲取新经验，对不适应科学管理需要的思想观念、管理体制和管理方法进行变革。

现代安全管理不是对传统安全管理的否定，而是在传统管理基础上的进一步发展、提高、健全和完善。现代安全管理的对象是特定的系统安全，所以安全工作也是一项复杂的系统工程。这方面的基本程序为：①总结仓库安全管理工作的历史经验并汲取和借鉴其他仓库安全管理经验，找出管理方面的差距及失误；②从仓库实际出发，分析现实的需要和可能，全面地研究、有选择地吸收仓库安全管理的制度和方法；③综合研究应用各种管理的基本原则、方法及其实践成果，确立必须遵循的基本原则和适用的方法；④运用现代科学技术提供的先进手段，为安全管理的决策提供科学的依据和组织实施的保障。

从现代安全管理理论的发展来看，仓库管理活动必须树立全新的安全观念，概括起来有以下几个方面。

1. 以人为本

以人为本是指在仓库安全管理中，应一切从人出发，以人为根本，旨在调动人的安全主动性、创造性和积极性的安全思想观念体系。仓库安全工作的核心是人，仓库安全工作的成败也依靠人。以人为本的核心就是要提高人的安全素质，处理人的安全关系，满足人的安全要求，调动人的安全自觉性。

后方仓库贯彻以人为本的安全管理理念，首先应提高人的安全意识。应有计划、有重点地抓好安全教育和培训工作，结合仓库实际和岗位要求，认真学习仓库的各种安全规章制度和操作规程，提高人员的安全素质，营造良好的安全氛围，增强仓库的内聚力，强化人员的自我控制力，培养共同的安全价值观，塑造良好的仓库安全文化。其次应鼓励全体人员参与仓库安全管理。仓库领导应重视全体人员对仓库安全工作的意见和建议，关注安全、关注健康、珍惜生命，调动全体人员的积极性、自豪感和责任感，促使全体人员密切关注安全、力行安全、确保安全。最后应采取适当的激励机制。激励是激发人的行为动机，引发人的行为，促使个体有效地完成行为目标的手段。在仓库安全管理中，应坚持物质激励和精神激励相结合的原则，采取各种激励措施，满足人的精神和物质需求，调动人的安全工作积极性。

2. 事故预测

传统的安全管理往往是从已经发生的个别的或大量事故中总结经验，汲取教训，探求事故规律，采取有效措施，避免事故再现。这种管理模式叫经验管理或事故管理。人们长期总结出来的“吃一堑，长一智”“前车之鉴”“亡羊补牢”“惩前毖后”等都体现了这种管理思想。其主要管理活动多是召开事故现场会、发事故通报、看事故录像、对肇事者进行处理等。通过这些活动敲敲警钟，引起大家的关注，认真汲取教训，采取有效措施以防事故再次发生。这种预防事故方法无疑是正确的，也是十分必要的。但是，这种预防事故方法是被动的。

现代仓库安全管理应当以预防事故为中心，进行预先安全分析与评价，做到预测和预防事故。经验表明，所有的事故都不是无端产生而是有一定线索的，因此事故的发生不仅是可以预测的，如果运用正确的方法和遵循一定的程序，借助可靠的数据，预测的结果也是可信的。预防事故的根本在于认识危险，进行危险性预测。

3. **技术安全**

随着科学技术的进步和管理水平的不断提高，仓库安全工作必然遇到新的挑战，安全工作需要运用多学科知识和高新技术来解决问题。一是应针对仓库作业特点，积极依靠技术进步，推广应用先进技术，采用可靠性高、防护能力强的设备，这是实现仓库系统本质安全化的重要手段。二是在仓库中运用各种先进的安全技术装备或系统，如仓库视频监控系统、仓库自动化消防系统、仓库温湿度自动检测系统、仓库门禁系统、仓库巡更系统等。三是应注重计算机技术、网络技术、通信技术等在仓库中的应用，开发仓库安全管理信息系统，建立数据准确、资料丰富、调用方便的安全资料数据库，进行仓库安全技术资料、数据的储存、检索、调用、统计、分析，供仓库安全管理人员决策使用；建立仓库安全预测模型，利用计算机对仓库各系统中影响安全作业的各种因素进行定量的分析计算，分析某一因素出现及其可能产生的危害程度，找出系统安全存在的薄弱环节，从而采取针对性措施，杜绝或减少事故的发生，防止事故的扩大，使仓库安全管理更加科学合理；开发仓库作业人员模拟训练系统，通过模拟仓库作业流程、各种操作及各种紧急情况和不同处理方法而产生的结果，对作业人员进行模拟培训，提高其分析处理情况的能力和独立工作的能力，以便在较短的时间取得最佳的培训效果，提高作业人员的素质，减少由于作业人员操作失误而引发事故的可能性。

4. **全面管理**

全面安全管理是一种将系统安全管理与传统安全管理相结合的综合管理方法，其基本思路是：以系统整体性原理为依据，以目标优化原则为核心，以安全决策为主要手段，将仓库作业过程乃至仓库的全部工作看作一个整体，进行统筹安排和协调整合的全面管理。全面安全管理主要包括“全员”“全过程”“全方位”三层含义。

（1）全员安全管理，是指上至仓库领导，下至每一个员工，人人参与安全管理，人人关心安全，注意安全，在各自的职责范围内做好安全工作。安全不仅要靠专职安全人员来保持，更要提高全体人员的安全意识和责任感，靠全体人员来保证。即安全工作要走群众路线，真正做到“安全工作，人人有责”。

（2）全过程安全管理，即对每项工作的每一个步骤，自始至终地抓好安全管理。

对每台设备而言，应从其设计、制造、安装、使用、维修、报废的全过程实行安全管理。对于一个工程建设施工项目来讲，应从签订施工合同，进行施工组织设计、现场平面布置等施工准备工作开始，到施工的各个阶段、直至工程收尾、竣工、交付使用的全过程，都进行安全管理。因此，所谓全过程的安全管理，就是贯穿于仓库各项工作始终，形成纵向的仓库安全管理方式。

（3）全方位安全管理，指对仓库系统的各个要素，从时间到地点，乃至操作方式等方面的安全问题，进行全面分析、全面辨识、全面评价、全面防护，保证仓库安全。

依靠“全员”“全过程”“全方位”三个层面的仓库安全管理形式，编织成一张纵横交错的安全管理网络，囊括仓库所有的安全管理工作内容，形成一个完整的安全管理系统。因此，全面安全管理是仓库搞好安全作业最基本、最有效的组织管理方法之一。

5. 应急管理

应急管理是指对仓库系统进行全面、系统、细致的分析和研究，确定可能发生的突发性事故，制定防范措施和应急计划。由于通过安全设计、操作、维护和检查等措施可以预防事故，降低风险，但还不能达到绝对安全。因此，仓库应根据实际情况，对预计可能发生的重大事故，预先制定所需要采取的紧急措施和应急方法，通过事先计划和应急措施，与当地消防、安全等部门建立联系，与当地大型企事业单位建立联防机制，充分利用一切可利用的力量，在事故发生后迅速控制事故扩散并尽可能降低事故损失，保护人员的安全，将事故对人员、财产和环境造成的损失降至最低程度。对于编制的应急预案，仓库要定期开展预案演练，通过演练提高人员安技素质和应急处置技能。

6. 大安全观

仓库安全管理并不仅仅是保证仓库本身的安全问题，应树立大安全观，主要有两个方面：一是要把提高全民安全意识作为仓库的社会责任。安全是人类发展和社会文明的重要标志，是社会和公众崇高的伦理和道德。仓库应主动履行社会责任，自觉宣传安全知识，加强与当地民众沟通，强化环保意识，做一个有社会责任感的单位，在提高全民安全意识上做出贡献。二是应建立新型的仓库安全管理机制，逐步抛弃“大而全”“小而全”的管理模式，运用市场竞争和中介服务手段，在仓库工程建设、设备检测维修、安全技术改造、安全监理、安全评估、人员培训、消防力量、警戒保卫等方面，依托专业化、社会化技术力量提供服务。

三、现代仓库安全管理的基本特点

现代安全管理就是如何应用现代科学知识和工程技术去研究、分析、评价、控制以及消除物资储存过程中的各种危险，有效地防止灾害事故，避免损失。加强仓库安全管理，重要的是找出仓库事故发生发展的规律，弄清仓库安全管理工作的特殊规律，有针对性地采取相应措施。现代仓库安全管理主要有以下特点：

（一）以预防事故为中心，进行预先安全分析与评价

预测和预防事故是现代仓库安全管理的重要课题，对仓库作业系统中固有的及潜在的危险进行综合分析、测定和评价，进而采取有效的方法、手段和行动，控制和消除这些危险，以防止事故发生，避免损失。

为保证仓库安全，对于储存有危险性的物资，必须预先建立完善和可靠的安全防护系统。对各项安全设施与装置的选择以及设置的数量，应通过安全评价确定。其评价方法以分析和预测系统可能发生的故障、事故及潜在危险通过有组织的评价活动，确定危险度等级，并以此为依据，制定合理的安全措施。

（二）从总体出发，实行系统安全管理

由于仓库安全管理内容繁多，有仓库安全管理组织体制，主要对仓库安全组织机构设置原则、形式、任务、目标等内容的优化；有仓库安全管理基础工作，如仓库安全管理法规建设、仓库安全培训教育的组织与实施、仓库安全设计及其评价、仓库安全检查方案的制订与实施等；有仓库作业安全管理，如仓库储存作业、收发作业的安全管理；有仓库设施、设备的安全管理，如仓库库房、装卸搬运设备、电气设备、通风设备、消防设备等的安全管理及事故预防措施；有仓库检修作业安全管理；有仓库劳动保护；有仓库人员安全管理；有仓库安全评估；有仓库事故管理等。各个仓库安全管理内容和安全管理环节之间形成相互联系、相互制约的体系。因此，仓库安全管理不能孤立地从个别环节或在某一局部范围内分析和研究安全保障，必须从系统的总体出发，全面地观察、分析和解决问题，才可能实现系统安全的目标。

系统安全管理应当从仓库储存规划可行性研究中的安全论证开始，包括安全设计、安全审核、安全评价、规章制度、安全检查、安全教育与训练以及事故管理等各项管理工作。

（三）对安全进行数量分析，为安全管理、事故预测和选择最优化方案提供科学的依据

现代安全工程把安全从抽象的概念转化为一个数量指标，从而为安全管理、事故预测和选择最优方案提供了科学的依据。现代安全工程所研究的问题，说到底是一个划界的问题，也就是划定安全与危险的界限，可行与不可行的界限，通过定量化处理来划定系统的危险度等级及其相应的安全措施。

对安全进行数量分析，是安全科学日益发展完善的一个标志。运用数学方法和计算技术研究故障和事故同其影响因素之间的数量关系，揭示其间的数量变化及规律，就可以对危险性等级及可能导致损失的程度进行客观的评定，从而为选取最优的安全

措施方案和决策提供依据。

安全的定量化分析是以事故发生频率、事故发生概率、事故严重率、安全系数、安全极限和预选给定数值等作为尺度进行分析比较的方法。

例如采用概率安全分析（Probabilistic Safety Analysis，PSA）或概率危险度评价（Probabilistic Risk Analysis，PRA），可以在仓库规划设计、建设以及运行的各个阶段上应用，通过分析评价查明和辨别系统中的薄弱环节，对安全有重大影响的关键部位以及对预防事故的措施作出评价，正确了解和把握工程的安全性能并编制安全规程和操作规程，为加强安全管理和实行科学决策提供科学的依据。

四、现代仓库安全管理的内容

现代仓库安全管理是以预测和防止事故为中心，以检查、测定和评价事故为重点，按照系统安全分析、系统安全评价和系统安全对策三个基本程序展开工作。

1. 系统安全分析

为了保证仓库系统的安全，必须仔细地寻找可能引起仓库系统发生事故的潜在危险因素，确定导致危险的各个事件的发生条件及相互关系，观察各种危险因素之间的数量关系及其变化规律，估计事故发生的概率和可能产生伤害及损失的严重程度，以充分认识仓库系统中的危险性。系统安全分析是仓库安全系统工程的核心，分析结果的正确与否，关系到整个安全工作的成败。可见，系统安全分析在仓库安全系统工程中占有十分重要的地位。根据实际需要和仓库系统完善程度，可以把分析进行到不同深度，可以是初步的或详细的、定性的或定量的，每种深度都可以得出相应的结论，来满足不同项目、不同情况的要求。当前系统安全分析的方法有几十种，它们从各种不同的角度对系统的安全性进行分析。每一种系统安全分析方法都有其产生的历史背景和适用条件，所以并不能处处都通用。要完成一个准确的分析需要综合使用多种分析方法，取长补短，有时还要相互比较，看哪些方法和实际情况更为吻合。因此，应当熟悉各种分析方法的内容和长处，用起来才能得心应手。通过实践，比较实用的系统安全分析方法主要有安全检查表、预先危险性分析、故障类型和影响分析、事件树分析、事故树分析和因果分析等。

2. 系统安全评价

系统安全评价是对系统的危险性进行定性和定量分析，得出系统发生危险的可能性及其程度的评价，以寻求最低事故率、最小的损失和最优的安全投资效益。安全评价分为定性安全评价和定量安全评价两大类，包括对物资、设备设施、作业流程、环境等的安全评价。其主要内容包括确定系统的评价方法、评价指标和安全标准；评价系统的各种潜在危险，并把它减少到允许的范围之内；当引进新材料、新技术、新设备或改变工艺流程时，要使危险降到最低；参照类似系统的事故例证，预防类似事故的重复发生；当系统在技术和经济上难以或不可能达到预期效果时，应对计划或设计进行修改，反复评价，直到达到安全标准。

定性安全评价通过定性分析仓库系统中的危险性，能揭示仓库系统中的危险因素并对危险性进行重要程度的分类。定性安全评价比传统安全方法更加系统和准确。只有经过定量的评价才能充分发挥安全系统工程的作用。决策者可以根据评价的结果选择技术路线，上级业务部门可以根据评价结果督促仓库管理人员改进安全状况。当安全评价的结果表明需要改进系统的安全状况时，就必须采取安全措施，减少危险因素及其发生概率，并重新进行安全评价，直到达到安全要求。安全评价的方法很多，如仓库安全度评价法、火灾爆炸危险评价法、可靠性评价法、模糊综合评价法等。

3. 系统安全对策

根据安全评价的结果，可以对系统进行调整甚至重新设计，以控制乃至消除系统中的危险因素，提高系统的安全性。安全措施主要有两个方面：一是预防事故发生的措施，即在事故发生之前采取适当的安全措施，排除危险因素，避免事故发生；二是控制事故损失扩大的措施，即在事故发生之后采取补救措施，避免事故继续扩大，使损失减到最小。具体措施有增设安全防护装置、改进工艺过程或修改设计、改善作业环境、加强安全教育和管理等。

第二节　仓库安全管理原理

一、预防原理

（一）预防原理的含义

安全管理工作应当以预防为主，即通过有效的管理和技术手段，防止人的不安全行为和物的不安全状态出现，从而使事故发生的概率降到最低，这就是预防原理。

预防与善后是安全管理的两种工作方法。预防，其本质是在有可能发生意外人身伤害或健康损害的场合，采取事前措施，防止伤害的发生。善后是针对事故发生以后所采取的措施和进行的处理工作，在这种情况下，无论处理工作如何完善，事故造成的伤害和损失已经发生，这种完善也只能是相对的。显然，预防的工作方法是主动的、积极的，是安全管理应该采取的主要方法。

安全管理以预防为主，其基本出发点是事故能够预防。除了自然灾害以外，凡是由于人类自身的活动而造成的危害，总有其产生的原因。探索事故的原因，采取有效的对策，原则上讲就能够预防事故的发生。

由于预防是事前工作，因此正确性和有效性就十分重要。事故的发生既有物的方面的原因，又有人的方面的原因，事先很难估计充分。有时，重点预防的问题没有发生，但未被重视的问题却酿成大祸。为了使预防工作真正起到作用，一方面要重视经验的积累，对既成事故、未遂事故和险肇事故进行统计分析，从中发现规律，做到有的放矢；另一方面要采用科学的安全分析、评价技术，对生产中人和物的不安全因素及其后果作出准确的判断，从而实施有效的对策，预防事故的发生。

实际上，要预防全部的事故发生是十分困难的，也就是说不可能让事故发生的概率降为零。因此，采取充分的善后处理对策是必要的。安全管理应该坚持“预防为主，善后为辅”的科学管理方法。

（二）运用预防原理的原则

1. 偶然损失原则

事故所产生的后果（人员伤亡、健康损害、物质损失等），以及后果的大小如何，都是随机的，是难以预测的。反复发生的同类事故，并不一定产生相同的后果，这就是事故损失的偶然性。

关于人身事故，美国安全工程师海因里希（Heinrich）调查指出：对于跌倒这样的事故，如果反复发生，则存在这样的后果：在330次跌倒中，无伤害300次，轻伤29次，重伤1次。这就是著名的海因里希法则，或者称为1∶29∶300法则。

实际上，这些比率随事故种类、工作环境和调查方法等的不同而不同。它们的重要意义在于指出事故与伤害后果之间存在着偶然性的概率原则。以爆炸事故为例，爆炸时伤亡人数，伤亡部位与程度，被破坏的设备种类、程度，爆炸后有无并发火灾等都是由偶然性决定的，事前无法预测。有的事故发生没有造成任何损失，这种事故被称为险肇事故。但若再次发生类似的事故，会造成多大的损失，事前也无法预测。

根据事故损失的偶然性，可得到安全管理上的偶然损失原则：无论事故是否造成了损失，为了防止事故损失出现，唯一的方法是防止事故再次发生。这个原则强调，在安全管理实践中，一定要重视各类事故，包括险肇事故，只有连险肇事故都控制住，才能真正防止事故损失的出现。

2. 因果关系原则

因果，即原因和结果。因果关系就是事物之间存在着一事物是另一事物发生的原因这种关系。

事故是许多因素互为因果连续发生的最终结果。一个因素是前一因素的结果，而又是后一因素的原因，环环相扣，导致事故的发生。事故的因果关系决定了事故发生的必然性，即事故因素及其因果关系的存在决定了事故或迟或早必然要发生。掌握事故的因果关系，砍断事故因素的环链，就消除了事故发生的必然性，就可能防止事故的发生。

事故的必然性中包含着规律性。必然性来自于因果关系，深入调查、了解事故因素的因果关系，就可以发现事故发生的客观规律，从而为防止事故发生提供依据。应用数理统计方法，收集尽可能多的事故案例进行统计分析，就可以从总体上找出带有规律性的问题，为宏观安全决策奠定基础，为改进安全工作指明方向，从而做到“预防为主”，实现安全生产。

从事故的因果关系中认识必然性，发现事故发生的规律性，变不安全条件为安全条件，把事故消灭在早期起因阶段，这就是因果关系原则。

3. 3E **原则**

造成人的不安全行为和物的不安全状态的主要原因可归结为四个方面：

第一，技术的原因。其中包括：作业环境不良（照明、温度、湿度、通风、噪声、振动等），物品堆放杂乱，作业空间狭小，设备、工具有缺陷并缺乏保养，防护与报警装置的配备和维护存在技术缺陷。

第二，教育的原因。其中包括：缺乏安全知识和经验，作业技术、技能不熟练等。

第三，身体和态度的原因。其中包括：生理状态或健康状态不佳，如听力、视力不良，反应迟钝，疾病，醉酒，疲劳等；怠慢、反抗、不满等情绪，消极或亢奋的工作态度等。

第四，管理的原因。其中包括：仓库领导对安全不重视，人员配备不完善，操作规程不合适，安全规程缺乏或执行不力等。

针对这四个方面的原因，可以采取三种防止对策，即工程技术（Engineering）对策、教育（Education）对策和法制（Enforcement）对策。这三种对策就是所谓的 3E 原则。

工程技术对策是运用工程技术手段消除生产设施设备的不安全因素，改善作业环境条件，完善防护与报警装置，实现生产条件的安全和卫生。

教育对策是提供各种层次、各种形式和内容的教育和训练，使人牢固树立“安全第一”的思想，掌握安全生产所必需的知识和技能。

法制对策是利用法律、规程、标准以及规章制度等必要的强制性手段约束人们的行为，从而达到消除不重视安全、违章作业等现象的目的。

在应用 3E 原则时，应该针对人的不安全行为和物的不安全状态的四种原因，灵活地运用以上三种对策，不要片面强调其中某一个对策。具体改进的顺序是：首先是工程技术对策，然后是教育对策，最后才是法制对策。

4. **本质安全化原则**

本质安全化原则来源于本质安全化理论。该原则的含义是指从一开始和从本质上实现了安全化，就可从根本上消除事故发生的可能性，从而达到预防事故发生的目的。

所谓本质上实现安全化（本质安全化）是指：设备、设施或技术工艺含有内在的能够从根本上防止发生事故的功能，具体地讲，包含三个方面的内容：

（1）失误—防御（Fool-Proof）功能。指操作者即使操纵失误也不会发生事故和伤害，或者说设备、设施具有自动防止人的不安全行为的功能。

（2）故障—安全（Fail-Safe）功能。是指设备、设施发生故障或损坏时还能暂时维持正常工作或自动转变为安全状态。

（3）上述两种安全功能应该是设备、设施本身固有的，即在它们的规划设计阶段就被纳入其中，而不是事后补偿的。

本质安全化是安全管理预防原理的根本体现，也是安全管理的最高境界，实际上目前还很难做到，但是我们应该坚持这一原则。本质安全化的含义不应仅局限于设备、设施的本质安全化，而应扩展到新建工程项目，交通运输，新技术、新工艺、新材料的应用，甚至日常生活等各个领域中。

二、强制原理

（一）强制原理的含义

采取强制管理的手段控制人的意愿和行动，使个人的活动、行为等受到安全管理要求的约束，从而实现有效的安全管理，就是强制原理。

所谓强制，就是无须做很多的思想工作来统一认识、讲清道理，被管理者必须绝对服从，不必经被管理者同意便可采取控制行动。

一般来说，管理均带有一定的强制性。管理是管理者对被管理者施加作用和影响，并要求被管理者服从其意志，满足其要求，完成其规定的任务，这显然带有强制性。不强制便不能有效地抑制被管理者的个性，将其调动到符合整体管理利益和目的的轨道上来。

安全管理更需要具有强制性，这是基于以下三个原因：

第一，事故损失的偶然性。不重视安全工作，存在人的不安全行为或物的不安全状态时，由于事故的发生及其造成的损失具有偶然性，并不一定马上会产生灾害性的后果，这样会使人错误地认为安全工作并不重要，可有可无，从而进一步忽视安全工作，使得不安全行为和不安全状态继续存在，直至发生事故，悔之已晚。

第二，人的“冒险”心理。这里所谓的“冒险”是指某些人为了获得某种利益而甘愿冒风险。持有这种心理的人不恰当地估计了事故潜在的可能性，心存侥幸，在避免风险和获得利益之间做出了错误的选择。这里“利益”的含义包括：省事、省时、省能、图舒服等。冒险心理往往会使人产生有意识的不安全行为。

第三，事故损失的不可挽回性。这一原因可以说是安全管理需要强制性的根本原因。事故损失一旦发生，往往会造成永久性的损害，尤其是人的生命和健康，更是无法弥补。因此，在安全问题上，经验一般都是间接的，不能允许当事人通过犯错误来积累经验和提高认识。

强制性安全管理的实现，离不开法律、法规、标准和各级规章制度，这些法规、制度构成了安全行为的规范。同时，还要有强有力的管理和监督体系，以保证被管理者始终按照行为规范进行活动，一旦其行为超出规范的约束，就要有严厉的惩处措施。

与强制管理相对的是民主管理。由于安全管理的特殊性，安全管理更倾向于强制性。另外，强制管理与唯长官意志的独裁管理是有本质区别的。虽然二者都是使被管理者服从，但强制管理强调规范化、制度化、标准化；而独裁管理完全凭最高领导人的个人意志行事。大量实践表明，这种管理方式是搞不好安全工作的。

（二）与强制原理有关的原则

1. 安全第一原则

安全第一就是要求在进行生产和其他活动的时候把安全工作放在一切工作的首要位置。当生产和其他活动与安全工作发生矛盾时，要以安全工作为主，生产和其他活动要服从安全工作，这就是安全第一原则。

贯彻安全第一原则，就是要求领导者高度重视安全，把安全工作当作头等大事来抓，要把保证安全作为完成各项任务、做好各项工作的前提条件。在计划、布置、实施各项工作时首先想到安全，预先采取措施，防止事故发生。该原则强调，必须把安全生产作为衡量工作好坏的一项基本内容，作为一项有“否决权”的指标。

作为强制原理范畴中的一个原则，安全第一应该成为统一认识和行动准则，各级领导和操作人员在从事各项工作中都要以安全为根本。谁违反了这个原则，谁就应该受到相应的惩处。这里不存在想得通就执行，想不通就可以不执行的问题，而应该是无条件地、毫不动摇地遵循这一原则。

坚持安全第一原则，就要建立和健全各级安全生产责任制，从组织上、思想上、制度上切实把安全工作摆在首位，常抓不懈，形成“标准化、制度化、经常化”的安全工作体系。

2. 监督原则

为了促使各级生产管理部门严格执行安全法律、法规、标准和规章制度，保护职工的安全与健康，实现安全生产，必须授权专门的部门和人员行使监督、检查和惩罚的职责，以揭露安全工作中的问题，督促问题的解决，追究和惩戒违章失职行为，这就是安全管理的监督原则。

安全管理带有较多的强制性，只要求执行系统自动贯彻实施安全法规，而缺乏强有力的监督系统去监督执行，则法规的强制威力是难以发挥的。随着社会主义市场经济的发展，企业成为自主经营、自负盈亏的独立法人，国家与企业、企业经营者与职工之间的利益差别，在安全管理方面也会有所体现。它表现为生产与安全、效益与安全、局部效益与社会效益、眼前利益与长远利益的矛盾。企业经营者往往容易片面追求质量、利润、产量等，而忽视职工的安全与健康。在这种情况下，必须建立专门的监督机构，配备合格的监督人员，赋予必要的强制权力，以保证其履行监督职责，才能保证安全管理工作落到实处。

从我国目前的情况看，安全监督可分为以下三个层次：

第一，国家监督（或监察），即国家职业安全监督（或监察）。这是指国家授权专门的行政机关，以国家名义并运用国家权力对各级经济、生产管理部门和企事业单位执行安全法规的情况进行的监督和检查。

第二，企业监督。这是指由企业经营者直接领导、指挥企业安技部门，对企业的生产、经营等各部门的安全状况和法规、制度执行情况进行的监督和检查。

第三，群众监督。这是指广大职工通过各级工会和职工代表大会等自己的组织，对企业各级管理部门贯彻执行安全法规、改善劳动条件等情况进行的监督。

上述三个层次的安全监督，性质不同，地位不同，所起的作用也不同。但是，它们相辅相成，构成了一个有机的监督体系。

第三节 仓库安全目标管理

一、目标管理

目标管理，就是根据目标进行管理，即围绕如何确定目标和实现目标开展一系列的管理活动。

（一）目标及其作用

任何一个组织都是为了实现一定的目的而组成的，在一定时期内为达到一定的目的而工作。目标正是组织构成、活动目的的具体体现。例如：企业以生产高质量的、畅销的产品为目标；商业以提供优质服务使顾客满意，从而赢得高利润为目标；学校以培养能满足社会需求的人才为目标。

目标在管理中的作用主要体现在以下五个方面：

1. 导向作用

管理的基本职能是为管理的组织确定目标。组织目标确定之后，组织内的一切活动应围绕目标的实现而开展，一切人员均应为目标的实现而努力工作，组织内各层次人员的关系围绕目标实现进行调节。目标的设置为管理指明了方向。

2. 组织作用

管理是一种群体活动，不论组织的目的是什么，组织构成的复杂程度如何，要达到组织的目标必须把其成员组织起来，心往一处想，共同劳动、协作配合。而目标的设定恰恰能使组织成员看到大家具有同一目的，从而朝着同一方向努力，起到内聚力的作用。

3. 激励作用

激励是激发人的行为动机的心理过程，就是调动人的积极性，焕发人的内在动力。目标是人们对未来的期望，目标的设定，使组织成员看到了努力的方向，看到了希望，从而产生为实现目标而努力工作的愿望和动力。

4. 计划作用

计划是管理的首要职能，目标规划和制定是计划工作的首要任务。只有组织的总目标确定之后，以总目标为中心逐级分解产生各级分目标，制定出达到目标的具体步骤、方法，规范人们的行为，使各级人员按计划工作。

5. 控制作用

控制是管理的重要职能，是通过对计划实施过程中的监督、检查、追踪、反馈和纠偏，达到保证目标圆满完成的目的的一系列活动。目标的设置为控制指明了方向，提供了标准，使组织内部人员在工作中自觉地按目标调整自己的行为，以便更好地实现目标。

综上所述，目标是一切管理活动的中心和方向，它决定了组织运行时的行为导向，考核时的具体标准，纠正偏差时的依据。总之，在组织内部依据组织的具体情况设定目标是管理工作的重要方法和内容。

（二）目标管理的特点

目标管理的基本思想是：根据管理组织在一定时期的总方针，确定总目标；然后将总目标层层分解，逐级展开，通过上下协调，制定出各层次、各部门直至每个人的分目标，使总目标指导分目标，分目标保证总目标，从而建立起一个自上而下层层展开、自下而上层层保证的目标体系。同时，把目标完成情况作为绩效考核的依据。

目标管理的思想批判性地吸收了古典管理理论和行为科学的管理理论。这种管理事先向组织的每个成员规定明确的责任和任务，并规定了完成这些责任和任务的时间、数量和质量要求。通过目标把人和工作统一起来，使成员不但了解工作的目的、意义和责任，而且对工作产生兴趣，从而实现自我控制和自我管理。

这一思想较为科学地体现了现代管理的基本理论和原则，适应了现代企业生产的需要，因而较快地得到许多管理学者和企业家的重视。20 世纪 60 年代后，这一思想迅速传到全世界，成为现代管理的新趋势。在美国，目标管理方法被广泛应用，从工业生产到商业、服务业，从大规模的企业到小型厂家，到处都在应用目标管理。在日本，一些大企业从 1957 年开始引进目标管理。不到 10 年时间，目标管理在产业界得到极其广泛的应用。目标管理已成为世界各国广泛重视的管理方法。

目标管理具有以下特点：

第一，目标管理是面向未来的管理。面向未来的管理要求管理者具有预见性，要对未来进行谋划和决策。目标正是人们对未来的期望和工作的目的，目标的实施也将在未来展开，以目标为导向，通过组织的有效工作，协调一致，自觉地追求目标实施的成果，才能实现目标。

第二，目标管理是重视成果的管理。目标管理要达到的目的是目标的实施效果，而非管理的过程。目标管理中检查、监督、评比、反馈的是各阶段及最终目标的完成情况，对实现目标的方法和过程不作限制。

第三，目标管理是自主管理。目标管理是人人参与的全员管理，通过目标把人和工作结合起来，充分发挥每个人的主观能动性和创造性，通过自我管理、自我控制、协调配合达到各自的分目标，进而达到组织的总目标。

二、安全目标管理

安全目标管理是目标管理方法在安全工作上的应用。安全目标管理是企业目标管理的重要组成部分，是围绕实施安全目标开展安全管理的一种综合性较强的管理方法。

安全目标管理的基本内容包括：安全目标体系的设定、安全目标的实施、安全目标的考核与评价。

（一）安全目标体系的设定

安全目标体系的设定是安全目标管理的核心，目标设立是否恰当直接关系到安全管理的成效。目标设立过高，经努力也不可能达到，会挫伤工人的积极性；目标设立过低，不用努力就能达到，则调动不了工人的积极性和创造性。二者均对组织的安全工作没有推动作用，达不到目标管理的作用。目标体系设定之后，各级人员依据目标体系层层展开工作，从而保证安全工作总目标的实现。

1. 安全目标设定的依据

企业安全目标设定的依据主要有：

（1）党和国家的安全生产方针、政策，上级部门的重视和要求。

（2）本系统、本企业安全生产的中、长期规划。

（3）工伤事故和职业病统计数据。

（4）企业长远规划和安全工作的现状。

（5）企业的经济技术条件。

2. 安全目标设定的原则

在制定安全目标时应遵循以下原则：

（1）突出重点。目标应体现组织在一定时期内在安全工作上主要达到的目的，要切中要害，体现组织安全工作的关键问题；要集中控制重大伤亡事故和后果严重的工伤事故、急性中毒事故及职业病的发生、发展。

（2）先进性。目标要有一定的先进性，目标要促人努力、促人奋进，要有一定的挑战性；要高于本企业前期的安全工作的各项指标，要略高于我国同行业平均水平。

（3）可行性。目标制定要结合本组织的具体情况，经广泛论证、综合分析，确实保证经过努力可以实现，否则会影响职工参与安全管理的积极性，失去实施目标管理的作用。

（4）全面性。制定目标要有全局观念、整体观念，目标设定既要体现组织的基本战略和基本条件，又要考虑企业外部环境对企业的影响；安全分目标的实现是各职能部门和各级人员的责任和任务，而安全总目标的实现需要根据各级部门、各类人员的具体条件，进行部门与部门间、人员与人员间的协调和配合。因此，总目标的设定既要考虑组织的全面工作和在经济、技术方面的条件以及安全工作的需求，也要考虑各职能部门、各级各类人员的配合与协作的可能性与方便程度。

（5）尽可能数量化。目标须更加具体并尽可能数量化，这不但有利于对目标的检查、评比、监督与考核，而且有利于调动职工努力工作实现目标的积极性。对难以量化的目标可采取定性的方法加以具体化、明确化，避免用模棱两可的语言描述，应尽可能地考虑可考核性。

（6）目标与措施要对应。目标的实现需要具体措施作保证，只设立目标而没有实现目标的措施，目标管理就会失去作用。

（7）灵活性。所设定的目标要有可调性。在目标实施过程中组织内部、外部的环境均有可能发生变化，要求主要目标的实施有多种措施作保证，使环境的变化不影响主要目标的实现。

3. 安全目标设定的内容

安全目标设定的内容包括安全目标和保证措施两部分。

（1）安全目标是企业中全体职工在计划期内完成的劳动安全卫生的工作成果。企业性质不同，作业条件、内容不同，劳动安全卫生水平不同，安全目标的内容也不同，一般包括以下几个方面：

①重大事故次数，包括死亡事故、重伤事故、重大设备事故、重大火灾事故、急性中毒事故等。

②死亡人数指标。

③伤害频率或伤害严重率。

④事故造成的经济损失，如资产损失、工伤治疗费、死亡抚恤费等。

⑤作业点尘毒达标率。

⑥劳动安全卫生措施计划完成率、隐患整改率、设施完好率。

⑦全员安全教育率、特种作业人员培训率等。

（2）保证措施包括技术措施、组织措施，还包括措施进度和责任者。保证措施大致有以下几方面：

①安全教育措施，包括教育的内容、时间安排、参加人员规模、宣传教育场地。

②安全检查措施，包括检查内容、时间安排、责任人、检查结果的处理等。

③危险因素的控制和整改。对危险因素和危险点要采取有效的技术和管理措施进行控制和整改，并制定整改期限和完成率。

④安全评比。定期组织安全评比，评出先进班组。

⑤安全控制点的管理。制度无漏洞、检查无差错、设备无故障、人员无违章。

4. **安全目标的分解**

企业的总目标设定以后，必须按层次逐级进行目标的分解，将总目标从上到下层层展开，按纵向、横向或时序分解到各级、各部门直到每个人，形成自下而上层层保证的目标体系。这种对总目标的逐级分解或细分解称为目标分解。目标分解的目的是得到完整的目标体系。目标分解过程如图1－1所示。

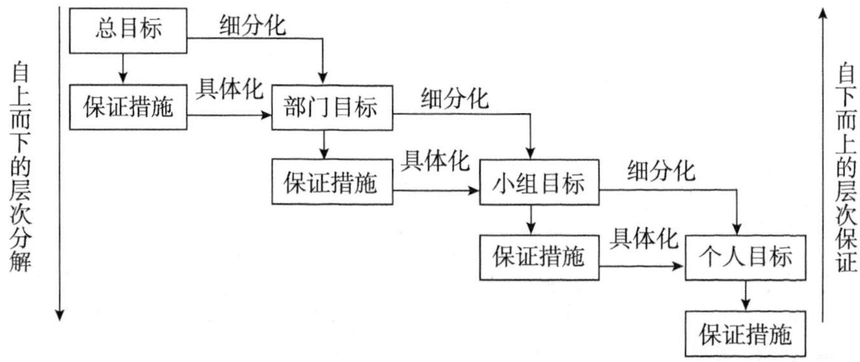

图1－1　目标分解过程

目标分解的结果对目标的实现和管理绩效将产生重要影响，因此必须具有科学性、合理性。在目标分解时应注意：上层目标应具有战略性和指导性，下层目标应具有战术性和灵活性，上层目标的具体措施就是下层的目标；不论目标分解的方法和策略如何，只要便于目标实施都可以采用；落实目标责任的同时要授予相应的权利，做到责权统一；上下级之间、部门之间、人员之间的目标、责任和权利要协调一致，责权要与单位、个人的能力相符；目标分解要便于考核。

目标分解的形式多种多样，常见的有以下三种：

第一种，按管理层次纵向分解，即将安全总目标自上而下逐级分解为每个管理层次直至每个人的分目标。企业安全总目标可分解为厂级、车间级、班组级及个人级安全目标。

第二种，按职能部门横向分解，即将安全总目标在同一层次上分解为不同部门的分目标。如企业安全目标的实现涉及安全专职机构、生产部门、技术部门、计划部门、动力部门、人事部门等。要将企业安全目标分解到上述各部门，通过各部门协作配合共同努力，使企业安全总目标得以完成。

第三种，按时间顺序分解，即安全总目标按照时间的顺序分解为各时期的分目标。企业在一定时期内的安全总目标可以分解为不同年度的分目标，不同年度的分目标又可分为不同季度的分目标等。这种分解方法便于检查、控制和纠正偏差。

在实际应用中，上述三种方法往往是综合应用。一个企业的安全总目标既要横向分解到各个职能部门，又要纵向分解到班组和个人，还要在不同年度、不同季度有各自的分目标。只有横向到边，纵向到底，结合不同时期的工作重点，才能构建科学、有效的目标体系。

在安全目标分解的实践中，人们编制了各种形式的安全目标管理责任书，也叫安全目标管理卡，制作与填写安全目标管理卡是安全目标分解的重要内容。安全目标管理卡分为单位目标管理卡（见表1－1）和个人目标管理卡（见表1－2）。单位目标管理卡的内容一般包括：目标项目、权限、目标值、对策措施、目标要求、奖惩规定、自我评价以及领导评价。安全目标管理卡的应用明确了目标、责任、权利与利益，便于自我管理，也便于检查、评比以及部门间、人员间的协调与配合。

表1－1　单位目标管理卡

责任单位			授权单位			签发日期	
目标项目	权限	目标值	对策措施	目标要求	奖惩规定	自我评价	领导评价
						签名	签名

表1－2　个人目标管理卡

目标项目				
责任者			签发者	
目标要求	权限和保障条件	奖惩办法	自我评价	领导评价

（二）安全目标的实施

安全目标的实施是指在落实保障措施、促使安全目标实现的过程中所进行的管理活动。目标实施的效果对目标管理的成效起决定性作用。该阶段主要是各级目标责任者充分发挥主观能动性和创造性，实行自我控制和自我管理，辅之以上级的控制与协调。

1. 目标实施中的控制

控制是管理的一项基本职能，它是指管理人员为保证实际工作与计划相一致而采取的管理活动。通过对计划执行情况的监督、检查和评比，发现目标偏差，采取措施纠正偏差；发现薄弱环节，进行自我调节，保障目标的顺利实施。

控制要以实现既定目标为目的，在不违背企业工作重点的前提下，不鼓励目标责任者对目标实施过程采取相同的方式，鼓励目标责任者的创造精神，目标责任相关的部门和人员要相互协调、配合。遇到影响目标实施的重大问题应及时向上级汇报。控制分为以下三种：

第一种，自我控制。它是目标实施中的主要控制形式，通过责任者自我检查、自行纠偏达到目标的有效实施。自我控制便于人人参与安全管理，人人关心安全工作，激发个人的主人翁责任感，可以充分发挥每个人的聪明才智，可以使领导者摆脱烦琐的事务性工作，集中精力把握全局工作。

第二种，逐级控制。它是指按目标管理的授权关系，由下达目标的领导逐级控制被授权人员，一级控制一级，形成逐级检查、逐级调节、环环相扣的控制链。逐级控制可以使发现的问题及时得到解决。逐级控制时非直接上级不要随意插手或干预下级工作。

第三种，关键点控制。关键点是指对实现安全总目标有决定意义和重大影响的因素。关键点可以是重点目标、重点措施或重点单位等。例如，水泥厂的重点目标是产品的达标率，重点措施是作业点的密闭化，重点单位是均化库。一般情况下，不同企业、同一企业不同车间、不同作业环境，关键点均不相同，因此，应以总目标实现为最终目的，具体问题具体分析。

2. 目标实施中的协调

协调是目标实施过程中的重要工作，总目标的实现需要各部门、各级人员的共同努力、协作配合。通过有效的协调可以消除实施过程中各阶段、各部门之间的矛盾，保证目标按计划顺利实施。目标实施中协调的方式大致有以下三种：

第一，指导型协调。它是管理中上下级之间的一种纵向协调方式。采取的方式主要有指导、建议、劝说、激励、引导等。该方式的特点是不干预目标责任者的行动，按上级意图进行协调。这种协调方式主要应用于：需要调整原计划时；下级执行上级指示出现偏差，需要纠正时；同一层次的部门或人员工作中出现矛盾时。

第二，自愿型协调。它是横向部门之间或人员之间自愿寻找配合措施和协作方法的协调方式。其目的在于相互协作、避免冲突，更好地实现目标。这种方式充分体现了企业的凝聚力和职工的集体荣誉感。

第三，促进型协调。它是各职能部门、专业小组或个人相互合作，充分发挥自己的特长和优势，为实现目标而共同努力的协调方式。

（三）安全目标的考核与评价

为提高安全目标管理效能，目标在实施过程中和完成后都要进行考核、评价，并对有关人员进行奖励或惩罚。考核是评价的前提，是有效实现目标的重要手段。目标考评是领导和群众依据考评标准对目标的实施成果客观的测量过程。这一过程避免了经验型管理中“领导说了算”，缺乏群众性的弱点，通过考评使管理工作科学化、民主化。通过目标考评奖优罚劣，避免“大锅饭”，对调动工人参与安全管理的积极性起到激励作用，为下一个目标的实施打下良好基础，从而推动安全管理工作不断前进。

为做好安全目标的考评工作，考评中应遵循以下原则：

第一，考评要公开、公正。考评标准、考评过程、考评内容和考评结果及奖惩要公开，要增加考评的透明度。不搞领导裁决，不搞神秘化，不搞“发红包”。考评要有统一的标准，标准要定量化，无法定量的要尽可能细化，使考评便于操作，也避免因领导或被考评人不同，而有不同的考评标准。

第二，以目标成果为考评依据。目标管理是强调结果的管理，对达到目标的过程和方法不作规定。因此不论你付出的努力有多大，考评的是成果的大小、质量和效果。这一方法激励人们的创造精神，工作中讲究实效，避免形式主义。

第三，考评标准简化、优化。考评涉及的因素较多，考评结果应最大限度表明目标结果的成效，标准尽量简化，避免项目过多引起考评工作的烦琐和复杂。考评标准要优化，要抓反映目标成果的主要问题，评定等级要客观。

第四，实行逐级考评。逐级进行安全目标的设定和分解，进而构成目标体系，由上至下逐级考评，有利于考评的准确性。

对目标的考评内容包括：①目标的完成情况，包括完成的数量、质量和时间。②协作情况，即目标实施过程中组织内部各部门或个人间的联系与配合情况等。除上述主要考评内容外，还应适当考虑目标的复杂程度和目标责任人的努力程度。

由于考评的标准、内容、对象不同，因此对目标的考评方法也不同，但考评方法应简单易行，具有系统性、综合性、多样性。可采取分项计分法、目标成果考评法、岗位责任考评法等。

（四）做好安全目标管理工作应注意的问题

1. 加强各级人员对安全目标管理的认识

企业领导对安全目标管理要有深刻的认识，要深入调查研究，结合本单位实际情况，制定企业的总目标，并参加全过程的管理，负责对目标实施进行指挥、协调；加强对中层和基层干部的思想教育，提高他们对安全目标管理重要性的认识和组织协调能力，这是总目标实现的重要保证；还要加强对职工的宣传教育，普及安全目标管理的基本知识与方法，充分发挥职工在目标管理中的作用。

2. 企业要做好完善的系统的安全基础工作

企业安全基础工作的水平，直接关系着安全目标制定的科学性、先进性和客观性。如：要制定可行的伤亡事故频率指标和保证措施，需要企业有完善的工伤事故管理资料和管理制度；控制作业点尘毒达标率，需要有毒、有害作业的监测数据。只有建立和健全了安全基础工作，才能建立科学的、可行的安全目标。

3. 安全目标管理需要全员参与

安全目标管理是以目标责任者为主的自主管理，是通过目标的层层分解、措施的层层落实来实现的。将目标落实到每个人身上，渗透到每个环节，使每个职工在安全管理上都承担一定目标责任。因此，必须充分发动群众，将企业的全体员工科学地组织起来，实行全员、全过程参与，才能保证安全目标的有效实施。

4. 安全目标管理需要责、权、利相结合

实施安全目标管理时要明确职工在目标管理中的职责，没有职责的责任制只是流于形式。同时，要赋予职工在日常管理上的权力。权限的大小，应根据目标责任大小和完成任务的需要来确定。还要给予职工应得的利益，责、权、利的有机结合才能调动广大职工的积极性和持久性。

5. 安全目标管理要与其他安全管理方法相结合

安全目标管理是综合性很强的科学管理方法，它是企业安全管理的“纲”，是一定时期内企业安全管理的集中体现。在实现安全目标过程中，要依靠和发挥各种安全管理方法的作用，如建立安全生产责任制、制定安全技术措施计划、开展安全教育和安全检查等。只有两者有机结合，才能使企业的安全管理工作做得更好。

第四节 仓库安全管理的基本任务

仓库安全管理，就是运用安全管理的理论、原理、原则、模式、方法、手段、技能等，分析仓库安全状况，研究和控制仓库存在的危险，预测和预防事故的发生，确保仓库正常安全运行。根据事故原理，事故发生与否，与事故相关的是人、机、物、环、管五要素起着决定作用。仓库安全管理的基本任务是采用工程技术对策、教育对策、法制对策，通过有效控制和管理，使运行中的人、机、物、环、管协调一致地实现既定目标。

一、认真落实国家安全生产方针

仓库工作必须贯彻“预防为主、安全第一”方针。预防为主，就是相信科学，依靠群众，及时发现事故苗头，防止和避免一切事故发生。“预防为主”要在观念上树立超前意识，一切想在和做在事故前头，防患于未然；贯彻“预防为主”的方针，必须建立、健全各项规章制度，力求安全工作制度化；重视安全诊断技术的运用和研究，使危险因素尽早发现，事故隐患尽早排除；积极开展事故的预想、预查、预防活动，杜绝各类事故发生。“安全第一”就是指在仓储工作中，应以仓库安全为前提；仓储工作与仓库安全矛盾时，工作服从于安全；仓库领导重视保护劳动者健康与安全，仓库职工也应严格、自觉地执行仓储安全工作的各项规章制度。

以往的安全管理侧重于对已经发生的事故进行统计分析和教训的总结，而忽视了事故前对每一个工作环节潜在危险的预测和采取积极的防范措施。这样做，从总结经验教训、防止事故重演上是必要的，但是被动的。贯彻“预防为主”的方针，管理者的责任是把主要精力放在事前预测上，由“事故追查”变为“安全预测”，才能防患于未然，不断提高安全管理水平，真正做到防止事故发生。

二、建立安全组织、完善安全规章制度

建立安全组织、完善安全管理的规章制度是仓库安全管理的基本任务。安全组织是领导、指导、执行安全工作的部门，如安全委员会、安全小组、消防分队、群众消防组织等。仓库应完善安全管理的各项规章制度，如《仓库用火安全管理规定》《仓库事故管理规定》《仓库施工人员安全管理规定》《仓库物资收发作业规程》等，为仓库安全管理提供依据。特别重视规章制度的检查、落实，使规章制度充分发挥其效能。安全岗位责任制是行之有效的管理制度，它明确责任、赋予权力、落实奖惩，有力地促进规章制度的落实。

三、进行安全教育

安全管理，首要的基本任务是要搞好安全教育。搞好仓库的安全管理必须经常不断地加强安全重要性和安全基本知识的教育，进行专业安全教育，提高认识，丰富知识。做到人人重视安全，人人懂得安全，事事讲安全、处处想安全、时时保安全。安全教育要讲究方法，注重时效。开展“安全规章制度学习月”活动是进行安全教育的好形式、好方法。

安全教育的目的是全面提高仓库人员的安全素质。人的安全素质包括两个层面：一个是安全层面，指的是人的安全知识、技能和意识；另一个是人文层面，指的是人的安全观念、态度、品德、伦理、情感等。因此，仓库应当充分利用管理信息，将安全教育贯穿于各项工作和作业活动之中，既要传授安全知识和技能，培养人的法治观念和安全行为，又要注重世界观、人生观、价值观的长期培养和养成教育。

四、实施安全监察

大力推行安全监督制度，是我国改革劳动保护制度的重要内容。安全监督，就是使安全管理成为封闭式管理，即不但管生产的管安全，而且要有安全监督部门监督安全。安全监督，就是组织职能机构对所属单位组织的安全生产，保证劳动者健康的工作进行监督。国家建立了“国家监察、行业管理、行政负责、群众监督”的安全管理体制，并成立国家安全生产监督管理总局，保证有效的安全监督。仓库应着眼实际，根据需要建立与之相适应的安全监督机制，对所属单位进行安全检查、评比、监督和事故处理。同时，还应大力开展群众性的安全监督。实践证明，仓库设立安全监督岗和安全员对实施安全监督是行之有效的方法。

仓库在建、管、用中的安全监督如图1－2所示。从图1－2中可以看出，安全监督应该是全过程的。从建库开始就应该对安全问题进行监督，如建库定点是否考虑到安全问题，山体是否稳固、地下水位是否太高、是否在泄洪道上。在设计、施工、验收以及仓库建成交付使用的每一阶段都需对安全问题进行监督，事故发生时还要对事故

的处置和处理进行监督。以往的实践证明，通过安全监督机构的有效监督，可以消除工作中的大量事故隐患，避免事故的发生。

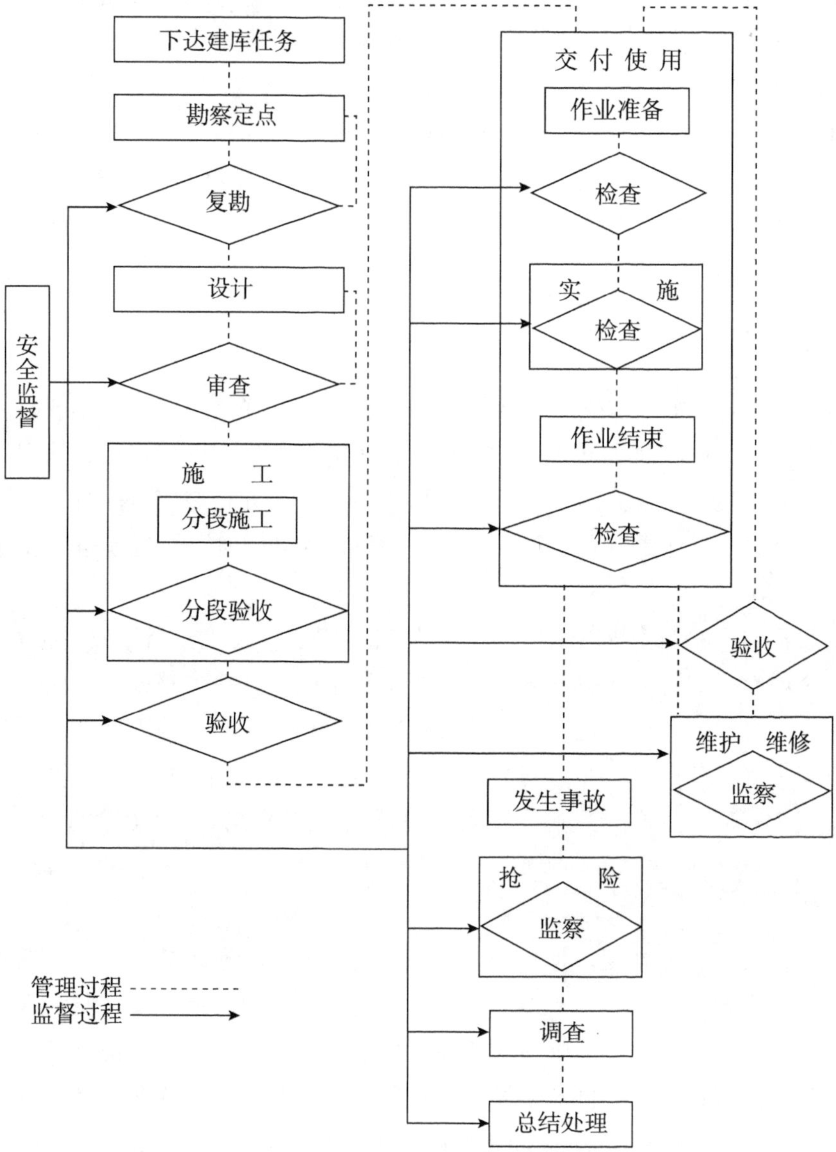

图 1－2　仓库建、管、用中的安全监督

五、开展科学研究和高新技术应用

科学研究是探索，是开拓，是一切事物的开路先锋。必须十分重视安全工作的科学研究，不断学习、运用安全管理的高新技术；不断探索出安全管理的新经验、新办法。各单位应努力从事安全工作的科学研究，探索事故规律，制定防范措施，不断改革并引进先进的安全技术装备，加大安全工作的科技含量，开拓安全管理的新路子。一定要特别重视运用现代安全管理的理论和新技术，如安全系统工程、安全诊断技术和计算机技术等在安全管理上的运用。进行自动化管理，进行安全分析和安全评估，进行安全预测，制定出消除事故隐患的各种安全技术措施，以提高安全管理的水平。

六、认真处理事故

认真处理事故是仓库安全管理的一项基本任务。事故发生时，要妥善处置，减少损失、避免蔓延；事故发生后，要认真调查事故发生的原因，总结经验教训。因此，事故处理要尊重科学，相信并依靠群众，重事实、证据，弄清事故发生的根本原因，使今后工作引以为戒。对重大事故，领导机关应负责迅速筹组调查委员会或调查小组，统筹规划调查事宜，以保证调查工作的科学性与权威性。在调查工作中，要做好思想政治工作，排除外界干扰，要求发生事故的单位正确对待，密切配合，提供方便；还要根据实际情况及时发出指令，保护现场，封存保管记录、检修记录或工作日志，以利于查明事故的真相；必要时还要进行模拟实验，确实查明事故真正原因。凡违章作业、违章指挥、玩忽职守造成事故，给国家和人民生命财产造成严重损失的都应追究其刑事责任。

第五节　仓库各类人员安全管理职责

仓库各类人员是仓库安全管理工作的主体，他们对安全管理负有一定的管理责任，同时也拥有一定的管理职权，如何正确地规定其职责范围，对于落实仓库安全管理责任制，促进仓库安全管理的发展有重要作用。

通常，涉及仓库安全管理的各类部门与人员有仓库安全委员会主任、仓库专（兼）职安全员、班（组）安全员、安全监督部门、安全消防监督人员等，其主要职责介绍如下。

一、仓库安全委员会主任的职责

（1）保证国家和上级安全消防法令、规定、指示和安全管理制度在本单位贯彻执行。把安全消防工作纳入重要议事日程，做到“五同时”。即计划工作时，同时计划安全工作；布置工作时，同时布置安全工作；检查工作时，同时检查安全工作；总结工作时，同时总结安全工作；评比工作时，同时评比安全工作。

（2）组织制订本单位安全管理规定、制定安全技术操作规程和安全技术措施计划实施。

（3）组织对新工人（包括实习、代培人员）和班、组的安全教育。对职工进行经常性的安全思想、安全消防知识和安全技术教育及定期组织考核工作。号召参与每周一次班（组）安全活动日活动，及时解决职工提出的有关安全问题。

（4）组织每月的安全检查，落实整改，保证设备、安全设施、消防器材处于良好状态。

（5）组织好安全生产和各种无事故活动，总结安全消防工作方面的经验，表彰对安全工作做出成绩的先进班（组）和个人。

（6）坚持“三不放过”的原则。即事故原因查不清不放过；责任者及全体职工没受到教育不放过；防范措施不落实不放过。对发生的事故及时报告和处理；对重大事故要保护好现场，查清原因，采取防范措施；对事故和责任者提出的意见，报上级领导批准后执行。

（7）负责对重点部位临时用火履行规定的申请手续和对班（组）报来的非重点部位用火的审批。组织好重点部位动火时的防范措施，并应亲临现场指挥和监督工作。

（8）发动群众，搞好文明生产，保持各作业环节（场地）清洁卫生，无油污、无杂物。

二、仓库专（兼）职安全员的职责

（1）在主管领导和上级业务部门的指导下，负责所辖范围内的安全消防工作，协助主任贯彻上级有关安全、消防工作的指示、规定。检查督促职能部门对安全消防工作的贯彻执行情况，在业务上直接受安全消防监督部门指导，有权直接向主管安全消防部门或上级有关业务部门汇报工作。

（2）参与制订、修改有关安全、消防管理制度和技术规程，并检查执行情况。

（3）负责编制所属范围的安全消防措施计划，并检查执行情况。

（4）搞好职工安全思想、安全技术知识教育和安全消防技术考核工作，具体负责对新工人进行岗位前安全教育，并督促班（组）认真进行岗位安全教育。

（5）提出所辖单位安全活动日活动的安排意见和防事故演练计划，并监督实施。

（6）参加所辖范围内扩建、改建工程设计的审查、竣工验收和设备改造，工艺条件变动方案的审查，使之符合安全技术规定、规范的要求。

（7）检查落实动火防范措施，确保动火安全。

（8）每日深入现场检查，及时发现隐患，禁止违章作业。对紧急情况或可能发生事故情况下，对不听劝阻者，有权停止其作业，并立即报告有关领导处理。

（9）负责所辖范围内的设施、灭火器材、抢救设备和事故隐患的管理、监视工作，并掌握安全隐患，提出改进意见和建议。

（10）参加事故调查处理，做好事故统计分析上报工作，协助领导落实各项安全措施。

（11）对班（组）安全员实行业务指导。

三、班（组）安全员的职责

（1）协助班（组）长做好本班（组）安全工作，受专职安全员的业务指导。协助班（组）长做好班前安全布置、班中安全检查、班后安全总结。

（2）组织开展本班（组）的各种安全活动，认真做好安全活动记录，提出安全工作的意见和建议。

（3）新职工（包括代培、实习人员）进行岗位安全教育。

（4）严格执行有关安全、防火的各项规章制度和操作规程，对违章作业有权制止，并及时报告上级领导。

（5）检查本班（组）人员的各种防护用品和消防器材。

（6）发生事故要及时了解情况，维护好现场，并向领导报告。

四、安全监督部门的职责和权限

（1）监督各部门和人员贯彻执行国家和上级有关安全消防方针、政策、制度规定及有关安全指示。

（2）制定和审查各部门安全消防管理及环境保护的制度、办法和细则，并检查执行情况。

（3）监督检查对新建、改建、扩建和技术改造项目的有关安全措施“三同时”原则的贯彻执行。“三同时”即设计时同时设计安全消防措施；施工时同时施工安全消防措施；验收时同时验收安全消防措施。

（4）参加仓库新建、改建、扩建工程的验收工作。对不符合规范要求的，以及安全消防设施不配套的，不予验收并应提出改进意见。

（5）按规定组织定期安全检查和临时性专业检查。

（6）组织所属基层单位的安全消防骨干技术培训及消防演练。

（7）组织开展“安全月”活动，负责对安全消防、环保方针、政策、规定和有关知识的宣传教育工作。

（8）对检查中发现的安全隐患提出整改意见，限期解决，逾期不解决的，除取消其安全管理先进资格外，并给予经济处罚。对安全消防工作有成绩的给予奖励。

（9）监督安全消防经费的使用，安全消防经费不得挪作他用。

（10）对发生的等级事故（包括污染事故）要做好调查、统计、上报工作，并对事故责任者及其领导人根据情节给予经济处罚或建议有关部门给予纪律处分。对情节严重的提请司法机关处理。

（11）指导消防组织的业务工作，统一指挥和组织火场及其他事故的扑救和抢救工作。

（12）对仓库选用消防器材的规格和布置提出意见和方案，并实行监督。

（13）进行消防科研工作。

（14）与毗邻单位组成治安联防组织。负责与之保持密切联系，定期研究了解社会治安情况，帮助他们搞好安全教育和防火、灭火训练，共同保卫安全。

（15）要根据情况做好防洪（汛）、防台风、防胀、防冻、防山火和防地震“五防”的组织、检查和落实工作。

五、安全消防监督人员的职责和权限

（1）安全消防监督人员在所辖范围内，有权随时进入任何作业场所进行安全检查。

（2）有权参加规划设计工作、安全措施的审查，有权制止违章指挥、违章作业，并对违章人员提出处理意见。

（3）对不安全问题，有权要求在限期内予以解决。

（4）如发现有可能造成事故危险时，有权立即停止工作，撤出人员。

第六节　仓库安全管理信息系统

管理信息系统（MIS）主要包括对信息的采集、存储、传输、加工和输出（含信息的反馈）五种功能，通过信息网络共享网络中的硬件、软件、数据和通信设备等资源，加速信息的周转，为管理者的决策及时提供准确、可靠的依据。近年来，有些仓库正在推行事故控制技术，其中的事故隐患检查方法是一种积极的、适合仓库安全的管理手段，它是根据危险源辨识和系统安全分析的结果，把主要的潜在事故隐患作为检查和控制的对象，编制成各类标准安全检查表。在实际仓库管理中，需要获取大量的事故信息，这些信息都是需要及时处理和综合分析、判断的，这就需要仓库安全管理信息系统。

一、仓库安全管理信息系统分析及设计

仓库安全管理信息系统的症结主要是安全管理中作为决策依据的信息流通不畅，根据事故控制的基本模式，在系统设计时，要考虑几个信息反馈回路，而以下两个基本回路尤为重要。

其一，制表（安全检查表）→检查（工作岗位）→隐患评价→打印（整改通知）→有关部门→整改（工作岗位）。

其二，隐患总库→制表（安全检查表）→检查→发现新隐患→（新隐患）存档→总库。

因此，仓库管理信息系统应按如下方式运行：通过危险源辨识发现来自各分库的事故隐患，经过汇总、分析后，输入计算机。并分别建立了两个事故隐患档案，一个是按不同的岗位来区分的事故隐患档案，安全检查表的制订就是以它作为依据；另一个是按其所属的不同的专业部门来区分的事故隐患档案，用来区分事故隐患的类型，以便制订出各种专业报表，发送至各专业部门。各个不同岗位的安全检查表通过计算机打印出来后，发送至各作业岗位。工作人员依表进行安全检查，发现事故隐患后，

及时通过网络系统反馈回仓库安全部门的信息管理中心，进行汇总，建立当前事故隐患档案。再根据按专业部门区分的隐患档案对其进行分类汇总，制订出各种不同的专业报表，再通过网络系统发至各专业部门，指导其进行事故隐患整改。

如果在当前事故隐患检查中发现未列出的新事故隐患，则把它存入事故隐患档案（包括按岗位分和按专业部门分的事故隐患档案）不断增加内容，因此，安全检查表的内容也随之丰富。当前事故隐患档案的建立，是为了实现对各专业部门进行的隐患整改情况的跟踪监督。通过与当前事故隐患档案中情况的对照，可发现以前的事故隐患是否已得到整改，从而采取相应措施。

在系统中，建立以上两种事故隐患档案之后，还可建立伤亡事故档案，以及仓库特殊作业岗位工作人员的素质档案、岗位安全教育培训档案等。

根据上述分析，建立仓库安全管理信息系统，其信息反馈数据流程如图 1－3 所示。

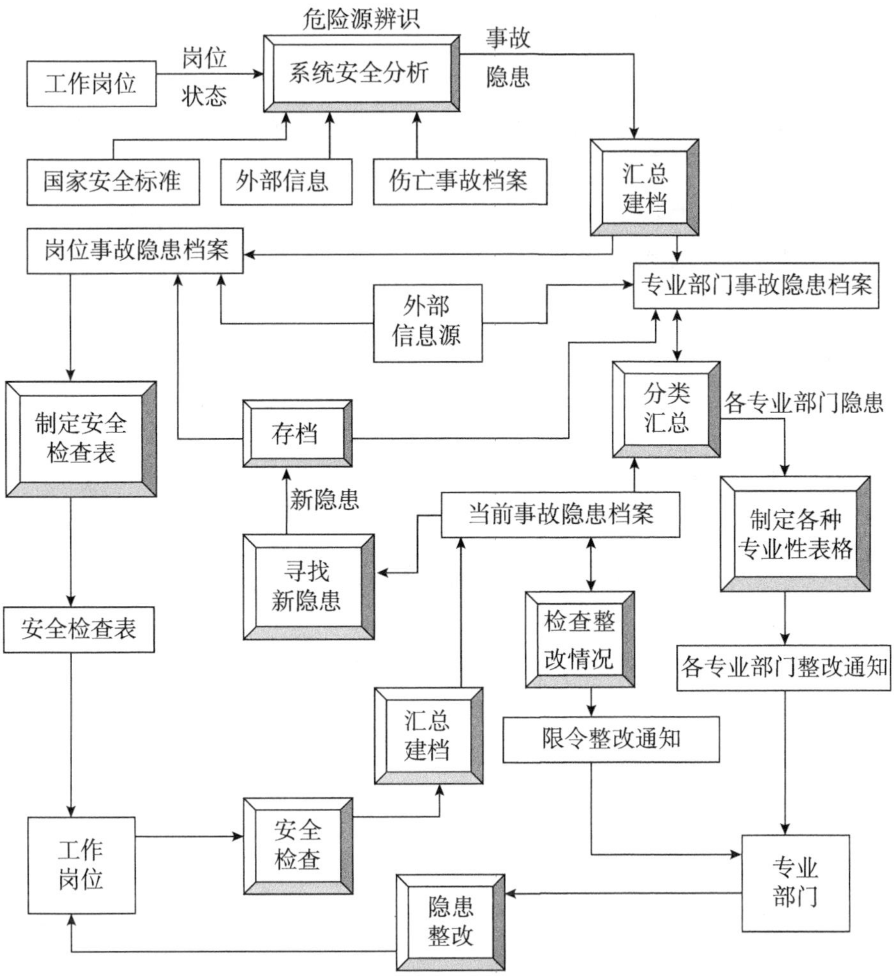

图 1－3　仓库安全管理信息系统反馈数据流程

二、系统说明

（一）危险源辨识

危险源辨识是建立仓库安全信息管理系统的基础，也是建立此系统的第一步。进行危险源辨识工作时，不仅要分析以往发生的伤亡事故资料，还要参照来自系统外部的其他有关信息资料。危险源辨识，应掌握下列几项内容：

（1）仓库设施、设备本质安全化水平，设计缺陷及作业环境缺陷。

（2）人机匹配问题。

（3）事故严重度和发生概率。

（4）事故可能发生的模式及波及范围预测。

按此要求进行危险源辨识，再辅以系统安全分析方法，即可找出各种潜在的事故隐患，从而为安全检查表的制订和隐患的整改工作打下基础。

（二）隐患信息管理系统

该系统的模块设计包括两个方面：数据存储设计和处理过程设计。

数据存储设计主要是确定存储的内容和文件的组织方式。包括各种档案文件的建立及分类。

处理过程设计主要是把模块分为四类：输入汇总、查询、打印报表和复制。

系统主控模块由下述多个功能模块组成，在菜单提示下调用子程序执行其功能，隐患信息管理系统模块结构，如图 1－4 所示。

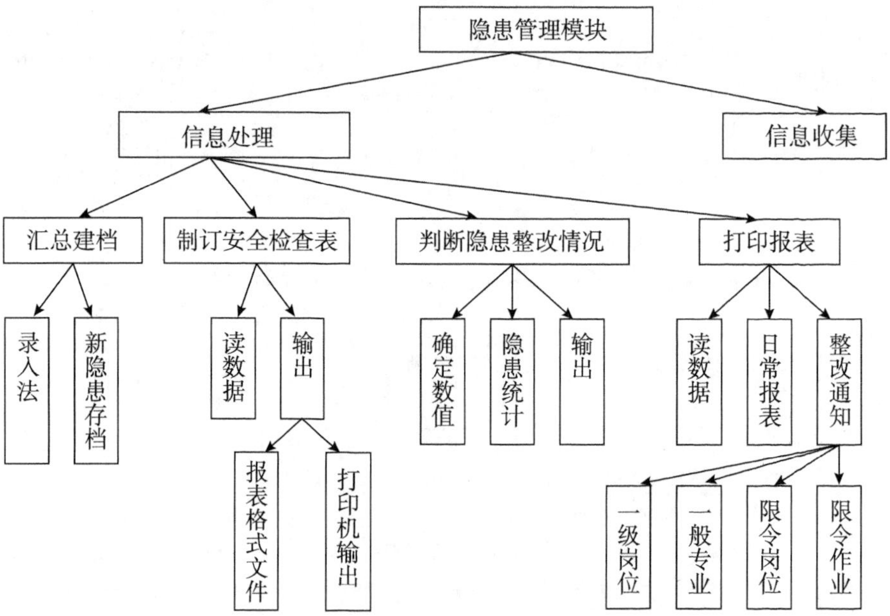

图 1－4　隐患信息管理系统模块结构

隐患信息管理的信息收集模块包括两部分内容。第一部分是通过危险源辨识和系统安全分析，把各危险点的事故隐患收集、录入；第二部分是通过安全检查，发现各危险点的事故隐患，并将其反馈至主模块。由于这两部分工作主要靠人工参与完成，故在此统一用信息收集模块表示。

（三）安全检查

安全检查是安全管理信息系统成败之关键。安全检查表依据从危险源辨识和系统安全分析中得到的事故隐患档案确定。因而其内容全面、客观、具有严谨的科学性。仓库安全检查内容因岗位差异而不同，表格形式通用的安全检查表，同时集安全检查和设备点检查的要求于一表。检查表的主要内容包括检查项目、检查内容（包括其他新的内容）及标准、检查结果（包括备注）以及检查人和检查日期。仓库各部门人员应严格按照检查表进行检查，及时将事故隐患反馈给安全管理部门。如果发现的是事故隐患，并经仓库作业人员自己解决，也需记入检查表内。

（四）隐患整改

隐患整改是安全管理信息系统的最后体现，前面所做的一切都是为实施隐患整改创造条件，而隐患整改才是系统起作用的最为重要的手段。

应该建立以仓库业务管理、仓库设施设备、仓库车辆管理、仓库库区警卫、仓库安全监控等主体的隐患整改机制，这种按系统管理、分级负责的方法有利于充分发挥各部门的安全责任意识。

仓库安全信息管理系统分系统、按职责将事故隐患制成各种专业报表，通过安全管理信息系统网络，及时反馈到有关部门的终端上。

事故隐患整改过程就是一个系统反馈、调节的过程，每起事故隐患，不可能一次反馈、调节，它是控制危险因素、及时消除事故隐患、实现安全作业的重要环节。

建立仓库安全管理信息系统总的思想方法是：通过详细调查及系统安全分析，找出各种事故隐患，确立各个危险点，特别是在各危险点建立仓库安全管理信息系统网络终端，严格执行安全检查表制度，准确、及时地将各种隐患信息反馈到安全管理部门，以数据的形式存入仓库安全管理信息系统数据库，进行信息处理（包括分析、辨别、分类、汇总），最后再以各种专业报表的形式输出至各部门的终端上，及时进行隐患整改。

仓库安全管理信息系统，可以解决目前仓库安全管理中普遍存在的关键问题——安全信息缺乏、信息传递渠道不畅通、反馈不及时、危险信息不能及时得到处理。因而，该系统对仓库安全管理向本质安全化管理方面发展，具有十分重要的现实意义。

当然，仓库安全管理是一项非常复杂的系统工程，单凭向本质安全化管理一方面发展是不够的。还需要采取各种措施，提高仓库人员的安全素质（安全技能和安全意识），增强仓库人员执行安全规章的自觉性和自我保护能力。只有这两方面都做到，才有可能真正使企业安全管理水平上升到另一个新台阶。

第二章　仓库设计与安全

仓库是根据人们从事物资储存活动的功能需要，按照物资对储存环境的要求而建立的储存场所。仓库具有储存、调节供需、衔接运输、流通加工和配送等功能。仓库的基本功能是储存功能，就是保证物资在储存过程中完整无损，使仓库作业达到安全迅速和经济合理。仓库安全是仓库管理的基本要求，仓库设计与仓库安全具有紧密的联系。仓库设计涉及的内容很多，本章主要从仓库安全的角度探讨仓库设计的有关问题。

由于仓库种类很多，因此仓库的设计也各不相同，仓库设计所考虑的安全重点也不一样。但是不管仓库怎么分类，主要还是通用仓库和特种仓库两大类。本章将分别讨论通用仓库和特种仓库的设计与安全问题。

第一节　通用仓库的安全设计

通用仓库是指用来储存、保管没有特殊要求的物资的仓库。这类仓库是分布最广、比重最大、使用最为普遍的常规性仓库，因此研究通用仓库的设计与安全具有特别重要的意义。

仓库安全包括仓储物资安全、仓库设备设施安全、仓库人员安全和环境安全四个方面。在仓库设计时，应从仓库的库址选择与安全、仓库平面布置设计与安全的角度出发确保仓库中人员、物资、设施设备和环境的安全。

一、仓库的库址选择与安全

仓库规划是指在一个区域范围内考虑仓库网点的分布，确定拟建仓库的地点。仓库不能盲目地任意建设，必须认真地规划，反复研究决策，做到统筹兼顾、合理安排，才能不会导致布局混乱，使用不便，才能不会浪费资金、用地，才能不会留下安全隐患。只有合理地规划设计，才能保证仓库建筑在可靠的工程地质基础上，才能使仓库有一个安全、卫生、方便的环境，才能满足收发、储存、装卸、搬运等作业安全要求。

仓库规划需要应用经济和技术两方面的专门知识，尤其是技术方面的知识，如果不从工程技术角度认真分析，考察所选仓库地点的地质、水文、气候、地貌等自然条件和交通运输、供电、供水、卫生、安全等环境要求，就可能给仓库安全留下隐患。所以在选择仓库地址时必须考虑以下工程条件：

（一）地质条件

地质条件的分析可利用原有地质资料，或经现场勘测获得有关资料进行。它主要考察所选地址的地基承载力是否满足要求，是否有不良地质现象。如果所选地址的地基承载能力较小或者有不良地质现象，那么在此建设的仓库是不安全的。在进行地质条件的考察时，要对不同地层、地基、土层的自然堆积情况，土层中固体颗粒大小、密度，土中水和气体的多少加以分析研究。选择适合仓库用地且承载能力较高的地基，不能将仓库选择在有岩溶、滑坡或地震带的地方。不同地质构造的承载力如表2－1所示。

表2－1　　不同地质构造的承载力

类别	承载力（t/m^2）	类别	承载力（t/m^2）
碎石（中密）	40～70	细砂（很湿）（中密）	12～16
角砾（中密）	30～50	大孔土	15～25
黏土（固态）	25～50	沿海地区淤泥	4～10
粗砂、中砂（中密）	24～34	泥炭	1～5
细砂（稍湿）（中密）	16～22		

（二）水文条件

通用仓库如果建造在沿江靠海地区，在选择库址时一定要考虑各种水文条件，如洪水侵患、年降水量的不均匀性、流速变化、水流对河岸的冲刷以及河床泥沙的淤积等水文因素。当然在这些因素中最主要的是考虑洪水的防范。通常一般的仓库，洪水最高水位以洪水频率0.5%～1.0%（即在50～100年一遇的洪水发生时不被淹没）来考虑。另外，在建造仓库时也要考虑地下水的水位、水质、水量等，特别是地下水位对工程的影响较大，水位过高将影响工程地基承载能力。

（三）气候条件

温湿度管理是仓储物资管理的重要工作，是保证物资质量完好的重要措施。因此，在仓库设计时应充分考虑气候条件对仓储物资的影响。

气候条件是指太阳辐射、风象、温度、湿度与降水等几个方面，其中影响仓库安全的主要气象条件是风象。风象是以风向和风速两个量来表示的。风向一般是分8个或16个方位观测，累计某一时期中（如一月、一季、一年或多年）各个方位风向的次数，并以各个方位风向的次数所占该时期不同风向的总次数的百分比值（即风向的频率）来表示。风象对工程建设有着多方面的影响，如防风、通风、抗风以及防火、卫生等。

（四）地形条件

地形条件也是仓库规划时必须考虑的一个重要条件。从自然地理角度宏观地划分地形的类型，大体有山地、丘陵与平原三类。在小地区范围内，地形还可进一步划分为多种形态，如山谷、山坡、冲沟、盆地、谷道、河漫滩、阶地等。除在平原地区地形较单一外，在山区或丘陵，往往是多种地形组合的形式。此外，地面的高程，用地各部位间的高差，地面的坡度等都对地面的排水、道路走向、山洪、江河汛期的防范有很大的影响。

（五）交通运输条件

交通运输是仓库建设的重要条件，所以在进行仓库规划时就应根据目前的具体情况、仓库将来的对外运输方式（如公路、铁路、水路）来规划布置。

公路运输是大中小型仓库必不可少的对外运输方式，如果仓库的建设用地接近现有公路，可以满足初期建设的运输需要。对用地范围邻近的现有公路，应了解它们的使用性质、公路等级、交通流量、路宽、路面承载力、公路线形等技术资料。

铁路运输是一般中转库、大型仓库普遍采用的对外运输方式。当考虑采用铁路运输时，需对铁路现有的编组站位置、从编组站到仓库是否有条件铺设专用线等情况进行分析。可对铺设铁路专用线与完全用公路运输两者进行经济性比较。

水路运输成本低廉，在有条件的地方应充分利用和发展水运。由于水运依靠自然水道、水域，因此需要对水情、航道、岸线进行调查，分析其建设的经济和技术的可能性，以及与陆路运输的衔接条件。

上述各项条件是选择仓库地址时影响较大的几项，根据上述几项要求，通用仓库选择地址的基本原则是：第一，要满足仓库用地的一般技术要求，即地势高、地形平坦、有一定坡度利于排水；土壤地基承载力高；地下水位不能太高，不应将仓库布置在潮湿的低洼地上。第二，要有利于交通运输；仓库用地必须靠近货运量大、供应量大的地区，以保证有充足的货源；应合理分布仓库，减少空车行驶里程，特别是要考虑运输过程的安全要求。第三，要有足够的用地，有一定的发展余地，尽量节约用地。第四，注意周围环境保护，防止污染，保证安全，满足有关卫生、防火方面的要求。

二、仓库平面布置设计与安全

仓库地址确定后，就必须对仓库的平面进行合理的布置设计。仓库的总平面布置设计是根据库址的自然条件和仓库的使用特点进行的设计。在满足防火间距的原则下，做到布局紧凑合理、交通运输路线短捷、物资出入方便，以创造一个尽可能安全、经济、合理的仓储作业环境。

在进行仓库总平面布置设计时为了达到安全、经济、合理的要求，必须按照以下原则进行布置设计。第一，库区的划分以及建筑物、构筑物平面位置的确定，应满足仓储功能要求，节约用地；第二，交通运输线路的组织与布置，应做到符合仓储作业工艺，尽可能减少不同运输路线的交叉和干扰；第三，库区自然条件的适应和利用，应结合地形、地质、水文、气象等条件因地制宜，力求在工程技术上经济合理；第四，库区安全防护设计，应满足防火、防爆、卫生、防震、隐蔽等安全方面的要求，严格执行有关部门颁发的设计规范；第五，库区的绿化和环境保护，应充分利用各种树木、草坪改善库区小气候，净化空气，降温防噪，使工作人员对环境有良好的适应性。

在总平面布置设计时，主要进行以下几方面的设计：

（一）库区的布置设计

仓库一般分为仓库作业区、辅助生产区和行政生活区。仓库作业区包括库房、货场、码头、铁路专用线及作业站台等。辅助生产区包括停车库（场）、检修车间和充电间等辅助生产用房。行政生活区包括办公场所、文娱场所、食堂、浴室、锅炉房和集体宿舍等办公和生活用房。仓库作业区、辅助生产区和行政生活区应分区布置设计。规模较大的有条件的仓库，应用实体围墙隔开。职工住宅必须与库区分开，或用围墙分隔，并应有单独的出入口，不得通过库区。办公场所是仓库工作人员办公的地方，包括各种办公室、化验室、警卫室等。办公场所是仓库生产管理的中心，应布置在主要出入口处并与作业区隔开，这样既方便工作人员与作业区的联系，又避免一般接洽业务的人员进入作业区。

仓库作业区按工作性质又可进一步分为装卸作业区、储存作业区和货场等。储存作业区应布置在库内主要干道与装卸作业区之间，使得装卸作业区与储存作业区的联系快捷、密切，保证储存区的物资出入库方便顺畅。不过储存区的周转性库房与储备性库房应分组均衡布置，避免周转性库房过分集中造成车辆阻塞和相互干扰。

仓库防火间距与储存物品的火灾危险性有关，储存物品的火灾危险性分类，如表2－2所示。

表2－2　　储存物品的火灾危险性分类

储存物品类别	火灾危险性的特征
甲	1. 闪点＜28℃的液体 2. 爆炸下限＜10%的气体，以及受到水或空气中水蒸汽的作用，能产生爆炸下限＜10%气体的固体物质 3. 常温下能自行分解或在空气中氧化即能导致迅速自燃爆炸的物质 4. 常温下受到水或空气中水蒸汽的作用能产生可燃气体并引起燃烧或爆炸的物质 5. 遇酸、受热、撞击、摩擦以及遇有机物或硫磺等易燃的无机物，极易引起燃烧或爆炸的强氧化剂 6. 受撞击、摩擦或与氧化剂、有机物接触时能引起燃烧或爆炸的物质

续　表

储存物品类别	火灾危险性的特征
乙	1. 闪点≥28℃但<60℃的液体 2. 爆炸下限≥10%的气体 3. 不属于甲类的氧化剂 4. 不属于甲类的易燃固体 5. 助燃气体 6. 常温下与空气接触能缓慢氧化，积热不散引起自燃的物品
丙	1. 闪点≥60℃的液体 2. 可燃固体
丁	难燃烧物品
戊	不燃烧物品

注：同一座仓库或仓库的任一防火分区内储存不同火灾危险性物品时，仓库或防火分区的火灾危险性应按火灾危险性最大的物品确定。丁、戊类储存物品仓库的火灾危险性，当可燃包装重量大于物品本身重量1/4或可燃包装物体积大于物品本身体积的1/2时，应按丙类确定。

按照《建筑设计防火规范》（GB 50016—2014）的规定，储存不同物品仓库之间及与其他建筑等的防火间距见表2－3和表2－4。

表2－3　甲类仓库之间及与其他建筑、明火或散发火花地点、铁路、道路等的防火间距（m）

名称		甲类仓库（储量t）			
		甲类储存物品第3、4项		甲类储存物品第1、2、5、6项	
		≤5	>5	≤10	>10
高层民用建筑、重要公共建筑		50			
裙房、其他民用建筑、明火或散发火花地点		30	40	25	30
甲类仓库		20	20	20	20
厂房和乙丙丁戊类仓库	一、二级	15	20	12	15
	三级	20	25	15	20
	四级	25	30	20	25
电力系统电压为35～500kV且每台变压器容量不小于10MVA的室外变、配电站，工业企业的变压器总油量大于5t的室外降压变电站		30	40	25	30
厂外铁路线中心线		40			
厂内铁路线中心线		30			

续 表

名称		甲类仓库（储量t）			
		甲类储存物品第3、4项		甲类储存物品第1、2、5、6项	
		≤5	>5	≤10	>10
厂外道路路边		20			
厂内道路路边	主要	10			
	次要	5			

注：甲类仓库之间的防火间距，当第3、4项物品储量不大于2t，第1、2、5、6项物品储量不大于5t时，不应小于12m，甲类仓库与高层仓库的防火间距不应小于13m。

表2-4　　乙丙丁戊类仓库之间及与民用建筑的防火距离（m）

名称			乙类仓库			丙类仓库				丁、戊类仓库			
			单、多层		高层	单、多层			高层	单、多层			高层
			一、二级	三级	一、二级	一、二级	三级	四级	一、二级	一、二级	三级	四级	一、二级
乙、丙、丁、戊类仓库	单多层建筑	一、二级	10	12	13	10	12	14	13	10	12	14	13
		三级	12	14	15	12	14	16	15	12	14	16	15
		四级	14	16	17	14	16	18	17	14	16	18	17
	高层	一、二级	13	15	13	13	15	17	13	13	15	17	13
民用建筑	裙房、单层、多层	一、二级	25			10	12	14	13	10	12	14	13
		三级				12	14	16	15	12	14	16	15
		四级				14	16	18	17	14	16	18	17
	高层	一类	15			20	25	25	20	15	18	18	15
		二类				15	20	20	15	13	15	15	13

注：1. 单、多层戊类仓库之间的防火间距，可按本表的规定减少2m。

2. 两座仓库的相邻外墙均为防火墙时，防火间距可减小，但丙类仓库，不应小于6m；丁、戊类仓库，不应小于4m，两座仓库相邻较高一面外墙为防火墙，或相邻两座高度相同的一、二级耐火等级建筑中相邻任一侧外墙为防火墙且屋顶的耐火极限不低于1.00h，且总占地面积不大于一座仓库的最大允许占地面积规定时，其防火间距不限。

在库区的布置设计中，保证防火间距与尽可能地节约用地是主要矛盾。可提高库房耐火等级，充分利用零星地布置次要建筑物；用不燃材料建防火隔断，隔离危险性大的设施以缩小防火间距。

仓库的分区布置没有统一规定，在具体设计时，应结合工艺特点和自然条件，在保证安全和有利操作管理的前提下灵活布置。

（二）运输线路的布置设计

仓库内不论采用何种运输、装卸搬运方式，道路运输都是必不可少的，都要涉及道路在库内的布置问题，道路布置时应注意满足以下几个方面的要求：第一，库房所存物资的周转快慢和储存量大小的要求；第二，库内货流组织要合理，尽可能减少货流的混杂、交叉、迂回，不同的货流最好组织在不同的道路上运行；第三，充分利用地形；第四，满足卫生要求；第五，满足防火要求。进入库区的道路不宜少于两条，以便火灾发生时人员的安全疏散和救火通道的畅通。

（三）库区安全防护设计

仓库是物资最集中的地方，安全问题十分突出。其中对仓库安全威胁最大的是火灾，这是因为仓库的库房、货场、站台、码头等场所往往堆积有大量易燃易爆物品，不仅火灾危险性大，而且一旦发生火灾后，燃烧猛烈，蔓延迅速，危及范围广。为了阻止火灾发生后火势的蔓延，除在单个库房的设计时须采取必要的防火措施外，在仓库的总平面布置设计时就应给予充分考虑。

从现有的防火措施看，在建筑物间设置防火间距是最普遍的做法。根据库房所储物资的火灾危险性类别、周围建筑物的耐火等级，确定其必要的防火间距。

为了保证防火安全和良好的卫生条件，平面布置设计时要选择有利的风向，把有明火作业的场所（如锅炉房）布置在经常排放可燃蒸气和可燃粉尘地区的下风或侧风方向。

（四）绿化布置设计

仓库平面布置时，要考虑库区的绿化，在库区内，除道路、作业场外，凡适于绿化的地方，应大量种植树木，覆盖草皮，有些见土的地方，不能种植也该用一层小砾石盖上，以避免扬土。

第二节　特种仓库的安全设计

特种仓库是其储存物资具有特殊的物理、化学及生物等性质的仓库。由于特种仓库储存物资的特殊性，因此对仓库规划布局和建筑设施设备提出了特殊要求，本节主要讨论油库和弹药库的安全设计问题。

一、油库的安全设计

油库是专门用于储存油料的仓库，由于油料的特殊性，在油库设计时，必须进行认真合理的布局，在充分论证的基础上选择库址，充分利用地形等环境条件，确保油库安全。

（一）油库地址选择与安全要求

在进行油库地址选择时，不仅要进行技术经济上的可行性论证，而且还要作安全上的可行性论证。油库的位置应尽量避开城市市区、大型水库、重要的交通枢纽、机场、电站、重点工矿企业以及其他的重要军事目标。在沿江河、海岸布置时，通常位于码头、水电站、桥梁、城市及船厂港区等重要建（构）筑物的下游，这样有利于城市卫生及防止油料着火时沿水（海）面扩大灾害。油库选择在河岸时，应与居民点、码头、桥梁等建筑保持相应的安全距离。安全距离的大小要根据地势、消防力量和水流的流速以及沿河建（构）筑物的重要性等来综合考虑确定。油库地址选择在江河、湖泊或水库的滨河地段时，库区场地的设计标高应比计算水位（考虑壅水和水流坡度及浪高的计算高度在内）高出0.5m。油库地形的选择不但要有利于减少油库的经营费用和投资费用，而且还要符合隐蔽的要求，要求对空自然防护能力强，一般要求山体高100m以上，坡陡30°以上，沟形弯曲，沟宽100m左右，沟坡不大于6%，地形和坡向尽可能满足自流发油的需要。库址最好选择具有缓慢倾斜且坡度较为明显的地形。一般要求自然地形坡度不宜小于千分之一。地形选择时还要避开低洼地带，以免在雨季遭淹没。库址的选择也必须满足油罐的荷载要求，具有足够的承载能力和稳定性。一般要求库址地基土的容许承载力不应小于147kPa。同时，应避开土崩、断层、滑坡、沼泽、流砂、地下矿场，三级湿陷性大孔土、上级水库可能淹没区及有开采价值的矿藏地区。库址的地质应具有良好的石质条件。要求岩层坚固、整体性好、普氏系数应在6以上、裂缝小、不易风化，避开断层和风化层带。另外，库址选择要便于连接铁路或水运线，有利于交通运输。

（二）油库总平面布置与安全要求

油库的总平面布置就是根据油库的等级、油料的类别、气象条件、地形条件、水源、交通以及消防等情况，合理布局库内的各种建（构）筑物，合理布置交通运输和管网线路，同时充分考虑绿化和环保等要求。在进行油库总平面布置时，主要考虑以下几个方面的情况，第一，应按使用功能要求合理分区布置。油库内建（构）筑物由于各业务活动条件不同，火灾危险性差别很大，为了便于油库的安全管理，便于区别不同情况，采取相应的防火措施，因此，根据储存、生产中的火灾危险性和管理的需要，把油库分为储存区、装卸作业区、辅助生产作业区、行政管理区和生活区。第二，合理组织库内交通路线。合理组织油库内交通路线，尽可能避免库区道路的交叉往返，库内道路至少应在不同方向设两个以上出入口，库区的建筑物间应有道路连接。第三，合理组织各建筑物的安排。库内的各建筑物的安排，要求建筑类型、建筑朝向、建筑间距、布置方式、空间组合以及所在地段的地形、道路、管线等要协调配合。第四，库内要注意绿化和环保。油库内进行有效的绿化，种植树木花草，可以美化环境，净化库区空气，改善库区气候，尤其是种植防火林带，还可以起到阻止火灾扩散的作用，保证油库的安全。

（三）防火间距

防火间距是指两座建筑物或构筑物之间留出的水平距离。设置防火间距是保证油库安全的重要措施。一是设置防火间距后，使各建筑物间的明火与油气保持一定的距离，使油气与火源隔离，可以避免或减少火灾的发生；二是可以防止火灾向邻近建筑物蔓延，为消防灭火创造了条件，可以避免或减少火灾造成的损失，确保油库的安全。

油库防火间距的确定主要是从热辐射这个因素来考虑的。防火间距的确定也还要考虑建筑物的耐火等级、建筑物的使用性质、生产和储存油品的火灾危险性大小及其特点以及有无防火隔离措施，消防人员能否及时到达并迅速扑救等因素。防火间距的计算，一般是从两座建（构）筑物的外墙（壁）最突出的部分算起；计算与铁路的防火间距时，是从铁路中心线算起；计算与道路的防火间距时，是从道路的邻近一边的路边算起。油库防火间距的设计主要包括油库与周围居住区、工矿企业、交通线等的安全距离，油库内建筑物和构筑物之间的防火间距，地上、半地下和地下油罐安全间距，洞库油罐安全间距，铁路装卸油品作业线路安全间距，装卸油品码头安全间距等，应符合《石油库设计规范》（GB 50074—2014）的要求。

（四）其他安全设施

油库中当油罐发生火灾或爆炸时，可能流散造成严重后果，所以油罐区应有防火堤。同样，地上油罐、半地下油罐的油罐组，也都应设防火堤。防火堤的高度应比计算高度高出0.2m，一般采用非燃烧材料建造。防火堤内的有效容量有一定要求，对于固定顶油罐不应小于油罐组内一个最大油罐的容量；对于浮顶油罐或内浮顶油罐，不应小于油罐组内一个最大油罐容量的一半；当固定顶油罐与浮顶油罐或内浮顶油罐布置在同一油罐组内时，应取以上两项规定的较大值。当管线穿过防火堤处时必须采用非燃烧材料严密填实。另外，防火堤内雨水的排出口宜放在防火堤一侧，其出口处应设控制阀门或闸板，并能在防火堤外操作。油罐区防火堤内不许种植农作物、树木等，堤内、堤上杂草应及时铲除，堤外种植的树木不得影响灭火要求。

在油库中地下油罐建在人工开挖覆土护体内，一个护体内只布置一个油罐。在下通道口设有一道朝向油罐方向开启的密闭门，平时密闭，当发生事故时油料在护体之内。因此，为了油库安全，防止事故，应在布置油罐的山沟口部或其他罐区合适的地方建筑必要的防火挡墙。建筑防火挡墙时值得注意的是不得阻碍山沟向外排出山洪水。

为了达到安全防护事故的目的，油库除了应设置防火堤和防火挡墙外，根据油库的具体情况，还应有其他防火安全的设施，如地下油罐下通道口设有密闭门，山洞油罐引洞一般设多道密闭门，对于各罐室与主坑道之间也应设有朝向罐室方向开启的罐室密闭门等。油库中水封井和隔油池也是为了油库安全而设置的。当油品沿地面排水沟扩散到下水道或管道内积聚或流入隔油池等建筑物时，会引起燃烧爆炸，因此，需设置水封井加以阻断。水封井水封层厚度不应少于0.25m，出水管在水封层底部，进水管在水封层顶部。为了减少污染和回收油料，防止火灾，需设置隔油池，其形式有平流式、平行波纹板式和斜板式隔油池等。隔油池与污油罐、泵房防火间距不宜小于15m。处理含油污水建筑物采用密闭式加设盖板。隔油池的进出口下水道应设水封井。隔油池周围10m范围内不应设置水井，隔油池成组布置时每组隔油池的集油管和集油总管应设水封。隔油池池壁应超出设计液面高度400mm以上。

（五）油库设备的安全设计

油库设备是指油库中的各种罐、管、泵以及其他设备，这些设备的安全对油库安全管理和生产至关重要，因此必须对油库中的各种设备设施进行安全设计，保证这些设备设施的安全和油料在储存、运输及收发作业中的安全。在对油库的设备进行设计时，必须尽可能充分考虑所有不安全因素，并采取措施进行预防，其设计的原则是要提高设备自身的安全性，防止发生事故；要从设计上保证如果发生事故应尽可能防止事故扩大，把损失减少到最低限度；要配备完善的消防设施。

油库设备的安全装置，主要有各种机械透气阀、液压透气阀、阻火器、胀油管及胀油安全阀、电动往复泵、螺杆泵、齿轮泵等的出口安全阀、管线放空管及放空罐、静电接地装置、防雷接地装置、油气浓度报警及自动化或手动通风换气装置、电气联锁装置以及负压报警装置、防溢联锁装置等。这些装置主要是用来防止燃料在储存、运输及收发作业中对设备的损坏，以及防止燃烧爆炸和油料的跑、冒、滴、渗、漏等事故。

进行油库设备设施的安全设计必须达到以下基本要求：一是要能有效地对设备、装置进行保护，防止过负荷或超限而引起设备的破坏和失效；二是在出现异常的情况下，能迅速显示报警实施控制，使设备和环境恢复安全正常状态；三是要考虑安全装置本身的故障或误操作而引起人的判断失误，造成事故；四是安全装置的选择应根据需要控制的参数以及被控制介质的特性和使用环境的状况而定。

（六）油库建筑物的防火防爆设计

为了预防事故的发生，防止事故的扩大，必须对油库的建（构）筑物进行防火防爆设计。对油库内的各种建（构）筑物进行防火防爆设计后，这些建（构）筑物能阻止火灾的蔓延扩大，减轻建（构）筑物的破坏程度，减少事故的损失。油库建筑防火防爆设计主要进行以下几个方面的设计：第一，在区域规划油库总平面设计和建筑设计中贯彻防火要求；第二，在建筑设计中，根据生产和储存油料的火灾危险性采用相应耐火等级和建筑结构，设置必要的防火分隔物；第三，在火灾发生的情况下，建筑物的设计要能为迅速疏散人员、物资创造有利条件；第四，要配备适当数量的灭火器材和安装安全保护装置。

油库中建（构）筑物的防爆设计是针对油库存在大量爆炸性混合物，为了防止爆炸事故，减少爆炸事故造成的损失而进行的一项设计。为了达到防爆要求，必须从建筑物的平面及空间布置，建筑物构造及建筑设施上加以系统分析，综合实施：首先，要合理布置有爆炸危险的建筑物，在建筑物进行总平面布置时就要注意各建筑物的合理布局，合理设计，如按规定留出防火间距。按当地全年主导风向，有爆炸危险的作业场所应布置在有明火散发火花地点及其他建筑物的下风方向，并在不影响相邻其他单位的前提下尽可能布置在库区的边缘。

另外，有爆炸危险建筑物的主轴线应与当地全年主导风垂直，或夹角不小于45°，以利于利用自然穿堂风吹走建筑物内的可燃蒸气。同时，建筑物应避免朝西，或采取遮阳措施，以减少阳光照射，使室温升高，加剧可燃、易燃液体的蒸发。对于建筑物的防爆设计，形状不宜变化过多，一般应为矩形，面积不宜过大。有爆炸危险的工作场所不应设在地下室或半地下室内，若必须设在地下时，应采取相应的防火、防爆措施，加强通风，并设单独的出入口。有爆炸危险的建筑物的结构选型非常重要，选用耐火性好、耐爆性强的结构形式，可以避免发生事故时建筑物的破坏。建筑结构主要有钢筋混凝土框架结构、装配式钢筋混凝土结构、钢结构及少数砖墙承重结构，在选型时要根据油库的地理位置和其他因素综合考虑上述结构形式。同时，应设置防爆、泄压、阻火等设施。

在有爆炸危险性的建筑物设计中，设置泄压的轻质屋盖、轻质外墙、泄压门窗等建筑构件，可以减轻爆炸压力的作用，使承重结构不致倒塌破坏。阻火设施也是建筑防火防爆设计的一个重要部分。主要有下水道的阻火设施，一般设置相应的水封井、隔油池防火设施和阻火分隔沟坑。储油洞库的洞口、灌油间、泵房等建筑物和管线入口处，应设置阻火分隔沟坑。对于距离较长的地下管沟，在敷设易燃、可燃液体管道的管沟内，沟底上每隔一段距离，设一高坎，阻止液体流散，每隔一段距离设置一阻火分隔沟坑。在地下管沟穿过防爆墙处也应设阻火分隔沟坑。在阻火分隔的沟坑内应填干砂或碎石，沟坑长度应不小于2m，这样才能有效地阻止大火蔓延扩大和可燃蒸气扩散流窜。

二、弹药库的安全设计

弹药库是用于储存弹药一类特殊危险品的仓库，也属于特种仓库。

弹药品具有燃烧、爆炸等性能，在其受热、摩擦、振动、碰撞、曝晒等外来因素的影响下，极易引发不安全事故，因此，在弹药品仓库设计时，不仅要考虑弹药专用设施本身结构的安全，还要考虑到环境作用下的安全，以及一旦发生事故时周围环境内其他设施和人员的安全，所以对于弹药库，必须精心选择库址，合理布局，充分利用有利地形地物，创造有利于弹药品安全的环境条件，确保弹药库的安全。

（一）弹药库地址选择

弹药库属于危险品一类仓库，在选择仓库的地理位置时，通常应避开大中城市、大型工矿基地、重要交通枢纽、大中型水库、大型桥梁、有开采价值的矿藏区、地震烈度在九度以上的地震区以及受国家重点保护的名胜古迹和其他易受空袭的目标。弹药库距离外部其他目标应满足规定的防护安全要求。弹药库的地理位置应尽可能选择在隐蔽和自然保护条件较好的群山地区。以山高坡陡，叉沟较多，沟底平坦，沟坡一般不大于 6% 的地形为宜。充分利用环山、山沟、深丘的天然屏障的保护作用，以缩小防爆所需的防护距离，减少占地面积。弹药库库址的地质条件应选择石质坚硬，岩体稳定，岩性均匀完整，地质构造简单，土质均匀，满足地基强度要求和地质条件。凡是具有土崩、沼泽、流砂、三级湿陷性大孔土、地下矿场等地质的地方都不宜作为弹药库的库址。

（二）弹药库库区布局的设计

弹药库的布置应根据使用要求和地形地质条件，在满足安全作业和便于收发的前提下，按储存作业区、装卸与检修保养作业区、行政生活区进行分区布置。各区的划分要有明确的界线，采取必要的隔离措施，以利于安全保密和行政管理。储存区和检修保养作业区，一般设在一个区域内，统称为技术区。装卸作业区视条件可以设在技术区内，也可单独自成一区。技术区应设围墙或铁丝网等设施与外部隔离。整个弹药库要合理划定禁区，禁区的界线，原则上应划在山顶分水线外侧，若有困难，则禁区界线距弹药库房（洞库则指口部）不少于 100m，其他库房不少于 50m。

另外，库区布置设计时，还要保证防洪和排水的通畅，以防洪水对各类建筑物或构筑物的侵袭。库房和业务用房的标高，应高出百年一遇的最高洪水水位的 0.5m 以上；一般建筑物和构筑物的标高，应高出五十年一遇的最高洪水水位的 0.5m 以上。

储存作业区是以弹药库房为主构成的区域。储存区的布局应有利于建造库房和库房的安全防护。区域内库房与库房之间，库房与外部设施、人员活动场所之间，应保持防火防爆的最小允许距离。

地面库的布置，应充分利用山形、地形，选择在较隐蔽又有建库场地的地段。其库房的布局要依山就势，避免一条线或面对面布置。沿山坡布置的库房，还要避开洪水冲沟、滑坡、崩塌、掉石的地段；在地震区，库房应避开含水量大的砂层、淤泥层；不允许将库房基础坐落在半软（土层）半硬（岩层）半实（原土）半虚（回填土）的地基上。

地下库（洞库）的布置，以满足洞库防护标准为原则。一般山体的相对高度以100～300m为宜，在覆盖层（自然保护层）厚度能满足要求的前提下，洞库应选择在山体完整、岩体坚固、岩性单一的位置，避开冲沟、低洼等地形，滑坡、断层、陷穴、暗河、溶洞、危石等地段。进洞轴线尽可能垂直等高线并沿山脊走向，每条洞库应有两个以上的洞口，洞口应力求选择在有隐蔽条件处，座向主导风向。弹药洞库的洞口前方不应对向开阔平地，半径250～300m内最好有高山相挡，洞口中心左右夹角各30°～45°的扇面上，不应布置任何地面与地下建筑物，如洞口前方比较开阔，则扇面的半径还应增大。同一洞库的各个洞口的标高应大体一致，避免造成洞内坡度过大而影响物资堆码的稳定性和运输安全，洞口标高应高于附近地面和洪水最高水位，以利于洞库内渗水排出，防止洞外水入库。

弹药库装卸作业区的布置应便于装卸作业和交通联系；铁路专用线应尽量缩小目标，消除特征；弹药分类点交场可布置在装卸作业区的偏僻地段；弹药检修所可布置在储存区与行政生活区之间，要有较好的交通运输条件和一定的装卸场地；检修工房应满足检修工艺的要求，位置应选择在有利于保证安全和隐蔽的地方。

弹药库的行政生活区的布置，在不影响总体规划的前提下，应尽可能地布置在仓库入口附近的背风向阳处，以便于人员生活和仓库作业管理。行政生活区与技术区之间，应设置门卫检查室，以保证技术区的安全。

（三）弹药库交通运输设施的布置设计

弹药库的交通运输线路及配套设施，是沟通弹药库内外联系和展开储运活动的纽带。交通运输线路及配套设施的布置，是根据弹药库容量大小和地理条件，充分考虑储运方便和储运安全的前提下确定的。目前，我军大多数弹药库的交通运输主要采用铁路运输和公路运输两种形式，对有常年可通航水路条件的仓库，也可采用水路运输并建筑码头。

1. 铁路专用线布置

大、中型弹药库一般采用铁路专用线通至装卸作业区，小型弹药库一般可在铁路车站附近设置专用装卸站台。弹药库铁路专用线应符合《工业企业标准轨距铁路设计规范》（GBJ 12—87）的Ⅲ级要求，线路最小曲线半径不小于350m，最大限制坡度不应超过千分之二十（含各项坡度折减值在内）。铁道专线按单线设置，一般应使主要方向的列车无须改变运行方向通过接轨点。

铁路专用线末端，一般应设置两股线路平、直的尽头装卸作业线。作业线股数及长度，可根据铁路干线的牵引力、弹药库容量、收发量和作业区的地形条件等因素决定。小型弹药库一般可设一股道，并建一个站台；大、中型弹药库可设两股道，并建一个主要站台和一个次要站台；站台的有效长度，分别按小型弹药库站台同时能停放

10个车皮，大、中型弹药库站台同时能停放10～20个车皮考虑；将车皮数换算成装卸线长度可按下式计算：

$$L = nl + 10$$

式中：

L——装卸线有效长度（m）；

n——计划同时停放车皮数（个）；

l——车皮平均长度（m），取 $l=13.25$m；

10——停车附加距离（m）。

站台的宽度一般按主要站台为12、15、20m三种宽度，弹药库的主要站台为12～14m，次要站台为8～10m；装卸弹药的站台载荷应大于2t/m^2，顶端站台的载荷为5t/m^2；站台一般为混凝土地面，两侧高度应方便火车及汽车装卸，两端或一端应做10%～12.5%的斜坡道。站台棚应建在主要站台上，其长度一般为站台有效长度的一半，宽度与站台相同。站台的照明线路安装、防雷装置应符合有关要求，弹药专线站台距附近车站或国家主要干线的距离，应满足防爆最小允许距离的要求，一般不应小于1000m。

2. 公路布置

弹药库的库区公路一般按四级公路修建，并要求晴雨天均能通行。公路选线要尽量依山就势，充分利用地形、地物或改造已有公路；避开石质破碎、塌方、滑坡、断层、流砂、沼泽和经常被洪水淹没的地段；减少公路与铁路、河流的交叉。库区公路一般不建大型桥梁，穿越平时无水或洪水流量少、时间短的河沟地段的公路可修建漫水桥。弹药库区内公路应为贯穿式，有条件时可建环行公路，公路要避免直接指向库房或洞口；弹药库外公路应尽量不穿过村镇。

公路与建（构）筑物的距离应符合车辆安全通行的规定，弹药库公路主要技术指标应满足表2－5的规定。公路尽头须设置回车场，通向站台、库房、洞口、检修所公路，应满足其设置装卸场的要求。

表2－5　弹药库公路主要技术指标

技术项目	车道区分	弹药库
路面宽度（m）	单车道	3.5
	双车道	6
路面宽度半径（m）	单车道	0.75～1.0
	双车道	0.75～1.0
最小平曲线半径（m）	一般	不少于25
	困难地段	不少于15

续　表

技术项目	车道区分	弹药库
会车视距（m）	平原微丘	不少于80
	山岭重丘	不少于40
最大纵坡（%）	一般	不大于8
	困难地段	不大于9
桥涵设计车辆载荷与路面类型	车型及载荷（t）	汽-10履带-50
	路面类型	沥青或混凝土

（四）弹药库其他设施的布置

弹药库除了以上三方面的布置设计外，还附设其他专业用房或场所，如弹药检修所、弹药点交场、废弹药处理场所等。从安全角度考虑，这些专业用房和场所都有一些特殊安全要求，因此，也必须认真分析布置，才能达到安全的要求。

1. 弹药检修所

我军弹药维修场所设置有弹药修理厂、弹药修配站、弹药中心检修所和弹药仓库检修所。由于维修级别不同，维修内容、维修场所建设规模等均有所不同。但从建筑物安全的角度上讲，弹药检修作业工房，属于二级危险场所。因此，弹药维修场所，在建筑物或构筑物的选址布局方面有着共同的要求。

弹药检修所的选址与布局，应根据生产特性、危险程度等因素综合考虑。选址时应远离重要目标，充分利用有利地形地物构成安全防护屏障，以减小万一发生爆炸事故时的破坏程度。布局时应服从仓库总体布局的安全要求。

弹药检修所的区域布置，通常分为生产区和办公区，各区域应分开布置。生产区内，有危险性的检修工房与非危险性的辅助工房（如机加工车间、木工车间、化验室、材料库等）应分开布置，并保持一定的距离。非危险性建筑物宜靠近办公（生活）区方向布置，并使人流、物流尽量避免通过危险性工房。危险性工房内部布置应符合工艺生产流程，避免弹药或其他爆炸品的往返运输和交叉运输；同一类危险工房，应尽量集中布置，存药量多或危险性较大的工房（工间），宜布置在危险生产区的边缘，危险工房之间应尽量避免长面相对。为了有利于通风，弹药检修车间的高度一般不小于3.5m，地面一般做成混凝土地面，地面荷载按500kg/m^{2}计算，有特殊要求的工作间可铺塑料、橡胶，主要出入口净宽不小于1.5m，门窗一律向外开，窗台距室内地面不应高于0.5m，窗口不设中挺和铁栅，门口不设门槛。

危险工房布置在山凹中时，应考虑人员的安全疏散；靠山布置时，距山坡不宜太近。对易发生事故的工房，应视情设置抗爆小室、防护钢板等抗爆设施。

生产区一般应设围墙，围墙与危险工房、库房之间保持一定距离，一般不小于

40m；围墙外 3 ~5m 的地方最好由本单位管辖。进入生产区的入口处应设置门卫检查室；运输弹药等危险品的主要道路，不宜通过办公（生活）区。

2. 弹药分类点交场

后方基地仓库应设置部队上交物资的分类点交场，其场地可设在装卸作业区的偏辟地段，距行政生活区及站台的距离应满足最小允许距离的要求，场内弹药的最大总量不得超过 150t，场内应设一定数量的消防器材或消防蓄水池。

3. 废弹药处理场

妥善处理报废弹药的基本原则是安全、彻底、经济，处理方法根据弹药的构造、性能、废品报废程度和利用价值等实际情况确定。通常有拆卸倒药法、浇毁法和炸毁法，严禁采用投水、掩埋、射击、投掷的方法。

废弹药的处理属于易燃、易爆的危险性作业，为保证处理工作的安全，废弹药处理应妥善选择和布置好场地。废弹药处理场地，应选在交通方便，周围有自然屏障，远离城镇、居民点、工矿企业、交通要道、铁路干线、通航河流、高压输电线路等重要目标，适合于各项处理作业的地区。

拆卸倒药场地应避开山坡陡峻的狭窄沟谷和森林地带。拆卸倒药场地内的主要建筑物或构筑物，如拆卸、倒药、废药加工工房，待处理的废弹药储存间，回收物资储存间等，应分开独立布置。工房（含储存间）与外部建筑及相互间的距离应满足设防最小允许距离的要求，危险工房应设防护土围，爆炸危险性较大的工间应设抗爆小室。工房的结构应便于安全疏散和爆炸泄压。拆卸倒药工房等建筑物还应采取相应的防雷、防火、防静电和用电安全措施。

弹药销毁（炸毁、烧毁）场地，应尽量选择在有天然屏障的隐蔽地区，避开森林和易燃柴草地带。弹药销毁场地的内部布置，应根据具体情况划定警戒区（禁区）和危险区，构筑指挥所和掩体，开设必要的防火区或防火带。

（五）弹药库中弹药专用建筑设施的防爆设计

弹药库中弹药专用建筑设施是弹药储存和技术处理场所，由于弹药具有可燃可爆特性，在一定的外界作用下可发生爆炸或燃烧事故。因此可以说存有弹药或进行弹药技术处理的专用建筑物是一个潜在的爆炸源，如果弹药储运和技术处理不当，一旦发生爆炸事故不仅对弹药专用设施本身造成破坏，而且还危及周围环境下的人员和其他设施的安全。所以必须充分认识弹药爆炸的可能因素和破坏特性，采取有效的防爆措施，科学对弹药专用建筑设施进行设计，就可以避免弹药爆炸事故的发生，即使发生爆炸，也可以使爆炸的损失降到最低。

弹药库中引起弹药爆炸的外部因素主要是勤务处理不当、火灾条件、冲击波作用和人为破坏，当弹药专用建筑设施内的弹药爆炸后，对弹药专用建筑设施和周围环境构成破坏的因素大致可分为地震、爆炸波、生成物、空气冲击波和飞散破片（碎石）

等方面。因此为了保证弹药专用建筑设施的安全，存有弹药或其他爆炸品的建筑设施应采取有效的防爆措施。在弹药专用建筑设施（库房、工房等）的选址布置时，应使其与外部建筑和人员活动场所保持一定的最小允许距离，简称最小允许距离。

最小允许距离，是指在满足被保护对象安全要求的条件下，所确定的由爆炸中心到被保护对象（人员活动场所或重要建筑设施）之间的直线距离。最小允许距离，过去习惯上叫作安全距离，但实际上万一发生事故时，并不意味着满足安全距离要求就能保证被保护物的绝对安全。因为安全要求是相对被保护对象的允许破坏程度而言的。满足安全距离要求，只意味着使被保护对象不致遭到严重的危害和破坏，或是说在满足安全距离要求下的危害和被破坏程度是允许的。小于最小允许距离的地带，称为危险地带。

一个被保护对象到爆炸中心的最小允许距离的数值，是根据被保护对象的特征、重要程度以及爆源的危害程度等因素综合考虑确定的。由于爆炸的破坏效应不同，一般应根据具体情况分别核算其最小允许距离，并取最大值作为设防时应用的最小允许距离。

弹药库房最小允许距离的确定应考虑的主要因素是：库房内的存药量，库房的等级，库房的结构和地理地形条件，被保护物的性质、重要程度和安全要求等。

为了确保弹药和火工品生产和储存的安全，1990 年中国兵器工业集团公司修改制定了《火药、炸药、弹药、引信及火工品工厂设计安全规范》（兵总质〔1990〕2 号）(以下简称规范)。规范依据上述多种因素分别对工厂生产区和储存区之间、危险品仓库之间及仓库与外部设施之间的设防最小允许距离作出了详细规定，为弹药库房设防最小允许距离提供了依据。但是弹药库与工厂仓库相比，具有容量大、弹药品种多、收发频繁、品种和储存量变化大、地理环境复杂等许多特殊情况，特别是在准确计算药量方面存在不少困难。为适应弹药库的特点，对弹药库房设防最小允许距离作出了统一的规定，其特点是不需详细计算药量和详细区分危险等级，只需区分几类库量就可分别确定最小允许距离。两者存在着一定的参照关系，即库容量 ×10% 折算的药量相当于净药量，弹药库房的危险等级相当于 A2 级，由这种参照关系条件所确定的最小允许距离相近。地面弹药库房之间与弹药洞库之间及它们与其他设施的最小允许距离分别如表 2－6 至表 2－9 所示。

表 2－6　　地面弹药库房之间的最小允许距离（m）

库房规模（m^2） 库房防护类别	1500/750	1000/500	600/300	300/150	100/50
相邻两库房均有防爆土围墙	100	90	80	60	40
相邻两库房之一有防爆土围墙	200	180	160	120	80

注：1. 库房规模一栏中，分母表示储存普通航空炸弹、导弹战斗部、水雷（含深水炸弹）的库房规模；分子表示储存普通弹药、整装导弹、整装鱼雷、火工品的库房规模。

2. 相邻两库房最小允许距离按库房规模大的一栋确定。

表 2－7　　地面弹药库房与其他设施的最小允许距离（m）

其他主要设施 \ 库房规模（m^2）		1500/750	1000/500	600/300	300/150	100/50
库内	行政生活区	1340	1160	970	760	510
	检修作业区、收发作业区	800	700	580	450	310
库外	少于 10 万人口的城镇、100kV 区域变电站	2150	1860	1550	1210	820
	多于 10 户少于 100 户的村庄、有摘挂作业的铁路车站、50～500 人工厂企业	1210	1040	870	680	460
	不多于 10 户（50 人）的零散住房、无摘挂作业的铁路车站	800	700	580	450	310
	国家铁路、二级以上公路、通航河道	670	580	480	380	250
	非本库的铁路专用线、国家三级公路	470	410	340	270	180
	高压输电线路 220kV	800	700	580	450	310
	高压输电线路 110kV	670	580	480	380	250

注：1. 库房规模一栏中，分母表示储存普通航空炸弹、导弹战斗部、水雷（含深水炸弹）的库房规模；分子表示储存普通弹药、整装导弹、整装鱼雷、火工品的库房规模。

2. 当地面库房与其他设施之间有高于库房 30m 以上山体相隔且库房建于该山体脚下时，表中距离可减少 30%。

3. 库房规模介于表中数值之间时，可按线性插值确定。

4. 本表不适用于鱼雷战雷头库房。

表 2－8　　弹药洞库之间的最小允许距离（m）

围岩类别 \ 装药等效直径（m）	5.14	4.34	3.01	2.39	1.30
库房规模（m^2）	5000/2500	3000/1500	1000/500	500/250	100/50
Ⅰ	68	57	39	31	18
Ⅱ	75	64	44	35	21
Ⅲ	83	70	49	39	29
Ⅳ	一般不宜建库				
Ⅴ	一般不允许建库				

注：1. 应复核装药等效直径，其值应不大于表中相应装药等效直径值。（装药等效直径系指将实际装药横截面积换算成相等横截面积的半圆形装药的直径，可按下式计算：$D=1.6\sqrt{Sy}$。式中：D——装药等效直径，m；Sy——装药实测横截面积，m^2）。

2. 库房规模一栏中，分母表示储存普通航空炸弹、导弹战斗部、水雷（含深水炸弹）的库房规模；分子表示储存普通弹、整装导弹、整装鱼雷、火工品的库房规模按分子数值查表。

3. 实际库房规模大于表中库房规模并不超过 1 倍时，应按表中距离乘以最小允许距离调整系数。

4. 围岩类别按《军队地下工程勘测规范》（GJB 2813—97）确定。

表 2－9　　弹药洞库与其他设施的最小允许距离（m）

<table>
<tr><td colspan="3" rowspan="2">装药等效直径（m）
库房规模（m^2）
其他主要设施</td><td>5.14</td><td>4.34</td><td>3.01</td><td>2.39</td><td>1.40</td></tr>
<tr><td>5000/2500</td><td>3000/1500</td><td>1000/500</td><td>500/250</td><td>100/50</td></tr>
<tr><td rowspan="2">库内</td><td colspan="2">行政生活区</td><td>1130</td><td>940</td><td>630</td><td>500</td><td>280</td></tr>
<tr><td colspan="2">检修作业区、收发作业区</td><td>750</td><td>630</td><td>420</td><td>330</td><td>180</td></tr>
<tr><td rowspan="10">库外</td><td colspan="2">少于 10 万人口的城镇、110kV 区域变电站</td><td>2820</td><td>2350</td><td>1580</td><td>1240</td><td>690</td></tr>
<tr><td colspan="2">100～200 户的村庄，小型工厂企业</td><td>1130</td><td>940</td><td>630</td><td>500</td><td>280</td></tr>
<tr><td colspan="2">多于 10 户少于 100 户的村庄</td><td>940</td><td>780</td><td>530</td><td>410</td><td>230</td></tr>
<tr><td colspan="2">不多于 10 户（50 人）的零散住户</td><td>750</td><td>630</td><td>420</td><td>330</td><td>180</td></tr>
<tr><td rowspan="2">国家铁路线及其车站</td><td>Ⅱ级铁路线</td><td>940</td><td>780</td><td>530</td><td>410</td><td>230</td></tr>
<tr><td>Ⅲ级铁路线</td><td>750</td><td>630</td><td>420</td><td>330</td><td>180</td></tr>
<tr><td colspan="2">国家二、三级公路、通航汽轮的河道</td><td>840</td><td>710</td><td>480</td><td>370</td><td>210</td></tr>
<tr><td rowspan="3">高压输电线路</td><td>220kV 及以上</td><td>2250</td><td>1880</td><td>1260</td><td>990</td><td>550</td></tr>
<tr><td>110kV</td><td>1310</td><td>1090</td><td>740</td><td>580</td><td>320</td></tr>
<tr><td>35kV</td><td>750</td><td>630</td><td>420</td><td>330</td><td>180</td></tr>
</table>

注：1. 应复核装药等效直径，其值应不大于表中相应装药等效直径值。

2. 库房规模一栏中，分母表示储存普通航空炸弹、导弹战斗部、水雷（含深水炸弹）的库房规模；分子表示储存普通弹药、整装导弹、整装鱼雷、火工品的库房规模。

3. 实际库房规模大于表中库房规模并不超过 1 倍时，应按表中距离乘以最小允许距离调整系数。

4. 当洞库修建在极硬岩中时，表中距离应增加 20%。

5. 库房规模介于表中数值之间时，可按线性插值确定。

6. 本表不适用于鱼雷战雷头库房。

从表 2－8 和表 2－9 可知，表中所列洞库最小允许距离是指毛洞壁之间或毛洞壁与各项目边缘之间的距离。但实际上洞库内弹药一旦爆炸，冲击波和抛掷物的飞散方向主要集中在洞口扇面范围内。因此，洞口扇面前方的建筑物和人员活动场所至洞口的最小允许距离，应比洞库轴线侧方的建筑物和人员活动场所至洞库轴线的最小允许距离大得多。但目前洞口与前方各保护项目之间的最小允许距离尚无明确规定。

为了保证弹药专用建筑设施的安全，除了设防最小允许距离外，另一个重要的方面就是采取相应的防爆措施。通常的措施是控制弹药与爆炸品的数量，设置必要的防护屏障，合理确定危险建筑物的结构。

1. 控制弹药与爆炸品的数量

决定最小允许距离数值大小的基本因素是安全系数的取值和存药量的多少（注：安全系数的取值是根据炸药和其他爆炸品的种类、性质，被保护对象的结构、重要程度和安全要求，以及爆炸品所处位置的地形条件等因素综合考虑确定的）。当外部环境因素和被保护物的性质一定的条件下，爆炸的破坏效应主要由弹药存量的多少决定，药量越大，威力越大，破坏作用越大。为了控制爆炸的破坏效应，避免一次爆炸造成弹药与爆炸品的大量损失，减小最小允许距离以及有效地利用场地，对弹药库房、检修工房等弹药专用建筑设施内的最大存药量应加以控制。

弹药库房内的存药量可采取控制单体弹药库房建筑规模（建筑面积）的方法加以控制。单体弹药库房的最大允许规模（建筑面积）如表2－10所示。

表2－10　　单体弹药库房的最大允许规模（建筑面积 m^2）

库房建筑形式种类	普通弹药库房	特种弹药库房	危险品库房
洞　库	5000	1000为宜	100
地面库	1500	600为宜	100

弹药修理、拆卸工房及销毁现场的弹药和爆炸品的数量，应根据有关规定严格控制。弹药修理过程中，一般搬运到工房内的待修弹药的数量以1～2天的修理工作量为宜，各工序上的弹药或元件，应按流水作业要求及时流转，工序上不应堆积或长时间停置过多的弹药或元件，已修复的弹药应及时验收入库，尽量减少工房内的弹药存放量。

2. 保证必要的最小允许距离

新建、扩建、改建弹药专用建筑设施时，应根据建筑物的危险等级和设计存药量核算最小允许距离，保证危险建筑物之间、危险建筑物与外部设施之间的距离，符合最小允许距离的有关规定。当受地形条件限制，危险建筑物之间、危险建筑与外部设施之间的距离，不能满足设防最小允许距离要求时，可采取减少危险建筑物的存药量（库容量）、调整危险品的种类、修建人工防护屏障，甚至迁移危险建筑物或其他设施等方法，以保证最小允许距离的要求。

3. 设置必要的防护屏障

防护屏障是指能起到防护作用的天然障碍物（如山体、沟坡等）或人工构筑物（如夯土防护墙、防护土围（堤）、钢筋混凝土防护挡墙等）。防护屏障的防护作用主要有两个方面：一方面是当危险建筑物内爆炸品发生爆炸时，由于防护屏障的阻隔作用，使爆炸冲击波受到有效的衰减，爆炸抛出的高速低角度破片受到阻挡，尽管爆炸可能使防护屏障遭到破坏，却对周围相邻的其他建筑物起到了有效的保护作用；另一方面是可以防止外部爆炸冲击波或飞散破片对危险建筑物本身的破坏或殉爆。

弹药库房、修理工房等危险建筑物，除选址布局时充分利用天然防护屏障外，还应根据总平面布置、存药量、运输方式、地形条件等具体情况，设置必要的人工防护屏障。人工防护屏障常采用防护土围结构形式。

（1）防护土围的结构：防护土围的高度不应低于屋檐高度，条件允许时宜高出屋檐1m；防护土围的顶部宽度不应小于1m；防护土围的底宽不应小于高度的1.5倍，或使土围坡面与地面构成的角度在45°～60°范围内，以保证防护土围的稳定并减小泥土流失和便于维修。

（2）防护土围的坡脚距危险建筑外墙的距离：对有运输或其他要求的地段，其距离应按最小使用要求确定，有条件时，该部位防护土围的高度宜适当增加，无运输和其他要求的地段，其距离应尽量缩小，一般不宜大于3m。因为距离越小，对爆炸冲击波的衰减作用和阻挡低角度高速破片的效果越好。

（3）防护土围的构筑：当利用开挖边坡兼作防护土围时，其表面应平整，边坡应稳定，遇有风化岩石时应作处理。构筑人工防护土围时，应采用适当黏性的泥土，其中不应含有有害的杂质，如有机物质、垃圾、碎屑和大块石头等。为了提高防护土围的皮度，可在泥土中掺入部分石灰夯实构筑；不允许采用坚硬的重质材料，如水泥、石块、矿渣砖等，也不允许采用轻质可燃材料。以防爆炸时，砖石及碎片抛射，增大对周围人员和建筑物的杀伤破坏作用，或可燃材料飞出时带出火种而引起周围环境内可燃物着火。

为防止雨水冲刷，防护土围的内外坡脚处，可用砖石砌筑挡土墙，但砌筑高度一般不应高于室内地面1m。在取土困难或场地不够时，挡土墙高度也不应大于2m，2m以下土围内部可适当填充石块或混凝土块等重质材料。

防护土围的表面，应种草或栽培灌木丛，以防止雨水或风沙使泥土脱落和流失。

4. 合理确定危险建筑物的结构

地面危险建筑物应采用单层建筑，并可采用砖墙承重结构，不得采用独立砖柱及空斗砖墙；炸药、黑药、弹药、烟火药、起爆药、火工品和引信库房宜采用钢筋混凝土覆盖；发射药库房应采用轻质泄压屋盖，其泄压面积应按下式计算：

$$F \geqslant 2T$$

式中：

F——泄压面积（m^2）；

T——发射药存药量（t）。

各危险库房建筑面积超过220m^2时，安全出口（库门口）不宜少于两个，库房的门应外开，门洞宽度不宜小于1.5m，不应设置门槛，且不应采用吊门、侧拉门或弹簧门。弹药修理工房和拆卸工房的建筑结构、门窗类型、抗爆设施均应满足防爆要求。洞库的防爆结构，既要考虑库外爆炸（如核武器、航弹、相邻库房爆炸）对洞库的影响，又要考虑洞库内弹药等爆炸品爆炸对外部的影响。另外，洞库一般容量较大，因而爆炸威力很大。洞库爆炸时，相当于条形药包大空腔敞口爆破，爆破效应（冲击波、飞散物）在洞主向比较集中，因此，洞口防爆又是洞库防爆的重要部位。洞库的防爆结构，主要是保证覆盖岩层的厚度、引洞的长度和走向、防护门的结构性能等能满足洞库防护的要求。洞库主洞的覆盖岩层（自然防护层）厚度不应小于20m，否则应按有关规定进行加强。洞库的平面形状应力求简单，一般采用一字形、人字形或马蹄形，引洞长度一般不应小于20m；在地形条件允许的情况下，引洞最好有弯度，以第一道防护门看不见第二道防护门为宜，每个洞口应设两道外开式防护门，以采用拱形钢筋混凝土门为宜，第一道防护门的位置应使作用于门上的超压不因门所在位置而增加过多，直通式或穿廊式洞口的防护门与洞口的距离应满足下列要求：

$$E \leqslant L < 4D$$

式中：

L——防护门前引洞长度；

D——引洞横断面面积 S 的等效圆直径，即 $D = \sqrt{4S/\pi}$；

E——防护门门扇宽加20cm。

第二道防护门的位置应设在引洞防护层厚度不小于20m处，且不影响设置密闭门。

第三章　仓库电气安全

由于仓库储存有大量物资，在一定的条件下，遇到火花或达到危险温度时极易引起燃烧或爆炸事故。根据以往发生事故的经验表明，在仓库火灾或爆炸事故原因中，由于电气设备和线路产生的电火花或危险温度导致的事故所占比重较大，所以做好仓库电气设备安全技术管理工作非常重要。

第一节　仓库一般电气设备的安全管理

一、变压器的安全管理

变压器是一种静止的电气设备，它利用电磁感应原理把某一数值的交变电压变化为同频率的另一数值的交变电压。在仓库电力系统中，变压器是一个重要的设备，主要用于将高压电变成仓库可用的低压电。

1. 变压器运行前的检查

（1）对长期停用或经检修后的变压器，在使用之前，应用500V和2500V兆欧表分别测量线圈与外壳间，高、低压线圈间的绝缘电阻。变压器绝缘电阻值应不低于制造厂试验值的70%。

（2）套管完整，无损坏裂纹现象和放电痕迹。

（3）油面正常，外壳无漏油、渗油现象。

（4）高、低压引线完整可靠，各处接点符合要求。

（5）无载调压开关位置正确，高、低压熔丝符合要求。

2. 跌落式熔断器的拉、合操作

（1）在进行拉、合闸操作时，为了防止事故，要避免带负荷操作。因此，拉闸时，先拉低压侧分路开关，后拉低压侧总开关，在变压器空载情况下，最后拉开跌落式熔断器（或油开关）。合闸时，操作步骤与上述相反，即先合跌落式熔断器，后合低压侧总开关，根据需要再合分路开关。

（2）为了防止风力作用，造成相间电弧短路，在拉开户外高压跌落式熔断器时，应先拉中相，再拉背风相，后拉迎风相；合闸时，应先合迎风相，再合背风相，最后合中相。在具体操作时，必须使用合格的绝缘操作杆、穿绝缘鞋，或者站在干燥的木台上，并要有熟悉安全规程的人员监护。

3. 变压器在运行中的检查

（1）声音是否正常。变压器在运行时，由于交流电流与磁通的变化，产生作用使铁芯与绕组发生振动，发出均匀的嗡嗡声，这是正常的。若变压器内部有缺陷，或外电路有故障时，会引起异常声响。

①声音比平常沉重，说明变压器过负荷。

②声音尖锐，说明电源电压过高。

③变压器内部结构松动时，会发出较大的金属振动声音。

④发出爆裂声，表示线圈或铁芯绝缘有击穿现象。

⑤户外高压跌落式熔断器触头接触不良或调压开关接触不良以及外电路发生故障等，也会引起响声的变化。

（2）温度是否超过规定。

①变压器上层油温一般不超过85℃，最高不超过95℃。变压器温度太高时，可能因为变压器过负荷、散热不良、空气温度太高以及内部故障所引起。

②如变压器的电流、电压、环境温度和过去相同，但温度比过去高出许多，且不断上升，可能是变压器内部有故障，需停止运行，查明原因。

③长期过负荷是烧坏变压器的主要原因，在高峰负荷时，更应注意检查。

（3）油面高度和油色有无变化。

①变压器油面应符合制造厂规定的要求，如果外壳有漏油现象，应在适当时候停电修理，以保证变压器的安全运行。

②新变压器的油是浅黄色，长时间运行后，油色逐渐变为红色。如油色变暗，说明变压器绝缘老化。如果油色变黑，可能是内部绝缘击穿引起的。

（4）套管是否清洁，有无裂纹、破损和放电痕迹，引线和导电杆的连接螺栓是否变色。变压器的套管如果不清洁，有破裂和放电痕迹时，在阴雨天，泄漏电流的可能性就会增大，甚至发生对地放电。引线和导电杆连接螺栓如果变色，说明接触不良，时间长了，可能烧坏。

（5）高低压熔丝是否完好。变压器低压熔丝熔断的原因可能是：

①低压线路短路。

②长期严重过负荷。

③熔丝选择不当或接触不良。

变压器高压熔丝熔断的原因可能是：

①变压器绝缘击穿。

②低压设备发生故障，但低压熔丝未熔断。

③落雪后高压熔丝被烧断。

④高压熔丝选择不当或接触不良等。

若发现熔丝熔断，应查明原因，排除故障，然后按安全操作规定更换熔丝。

（6）变压器的接地装置是否完好。

①如果发现接地线锈烂、断股以及不符合接线要求时，应立即报告有关部门处理。

②为了保证变压器的安全运行，除了以上经常性检查外，还应在雷雨过后、大风、大雪时进行特殊检查。

4. 变压器的并列运行

如果一台变压器的容量不能满足负荷的需要，可以把两台变压器并联使用，但变压器并联使用时，应满足以下三个条件：

（1）并列运行的变压器高、低压侧的额定电压必须分别相等。

（2）并列运行的变压器的短路电压应基本相同。

（3）并列运行的变压器的接线组别必须相同。

变压器在并列运行之前，应仔细检查两台变压器的接线情况，不能把相序接错。最好对变压器的额定电压、接线组别及短路电压进行一次试验检查，以便正确无误地进行并列运行，以防止出现故障。

二、电动机的安全管理

1. 使用前的检查

对于新装或停用时间较长（三个月以上）的电动机，使用前必须认真地、细致地进行检查。检查的项目主要有：

（1）检查铭牌数据（如电压、功率等）是否符合要求，定子绕组接线是否正确。

（2）检查零部件是否齐全，螺丝有无松动。

（3）检查轴承室是否需要加油或更换新润滑油。

（4）用扳手转动转子，观察转动是否灵活，细听内部有无摩擦等响声。

（5）检查电源连线有无断线，连接处有无松动，连线是否正确。

（6）检查起动设备和保险丝是否完好，保险丝是否符合规定。

（7）测量各相绕组对地（外壳）绝缘电阻和相同绝缘电阻是否符合要求。凡是额定电压为500V以下的电动机，用500V摇表测量，其绝缘电阻值不应低于0.5MΩ，否则表明电动机的绝缘受潮，应进行干燥后才能使用。

2. 起动注意事项

（1）测量电源电压是否正常，检查被拖动的机械及传动装置是否正常。

（2）起动前，若电动机周围有人，操作人员应事先发出通知，引起在场人的注意，以免发生人身事故。

（3）使用闸刀开关时，合闸动作要迅速、果断。利用起动器或补偿器起动时，要特别注意顺序，一定先推到“起动”位置，当转子达到一定转速后，立即推到“运行”位置，操作手柄不能在起动位置停留时间太长。

（4）合闸后，若发现电动机不转、起动很慢或发出异常响声时，应立即断开电源，检查原因。待故障排除后，方能再次合闸起动。

（5）鼠笼式异步电动机的起动电流为额定电流的4～7倍，因此，电动机不能在短时间内频繁起动，以免使起动设备和定子绕组过热。电动机在冷状态下，空载连续起动不应超过3～5次；在热状态下起动，不得连续超过2次。

3. 运行中的监视

（1）注意电动机的温升（或工作温度）变化。

①用手测温法。把手放在电动机外壳上，如果感到烫得需要立即把手缩回，则表明电动机已经过热；如果没有烫得缩手的感觉，则表示没有过热。

②用水滴测温法。在电动机外壳上滴几滴水，如果只看见热气但没有声音，则表示电动机没有过热；如果不但有热气，而且还可以听到“咝咝”的声音，则表明电动机已经过热。

③温度计测温法。将电动机的吊环螺丝取下，用锡箔纸把玻璃温度计的下部包严，塞到吊环螺孔内，锡箔纸的厚度应与螺孔四壁紧密接触，孔口最好用棉花堵严。等温度计的水银柱（或酒精柱）不再上升时，测得的温度即为机壳的温度。这个温度再加10℃，就是定子绕组的实际温度。

电动机在运行中，如果发现温度超过了允许值，或者温度升得很快时，应认真检查原因，及时处理。如果在短时间内找不到原因，应停机进行检查。

（2）注意电动机的气味、振动和声音的变化。

①气味的变化。电动机绕组温度过高时，通常会发出绝缘漆的气味或绝缘的焦糊味。因此，闻到绝缘漆气味或焦糊味时，应立即断开电源。

②振动和声音的变化。当电动机有故障时，就会产生振动并发出不正常的声音。如负载过重或发生两相运行时，电动机会发出沉闷的“嗡嗡”声；转子和定子铁芯摩擦时，会发出金属摩擦声和碰撞声；如果轴承有严重损坏时，会发出“咕噜咕噜”的声音等。总之，在电动机运行中如发现有较大的振动或听到异常的声响时，应立即停机查明原因，及时处理，以免造成更大的事故。

（3）注意电网电压的变化。

电网电压的变化，对电动机的影响较大。当电网电压过低时，会造成电动机起动困难或不能起动，在运行中，会造成电动机过热现象；当电网电压过高时也会造成电动机过热现象。为了保证电动机不因电压过高或过低而受到影响，就要求电网电压的波动不应超过某一范围。根据电动机的特性，电动机端点上的电压变动范围不应超过额定电压的±7%。如果线路电压超出了允许变动范围，应通知当地供电部门调整变压器的分接头。

（4）防止电动机两相运行。

电动机发生两相运行时，虽能继续转动，但发出沉闷的“嗡嗡”声，转速降低，绕组急剧发热，如不及时断开电源，时间稍长就会烧毁绕组。在实际工作中烧毁电动机的原因，一方面是由于供电线路电压过低所造成，另一方面就是因为两相运行而没有及时处理造成。

三、架空电力线路的安全管理

1. 巡视检查

巡视检查有定期巡视和特殊巡视。定期巡视可按具体情况安排，一般每月不少于一次。特殊巡视在暴风、雷雨、最高气温及最低气温等异常情况出现时进行。巡视内容为：

（1）电杆、横担有无歪斜、变形、裂缝或金属具锈蚀等现象。

（2）线路导线有无断股、松脱、碰线、树枝无搭联及鸟类筑窝或弧垂过大、过小现象。

（3）各类绝缘子是否完好无损，污秽是否严重。

（4）拉线松紧程度是否适宜。

（5）杆基周围有无因取土或流水冲刷，危及电杆安全的情况。

2. 日常维护

（1）电杆根部培土：由于风雨影响，根部周围土壤易松动，造成电杆倾斜，因此，应经常培土夯实。一般每年春季进行一次。

（2）加涂防锈漆：对镀锌脱落的金属具或铁件，应根据情况加涂防锈漆。

（3）修整线路以下及两侧树枝，以防碰触导线。

（4）消除线路上的鸟窝及导线上的抛挂物件。

（5）调整拉线、电杆及横担。

（6）根基周围禁止挖沟取土，沿线路附近严禁开山放炮。

3. 架空电力线路的常见故障

（1）电杆倾斜：大多数由于电杆根部土壤松动和不均匀下沉、风雨影响或电杆埋深不够引起。其倾斜一般不允许超过杆高的0.5%。

（2）横担倾斜：由于横担的固定抱箍或螺栓的松动、两端重量不平衡等原因造成。横担倾斜不允许超过其长度的1%。

（3）拉线松弛：由于拉线盘埋深过浅或抗拉面积不够，在风雨作用下被拉出或人为的扭动花篮螺丝而造成。拉线松弛极易造成电杆歪斜甚至倾倒。

（4）导线的碰线或非金属物的搭接：由于风雨的作用，鸟类筑窝及树枝搭接等原因，容易造成导线短路或漏电。

（5）导线腐蚀或断线：导线中铜和铝两种不同的金属连接时产生的电化腐蚀引起接触电阻增加或断线。在具有腐蚀气体或尘埃的场所造成导线的腐蚀或接触不良，容易在风雨等外力的作用下断落。

（6）绝缘子老化或损坏而引起漏电：绝缘子在承受机械拉力和承受电压的作用下长期运行，会产生老化，其绝缘能力逐渐降低；由于污秽过重或遭到外力破坏时，也将造成绝缘子性能降低，而引起漏电。

第二节　仓库爆炸和火灾危险场所危险等级划分

爆炸危险场所是指在易燃、易爆物的生产、使用、储存、输送过程中，能形成爆炸性混合物且能够侵入有爆炸危险的场所。火灾危险场所是指在生产、使用、储存或输送可燃物质过程中，能够引起火灾危险的场所。由于实际生活中危险场所的危险程度是有所差别的，例如有的危险场所可燃混合气体始终存在，而有的只是暂时性存在；有的危险场所的可燃混合气体正常状态下不存在，而当有故障时才存在。即使是始终存在易燃易爆混合气体的场所，也会因场所内混合气体浓度不同，致使导致爆炸或火灾事故的危险程度不同。为了科学合理地加强对危险场所的管理，以便能经济有效地防止危险场所的爆炸和火灾事故的发生，对危险场所区域和危险等级进行合理的划分是非常有必要的。

一、火灾危险场所的区域划分

火灾危险场所按其发生火灾的危险程度分为三类区域，具体参见表3－1。

表3－1　　火灾危险场所的区域划分

区域	特征
21区	具有闪点高于场所环境温度的可燃液体，在数量和配置上，能引起火灾危险的环境
22区	具有悬浮状、堆积状的可燃粉尘或可燃纤维，虽不可能形成爆炸混合物，但在数量和配置上能引起火灾危险的环境
23区	具有固体状可燃物质，在数量和配置上，能引起火灾危险的环境

在火灾危险环境中能引起火灾危险的可燃物质分为下列四种：

（1）可燃液体：如柴油、润滑油、变压器油等。

（2）可燃粉尘：如铝粉、焦炭粉、煤粉、面粉、合成树脂粉等。

（3）固体状可燃物质：如木、焦炭、煤等。

（4）可燃纤维：如棉花纤维、麻纤维、毛纤维、木质纤维、合成纤维等。

二、爆炸危险场所危险等级划分

（一）油库爆炸危险区域划分

油库储存的轻质燃料是易挥发物质，当场所内轻质燃料与空气组成的可燃气体混合浓度达到一定比例时则易引发爆炸或火灾事故。油库爆炸危险区域划分见表 3－2，油库内各场所危险等级划分见表 3－3。

表 3－2　　油库爆炸危险区域划分

区域	特征
0 区	在正常情况下，爆炸性气体混合物连续地、短时间地、频繁地出现或长时间存在的场所
1 区	在正常情况下，爆炸性气体混合物可能出现的场所
2 区	在正常情况下，爆炸性气体混合物不能出现，而在不正常情况下，偶尔短时间出现的场所

表 3－3　　油库内各场所危险等级划分

序号	场所名称	危险等级	备注
1	轻油洞库主坑道、上引道、支坑道、罐间、操作间、风机室	1	—
2	洞内汽油罐间量油口水平半径 3m，垂直距离 5m 范围	0	不得安装固定照明设备
3	洞内柴油、煤油罐间	1	不宜安装固定照明设备
4	汽油泵房（地下、半地下、地面泵房）	1	不包括敞开式地面泵棚
5	柴油、煤油泵房	2	—
6	汽油灌桶间（室内）	0	不应安装固定照明设备
7	柴油、煤油灌桶间（室内、室外）	2	—
8	敞开式汽油灌油亭、间、棚	1	不包括电子计量控制室
9	铁路装卸油区	1	—
10	隧道铁路装卸油区	1	整条隧道区
11	汽油泵组（棚）	2	仅指敞开式
12	地面油罐、半地下油罐、放空罐的呼吸阀、测量口、洞库通风管口 5m 范围内（水平和垂直）、复土罐通道	1	—
13	轻油洞库通风管口水平距离 15m、垂直距离 7.5m 范围内	1	—
14	轻油桶装库房	2	—
15	码头装卸油区	2	—
16	阀组间、检查井、管沟	2	—
17	修桶所内废油回收间、喷油间、喷漆间	2	—
18	乙炔发生器间	1	不宜安装固定电气设备

与爆炸危险场所相邻，用墙隔开的场所，此场所虽无爆炸危险物质，但由于爆炸性气体物可能侵入而有爆炸危险，其危险等级见表3－4。

表3－4　用墙隔开的相邻场所的危险等级

<table>
<tr><th rowspan="2">爆炸危险场所</th><th colspan="3">用有门的墙隔开的相邻场所</th></tr>
<tr><th>一道有门的墙隔</th><th>两道有门的墙隔</th><th>一道无门的墙隔</th></tr>
<tr><td>0区</td><td>—</td><td>1级</td><td>2级</td></tr>
<tr><td>1区</td><td>2级</td><td rowspan="2">非爆炸危险场所</td><td rowspan="2">非爆炸危险场所</td></tr>
<tr><td>2区</td><td>非爆炸危险场所</td></tr>
<tr><td>备注</td><td colspan="3">①门、墙均用非燃烧材料制成；
②隔墙应为实体，两面抹灰，密封良好；
③两道隔墙、门之间的净距不应小于2m；
④门应有密封措施，且能自动关闭；
⑤隔墙上不应开窗；
⑥隔墙下不允许有地沟、敞开的管道等连通</td></tr>
</table>

（二）弹药库各场所危险等级划分

弹药库危险场所等级划分参见表3－5，由高到低分为Ⅰ级、Ⅱ级和Ⅲ级三个危险等级。弹药作业区危险场所等级划分见表3－6。

表3－5　弹药库危险场所等级划分

危险场所	危险等级
存放各种炸药、黑火药、烟火药、发射药等无金属外壳包装物品的库房；危险品库房	Ⅰ
储存装有电发火装置的炮弹、火箭弹、装固体火箭发动机的整装战术导弹、分装的带固体火箭发动机的弹体及助推器、战斗部的库房；含磷燃烧、发烟弹的库房；各种火工品、导火索、导爆索、有铁皮密封容器的发射药的库房；超过最大允许储存容量和小于最小允许安全距离的库房	Ⅱ
除Ⅰ、Ⅱ级场所外，储存各种炮弹、火箭弹、手榴弹、枪弹的库房；铁路专用线装卸站台	Ⅲ

表3－6　弹药作业区危险场所等级划分

危险等级	危险场所名称
Ⅰ	储存发射药、黑火药、烟火药、炸药及其药块、药柱、药包和药管的周转库房

续　表

危险等级	危险场所名称
Ⅱ	储存装有电发火装置的炮弹、火箭弹、战术导弹的周转库房；含磷的燃烧弹和发烟弹周转库房；火工品、导火索和导爆索周转库房；用金属容器密封包装的发射药、黑火药及烟火药周转库房； 弹药修理、报废弹药处理作业线上有火药、炸药、引信、火工品或弹药存在的工作间；导弹电发火装置检测间；火药、炸药、引信和火工品化验试验样品库房；易燃溶剂、油脂库房
Ⅲ	储存除Ⅰ、Ⅱ级范围以外的各种枪弹、炮弹、火箭弹和手榴弹等周转库房；火药、炸药理化试验工作间；引信、火工品分解和燃、爆试验工作间；铁路专用线装卸站台

第三节　爆炸和火灾危险场所电气设备的选型

一、防爆电气设备类型

爆炸和火灾危险场所使用的防爆电气设备，在运行过程中，必须具备不引燃周围爆炸性混合物的性能。防爆电气设备的防爆原理，主要是利用介质将可能产生的火花、电弧或具有高温的零部件与外界隔绝，或封闭在坚固的外壳内，对爆炸混合气体进行冷却和限制。通常根据不同使用要求可将电气设备制成隔爆型、增安型、本质安全型、正压型、油浸型、充砂型、无火花型、防爆特殊型和粉尘防爆型等类型（详见《爆炸性环境　第1部分：设备通用要求》（GB 3836.1—2010））。各种防爆类型电气设备的基本要求如下（括号内为设备标志）：

隔爆型电气设备（d），具有隔爆外壳的电气设备，是指把能点燃爆炸性混合物的部件封闭在一个外壳内，该外壳能承受内部爆炸性混合物的爆炸压力并阻止向周围的爆炸性混合物传爆。

增安型电气设备（e），在正常运行条件下，不会产生点燃爆炸性混合物的火花或危险温度，并在结构上采取措施，提高其安全程度，以避免在正常和规定过载条件下出现点燃爆炸性混合物。

本质安全型电气设备（ia、ib）是在正常运行或在标准试验条件下所产生的火花或热效应均不能点燃爆炸性混合物的电气设备。

正压型电气设备（p）具有保护外壳，且壳内充有保护气体，其压力保持高于周围爆炸性混合物气体的压力，以避免外部爆炸性混合物进入外壳内部。

油浸型电气设备（o）是全部或某些带电部件浸在油中使之不能点燃油面以上或外壳周围的爆炸性混合物的电气设备。

充砂型电气设备（q）外壳内充填细颗粒材料，以便在规定使用条件下，当外壳内产生的电弧、火焰传播时，壳壁或颗粒材料表面的过热温度均不能够点燃周围的爆炸性混合物。

无火花型电气设备（n）在正常运行条件下不产生电弧或火花，也不产生能够点燃周围爆炸性混合物的高温表面或灼热点，且一般不会发生有点燃作用的故障。

防爆特殊型电气设备（s）或部件采用《爆炸性环境》（GB 3836—2010）未包括的防爆型式时，由主管部门制定暂行规定。

粉尘防爆型电气设备（DIP A、DIP B），为防止爆炸粉尘进入设备内部，外壳的接合面应紧固严密，并须加密封垫圈，转动轴与轴门要防尘密封。粉尘沉积有增温引燃作用，要求设备的外壳表面光滑、无裂缝、无凹坑或沟槽并具有足够的强度。

二、危险场所电气设备的选型

（一）火灾危险场所电气设备选型

对于火灾危险场所，其电气设备选型参见表 3－7。

表 3－7　　火灾危险场所电气设备选型

<table>
<tr><th colspan="2">设备种类</th><th>21 区</th><th>22 区</th><th>23 区</th></tr>
<tr><td rowspan="2">电机</td><td>固定安装</td><td>防溅式</td><td rowspan="2">封闭式</td><td>防滴式</td></tr>
<tr><td>移动式或携带式</td><td>封闭式</td><td>封闭式</td></tr>
<tr><td rowspan="2">电器或仪表</td><td>固定安装</td><td>油浸型、防火型
防尘型、保护型</td><td rowspan="2">封闭式</td><td>开启型</td></tr>
<tr><td>移动式或携带式</td><td>防水型、防尘型</td><td>保护型</td></tr>
<tr><td rowspan="2">照明灯具</td><td>固定安装</td><td>保护型</td><td rowspan="2">防尘型</td><td>开启型</td></tr>
<tr><td>移动式或携带式</td><td>防尘型</td><td>保护型</td></tr>
<tr><td colspan="2">配电装置</td><td colspan="2" rowspan="2">防尘型</td><td rowspan="2">保护型</td></tr>
<tr><td colspan="2">接线盒</td></tr>
</table>

（二）爆炸危险场所电气设备选型

1. 油库爆炸危险场所电气设备选型

油库爆炸危险场所电气设备选型参见表 3－8。

表 3－8　　油库爆炸危险场所防爆电气设备的选型

爆炸危险区域	适用防爆电气设备类型	设备标志
0 区	1. 本质安全型（ia 型） 2. 专门为 0 区设计的其他设备（特殊型）	ia —

续　表

爆炸危险区域	适用防爆电气设备类型	设备标志
1 区	1. 适用于 0 区的类型 2. 隔爆型 3. 增安型 4. 本质安全型（ib 型） 5. 油浸型 6. 正压型 7. 充砂型 8. 专门为 1 区设计的其他电气设备（特殊型）	— d e ib o p q s
2 区	1. 所有适用于 0 区和 1 区的类型 2. 无火花型	— n

2. 弹药库危险场所内电气设备选型

弹药库危险场所内电气设备选型参见表 3 –9。

表 3 –9　　弹药库危险场所内电气设备的选型

危险等级	选型要求
Ⅰ	a. 一般不应安装电气设备；特殊情况下，仅可安装监视用的传感器、仪表，且选型应符合防爆电气设备的要求 b. 电气照明宜采用密闭投光灯，投光灯距其外墙的距离宜不小于 3m c. 安装在外墙上的门灯及门外的灯开关和控制按钮，应采用 IP54 级防尘防水型
Ⅱ	a. 电气设备宜采用粉尘防爆型电气设备，外壳防护等级 IP6X。亦可采用Ⅱ类隔爆型 B 级、本质安全型、增安型等防爆电气设备 b. 安装在场所外墙上的门灯、开关和控制按钮等，应采用 IP54 级防尘防水型
Ⅲ	a. 电气设备应采用 IP54 级防尘防水型 b. 电动机应采用封闭型鼠笼感应电动机

第四节　仓库危险场所的电气线路

一、危险场所电气线路选择

根据防爆理论，采用铝电极时，其最大不传爆间隙很小，而且铝导线与铜接线柱接触时，由于两种金属电位不同，当连接在一起时就会有电位差而产生电腐蚀，造成接触不良，增大接触电阻，运行中温度升高，长期下去可能会产生电火花或电弧，使防爆电气设备的整体防爆性能减弱。因此，根据《电气装置安装工程　爆炸和火灾危险环境电气装置施工及验收规范》（GB 50257—2014）的规定，在Ⅰ级场所一律使用铜电线、电缆，不许使用铝导线，而Ⅱ级以下场所可以使用铝导线。

（一）弹药库危险场所电气线路的选择

弹药库危险场所电气线路的选择参见表 3－10。

表 3－10　弹药库危险场所内电气线路的选择

危险等级	选择要求
Ⅰ	a. 危险场所内不应敷设电气和照明线路 b. 传感器和仪表电气线路用的电线或电缆宜采用铜芯，芯线截面应不小于 $2.5mm^2$，信号线截面应不小于 $1.5mm^2$ c. 当为电缆线路时，应采用铠装电缆
Ⅱ	a. 电气线路用的电线或电缆宜采用铜芯，芯线截面应不小于 $2.5mm^2$，信号线截面应不小于 $1.5mm^2$ b. 导体允许载流量应不小于熔断器熔体额定电流的 1.25 倍和自动开关长延时过电流脱扣器整定电流的 1.25 倍 c. 当为电缆线路时，应采用铠装电缆。对于明敷塑料护套电缆，当采用架空金属桥架方式敷设时，也可采用非铠装的阻燃电缆 d. 移动电缆应采用重型橡套电缆
Ⅲ	a. 电气线路用的电线或电缆宜采用铜芯，芯线截面应不小于 $2.5mm^2$，信号线截面应不小于 $1mm^2$ b. 导体允许载流量应按Ⅱ级危险环境 b 的规定 c. 当为电缆线路时，可采用非铠装的阻燃电缆 d. 移动电缆应采用中型橡套电缆 e. 35kV 的架空线路的轴线与危险环境的距离应不小于 150m

（二）油库危险场所电气线路的选择

油库爆炸危险场所选择电线、电缆时，应符合表 3－11 中的规定。

表 3－11　油库爆炸危险场所电缆、导线、线芯最小截面

爆炸危险场所等级	线芯最小截面（mm^2）					
	铜　芯			铝　芯		
	电力	控制	照明	电力	控制	照明
1 级	2.5	1.5	2.5	*	*	*
2 级	1.5	1.5	1.5	4	*	2.5

注：*符号表示不允许使用。

移动式电气设备的线路可采用橡套电缆，其型号和最小截面应符合表 3－12 中的规定。

表 3－12　　橡套电缆型号和主线芯最小截面

爆炸危险场所等级	橡套电缆型号	主芯最小截面（mm^2）
1 级	yc，ycw（重型）	2.5
2 级	yz，yzw（中型）	1.5

爆炸危险场所对布线的要求也很严格。在爆炸危险场所安装普通的导线或电缆是相当危险的。因为普通导线或电缆的保护功能差，在受到外力作用或电气设备出现故障导致电路短路时，会使保护系统失去作用，电流变大，导线就会因发热而烧坏绝缘，引起场所内爆炸混合物燃烧爆炸。因此，在 1 级场所不允许采用普通电缆或导线，而必须用铠装电缆或钢管布线。

二、钢管布线要求

穿电线敷用的钢管应采用低压流体输送用镀锌焊接钢管，钢管口部应光滑，管内应无铁屑及尾刺。为保证钢管有足够的强度和防护能力，其壁厚不应小于 2.5mm。钢管直径应按电缆外径选择，要求管内导线的总截面积（包括外护层）不应超过管内径截面积的 40%。钢管公称口径最少不小于 15mm。

为了保护电缆绝缘层，钢管敷设时，弯曲半径不得小于管外径的 4 倍，如果钢管暗铺设，其弯曲半径不得小于管外径的 6 倍。钢管配线的弯曲处，钢管不应有折皱、凹穴和裂缝等现象，弯扁程度不应大于管外径的 10%。

钢管之间、钢管与钢管附件、钢管与电气设备引入装置的连接应采用螺纹连接，螺纹的啮合应严密，连接螺纹应不少于 6 扣，在有剧烈振动的场所，还应有防松装置。各连接处螺纹部分应涂以铅油或磷化膏。当电气管路之间连接确有困难时，不应采用倒扣连接，而应使用防爆活接头连接。

钢管配线时，当管道通过与其他场所相邻的隔墙时，应在隔墙任一侧装设横向式隔离密封盒，且将管道穿墙处的孔洞堵塞严密。管道通过楼板或地坪引入相邻场所时，应在楼板或地坪上方装设纵向式密封盒，并将穿管孔洞堵塞严密。易积冷凝水的管路应装设排水式隔离密封盒。

当管线通过转弯复杂的场合或钢管穿过建筑伸缩缝和沉降缝时，应采用防爆挠性管连接。

三、导线连接要求

1 级爆炸危险场所使用铜芯电缆或绝缘铜导线，在 2 级以下场所大量使用铝芯电缆和铝绝缘导线，这样就存在铜导线与铝导线的连接，或铝导线与电气设备铜接线端子连接的问题。前面讲过，铜、铝两种金属单位不同，当直接连接在一起时，会有电位差、产生电腐蚀，增大接触电阻，使运行温度升高，长期腐蚀会造成接触不良而产生电火花或电弧。因此，其接头要有严格的要求。铜、铝电缆或铜、铝绝缘导线，其线芯之间的连接应使用铜、铝过渡接管；铝芯电缆或铝芯绝缘导线与电设备端子连接时，应使用压接式铜、铝过渡接线端子连接。铝电缆或铝导线的终端与电气设备的铜端子连接时，如果能将铜端挂一层焊锡时，可以用铝导线连接端子连接，但要求铝接触表面光滑，涂上中性凡士林油，防止铝表面氧化，实践证明效果也很好。导线与导线的连接均采用压接。

四、危险场所电缆线路的敷设要求

电缆线路的敷设可分为四种情况，即直埋电缆线路、沟或隧道电缆线路、室内电缆线路和管内电缆线路，下面分别阐述其敷设要求。

（一）直埋电缆线路的敷设要求

（1）电缆沟底部不得有碎石或凹凸不平，若底部泥土细软，可将电缆直接置于沟底，否则，应在沟底先铺一层 100mm 厚的细黄砂或软土。电缆放沟中后上面应覆盖 100mm 厚的软土或黄砂，然后用砖盖在上面以保护电缆。

（2）埋深应不小于 0. 7m（在严寒地区，电缆应敷在冰冻层以下）。

（3）多根电缆并列敷设时，10kV 及以下的电力电缆之间的距离不小于 100mm；10 ~ 30kV 的电缆相互间或与其他电缆间的距离不小于 250mm；各电缆接头的位置应错开，距离不小于 2m；不同使用部门的电缆并列敷设时，不论电压高低，其间距不得小于 0. 5m。

（4）电缆与各种地下设施平行或交叉时，至少应保持规程所规定的最小行距。

（5）电缆与热力管沟交叉时，若用石棉水泥管保护，其长度应伸出热力管沟两侧各 2m；用隔热层保护，应超过热力管沟和电缆两侧各 1m。

（6）电缆与道路、铁路交叉时，应穿管保护，保护管应伸出路基 1m。

（7）在有腐蚀性或有杂散电流腐蚀的土壤中，应采用有防腐套的电缆或采取其他防腐措施。

（8）在铠装电缆的金属外皮两端应可靠接地，接地电阻不大于 10Ω。

（二）室内电缆线路的敷设要求

（1）室内明敷的电缆不应有黄麻或其他可延燃的外被层。

（2）无铠装电缆在室内水平明敷时，距地面不应小于 2. 5m；垂直敷设时不应小于 1. 8m，否则应采取能防止机械损伤的措施。

（3）高、低压电缆一般应分开敷设，当必须并列明敷设时，净距不应小于150mm。

（4）电缆在室内埋地敷设或穿墙、穿楼板时，应穿管或采取其他保护措施。

（5）在有腐蚀性介质的室内明敷电缆时，应采用防腐蚀的保护措施。

（6）电缆由支架引向设备或配电装置时，在接近处应与设备或配电装置垂直，在电缆转弯处应将其固定。

（三）管内电缆线路的敷设要求

（1）铠装电缆与铅包电缆不应穿入同一管内。

（2）一根电缆管只许穿入一根电缆。

（3）电力电缆与控制电缆不得穿入同一管内。

（4）裸铅包电缆穿管时，应将电缆穿入段用麻布或其他纤维材料进行保护，穿送时用力不得过大。

（四）沟或隧道电缆线路的敷设要求

（1）敷设在电缆沟或隧道内的电缆，不应有黄麻或其他可延燃的外被层。

（2）电缆敷设在支架上时，电力电缆应置于控制电缆的上方，但1kV以下的电力电缆和控制电缆可并列敷设；如果两侧都有支架，高压电缆与低压电缆或控制电缆最好分别敷设在不同侧的支架上，且支架最好涂防腐漆。

（3）电缆沟的盖板不宜过重。当盖板与地面相平而该处地面又容易积水和积灰时，宜用水泥砂浆将其缝隙抹死，沟内和隧道内应有防水措施，底部应有坡度不小于0.5%的排水沟。

（4）电缆隧道应有通风设施（一般实行自然通风），且应装设照明灯。

（5）在电缆沟进入建筑物处应设防火墙，而电缆隧道则应设带门的防火墙。

（6）不应与易燃或可燃气体、液体管道共用沟和隧道。

五、爆炸危险场所对架空线路的安全技术要求

架空线路敷设时，要求禁止跨越爆炸危险场所，并离危险场所的最小水平距离为电线杆高度的1.5倍，与1级场所的距离不得小于30m。因为，一方面由于架空线路在外力的作用下，可能导致断线，导线落在爆炸危险场所易引起危险；另一方面要考虑到输电线路倒杆时电线偏移至危险场所引起事故。

六、危险场所内电气装置的接地与接零保护

（一）危险场所内的电气装置应采取接地或接零保护措施

Ⅰ或Ⅱ级危险场所内，除照明灯具外，其余电气设备应采用专用接地或接零线。

照明灯具和Ⅲ级危险场所可以利用有可靠电气连接的金属管线系统作为接地或接零，但不应利用输送易爆物质的管道。

（二）接零保护应符合的要求

（1）在中性点直接接地的低压配电系统中，电气装置应采取接零保护。

（2）变压器低压侧中性点直接接地的接地电阻不应大于 4Ω。

（3）线路在引入危险场所处时，应做重复接地，接地电阻不应大于 10Ω。接地装置可以与防雷电感应的接地装置共用；如果线路入户处距本线路另一接地点的距离不超过 50m 时，在入户处可以不再做重复接地。

（4）利用工作中性线作接零线时，不应在工作中性线上装设熔断器或开关，但可以装设与相线同时断开或闭合的开关。

危险场所内所有电气正常不带电的金属部分、金属机架、穿电线用的钢管及其配件、电缆金属包皮、电缆桥架、钢索及其配件，均可靠地采取接地或接零保护。

第五节　防爆电气设备的检查与维护

一、防爆电气设备的安全检查

防爆电气设备的检查可分为一般性检查和专业性检查两种情况，一般性检查可结合正常巡视进行，专业性检查通常每季度进行一次。

（一）防爆电气设备一般性检查

防爆电气设备一般性检查的主要内容如下：

（1）防爆电气设备应保持其外壳及环境的清洁，不得有碍设备安全运行的杂物和易燃物品。

（2）防爆电气设备应固定牢靠，设备外壳应完整，不得有裂缝，没有明显的腐蚀。各部位螺丝及垫圈应齐全，无松动现象。观察窗的透明玻璃板不得有裂缝，透明度要好。

（3）防爆电气设备上的各种保护、联锁、检测、报警、接地装置应齐全完整，动作正确可靠。

（4）防爆电气设备的进线装置应完整牢固，密封完好，接线无松动或脱落，多余的进线口应封闭。

（5）正压型防爆电气设备内不得含有爆炸性混合物或其他有害物质，风压不低于 196Pa，气流中不得含有火花，出气口气温不得超过规定。

（6）油浸型防爆设备油面不低于油面线。微压（压力）继电器应齐全完整，动作灵敏。

（7）防爆电气设备运行情况是否正常，运行参数如电压、电流、压力、流量、温度等不得超过设备额定值。运行中发生下列情况时，值班员可能受事故影响的情形：

①负载电流突然超过额定值40%以上或确认断相运行时。

②电机或开关突然出现高温或冒烟、散发异常气味时。

③电机或其他设备因部位松动，产生响声或冒火星时。

④机械负载出现严重事故或危及人身安全时。

⑤设备发生严重事故，易燃、可燃气体、液体大量喷出，可能酿成火灾事故时。

（二）防爆电气设备专业性检查

防爆电气设备的专业性检查一般每季度进行一次，每年第四季度应全面检查，其主要内容如下：

（1）检查一般性检查的执行情况。

（2）检查接线盒、进线装置、隔离密封盒、挠性连接管的外壳、紧固螺丝、防松装置、外护套等是否符合防爆要求。

（3）检查电机、电器、仪表、设备本体的外壳腐蚀程度，紧固螺丝的防松装置是否正常，联锁装置是否完好。

（4）正压型防爆设备在内部各处风压或气压不小于设备铭牌规定的指标，压力继电器报警系统应灵敏。

（5）油浸型防爆电气设备的油位指示器，排油装置及气体泄放孔内部应畅通，外部无漏油，安装倾斜度不大于5°。

（6）检查电缆有无松动、脱落，是否受鼠、白蚁或其他小动物危害，根据安装环境条件经常更换电缆钢套管内吸潮剂或定期排水。

（7）除防爆规定外，还应按同类普通电气设备规定检查防爆电气设备的完好情况。

（三）新安装防爆电气设备使用前的检查

凡新安装的防爆电气设备，必须进行认真的检查，其内容为：

（1）清除防爆电气设备表面的灰尘污垢，检查开关触点是否完好；检查进线装置、布线是否合格，各部紧固螺栓是否正常，油浸型设备油位是否正常。

（2）新安装的或长期不用的电气设备要测量绝缘电阻，一般绝缘电阻不得低于0.5MΩ，否则需要烘干。

（3）运行部分还要检查转动是否灵活，轴承润滑情况是否良好。

（4）检查控制盘的控制设备、保险丝是否完好，外压是否正常。

以上一切正常后方可使用。

（四）检查防爆电气设备的注意事项

（1）一般性检查时，运行中的防爆电气设备严禁打开设备的密封盒、接线盒、进线装置、隔离密封盒和观察窗等。

（2）专业性检查时，必须切断电源后才能打开盖子检查，并在电闸上悬挂警告牌。

（3）严禁用带压力的水冲洗防爆电气设备。

（4）在爆炸危险场所严禁使用非防爆的移动型、携带式电气仪表。

二、防爆电气设备的维护保养

防爆电气设备的维修可分为一般性维修和专项检修两种。

（一）防爆电气设备的一般性维修

防爆电气设备一般性维修的主要内容如下：

（1）清除设备外壳和内部的粉尘、污垢和其他杂物。

（2）日常对防爆电气设备的现场的维修。

（3）更换或修理已损零部件，检查校对设备各部分对应的尺寸、间隙和位置；修理或调整设备的操作机构或连锁机构。

（4）测试电机、电器和线路的绝缘电阻值。

（5）维护防爆面，测量隔爆面间隙。

（6）化验、补充、更换绝缘油。

（7）补充或更换设备润滑点上的润滑油（脂）。

（8）修补或更换移动电气设备的电缆和设备的连接部分。

（9）拆开接线盒，清除内部污物和潮气，检查连接线和螺栓是否坚固，密封圈有无损伤变形及老化变质。

（10）调整设备保护装置的整定点。

（11）检查接地电阻是否完好，测量接地电阻值。

（二）防爆电气设备的专项检修

专项检修是对防爆电气设备的防爆性能恢复的维修，其主要内容是：

（1）完成一般性检修项目。

（2）检查电机轴承磨损情况，更换轴承。

（3）修复线圈的绝缘、焊接端子。

（4）检查隔爆零部件，修复不合格的隔爆结合面。

（5）测量并调整隔爆间隙值。

（6）更换局部范围内不合格的电缆或钢管配线。

（7）给防爆电气设备、线路配管刷防腐漆等。

（三）检修防爆电气设备的注意事项

（1）爆炸危险场所，不得带电进行维修作业。

（2）停电进行维修时，要特别注意电路的安全性，在电源端应悬挂警告牌，防止合闸送电。

（3）通电时的现场检查以不打开外壳、接线盒、观察窗为原则。

（4）在现场检修时，当防爆电气设备的转动未完全停止时，不利开盖。

（5）在现场检修时，不得产生冲击火花，且不准使用产生冲击火花的工具。

（6）在现场检修作业中，不准使用非防爆型的仪表、照明、灯具、电话机等。

（7）严禁带电拆卸防爆灯具和更换防爆灯管。严禁用普通照明灯具代替防爆灯具。不得随意改动防爆灯具的反光罩，也不准随便增大防爆灯管的功率。

（8）应妥善保护隔爆，不得损伤防爆面，不得有锈迹层，且其表面粗糙度不低于规定的标准。

（9）防爆电气设备上的紧固螺栓不得任意调换和缺少。

（10）无电镀、磷化层的隔爆面，经清洗后涂以磷化膏或204防锈油、工业凡士林，严禁涂刷其他防腐油漆。

（11）更换防爆电气设备的元件、零部件或螺栓时，其尺寸、型号、材质必须和原件一样。

（12）本质安全型设备内部有电池时，其电池更换必须在安全区域内进行。.

（13）禁止改变本质安全型设备内部的电路、线路。

（14）检修时如将防爆处理拆至安全区域进行，现场的设备电源电缆头应做好防爆处理，并严禁通电。

（15）防爆电气设备检修完毕后，应将检查项目、维修内容、测试记录、零部件更换、缺陷处理等情况记录在本，归入设备技术档案，以便查阅。

（四）防爆电气设备拆装注意事项

拆卸和组装防爆电气设备时，尤其应注意下列事项：

（1）拆卸时要妥善保护隔爆结合面，不得有损伤。

（2）拆卸沉头螺丝时，必须应用专用工具。

（3）拆卸或装配须敲打时，应用木锤或铜锤，不得使用铁锤。

（4）隔爆面不得有锈蚀层和麻面现象，如有轻微锈蚀时，须加以清洗，然后涂以防锈油。

（5）隔爆结合面的紧固螺栓不得任意更换或丢失，弹簧垫圈应齐全。

（五）防爆电气设备的保养制度

仓库应建立健全以岗位责任制为基础的设备维修制度，实行日保养制、月（季）及年度检查制度，使设备处于良好的技术状态。

（1）日常保养。每周应有保养日，主要内容为清除周围杂物，清洁表面，检查接线有无松脱，紧固螺栓是否齐全紧固，转动部分是否灵活，表面有无漆皮脱落和生锈，油浸型设备油面是否正常。发现问题应及时处理。

（2）月（季）检查。对经常使用的设备，每月应进行一次大的检查；对不常用的可一季度检查一次。检查内容为：外部连接线、接地线、各部螺栓、螺母是否完好坚固；操作机构是否灵活；油浸型设备检查油面、油色是否正常；清洁机体及吹净灰尘；检查构件有无锈迹、熔件是否符合标准；绝缘电阻、接地电阻是否合格。

（3）年度检查。根据使用情况，半年或一年检查一次，一般运转600～1000h后，应进行一次全面检查。除月（季）检查内容外，还应清洁内部，测量绝缘电阻，清洗轴承，更换润滑油，测量活动面防爆间隙，维护保养隔爆面，进行线路维护等。

（六）防爆电气设备的报废

失去防爆性能的防爆电气设备，当确无修理价值或无法恢复原有性能时，应降级使用直至报废。防爆电气设备降级报废的依据：一是国家颁发的《爆炸危险环境电气设备通用规程》，二是产品出厂技术说明和设计要求，三是本单位上级业务部门颁发的具体规定。

1. 防爆电气设备报废的条件

（1）防爆电气设备因受外力损伤、机械磨损、事故损坏、气体腐蚀、自然老化时，使其防爆性能下降或失效，虽经检修或更换零部件，仍恢复不到原有的防爆性能，危及安全运行时，应当降级使用或报废。

（2）防爆电气设备经过修理虽能达到质量标准，但检修时间长，费用大于或等于购置新品时，也应降级或报废。

（3）防爆设备制造厂或国家防爆检验机关宣布淘汰并禁止使用的防爆设备，应当报废。

（4）隔爆型设备的隔爆间隙比原来制造标准增大15%以上时应降级或报废。

（5）有的防爆设备的运行温度超过规定，经检修或者改善通风冷却方式后，仍达不到运行温度规定，危及安全的，应报废更换。

（6）电缆受到侵蚀，机械损坏，绝缘老化，使绝缘强度低于标准，可能导致线路接地、短路等危及安全运行的，应根据情况局部或全部报废予以更新。

（7）电缆的外保护层或钢管，锈蚀严重，起不到保护作用或隔离密封作用，危及安全运行的，应当局部或全部报废。

2. 防爆电气设备的报废审批手续

防爆电气设备的降级使用和报废，应办理降级使用或报废手续。首先由使用单位组织设备鉴定，测试防爆性能，确认需要降级使用或报废时，应提出降级或报废申请。当防爆性失效的电气设备经检修不能保证原有防爆等级标准，但能满足下一级防爆性能时，允许降级使用；经检修后不能恢复防爆标准，同时也不符合运行最低标准的，应降为非防爆电气设备；对无法检修，或不能作为非防爆电气设备的应报废。

根据使用单位的申请，经主管部门审查批准后，按处理意见办理，凡已批准降级或报废的电气设备应及时处理，不准在危险场所继续带病运行。

对于降级使用的防爆电气设备，要把鉴定情况详细填入设备技术档案，并更改防爆标志，以免日后误用。

第四章　仓库防静电

第一节　静电的产生与积聚

一、静电的产生

产生静电的原因很多，包括固体物质的摩擦、受热受压、带电微粒的附着、静电感应，以及液体物质的流动、喷射、冲击等。在仓储活动的各个环节中，物资的储运会产生静电，机械设备运转会产生静电，人员活动也会产生静电。下面主要介绍固体的摩擦起电、静电感应起电及液体流动带电。

（一）摩擦起电

用毛皮摩擦橡胶棒时，橡胶棒带负电，毛皮带正电；用绸子摩擦玻璃棒时，玻璃棒上带正电，绸子带负电。这是人们很早以前就发现的一种摩擦起电现象，摩擦起电是物体得失电子的结果。

摩擦起电机理：两种物质紧密接触后，其间距小于 25×10^{-8}cm 时，物质中电子位能高的易失去电子，其较多的电子流入电子位能低的物质，使两种物质分别带上正电和负电，形成双电层。随着电子由位能高的物质向位能低的物质转移，位能高的物质电位能逐渐降低，位能低的物质电位能逐渐升高，最终达到平衡，接触界面上出现位能差或电位差（位能差与电子电量的比值为电位差）。首先，由于存在双电层和接触电位差，紧密接触的物质分离时，两种物质分别获得等量、同号的电荷，成为带电体，即产生了静电。其次，摩擦作用可产生热量，加快电子的热运动，有利于电子转移而产生静电。最后，摩擦时接触面上发生了物质的细小破裂，也会促进静电产生。两种物质在接触时形成双电层和接触电位差的过程，如图 4－1 所示。

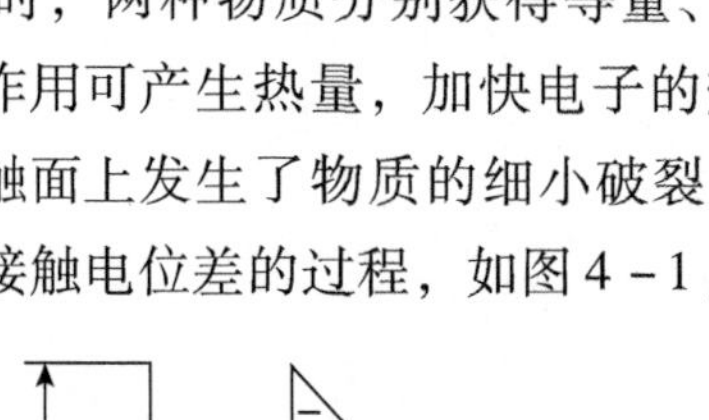

图 4－1　双电层和接触电位差的形成过程

图 4－1 表示在两种物质紧密接触后，其间距离小于 25×10^{-8}cm 时，由于第二种物质内电子的位能比第一种物质的高，容易失去电子，则有较多的电子流入第一种物

质，使其与第一种物质分别带上正电和负电，形成双电层。随着电子从第二种物质向第一种物质转移，第二种物质内电子的电位能逐渐降低，而第一种物质电子的电位能逐渐升高。达到平衡时，界面上出现了 $W_1 - W_2 = qV_{12}$ 的位能差（式中，q 为一个电子的电量，V_{12} 为双电层的电位差或称接触电位差）。这个位能差与电子电量的比值即为接触电位差 $V_{12} = (W_1 - W_2)/q$。

摩擦起电是一种常见的起电方式，如物资装卸、输送过程中物资与机械的摩擦；传动装置中皮带与皮带轮之间的摩擦；粉尘在研磨、搅拌、筛分等过程中高速运动，使粉尘与粉尘之间、粉尘与管道壁之间、粉尘与容器壁或其他器具之间的碰撞与摩擦；压缩气体和液化气体，因其中含有固体杂质，从管道口或破损处高速喷出时，会发生强烈的摩擦作用；以及工作人员的行走等产生的摩擦都可能产生静电。

（二）感应起电

1. 静电感应

如图 4－2（a）所示，1 为带电体，2 为绝缘导体，当带电体 1 靠近 2 时，则在 2 的两端产生等量的异性电荷，这种现象就叫静电感应。当带电体 1 拿开时，2 又为不带电体。

如图 4－2（b）所示，上述过程继续，1、2 进一步靠近，间隙足够小时，1 端的正电荷与 2 端的负电荷就会发生放电现象，放电的结果，正负电中和，2 成为带正电的带电体，如图 4－2（c）所示。

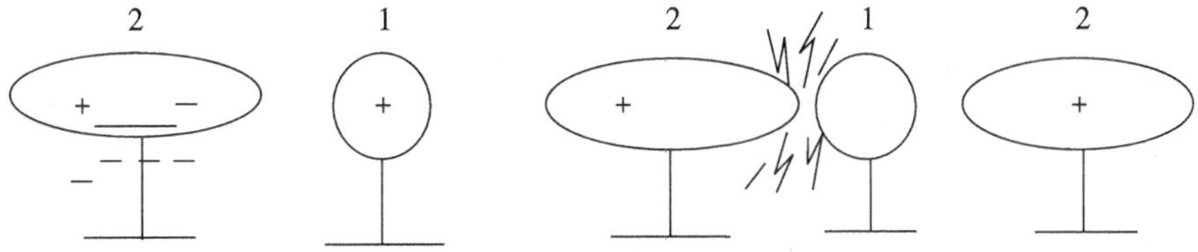

图 4－2　静电感应

2. 感应起电

如图 4－3（a）所示，1 为带正电的带电体，2 为受感应的导体，3 为接地体。当 3 接近 2，产生放电火花，中和 2 上正电荷（见图 4－3（b）），然后 1、3 离开，2 即由原来的中性变为带负电的导体（见图 4－3（c））。这样使导体带电的方法，叫感应起电。

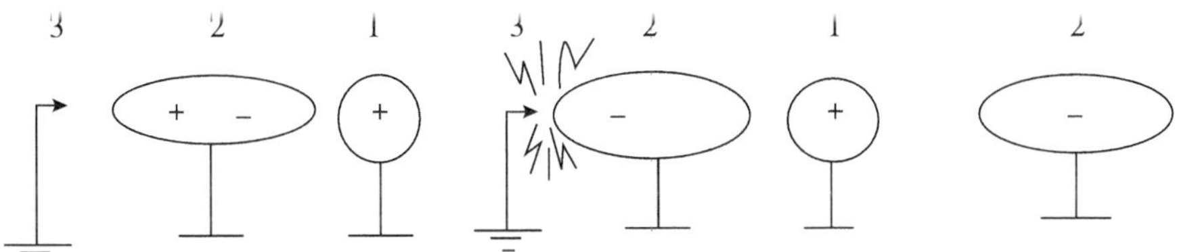

图 4－3　感应起电

感应起电、放电过程，在油库作业中常见。如油库进油作业时，用采样器取样，油面为带电体，如果采样器没有接地，成为独立导体，在采样器接近油面时，就会发生上述静电感应和放电的现象。当采样器进入油层取样时，它又收集了油中部分电荷而成为带电体；提起时，若它与接地的罐口靠近，上述静电感应和放电现象又将重演。如果这种放电强度达到点燃能量，又存在爆炸性油气混合气体时，会导致着火爆炸事故。

（三）流动带电

流动带电是液体常见的带电形式，如汽油、航空煤油等低电导率的轻质油品在管道内流动时，会因连续发生接触、分离现象而产生静电。油品流动带电示意如图4－4所示。

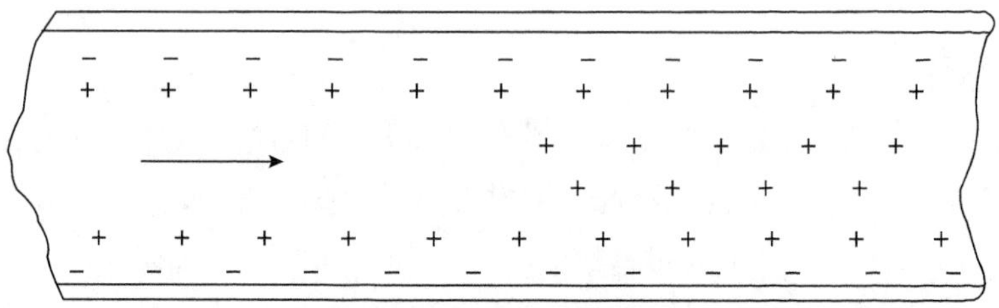

图4－4　油品流动带电示意

当油料处于静止状态时，在油料与金属管壁的分界面上存在双电层。当管道内的油料流动时，靠管壁的负电荷被束缚着而不易流动，呈扩散状态的正电荷则随油料一起流动而形成流动电流。流动电流在工程上常用于衡量油料中带有静电的程度。油料在管道中所产生的流动电流与油料流速的二次方成正比，即油料流速大是静电电荷大量产生及流动电流形成的关键因素。另外，管线材质也会影响流动带电的大小，图4－5为不同的管线材质对产生电流的影响。

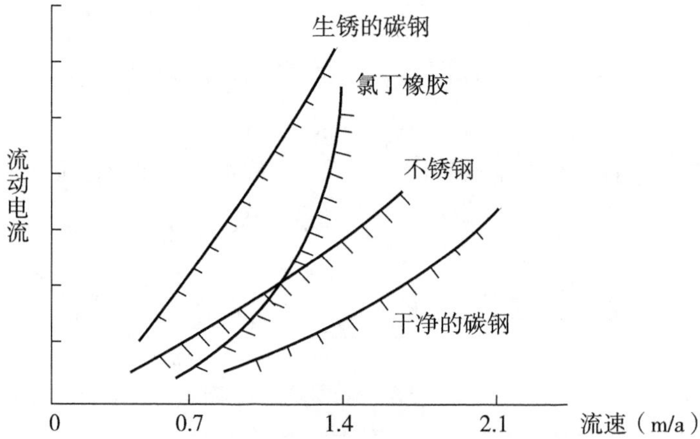

图4－5　不同的管线材质对产生电流的影响

管线电流的差别主要是因不同管材对静电的消散不同所引起的，而管材对静电的消散取决于管线本身的起电率与电阻率。对高电阻率的液体来说，电荷几乎不衰减。另外，橡胶、塑料等非金属管道比金属管道产生的静电高得多。

二、静电的积聚

虽然，固体物质的接触分离、液体物质的流动及带电微粒的附着等均可产生静电，但是，并不是所有产生的静电都能积聚起来形成较高的静电电位而构成危害。对于固体物质而言，任何材料的绝缘电阻都有一定限值，在静电产生的同时就存在静电泄漏，只有静电产生的速率大于静电泄漏的速率，才能使产生的静电积聚，使带电体形成高电位，即静电积聚是由静电起电率和泄漏率的平衡结果而定。而对于液态物质而言，如油料，电荷积聚不仅与油料流动、冲击等产生的电荷多少密切相关，而且与油料本身的电阻、对地电容及储存设施的导电性紧密相连，故只有当产生的静电多于泄漏的静电时，才能产生静电积聚，构成危害。

若不考虑静电放电，任何物体所能积聚的静电电位有一个最大值，即饱和值。物体积聚静电达到饱和值时是否产生火花放电是判断安全与否的重要标志。对于固体物质来说，静电积聚饱和值的大小取决于起电率和物体对地的泄漏电阻。当物体对地电阻和电容为定值时，起电率越高则物体积聚静电电位越高。物体的起电率与物体的表面状态、接触面积、分离速度等密切相关。一般来说，物体表面光滑起电率低，表面被氧化、被污染则起电率高；接触面积大起电率高，接触面积小则起电率低；分离速度快则给予电荷分离的能量大，也会增大起电率。而当起电率一定时，物体对地的绝缘电阻越大，起电时积聚的静电电位就越高。因此，要防止静电危害，必须控制起电率和降低物体对地的绝缘电阻。对于液态物质来说，如油料经输油管线送入油罐或注入油罐车时，罐内积聚的电量和电位饱和值的大小取决于罐内电荷的注入量和油料本身的电阻、介电常数、油罐的导电率等。因此，静电危害的预防主要是从控制油料流速、罐体接地等方面考虑。

第二节 静电的危害

由于静电的产生是不可避免的，若产生的静电没有得到及时的泄放，便可能积聚起来。积聚的静电荷构成的电场对周围空间有电场力的作用，可吸引周围微粒而引起灰尘的堆积、纤维纠结并污染物资。当然，静电积聚最大的危害是可能产生火花放电，导致火灾、爆炸等严重事故。

一、静电能量

静电能量系指静电场能量，能量越大，危险性也越大。静电火花能量即静电场通过火花放电释放出来的能量。

$$W = \frac{1}{2}CU^2 = \frac{1}{2}QU$$

式中：

W——静电场能量（J）；

C——导体电容（F）；

U——电压（V）；

Q——电量（C）。

例如，当人体静电压为2000V，人体对地电容为200pF，放电火花能量为：

$$W = \frac{1}{2}CU^2 = \frac{1}{2} \times 200 \times 10^{-12} \times 2000^2$$
$$= 4 \times 10^{-4}(\mathrm{J}) = 0.4(\mathrm{mJ})$$

汽油点火能量为0.1～0.2mJ，甲烷为0.28mJ，乙烯为0.096mJ，所以上述能量足以引起燃烧或爆炸。

二、静电危险场所

静电放电可能造成火灾和爆炸危害的场所，称为静电危险场所。静电危险场所按爆炸物资的性质，可分为气体爆炸危险场所（爆炸性气体、可燃蒸气与空气混合形成爆炸性混合物的场所）；粉尘爆炸危险场所（爆炸性粉尘和可燃纤维与空气混合形成爆炸性混合物的场所）；爆炸品爆炸危险场所（如储存爆炸品场所）。按其危险程度的大小，可分为不同的区域等级。在确定区域等级时，所定义的正常情况下是指设备的正常启动、停止、正常运行和维修的情况；不正常情况是指有可能发生设备故障或误操作的情况。

1. 气体爆炸危险场所

（1）0级区域。

在正常情况下，爆炸性气体混合物连续地、短时间频繁地出现或长时间存在的场所。

（2）1级区域。

在正常情况下，爆炸性气体混合物有可能出现的场所。

（3）2级区域。

在正常情况下，爆炸性气体混合物不可能出现，仅在不正常情况下偶尔短时间出现的场所。

2. 粉尘爆炸危险场所

（1）10级区域。

在正常情况下，爆炸性粉尘或可燃纤维与空气的混合物可能连续地、短时间频繁地出现或长时间存在的场所。

（2）11 级区域。

在正常情况下，爆炸性粉尘或可燃纤维与空气的混合物不可能出现，仅在不正常情况下偶尔短时间出现的场所。

3. 爆炸品爆炸危险场所

（1）Ⅰ级场所。

技术处理各种火炸药、电火工品、电发火弹药的场所及存放无金属外壳的火炸药及其制品的库房。

（2）Ⅱ级场所。

存放有铁皮密封容器的黑火药、烟火药和发射药的库房；存放电发火弹药的库房；超过最大允许储存容量和小于允许安全距离的库房；危险品库房。

（3）Ⅲ级场所。

除Ⅰ、Ⅱ级场所以外的爆炸品库房和铁路专用线装卸站台。

三、静电危害的状况

20 世纪中期以后，随着电阻率很高的高分子材料如塑料、橡胶等制品的广泛应用和现代生产过程的高速化，使静电可以积聚到很高的程度。同时，静电敏感材料如轻质油品、火药、固态电子器件等的生产和使用，使静电产生的危害越来越突出。静电曾使电子工业年损失达百亿美元以上。静电放电还造成火箭、卫星发射失败及干扰航天器的运行。据日本的全国火灾统计，从 1962 年到 1971 年 10 年间，每年因静电引起的火灾事故约为 100 起。在石油化工生产、储运过程中，静电曾引发较大的火灾爆炸事故。美国的石化工业从 1960 年到 1975 年由于静电造成的火灾爆炸事故达 116 次。1967 年 7 月，美国佛瑞斯塔号（Forrestal）航空母舰上一架飞机因导弹屏蔽接头不合格引起静电火灾，造成 7200 万美元的损失和 134 人伤亡。1969 年年底不到一个月时间内，荷兰、挪威、英国三艘 20 万吨超级油轮均因洗舱时产生的静电引发爆炸事故。1976 年，挪威一艘载重 22 万吨油船因混合货舱在压舱水涌激时产生静电而连续发生 3 次强烈爆炸。我国近年来在石化企业曾发生 30 多起较大的静电事故，其中有数起损失达百万元以上，如上海某石化公司的甲苯罐、山东某石化公司的胶渣罐及抚顺某石化公司的航煤罐都因静电造成严重的火灾爆炸事故。在火工品、火炸药和弹药的技术处理中，静电火灾与爆炸事故也不胜枚举。

四、形成静电危害的条件

静电虽然随时随地都会产生，但却不一定构成危害，因为静电危害的形成必须具备一定的条件。静电引发火灾、爆炸事故应具备以下条件，缺一不可。

（一）存在引发火灾、爆炸事故的危险物资

静电引发火灾、爆炸事故的必要条件，就是要有对静电敏感的物资，且静电放电的能量与火花足以将其引燃或引爆。对静电敏感、易发生静电火灾与爆炸事故的物资称为危险物资。仓储物资中，火箭弹、火炸药、电火工品、油料、化工危险品等都是危险物资。危险物资的危险程度是用最小静电火花感度来衡量的。最小静电火花感度即为能够点燃或引爆某种危险物资所需要的最小静电能量。影响最小静电火花感度的因素很多，包括危险物资的种类与物理状态、静电放电的形式、环境的温湿度条件等。为了比较不同危险物资的最小静电火花感度，规定使危险物资处于最敏感状态下被放电能量或放电火花点燃或引爆的最小能量为该危险物资的最小静电火花感度。最小静电火花感度是判断某些危险作业和工序是否会发生火灾、爆炸事故的重要依据之一，其单位为mJ。表4－1和表4－2为炸药和火药的最小静电火花感度及50%发火能量。

表4－1　炸药静电火花感度

炸药名称	静电火花感度（mJ）								试样粒度（目）	试样重量（目）	爆发点（℃）
	C＝1100pf				C＝10000pf						
	0%	50%	100%	湿度（%）	0%	50%	100%	湿度（%）			
黑索金	17	60	131	59	17	70	161	56	>160	17.3	230
纯化黑索金	31	87	169	73	38	118	242	72	>100	16.5	—
纯化太安	44	67	95	68	47	106	187	71	>80	27.1	225
奥克托金	23	49	84	54	34	61	97	72	>160	16.9	327
8321	26	56	108	62	19	61	127	58	>80	14.0	231
梯恩梯	35	173	418	66	43	122	242	67	>160	10.4	475

表4－2　火药静电火花感度

火药名称	试验条件					试验结果		
	针极极性	电容（pf）	间隙（mm）	串联电阻（Ω）	相对湿度（%）	50%发火电压（kV）	标准差（kV）	50%发火能量（kV）
硝化棉	+	0.25	0.5	100	57	2.6	0.355	845
双芳－3－1	+	0.25	0.5	100	56	2.85	0.313	1.02×10^3
双芳－3（层状）	+	0.22	0.80	510	68	3.92	8.28	1.69×10^3
	－	0.22	0.80	510	63	3.84	8.34	1.62×10^3

续　表

火药名称	试验条件					试验结果		
	针极极性	电容（pf）	间隙（mm）	串联电阻（Ω）	相对湿度（%）	50%发火电压（kV）	标准差（kV）	50%发火能量（kV）
双芳－3（粉末）	+	0.22	0.80	510	68	3.64	0.16	1.46×10^3
	－	0.22	0.80	510	63	3.68	0.11	790
7/7 单	－	0.25	0.50	100	65	2.21	0.076	611
7/7 标准药	+	0.22	0.50	510	59	4.40	0.93	2.13×10^3
	－	0.22	0.50	169	50	5.00	0.46	2.75×10^3
2/14－Pb	+	0.22	1.00	510	63	4.00	0.80	1.76×10^3
2/77－25	－	0.22	1.00	510	64	4.13	0.45	1.88×10^3
7/14－Tb	+	0.22	1.00	510	64	8.36	1.42	7.69×10^3
1/78－25	－	0.22	1.00	510	64	9.53	0.40	9.90×10^3
钝感点火药		0.01	1.25	163	68	5.20	0.15	135
黑药								4.06

油料及酒精、二甲苯等挥发性物资容易散发蒸气，这些蒸气在空气中的浓度达到一定比例范围时，遇到火源就会爆炸，此种混合物称爆炸混合物，此种浓度范围界限称为爆炸极限。当爆炸性混合物的浓度处于爆炸极限范围内，一旦产生静电火花，则可能引发爆炸事故。爆炸混合物的爆炸极限并非为定值，而是会随混合物的温度、压力及空气中含氧量的变化而变化，同时，与测试条件也有一定关系。表 4－3 为常见的几种可燃气体、蒸气爆炸极限。

表 4－3　　几种可燃气体、蒸气爆炸极限

名　称	爆炸极限（%）	
	下限	上限
车用汽油	1.7	7.2
航空汽油	1.0	6.0
灯用煤油	1.4	7.5
航空煤油（大庆 2 号）	0.5	7.2
航空煤油（胜利 1 号）	0.5	7.8
苯	1.5	9.5
乙炔	2.5	8.2

（二）静电产生的条件

在仓储活动的各个环节中，静电的产生是不可避免的。比如，物资在装卸、输送过程中容易因摩擦而产生静电，油品在收、发、输送过程中也要产生静电，粉体、灰尘飞扬可产生静电，人员在作业中的操作、行走也会产生静电。

（三）有静电积聚的条件

对于任何材料，静电的积聚和泄漏是同时进行的，只有静电起电率大于静电泄漏率，并有一定量的积累，才能使带电体形成高电位，产生火花放电而构成危害。

静电积聚的大小与带电体的性质、起电率、环境温湿度等密切相关。带电体的性质不同，如是导体还是绝缘体，其积聚静电能力及放电能力差别很大。绝缘体更易积聚静电，比如，仓储物资及设备绝缘体表面的电荷密度多数为 26. 5c/m^2，此时空气中的电场强度将达到 30kV/cm，容易产生静电火花而引发燃烧、爆炸事故。导体放电能力很强，一般情况下可将储存的静电量几乎一次全部变成放电能量而放出。而绝缘体由于电导率低，积聚的电荷不能在一次放电中全部消失，其静电场所储存的能量也不能一次集中释放，故危险性相对较小。但正是由于绝缘体积聚的电荷不能在一次放电中全部消失，而使带电绝缘体有多次放电的危险。另外，当危险物资的最小静电点火能很小时，绝缘体上的静电火花也能引起危险物资的燃烧或爆炸。静电起电率越高，就越容易积聚，例如，固体物料的高速剥离、油料的快速流动、物资在装卸搬运过程中与机械摩擦过大等均有较高的起电率，易积聚静电而构成危害。环境温湿度越低，越容易积聚静电，特别是湿度的影响更为显著。

（四）静电放电的火花能量大于最小静电点火能

虽然仓储活动极易产生静电，但是，只有当产生的静电积聚起来，在一次放电中所释放的能量大于或等于危险物资最小静电点火能，才会引发火灾、爆炸事故。

对于固体物资，如散露的火炸药、薄膜式电雷管的引信、已短路的桥丝式电火工品脚壳之间等导体与导体、绝缘体与导体之间，当其静电的场强达到空气击穿场强时，就会发生火花放电，使物体上积聚的静电能量以电火花的形式释放，如这时存在爆炸性混合物或易燃易爆的危险物资，则带电体的全部或部分静电能量就会通过电火花耦合给危险物资，若电火花的能量大于或等于危险物资最小静电点火能，就可能引燃或引爆危险物资而造成火灾、爆炸事故。

而对于液体物资，如油料的装卸过程中，会因流动、喷射、冲击等带电，若产生的电荷积聚起来形成一定的电场强度和电位，且其场强超过气体所能承受的场强时，气体就会被击穿而放电。据放电形式不同可分为电晕放电、刷形放电和火花放电。电晕放电通常放电能量小而分散，不足以点燃轻油混合气体而危险性小；刷形放电是分布在一定的空气范围内，单位时间内释放的能量较小而危险性不大，但引发火灾、爆炸事故的概率高于电晕放电；而火花放电则是在瞬间内使静电能量集中释放，其电火花能量常能引燃、引爆轻油混合气体而危害很大。

五、静电危害的特点与形式

（一）静电危害的主要特点

（1）静电危害的范围较广。在静电危险物资的储运过程中，一旦因静电放电而引发燃烧、爆炸事故，受损的往往不仅是某一设备，而是某一场所、某一区域，甚至更大范围内的安全都会受到威胁。

（2）静电危害的危险大。在静电危险物资的储存场所及静电敏感材料生产、使用、运输过程中，构成静电危害的条件比较容易形成，有时仅仅一个火花就能引发一次严重的灾害。

（3）静电危害瞬间即完成，无法阻止，故只能采取积极的预防措施。

（4）静电的产生与积聚既看不见，也摸不着，容易被人们所忽视。

鉴于以上特点，杜绝静电危害应以预防为主，把灾害控制在事发以前，即积极采取各种防静电危害的措施，加强安全管理。

（二）静电危害的形式

静电放电时，除可引发燃烧、爆炸事故外，还可对人体造成瞬间冲击性电击，从而对人体心脏、神经等部位造成危害，引起人受惊跳起、作出猛烈反应、不舒适、精神紧张等。影响静电电击危害程度大小的因素很多，包括静电电流大小、通过的时间和时刻、通过的途径、电流种类，以及人体特征、人体健康状况、人体精神状况等。虽然，静电电击很难使人致命，但若不加强人员的安全防护，则可能因人受电击后产生的不恰当反应而导致严重的二次事故或妨碍作业。

第三节　静电的检测

检测静电电位即测量静电电压。通过测量设备、机具、弹药、油品、人体等一切导体的静电电位，可判断有无放电的危险性，以及防静电措施是否有效。因此，静电电位测量是静电安全管理的重要数据来源。

由于静电的电位高、电流小、能量也非常小，故一般的电工仪表不适用于静电的测量。因为一般的电工仪表输入阻抗较小，当用其测量静电时，被测的静电能量会被测量仪表本身消耗掉，因此，必须选用输入阻抗极高的静电测量专用仪表。常规的静电测量仪表分直接接触式和非直接接触式两种，对石油、化工工业中一些可燃性液体的液体电位测量时，多采用非直接接触式仪表进行测量。

一、静电检测仪

（一）常规静电检测仪

常规静电检测仪表见表 4－4。

表 4－4　　常规静电检测仪表

测量对象	仪表名称	仪表原理	测量范围	适用场所	特点	备注
电压	QV 型静电电压表	利用静电作用力使张丝偏转	数十伏到十万伏	实验室/现场	仪器与被测对象接触，宜测取导体上电位，工频电流也可用	受空气湿度及测量系统电容等影响，会产生一定误差
	静电电压表	利用静电感应，先经传动结构变成交流信号，然后放大指示读数	数十伏到数万伏	实验室/现场	体积小，非接触式测量	
	集电式静电电压表	利用放射性元素电离空气，改变空气绝缘电阻	数十伏到数万伏	实验室/现场	体积小，非接触式测量	
电阻	GY 型高阻表		$10^{14} \sim 10^{15}\Omega$	实验室/现场	耗电小，体积小，操作方便	可测导电地面电阻
高绝缘电阻	ZC 型振动电容式超高阻计等	微弱信号变成交流信号后放大并指示	$10^{6} \sim 10^{19}\Omega$	实验室	宜用于固体介质高绝缘测量	可测量 10 ~ 16A 的微电流
微电流	AC 型复射式检流计等	线圈的作用力矩使张丝偏转	$<1.5\times10^{-9}$A	实验室		

续　表

测量对象	仪表名称	仪表原理	测量范围	适用场所	特点	备注
电容	QS - 18A 型万能电桥等	电桥原理	数皮法到数十微法	实验室/现场	携带式	仪表种类较多
电荷	法拉第筒或法拉第笼	测取法拉第筒的电容及电位	较宽	实验室	设备容易筹备	按 $Q=CV$ 计算

（二）智能化便携式静电测量仪

除以上介绍的静电检测仪表外，现在已研制出基于 PIC（外围接口控制器）系列单片机的智能化便携式静电测量仪，该测量仪具有换挡、数据保持、键入、显示、上下位机通信等功能，很适合材料表面的静电电位测量。

便携式静电测量仪性能的关键是传感器。以交变的电容 $C(t)$ 作为传感器来感应静电是一种有效的方法，其原理为：通过置于静电场中的平行板电容值 C 的改变来引起极板上电荷的变化，从而产生微弱电流，再利用微弱信号检测电路对此电流放大产生电压输出。可用下式来说明：

$$U = Q(t)/C(t)$$

式中：

U——电容两极板间的电位差，由静电在其附近空间产生的电磁场所决定；

$C(t)$——电场中的交变电容值。

当 U 固定时，极板上电荷 $Q(t)$ 随 $C(t)$ 而变化，$Q(t)$ 的变化导致两极板间的电荷相互移动，从而形成电流。对同一传感器而言，电流的大小反映了电场的强弱，也反映了静电的电压值。传感器的结构见图 4 - 6。

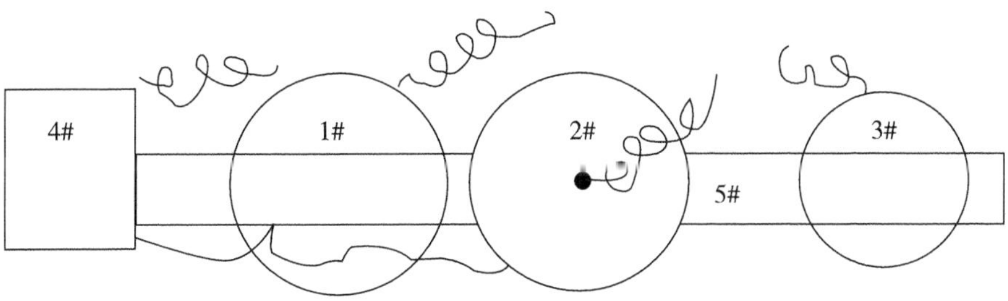

图 4 - 6　传感器的结构

图 4 - 6 中，1#、2#为压电陶瓷片，其中 1#为驱动片，2#为反馈片；3#为平行板电

容的振荡极；中间长条 5#为振梁，在驱动片的驱动下进行振荡；4#为金属块，用于固定振梁，要使传感器有效工作，振梁必须处于良好的受夹状态。片 1#、2#各有一面通过导线和 4#连在一起，再由导线接至测量线路的地端。此传感器利用了压电陶瓷的压电性，其工作过程为交流电压加在 1#两面使振梁振动（压电陶瓷在交变电场作用下，通过逆压电效应将电能转换为机械能而产生机械振动），引起 2#形变产生同频率的交流反馈信号，供传感器驱动电路作输入（通过压电效应将机械能转换为电能）。3#也振动且振幅大，与电容另一静止极形成极板距离交变（即电容值交变）的平板电容。静电场不变而电容值改变导致极板上电荷的改变，从而产生交变电流。

此静电测量仪以 PIC16C73 单片机为核心，系统硬件框图如图 4－7 所示。

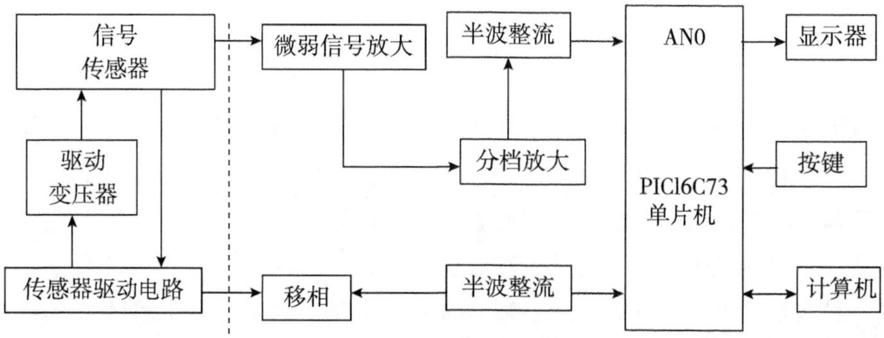

图 4－7　系统硬件框图

传感器驱动电路、驱动变压器和信号传感器构成一个整体用于感应静电场，工作时产生两路信号，一路由传感器在驱动信号（峰值约为 160V）的驱动下开始振动，并由 3#片感应出静电信号，输出微弱电流信号；另一路由传感器 2#片的反馈信号送至传感器驱动电路中的饱和放大器，产生方波信号，该信号是驱动电路的正反馈，也是静电正负判别的依据，实现方法是方波信号经移相整流后送至单片机的 A/D 端供程序使用。传感器的输出信号为 10^{-9}数量级的微弱电流，这就要求信号放大电路有很高的输入阻抗。微弱信号放大后，需再经一级分档放大（分别为 ×5 和 ×50），以使信号幅值在 0～5V，满足单片机对 A/D 输入的要求以提高测量精度。分档放大后输出是正负交替的信号，需经整流滤波后才能得到相应的直流，这里采用软件滤波的方法，即将输入信号瞬时采样，得到一个周期的数据再取平均值。另外整流也只进行半波整流以简化电路并提高测量电路的响应速度。

二、静电电位测量实例

（一）管道静电电位的测量

输油、气或颗粒物的管道，因与被输送物摩擦而产生静电。管道静电电位测量原理如图 4－8 所示。

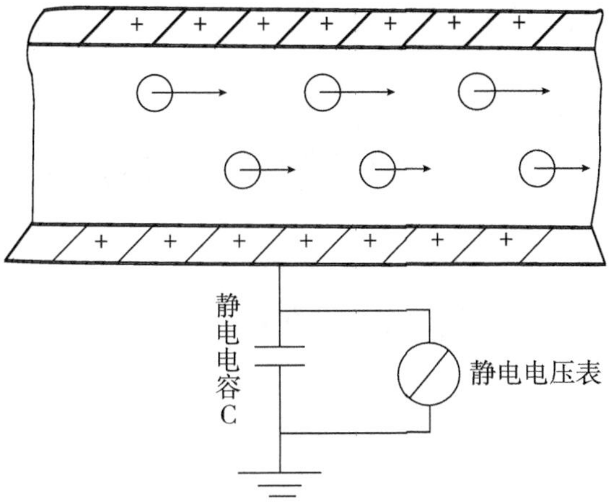

图 4－8　管道静电电位测量

由于被测管道对大地是绝缘的，C 是测量用的静电电容器，静电电压表读出的数值为管道的静电电位。

（二）喷嘴产生静电电位的测量

喷射液体、固体、气体的喷嘴，由于液体、固体、气体以高速喷出，与喷嘴强烈摩擦而产生静电。喷射出的物质带走一种电荷，而在喷嘴上留下符号相反的另一种电荷。图 4－9 为喷嘴静电电位测量原理图。

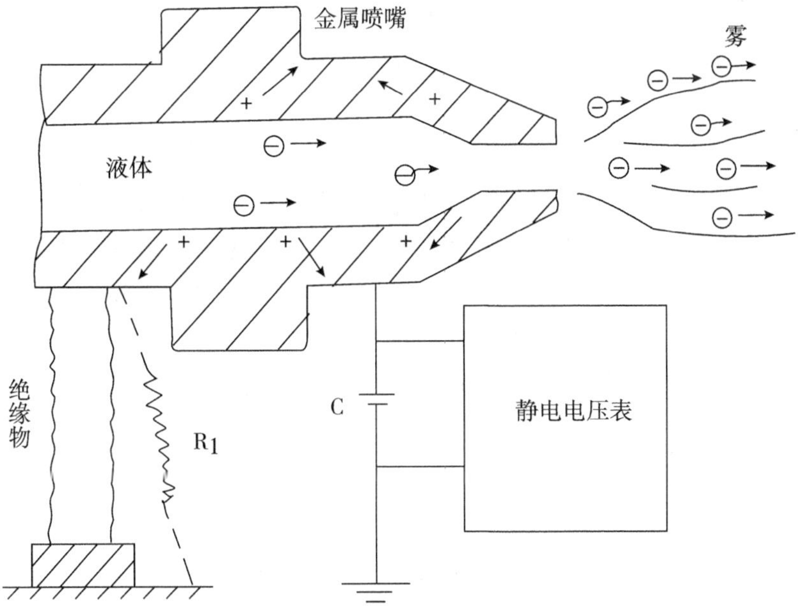

图 4－9　喷嘴静电电位的测量

喷嘴是与大地绝缘的。C 为测量用的静电电容器，喷嘴的静电电位则直接由静电电压表读出。

（三）人体静电测量

人体静电测量时，应站在与大地绝缘的位置上，手握金属片，采用非接触式或接触式仪表进行测量均可。

第四节 油库防静电

油料在储运、装卸、加注、调和等过程中，会与油罐、油管、油罐车、加油车、过滤器等接触、摩擦而产生静电。当静电积累到一定程度时，其周围产生的电场强度就可能超过空间介质的击穿强度而放电。若放电能量大于燃料最低的引燃能量，且燃料与空气混合气体达到一定的浓度，就会发生静电着火，引发火灾爆炸事故。这不仅会造成油料的巨大浪费和损失、人员的伤亡和武器装备的毁坏，甚至可能造成整个油库的毁坏。当然，静电事故多发生在装车或油罐收油过程。

油库防止静电事故，其安全措施主要包括：减少静电产生、防止静电积聚、消除火花放电现象、防止爆炸性气体形成、预防人体静电等。

一、减少静电产生

要减少油料静电电荷的产生，应从控制油料流速、改进油料灌装方式、防止不同闪点的油料混合及避免杂质、流经过滤器的油料有足够的漏电时间、防止油料混入水分、减少管路上的弯头和阀门、选择合适的鹤管等方面来考虑。

（一）控制油料流速

由于油料在管道中流动产生的流动电荷和电荷密度的饱和值与油料流速的二次方成正比，故控制流速，特别是油料进罐、灌装、加油时的流速是减少油料产生静电的有效方式。根据《石油库设计规范》（GB 50074—2014），装油鹤管的出口只有在被油品淹没后方可提高罐装速度，因此，提倡淹没流加注油料；同时，汽油、煤油、轻柴油等轻质油料的罐装速度不宜超过4.5m/s，初始罐装速度应小于1m/s。

（二）改进油料灌装方式

装油方式包括两种：一是从底部潜流装油；二是从顶部喷溅装油。一般地说，油料从顶部喷溅灌装比从底部潜流装油产生的静电高一倍，故从底部进油的方式较好。若采用顶部进油的灌装方式，则应把鹤管插入罐的底部。喷溅灌装时，会因油料从鹤管内高速喷出而导致液体迅速分离，从而产生较多的静电电荷；同时，油品冲击到罐壁，也会造成喷溅飞沫而产生静电。当然，电荷产生的多少与装油鹤管的直径、油品流速、管口形式、管端距油面高度等密切相关。

从顶部装油除因喷溅产生静电电荷外，还会产生油雾，使油气、空气混合物易达到爆炸浓度范围。另外，顶部灌装还会使油面局部电荷较为集中，从而易引发火花放电。从底部潜流装油可减少油品的喷溅，降低挥发和损耗；以及避免油流流经电容较小的罐车中部，不致产生较大的油面电位。但是，底部进油也可能产生新电荷。若罐底有沉降水，底部进油会搅起沉降水而产生很高的静电电位。

（三）防止不同闪点的油料混合及避免杂质

国内外都有不少因不同闪点的油料混合而发生重大事故的案例。油品相混一般出现在调合、切换或两条管线同时向油罐注送不同油品的时候；以及向汽油或其他轻油底的容器注送重油的时候。油料混合引发事故的原因除混油可能增加带电能力外，还因柴油、煤油、燃料油等都属于低蒸气压油品，其闪点均在38℃以上。正常情况下，在低于其闪点温度下输送油品不会发生事故。但是，若将这种油品注入装有低闪点油品的容器内，重质油就会吸收轻质油的蒸气而减小容器内压力，使空气易进入，从而导致未充满液体的空间由原来充满的轻质油气体转变为爆炸性油气——空气混合物。一旦出现火源，即可引发火灾爆炸事故。

杂质的存在也是引发静电事故的原因之一。如某单位用管线向一油罐输送航煤，同时又开放另一管线送油，由于后者管线内残存的残渣也被送入罐中，虽然输送流速不高，仅为2m/s，却因静电造成了爆炸事故。因此，避免油品中混入杂质，也是减少静电产生的方法之一。

（四）流经过滤器的油品有足够的漏电时间

要减少静电的产生，应使流经过滤器的油品有足够的漏电时间。因油品流经过滤器时，会与过滤器剧烈的摩擦而使带电量增加10～100倍，且不同材质的过滤芯产生的静电值不相同（见表4－5）。

表4－5　　不同材质过滤芯产生的静电值

滤芯类别	测量点最高电位（V）			备注
	过滤器前	过滤器后	油面电位	
四对毡绸滤芯	—	—	22300	一级滤芯
四对纸质滤芯	350	8100	18000	一级滤芯
七对纸质滤芯	140	15000	28000	一级滤芯
四对玻璃棉滤芯	130	10000	24000	二级滤芯

因此，为避免大量带电油品进入油罐、油罐车，流经过滤器的油品漏电时间应为30s以上。

（五）其他减少静电产生的方式

油品罐装时产生静电的大小，不仅取决于装油的流速，还与鹤管口位置高低、鹤管口形状、鹤管材质等密切相关。若用大鹤管，装油流速大于5m/s时，就会产生万伏静电电位。因此，选择合适的鹤管且鹤管口位置适当也是减少静电产生的有效途径，通常鹤管口距离罐底100～200mm。油品在管线中流动时，会因与管路上的弯头和阀门接触分离而产生静电电荷，故应尽量减少管路上的弯头和阀门。另外，还应防止油料中混入水分等以减少静电的产生。

二、防止静电积聚

防止静电积聚的措施有：在油料中添加抗静电添加剂、对设施设备进行接地与跨接、在管路上设置消静电器和静电缓和器等。

（一）添加抗静电添加剂

任何一种油料都有一定的电导率。实验证明：油料电导率过高或过低，产生的静电电荷均不会很大，一般电导率在1～20ps/m范围，油料产生静电是危险的。汽油、煤油、柴油、喷气燃料等油品的电导率为5～10ps/m，其引发静电事故的危险很大。而向油品中加入微量的抗静电添加剂，就可成十倍或成百倍的增加油品的电导率，从而加速油品静电的泄漏和导出、减少静电电荷的积聚并降低油品的电位，且不影响油品质量。目前使用的添加剂主要有国产T1501型抗静电剂和荷兰壳牌石油公司研制的ASA—3抗静电剂。

T1501型抗静电剂包括烷基水杨酸铬、丁二酸二异辛酯磺酸钙和“603”的共聚物三种组分，前二组分是改变油品电导率的基本组分，“603”为稳定增效剂。不同油品对抗静电剂降低电阻率的效果是不同的，但总的规律是：油品电阻率随抗静电剂含量的增加而降低，且近似线性变化。抗静电剂含量与油品电导率的关系如表4－6所示。

表4－6　抗静电剂含量与油品电导率的关系

T1501含量（ppm）	0	0.1	0.2	0.4	0.5	0.8	1.0
电导率（10^{-12}S/m）	5	60	110	210	275	415	520

该添加剂的用量一般为百万分之一，如国产各牌号的航煤只要加入1ppm浓度的T1501，就可使电导率维持在140～210个导电单位，这对铁路装车是足够安全的。由

于抗静电剂本身为易燃品，宜储存于铁桶内，避免与强氧化剂、酸类接触，周围严禁烟火。

（二）设施设备进行接地与跨接

油品是非静电导体或亚静电导体，在其运输、灌装、调合等作业中，会因各种接触分离的相对运动而产生、积聚静电。由于静电感应，油库设施设备内壁出现与油品相反的电荷，设施设备外壁出现与内壁相反的电荷。

静电接地与跨接是消除静电危害最有效的措施。静电接地是指将设施设备通过金属导线和接地体与大地连通而形成等电位。跨接是指将金属设施设备之间用金属导线连接，形成等电体。接地与跨接的目的一是把产生的静电导走，避免因静电积聚而引发放电着火；二是人为地使设施设备形成等电体，避免因静电电位差而造成火花放电。

在油库中，应进行静电接地的设施设备有两大类：一类是固定设施设备，如储油罐、输油管线、铁路装卸油场等；另一类是移动设备，如铁路油罐车、油船和油桶等。油库设施设备静电接地通常采用焊接的方法，按照技术要求将静电接地系统与设施设备的外壁相连。根据《石油库设计规范》（GB 50074—2014）的规定，防静电接地装置的接地电阻不宜大于100Ω。

（三）设置消静电器和静电缓和器

消静电器即静电中和器，是消除和减少带电体电荷的金属容器。美国从20世纪70年代就研制了为油槽车装油时消除静电的消静电器，并被许多国家所采用。80年代后，我国也着手研制类似的消静电器。消静电器安装于管道末端，通过不断向管道注入与油品电荷极性相反的电荷来达到消除静电的目的。

目前，用于油品储运系统的主要为感应式消静电器。它具有结构简单、使用方便、消除静电效率高等优点。其工作原理为：消除器产生的与带电物体极性相反的电子和离子，可向周围带电物体移动，并与带电物体的电荷进行中和，从而达到消除静电的目的。该类消静电器结构如图4-10所示。

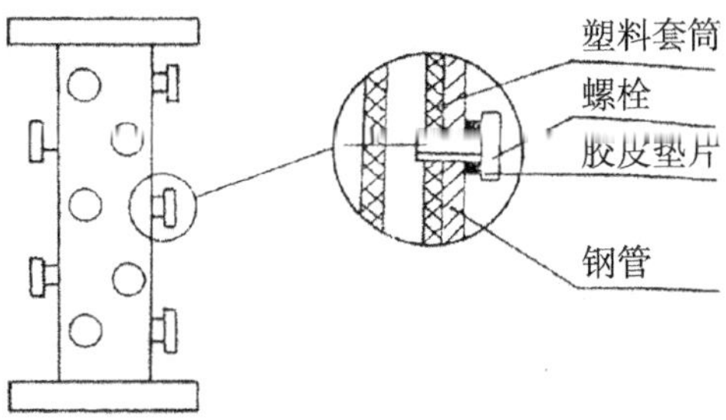

图4-10 感应式消静电器结构

静电缓和器是结构简单、消除静电效果较好的装置，静电缓和器结构见图4－11。

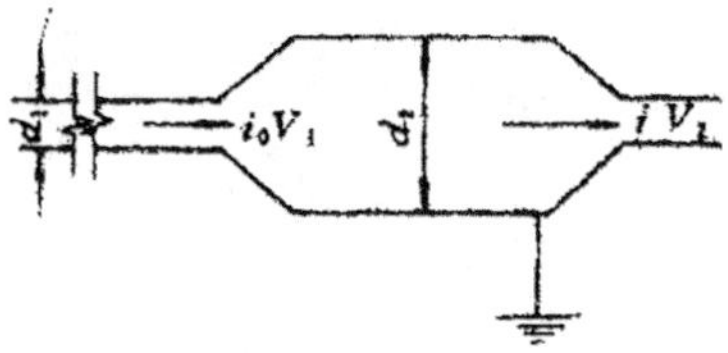

图4－11　静电缓和器结构

由于静电缓和器需占用一定的空间，故其使用受到一定的限制。为解决这一矛盾，可与某些设备结合起来设计，如在过滤器的尾部加大空间，使之成为过滤器与缓和器的组合体，以及利用罐体本身加以改进以达到缓和器目的等。

三、消除火花放电现象

在油罐、油罐车中有导电物，如导线、量油器具及不慎掉入的易拉罐等，均会因静电感应而充电，若与罐壁碰撞则易产生火花放电而构成静电危害。因此，必须清除储油容器中的导电物。另外，为防止由于静电感应而造成金属尖端火花放电，制造、检修储油罐、储油车时，其内壁不应遗留突出物，特别应注意清除焊疤。

四、防止爆炸性气体形成

由于油品的挥发性，不可避免地会产生汽油蒸汽—空气的可燃性混合气体。当可燃性混合气体浓度低于着火下限或高于着火上限时，均不会造成混合气体的燃烧爆炸。因此，应加强通风或采用通风装置及时排出可燃性混合气体，使其浓度不处于着火爆炸范围内，以防止静电火灾爆炸事故。对于储油罐，可采用充惰性气体的方法来防止可燃性混合气体的形成。如20世纪70年代苏联的图－144超音速客机和英美等国某些军用飞机，为防止油箱燃料发生静电着火爆炸事故，在油箱的蒸汽空间注入惰性气体以隔离氧气及抑制可燃性混合气体的形成。另外，还可采用浮顶罐、内浮顶罐来消除储油罐浮盘以下的油气空间，但浮盘上部的可燃气体火花放电也应引起重视。

五、预防人体静电

人在活动过程中，特别是穿着化纤衣服时，会产生、积聚大量静电；在橡胶板或地毯等绝缘地面上走路时，会因鞋底与地面不断的接触、分离而发生接触起电；穿尼龙、羊毛、混纺衣服从人造革面椅上起立时，人体可产生近万伏高压电；当将尼龙纤维的从毛衣外面脱下时，人体可带10kV以上的负高压静电；静电感应、带电微粒吸附也可使人体带电等。人体静电通常可达2～4kV，就能产生火花放电。而人体对地电容$C=200pF$，人体电位$V=2000V$时，其放电能量$W=CV^2/2=0.4mJ$，已大大超过汽油蒸汽与空气混合气体0.2mJ的点燃能量，因此，人体静电是危险的，会给油库安全造成较大的威胁。

预防人体静电的危害，必须加强对作业区的管理。如美军对油料加注作业的操作人员的服装有严格的规定，凡能摩擦产生静电的物料不能使用，并禁止在现场更换衣服等。我国也要求进入油库危险爆炸场所的工作人员应穿防静电服或棉布工作服及防静电鞋、袜；进入危险爆炸场所入口处应设人体排静电装置；在危险爆炸场所，工作人员严禁穿脱化纤服装，不得梳头、拍衣服、打闹等；工作人员不宜坐人造革之类高电阻材料制造的座椅；危险爆炸场所应设导电性地面等。

第五节　弹药库防静电

随着高分子材料应用日益广泛，弹药爆炸品的内包装材料常采用高压聚乙烯塑料、玻璃钢等材料。这些材料电阻率很高（$10^{12} \sim 10^{17}\Omega \cdot m$），属静电敏感材料，易产生和积聚静电。同时，由于弹药搬运和处理技术机械化程度日益提高，弹药、火炸药及各种机具的起电率也大幅度增高，使静电积聚变得更为严重。若静电积聚起来形成较高的静电电位，甚至变成危险的静电源，就可能引发弹药、电火工品、火炸药等燃烧爆炸及作业人员电击等严重事故。

弹药库消除静电危害，常采用的措施有：设施设备静电接地、使用消静电器、保证良好的包装条件、环境增湿及消除人体静电等。

一、设施设备静电接地

设施设备静电接地是弹药库防止静电危害的主要措施之一。弹药库中，在0区、1区、10区及Ⅰ级、Ⅱ级危险场所的设备、机具、容器等均应采取静电接地措施。按照静电接地方式不同，可分为直接静电接地和间接静电接地两种。直接静电接地是通过接地装置将固定式、半固定式金属设施设备与大地在电器上可靠连接，使设施设备与大地等电位。间接静电接地是部分或全部通过非金属导电或防静电材料及其制品使物体与大地沟通。

固定式金属设施设备等应采取直接静电接地，其方法是将金属机具、容器等设备分别与接地装置中的接地干线和接地支线相连。接地干线可用25mm×4mm镀锌扁钢或直径8mm镀锌圆钢，接地支线通常用截面积为$2mm^2$的塑料铜芯电线或用$10mm^2$的多股裸铜线，接地干线、支线、接地体之间的连接要牢固可靠，一般采取焊接或螺栓连接的方式。

固定的非金属导体和亚导体设备，应采用间接静电接地，其方法是首先将非金属、亚导体设备的全部或部分表面同金属紧密结合，即设置金属接地极，然后将金属接地极与接地装置连接。为使金属接地极与非金属表面接触良好，两者的接触面积不应小于$50cm^2$；同时，两者接触面之间应用导电胶液黏结，以保证接触电阻不大于10Ω。如工作台上操作的弹药和金属工具，可通过铺设于台面上的防静电或导电胶板与接地装置间接接地。

可移动设备应根据不同的情况采取确实可靠的接地措施。如废弹处理时输送炸药的传送胶带，由于与传动轮、炸药等接触分离而产生静电，为使传送胶带确实接地，胶带宜采用导电橡胶制品，且通过金属托辊接地。而对于非固定式的临时性设备，则只能采取临时性的接地措施。如发射药的药箱（发射药为绝缘物质），在取药和装药时会产生很高的静电电位。由于这种静电的产生具有随机性、偶然性，故只能采取临时性的接地措施。但临时性接地措施带有不安全因素，故一般较少采用。

二、使用消静电器

弹药库中，可在火炸药的加工处理时使用由放射性同位素 Sr90 和 P0201 制成的消静电器。该类静电消除器分别是用 α 射线和 β 射线消除静电的。但是，β 射线对人体有较大的危害，特别是眼睛易受伤害。因此，使用放射性同位素静电消除器时，必须注意对人体的防护；同时，若消电器发生事故，还应注意对放射源的清理。

三、保证良好的包装条件

在弹药的装卸、堆码、搬运等作业过程中，都会产生和积聚静电，若积聚的静电没有得到及时的泄放，各种搬运的车辆、机具、弹药箱、操作人员等都可能成为危险的静电源。一般来说，弹药是箱装物资，储运过程中不允许裸露，箱内弹药中的危险元件不能与静电源接触而耦合，故箱内弹药没有静电危险。但是，若装卸、搬运时摔箱掉弹而使弹药裸露，或由于包装箱不标准、质量低劣等原因而引起火炸药的撒漏等，则可能引发严重的静电燃烧、爆炸事故，因此，必须确保弹药包装完好。

四、环境增湿

环境增湿是消除弹药库静电危害的一种常用方法，特别是在消除绝缘体静电方面有其独到之处。如目前使用的大多数火炸药电阻率很高（为 $10^{15}\ \Omega m$ 以上），它们与机具容器等摩擦易产生和积聚很高的静电电位。这种绝缘体上的静电用接地法很难消除，而用环境增湿法则可达到良好的消除静电危害的目的。这是因为空气相对湿度增大后，绝缘体表面易形成水膜（厚度约为 10^{-5} cm），虽然水膜很薄，但水膜中含有的杂质及溶解性物质具有较好的导电性，大大降低了绝缘体表面的电阻率，从而有利于静电的泄放，减少因静电引发的火灾爆炸事故。

炸药摩擦起电电量与空气相对湿度大小及炸药类别密切相关。下面做一个试验：量取炸药样品 20g，从长 160cm，斜度 60°的铝制导槽中自动流入一个与地绝缘的金属盒内，用静电电压表测定金属盒内的电位，改变环境的相对湿度，测出不同炸药相应的起点电位。空气相对湿度与炸药静电电压的关系见图 4－12。

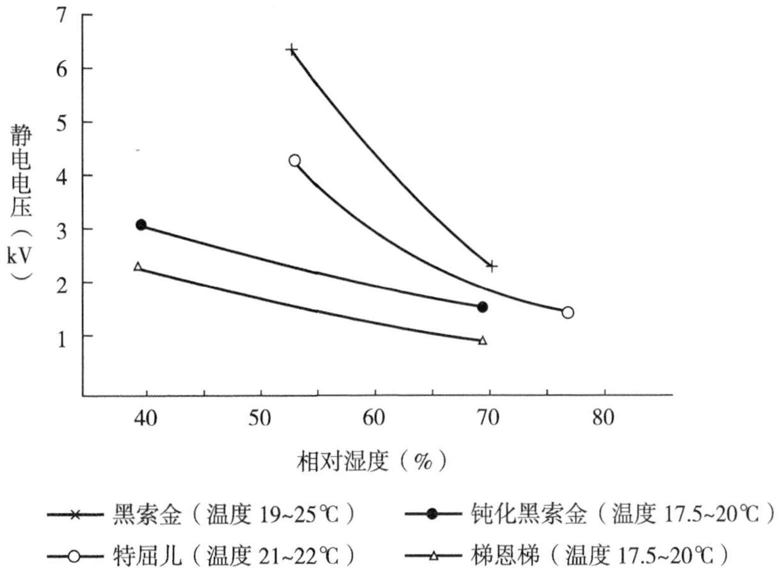

图 4－12　空气相对湿度与炸药静电电压的关系

由图 4－12 可知，炸药摩擦起电的静电电位随环境相对湿度的增加而降低，但其减小的幅度随炸药类别不同而差别较大。黑索金降低最显著，特屈儿次之，钝化黑索金再次之，而梯恩梯的静电电位则受环境相对湿度变化的影响很小。这是由于各种炸药的亲水性各异，以及吸湿后表面电阻变化大小不同所造成的。

值得注意的是，环境增湿并不一定都能消除绝缘体表面的静电。只有容易被水润湿的绝缘体，如易吸湿的火炸药、硝酸纤维素、纸张、皮革等，其表面易形成水膜，增湿法才能有效消除静电。而不能被水润湿的绝缘体，如梯恩梯、含石蜡的炸药、聚乙烯、有机玻璃等，其表面不能形成水膜，增湿法对其消除静电效果甚微。对表面水分蒸发极快的绝缘体，增湿也不起作用。同时，要使绝缘体表面的静电通过增湿得以泄漏，还必须具备泄漏静电的途径。

对弹药储存或加工处理的场所，可采取安装空调、喷雾器、喷雾管等向工作间喷水雾或水蒸汽，以及挂湿布条、向地面洒水等方法来增湿。

五、消除人体静电

在干燥的环境中，人体可积聚 100 多毫焦的静电能量，又加之人体是静电导体，形成火花放电时能量非常集中，故带电人体是弹药储存和技术处理环境中危险的静电源之一。消除弹药库中静电危害，主要采取以下措施：

（1）对火炸药、火工品的储存和技术处理场所应设置导电地面，作业人员要穿导电或防静电鞋袜。

（2）用导静电腕带使人体静电接地。

（3）穿防静电工作服。

（4）工作人员不宜坐人造革之类的高电阻材料制造的座椅。

（5）作业时，不准跑跳、戏闹，注意操作节奏，避免动作过猛，以免在人体、弹药、机具、包装上产生过高的静电电位。

第五章 仓库防雷

第一节 雷电基本知识

人们在研究摩擦起电现象时发现，当带正电的物体和带负电的物体靠近时，常有火花产生，同时发出噼啪的声响，这种现象叫作放电。雷电是大自然中雷云之间或雷云对地之间的大规模放电现象，这种迅猛的放电过程产生强烈的闪光并伴随巨大的声音。从电学的角度来讲，雷云放电就会产生雷电流，雷电流除具有电流的一般特性外，还有发生时间短（微秒级）、幅值高（几百 kA）的特点，所以雷电流的瞬间功率是巨大的。正因为雷电流的特殊性，使得雷电有其特殊的破坏力，常常给人类带来巨大损失。雷击可以把建筑物劈裂，使架空的电线短路、引起森林大火，还会造成人员的直接伤亡。自 18 世纪富兰克林著名的风筝实验以来，人们致力于雷电及其防护的研究实践已有 200 多年的历史，对雷电的防护已经取得了很大成绩，积累了丰富的经验。了解雷电基本知识，有利于搞好仓库防雷安全工作。

一、雷电的形成与分类

（一）雷雨云和雷电的形成

人们通常把发生闪电的云称为雷雨云（或称积雨云），雷雨云是热气流在强烈垂直对流过程中形成的。由于地面吸收太阳的辐射热量远大于空气层，近地面的大气的温度由于热传导和热辐射作用，温度也跟着升高，气体温度升高必然膨胀，密度减小，压强也随之降低，根据力学原理，气体就要上升，上方的空气层密度相对来说就较大，就要下沉。热气流在上升过程中膨胀降压，同时与高空低温空气进行热交换，于是上升气团中的水汽凝结而出现雾滴，就形成了云。在强对流过程中，云中的雾滴进一步降温，变成过冷水滴、冰晶或雪花，并随高度逐渐增多。由于过冷水大量冻结而释放潜热，使云顶突然向上发展，达到对流层顶附近后向水平方向铺展，使云中水滴分裂成较小的水滴或较大的水滴，分别带负电和带正电。较小的水滴被气带走，形成带负电的雷云，较大的水滴留下来形成带正电的雷云。

随着电荷的积累，雷云的电位逐渐升高。当带不同电荷的雷云在空气中互相接近到一定的距离时，便发生激烈的放电，出现强烈的闪光。由于放电时温度高达

20000℃，空气受热急剧膨胀，发出爆炸的轰鸣声，这就是空中闪电和雷鸣，即雷云间放电，如图 5 – 1（a）所示。当带电雷云离地面较近时，还会对地面突出物直接放电，如图 5 – 1（b）所示，这就是直击雷。

（a）雷云间放电　（b）雷云对地放电

图 5 – 1　雷云放电现象

（二）雷电的分类

1. 雷电按照放电形式不同分为线形雷、片形雷和球形雷

（1）线形雷。线形雷是一种蜿蜒曲折，枝杈纵横的巨型电气火花，长 2 ~ 3km，也有的长达 10km，线形雷是闪电中最强烈的一种，对电力、电信系统及人畜和建筑物等威胁最大。线形雷大多是雷云与大地间的放电，但也有的是雷云之间的放电。这种闪电可以同时击在不同的地方，一般分为前导放电和主放电等阶段。在大多数情况下（50% ~ 70%），雷云与大地间的放电过程不是单一的，而是多重的，也就是说由若干个先后在同一通道上发展的单一的放电所组成。重复放电的数目一般为 1 ~ 27 次，单次放电的延续时间一般为 0.001 ~ 0.02s，各次放电的间隔时间为 0.01 ~ 0.05s。

（2）片形雷。片形雷是出现在云的表面上的闪光，它有时可能是被云块遮没的火花闪电的延光，也可能是在云的上部发出来的丛集的、若隐若现的一种特殊的放电作用的光。这种闪电表示云中电场的能量虽然已经足够产生放电作用，但是新加入的电量却太少，以致在闪烁放电尚未转变到火花（线状）放电以前，原有的储电量已经用完了。片形雷对电力系统一般只会引进感应过电压。

（3）球形雷。球形雷是一种特殊的雷电现象，简称球雷。是橙色或红色，或似红色火焰的发光球体（也有带黄色、绿色、蓝色或紫色的），直径一般为 10 ~ 20cm，最大的直径可达 1m，存在的时间为百分之几秒至几分钟，一般是 3 ~ 5s，其下降时有的无声，有的发出嘶嘶声，一旦遇到物体或电气设备时会产生燃烧或爆炸，其主要是沿建筑物的孔洞或开着的门窗进入室内，有的由烟囱或通气管道滚进房内，多数沿带电体消失。

球形雷形成的原因有三个：一是等粒子体；二是小范围的急促气旋造成；三是核反应。

2. 雷电按传播方式不同分为直击雷、感应雷和雷电侵入波

（1）直击雷。直击雷是带电的云层与大地上某一点之间发生猛烈的放电现象，称

直击雷。直击雷的放电过程为：当雷云接近地面时，在地面感应出异性电荷，两者组成一个巨大的电容器。雷云中的电荷分布是不均匀的，地面也是高低不平的。因此，其间电场强度也是不均匀的。当电场强度达到 25～30kV/cm 时，即发生雷云向大地发展的跳跃式先驱放电，延续时间为 0.005～0.01s，平均速度为 100～1000km/s，每次跳跃前进约 50m，并停顿 30～50μs。当先驱放电达到大地时，即发生大地雷云发展的极明亮的主放电，其放电电流可达数十至数百千安，放电时间仅 50～100μs，放电速度为光速的 1/5～1/3，即为 6～104km/s。主放电向上发展，到云端即告结束。主放电结束后继续有微弱的余光，余光延续时间 0.03～0.15s。约 50% 的直击雷有重复放电性质。平均每次雷击有三四个冲击，最多能出现几十个冲击。第一个冲击的先驱放电是箭形先驱放电，其放电时间仅约 0.001s。全部放电时间一般不超过 500ms。

（2）感应雷。感应雷也称间接雷电感应或感应过电压，也可以称为雷电的二次作用。感应雷分为静电感应雷和电磁感应雷两种。

静电感应雷是雷云接近地面时，使邻近雷云的金属设施上，特别是较长的金属设施（如架空线路）上，能感应产生与雷云相反的大量电荷。当雷云放电时，如金属设施上的感应电压较高，也就会向邻近的设施放电（金属设施未接地时），或以雷电波的形式沿线路极快地传播。

电磁感应雷是由于雷击时，巨大的雷电流在周围空间产生迅速变化的强磁场，使处于这个磁场中对地绝缘的金属构件、建筑设施感应出很高的电位。当这个电压足够大时，就可能对地或向邻近的设施放电。

（3）雷电侵入波。由于雷电电流有极大峰值和陡度，在它周围出现瞬变电磁场，处在这瞬变电磁场中的导体会感应出较大的电动势，而此瞬变电磁场，都会在一定的空间范围内产生电磁作用，也可以是脉冲电磁波辐射，而这种空间雷电电磁脉冲波（LEMP）可在三维空间范围里对一切电子设备发生作用。因瞬变时间极短或感应的电压很高，以致引起电气设备的过电压。

二、雷电的危害

（一）直击雷的危害

直击雷的破坏作用主要是电效应破坏、热效应破坏和机械效应破坏。

1. 电效应破坏

电性质的破坏作用，表现在雷击形成的数十万乃至数百万伏的冲击电压，产生过电压作用，可击穿电气设备的绝缘，烧断电线而发生短路放电，其放电火花、电弧可能造成火灾或爆炸；绝缘的损坏还会造成高压窜入低压和设备漏电的隐患，可能引起严重的触电事故；巨大的雷电流流入地下，会在雷击点接地周围的 5～10m 范围内形成极高的电压，可直接导致接地电压和跨步电压的触电事故。

2. 热效应破坏

热性质的破坏作用，表现在巨大的雷电流通过导体时，在极短的时间内转换出大量的热量，高温作用造成易燃品燃烧或金属熔化、飞溅而引起火灾或爆炸；如果直接雷击在易燃物上，更容易引起大面积的火灾。

3. 机械效应破坏

机械性质的破坏作用，表现为被击物直接遭到破坏，甚至爆裂成碎片，这是由于巨大的雷电流通过被击物时，使被击物缝隙中的气体剧烈膨胀，缝隙中的水分也急剧蒸发为大量气体，致使被击物破坏或爆炸。此外，同性电荷之间的斥力、电流拐弯处的电磁推力、发生雷击时的气浪都有较强的破坏作用。

（二）感应雷的危害

感应雷是在直击雷基础上发生的，在建筑物上设置的避雷针、避雷网、避雷带只能对付直击雷，对感应雷不起作用。

感应雷虽然没有直击雷猛烈，但其发生的概率比直击雷高得多。直击雷只发生在雷云对地闪击时才会对地面造成灾害，而感应雷则不论雷云对地闪击或者雷云对雷云之间闪击，都可能发生并造成灾害。此外，直击雷一次只能袭击一个小范围的目标，而一次雷闪击都可以在较大的范围内，多个小局部同时产生感应雷过电压现象，并且这种感应高压可以通过电力线、电话线等传输到很远，致使雷害范围扩大。

三、雷电的分布特点

我国地域辽阔，大部分地区位于北温带和亚热带，都处于雷雨区，只是受高度等不同因素的影响雷暴日不同（雷暴日指一年听到雷声的天数）。我国西北地区的雷暴日在 20 天以下，属少雷区，雷害较轻；东北 30 天左右，华北和中部地区多在 40 ~ 50 天，长江以南至北纬 23 度大部分地区在 40 ~ 80 天，属中等雷区；23 度线以南，包括广东、广西、福建的大部分多在 80 天以上，属雷害严重地区。从雷害发生的地区看，我国人口居住密集、经济较发达的大中城市处在中等以上雷雨地区。

我国各地区雷雨季节相差较大，南方约从二月开始，长江流域一般从三月开始，华北和东北地区一般从四月开始，西北地区一般从五月开始。总体上，雷电活动呈现以下基本规律：

（1）热而潮湿的地区比冷而干燥的地区雷暴多。

（2）从纬度看，雷暴的频数总是由北向南增加，到赤道最高，以后又向南递减。在我国递减的顺序大致是：华南、西南、长江流域、华北、东北、西北。

（3）从地域看，雷暴的频数是山区大于平原，平原大于沙漠，陆地大于湖海。

（4）从时间看，雷暴高峰月都在七月、八月，活动时间大都在 14 ~ 22 时，各地区雷暴的极大值和极小值多数出现在相同的年份。

四、雷灾新特点

当人类社会进入电子信息时代后，雷灾出现的特点与以往有极大的不同，可以概括为：

（1）受灾面大大扩大。从电力、建筑这两个传统领域扩展到几乎所有行业，特点是与高新技术关系最密切的领域，如航天航空、国防、邮电通信、计算机、电子工业、石油化工、金融证券等，雷电的受灾行业面扩大了。

（2）从二维空间入侵变为三维空间入侵。从闪电直击和过电压波沿线传输变为空间闪电的脉冲电磁场从三维空间入侵到任何角落，无孔不入地造成灾害，因而防雷工程已从防直击雷、感应雷进入防雷电电磁脉冲，雷电灾害的空间范围扩大了。例如2000年7月25日，一次闪电造成上海市漕宝路、桂菁路附近的两家单位同时受到雷灾，而不是以往的一次闪电只是一个建筑物受损。

（3）雷灾的经济损失和危害程度大大增加了，它袭击的对象本身的直接经济损失有时并不太大，而由此产生的间接经济损失和影响就难以估计。

（4）产生上述特点的根本原因，也就是关键性的特点是雷灾的主要对象已集中在微电子器件设备上。雷电本身并没有变，而是科学技术的发展使得人类社会的生产生活状况变了。微电子技术的应用渗透到各种生产和生活领域，微电子器件极端灵敏这一特点很容易受到无孔不入的雷电电磁脉冲的作用，造成微电子设备的失控或者损坏。

为此，当今时代的防雷工作的重要性、迫切性、复杂性大大增加，雷电的防御已从直击雷防护转变为系统防护，我们必须从新高度来认识和研究现代防雷技术，提高对雷灾防御的综合能力。

第二节 防雷装置

自从富兰克林建立了雷电的基本理论并发明了避雷针之后，人们经过不断地实践已找到了比较有效的防雷措施。随着科技的发展，人类对雷电的认识会更深入，也会找到更有效的防雷措施。

由于雷电对仓库建筑物、构筑物和电气设施有很大的破坏力，仓库建筑物和电气设施都应设置防雷装置。常见的防雷装置有避雷针、避雷器、避雷线、避雷网、避雷带等类型，不同类型的防雷装置有着不同的保护对象。避雷针主要用于保护建筑物、构筑物和变配电设备；避雷线主要用于保护电力线路；避雷网和避雷带主要用于保护建筑物；避雷器主要用于保护电力设备。仓库建筑物防雷大都采用避雷针，部分仓库建筑物也采用避雷网或避雷带，仓库的电气设备防雷主要采用避雷器。

一、避雷针

避雷针是美国科学家富兰克林发明的。富兰克林认为闪电是一种放电现象。为了证明这一点，他在 1752 年 7 月的一个雷雨天，冒着被雷击的危险，将一个系着长金属导线的风筝放飞进雷雨云中，在金属线末端拴了一串铜钥匙。当雷电发生时，富兰克林用手接近钥匙，钥匙上迸出一串电火花，手上还有麻木感。此次试验后，富兰克林认为，如果将一根金属棒安置在建筑物顶部，并且以金属细线连接到地面，那么所有接近建筑物的闪电都会被引导至地面，而不至于损坏建筑物。

富兰克林首先在费城的住宅安装了避雷针，此后避雷针便在世界上流行开了。

（一）避雷针的避雷原理

由于直击雷是雷云和大地间的直接放电，突出地面的高耸建筑物，最易首先接触先驱放电而遭到破坏。因此，在许多需要保护的构筑物上或建筑物附近都设置有避雷针。避雷针的避雷原理是：利用避雷针的接闪器高出被保护物的突出地位，把雷电引向自身，然后通过引下线的接地装置，把雷电流泄入大地，以使被保护物免遭雷击。

（二）避雷针的构造与技术要求

避雷针的构造，见图 5－2，由接闪器、支持物、引下线、接地装置四部分组成。

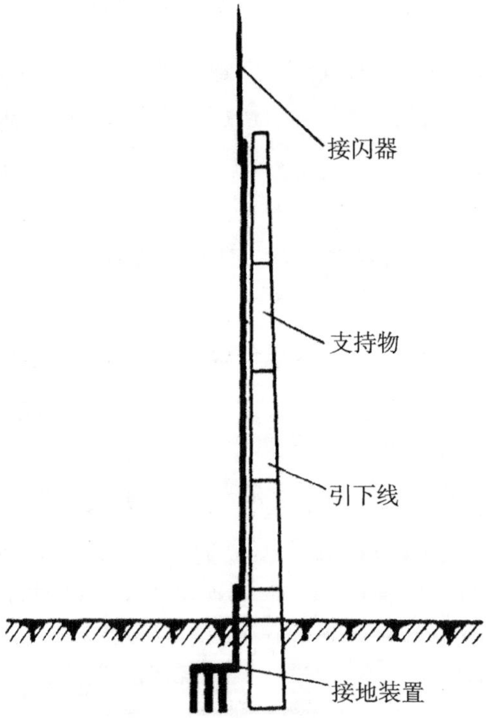

图 5－2　避雷针的构造

1. **接闪器**

接闪器使整个地面电场发生畸变，但其顶端附近电场局部的不均匀程度范围很小，对于雷云向地面发展的先驱放电几乎没有影响。因此，作为避雷针接闪器的端部尖不尖、分叉不分叉对其保护效能几乎没有影响。接闪器是否涂漆，对其保护作用也没有影响，但为了防腐蚀，接闪器一般应热镀锌或涂漆。

接闪器所用的材料及其尺寸，应满足机构强度和耐腐蚀的要求，还应有足够的热稳定性，以能承受雷电流的热破坏作用。

接闪器一般用长为 1 ~2m 的热镀锌圆钢或顶部打扁并焊接封口的热镀锌钢管制成。

针长在 1m 以下时，圆钢直径不应小于 12mm，钢管直径不应小于 20mm；针长为 1 ~2m 时，圆钢直径不应于小于 16mm，钢管直径不应小于 25mm。在腐蚀性较强的场所，还应适当加大其截面积或采取其他防腐措施。

2. **支持物**

避雷针的接闪器固定在支持物的顶部，通过支持物将接闪器伸向一定高度的空间，从而构成避雷针的保护范围。避雷针按支持物的不同分为独立避雷针和附设避雷针两种。

独立避雷针是离开建筑物一定距离单独装设，通常采用水泥杆、木杆、钢塔架、多节不等直径的钢管或圆钢焊接的钢柱作为支持物。非金属支持物（水泥杆、木杆），通过引下线将接闪器的雷电流引入接地体。金属支持物通过本身的导电性能与接闪器和接地体构成通路，不需设引下线。但金属支持物的所有金属构件均应连成电气通路。独立避雷针的支持物，在结构上应满足一定的强度和刚度要求。

附设避雷针是以建筑物和构筑物本身作为避雷针的支持物，将接闪器和引下线直接装设在建筑物上，它相对独立避雷针而言，故称为附设避雷针。

避雷针按照支持物上接闪器离水平面的高度不同，保护同一目标避雷针数量不同，以及避雷针的布局结构不同，分为单支、双支等高、双支不等高、三支等高、三支不等高等多种形式。

3. **引下线**

引下线是连接接闪器和接地体的金属导体，以使雷电流泄入大地。引下线应满足机械强度、耐腐蚀和热稳定性的要求，一般采用镀锌圆钢或扁钢，也可采用镀锌钢绞线，其尺寸要求分别是：圆钢直径≥8mm；扁钢厚度≥4mm；截面积≥48mm^2；钢绞线截面积≥25mm^2。

引下线、接闪器和接地装置应确保连接牢固可靠，以减小连接处的电阻。连接的方法一般采用焊接，圆钢引下线与接闪器、接地装置的焊接长度为圆钢直径的 6 倍，扁钢引下线与接闪器、接地装置的焊接长度应为扁钢宽度的 2 倍。

引下线沿支持物敷设方式分为明装和暗装两种，明装是沿支持物（避雷针支柱或建筑物墙）敷设，暗装是在建筑要求较高的情况下，将引下线布设在建筑结构内部。仓库专用建筑物防雷装置的引下线一般都采用明装，以避雷针金属支持物或建筑物的金属件代替引下线时，应保证所有金属构件之间连接成电气通路。

引下线应经最短途径接地，弯曲处的角度应大于 90 度。引下线距离支持物表面间隙为 15mm。引下线每隔 1. 5 ~ 2m 距离设支持卡与支持物固定。采用多根引下线时，为了便于测量其接地电阻和检查引下线、接地线的连接情况，宜在各引下线距地面 1. 8m 处设置断接卡。

在易受损坏处（地面上约 1. 7m 至地面下 0. 3m）的一段引下线和接地线，应加竹管、改性塑料管、橡胶管、角钢或钢管等保护。采用角钢或钢管保护时，应与引下线连接起来，以减小通过雷电流时的阻抗。

4. **接地装置**

接地装置通常是指接地体和接地线的总称。因为已经把引下线单独作为防雷装置的一个组成部分，所以，防雷接地装置主要是对接地体而言。接地装置是防雷装置的重要组成部分，用以向大地泄放雷电流，限制防雷装置的对地电压不致过高。

接地体应满足机械强度、耐腐蚀性、热稳定性和接地电阻的要求。为了满足接地体的上述要求，接地体的选材、布置、埋入深度及土壤性质等都必须合理选择。接地体太短会增加接地电阻，太长会导致施工困难，增加钢材的消耗量，而且对接地电阻的减小甚微。接地体的表面积和截面积过小，通过雷电流时，将使周围过热或本身温度过高，土壤电阻变大。

接地体通常采用圆钢、角钢、钢管等钢质材料制成人工接地体，所用钢材的尺寸要求是：圆钢直径≥10mm；扁钢厚度≥4mm；截面积≥100mm^2；角钢厚度≥4mm；钢管壁厚≥3. 5mm。在土壤腐蚀性较大的地方，接地体应热镀锌或加大截面积。

接地体的结构布置，通常有垂直布置和水平布置两种形式。

（1）垂直接地体，用于土壤电阻率较高或接地体易打入地下的情况。垂直埋设的接地体，通常采用直径 40 ~ 50mm 的钢管或 40mm × 40mm × 5mm ~ 50mm × 50mm × 5mm 的角钢，长度以 2. 5m 左右为宜。垂直接地体一般由两根以上的钢管或角钢组成，可成一字形布置或环形布置。为了减小接地体的屏蔽效应，相邻钢管或角钢之间的距离以 5m 为宜，多根钢管或角钢上端用扁钢或圆钢焊接成一个整体。

垂直接地体的几种典型布置如图 5 – 3 所示。图中箭头所指之处连接接地线。

（2）水平接地体，用于土壤电阻率较低，不用打入垂直接地体就能满足接地电阻值要求，或地质坚硬，很难打入垂直接地体的情况。水平埋入的接地体通常采用 40mm × 40mm 的扁钢或直径为 16mm 的圆钢。水平接地体通常采用放射形布置或封闭形布置，相邻扁钢或圆钢间的距离以 5m 为宜，各连接点焊接成一个整体。水平接地体的几种典型布置如图 5 – 4 所示。

当建筑物附近没有良好导电地质时，为了降低接地电阻，可采用外引接地装置。即将接地体引伸到土壤电阻较小的地点，但外引长度不应大于 $2\sqrt{\rho}$ m。ρ 为埋设外引线处的土壤电阻率。

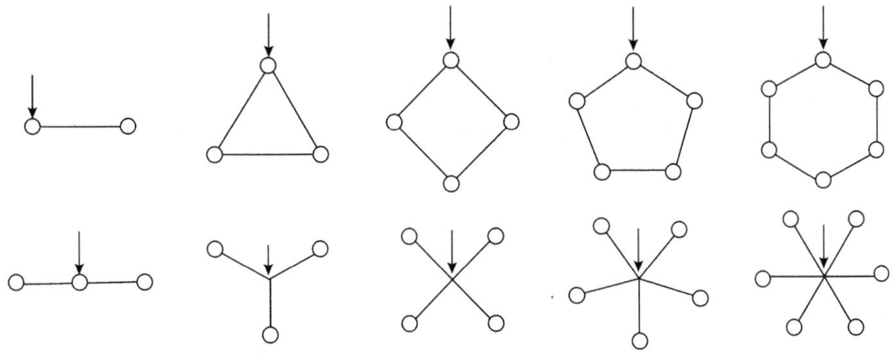

图 5－3　垂直接地体的几种典型布置

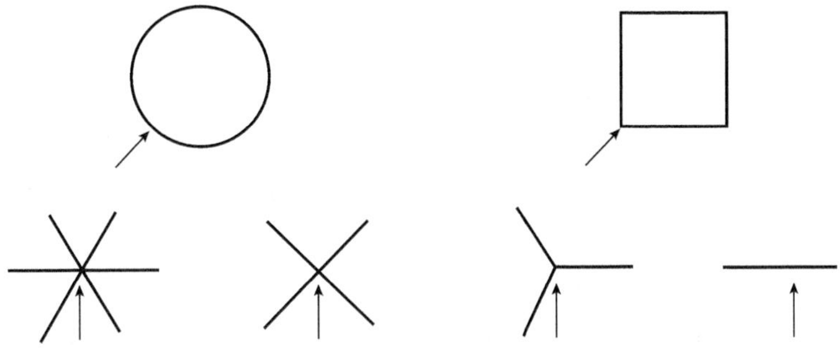

图 5－4　水平接地体的几种典型布置

接地体在满足接地电阻要求的前提下，防雷装置的接地体可以和其他接地装置共用（独立避雷针除外），也可以采用钢筋混凝土基础等自然导体作为防雷装置的接地体。

为了避免按地体受到机械损伤以及减少气象条件对接地电阻的影响，接地体通常应埋入地下 0.5～0.8m。为了降低跨步电压，安装防直击雷接地装置时，距建筑物出入口和人行道的距离不小于 3m，当小于 3m 时，应采用下列措施之一：

①采用局部深埋，其深度不小于 1m；

②采用沥青碎石地面；

③在接地装置上面敷设 50～80mm 厚的沥青层，其宽度应超过接地装置 2m；

④采用“帽檐式”均压带（见图 5－5，单位为 m）或其他形式的均压带。

二、避雷器

避雷器是并联在被保护的电力设备或设施上的防雷装置，用以防止雷电流通过输电线路传入建筑物和用电设备而造成危害。

避雷器有低压阀型避雷器、管型避雷器、普通阀型避雷器、磁吹阀型避雷器、压敏阀型避雷器等。仓库用电设备常用普通低压阀型避雷器。

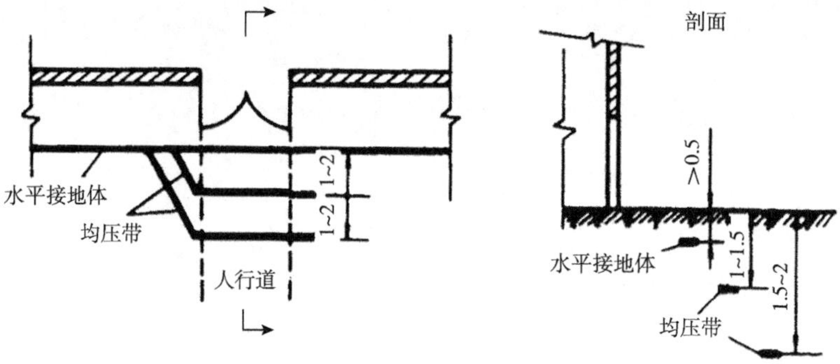

图5－5　“帽檐式”均压带布置示意

（一）低压阀型避雷器的构造

低压阀型避雷器的构造见图5－6。它主要由瓷裙、间隙元件和电阻片组成。瓷裙，即避雷器的绝缘外壳，是用来安装间隙元件和电阻片，并起到保护、密封和防潮作用。间隙元件是用钢片冲制而成的，单个间隙元件的构造见图5－7。每一个间隙元件的两个钢片之间用0.5～1.0mm厚的云母圈隔开。每个间隙的放电电压为2.5～3.0kV（有效值），并能熄灭最大值小于80A的电弧。阀型电阻盘的直径约100mm，厚度20～30mm。由陶料和电工金刚砂制成。它的电阻随加在电阻盘两端的电压的变比而变化，即具有“阀性”的特点。当高电压加在电阻盘两端时，电阻盘的电阻很小，当电阻盘两端的电压很小时，电阻盘的电阻变得很大。阀性电阻盘的阻、压特性曲线见图5－8。

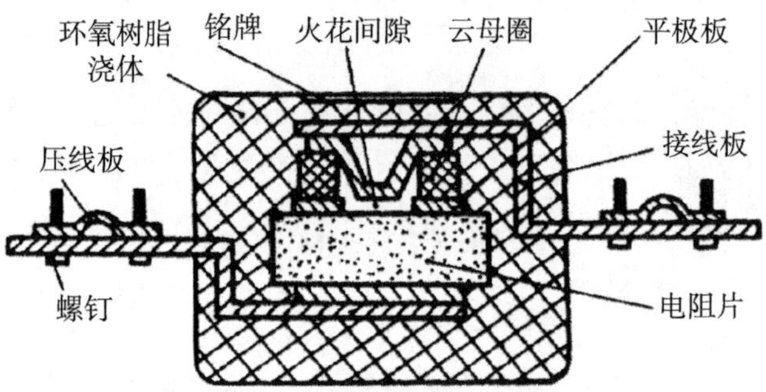

图5－6　低压阀型避雷器的构造

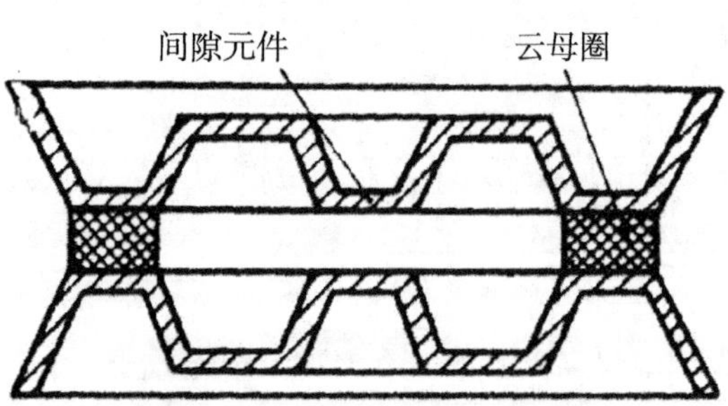

图5－7　单个间隙元件的构造

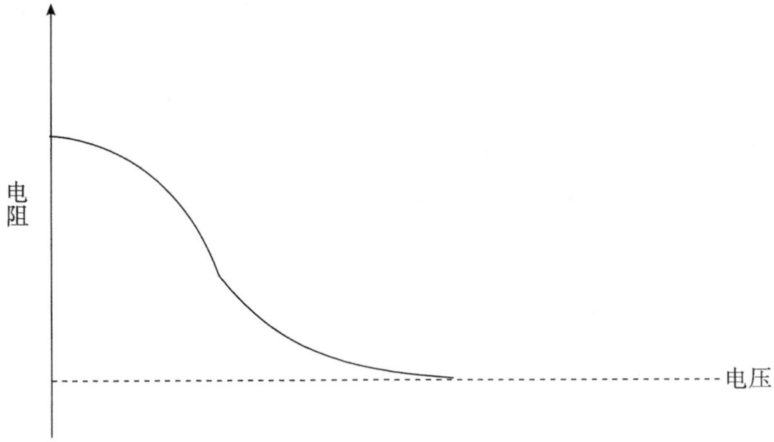

图5－8　阀性电阻盘的阻、压特性曲线

（二）低压阀型避雷器的避雷原理

阀型避雷器在线路上的接线方式如图5－9所示。

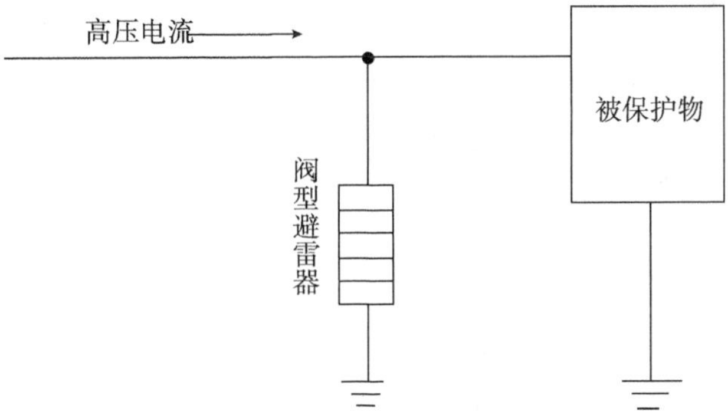

图5－9　阀型避雷器的接线方式

避雷器间隙元件一端接火线，电阻盘一端接地线。平时，电路上通过的是工频电流，电压较低（一般为220V或380V）。这时电阻盘的电阻很大，线路向大地的泄漏电流很小，只有几微安，可以认为线路与大地之间是开路的；当雷电流沿线袭来时，电压很高，火花间隙被击穿，电阻盘的电阻变得很小，雷电流通过避雷器顺利地泄入大地（电流值可达几十千安），从而保护了线路上连接的用电设备不被雷电流破坏。

当雷电流泄入大地后，线路上又只有工频电流通过时，电压变小，电阻盘的电阻变大，通过避雷器的电流值变得很小，火花间隙上的电弧被熄灭，线路又恢复正常工作。

（三）低压阀型避雷器的选型与安装

低压阀型避雷器有FS－0.22型、FS－0.38型和FS－0.50型三种，它们的保护额定电压分别为 220V、380V 和 500V，选用低压阀型避雷器时，应根据线路的额定电压来确定，如一般的照明线路为 220V，即选用 FS－0.22 型避雷器，一般的动力线路为 380V，即选用 FS－0.38 型避雷器。

凡从室外直接引入室内的输电线路，按照规定要求在引入室内前均应安装低压阀型避雷器。具体要求是：每根火线与大地之间安装一个，避雷器的火花间隙一端接火线，电阻盘一端接地，零线可直接接地，接地电阻不超过 10Ω。

三、避雷线、避雷网和避雷带

仓库专用建筑物除常用到避雷针、避雷器两种避雷装置外，根据需要还可采用避雷线、避雷网、避雷带等避雷装置。

避雷线、避雷网、避雷带，是以其线、网、带为接闪器的避雷装置，避雷原理和避雷针相同，在构造上也是由接闪器、引下线、接地体和支持物四部分组成。由此可见它与避雷针相比仅接闪器的形式不同，其他构造和要求与避雷针一致。下面仅针对接闪器的特点，介绍其结构和有关技术要求。

（一）避雷线

避雷线一般采用截面积不小于 35mm 的镀锌钢绞线。避雷线的架设方式，通常有架空的或直接装设在建筑物上的单根或两根平行避雷线。由于避雷线与避雷针接闪器的结构形式不同，保护范围的计算方法也有所不同。

（二）避雷网和避雷带

避雷网和避雷带直接装设在建筑物上，一般采用圆钢或扁钢。圆钢直径应 >8mm，扁钢厚度应≥4mm，截面积应 >48mm^2。

避雷网和避雷带的保护范围无须进行计算。避雷网网格的大小可根据各类建筑物的具体要求确定，通常为 6m×6m、6m×10m 或 10m×10m。避雷带相邻两带之间的距离一般为 6～10m；屋面上任何一点距避雷带不应超过 10m。对于易受雷击的屋角、屋脊、檐角、屋檐及其他建筑物边角部可专设避雷带保护。

四、电离防雷装置简介

长期以来，人们认为雷击不能避免，而只能因势利导，把雷击点控制在特定的部位来防止雷电的危害。前面所讲到的避雷针、避雷线、避雷网、避雷带等，都是通过控制雷击点来发挥防雷作用的。但是，曾有人观察到雷雨时避雷针顶端出现电晕放电，而并未形成雷击的现象。这说明有可能人为增强电晕放电以抑制雷击的发生。

电离防雷是一种抑制雷击的技术。电离防雷装置由顶部的电离装置、地下的接地装置及其中间的连接线组成。电离防雷装置与传统避雷针的防雷原理完全不同。电离防雷装置是利用雷击的感应作用，在电离装置附近形成强电场，使空气电离，以在雷云和电离装置之间产生离子流，缓慢中和雷云所带的电荷，保持空间电场强度不超过空气的击穿强度，消除落雷条件，抑制雷击的发生。

电离装置可做成不同的形状，如板形、锥形等，但必须有多个放电尖端。电离防雷装置的电晕电流越大，则消雷效果越好。电晕电流的大小主要决定于电离装置附近电场强度超过30kV/m的强场区域的大小。强场区域越大，电晕电流越大；反之，电晕电流越小。强场区域的大小决定于空间平均电场强度以及电离装置的结构和尺寸。因此，影响电晕电流的因素很多。在实际应用中，可以认为电晕电流与空间平均电场强度的平方以及与电离装置高度的平方成正比。电离装置的高度不应低于30m，并应超过被保护物的高度。电晕电流还与电离装置的半径（指有针部分的最大半径）有关。此半径越大，电晕电流也越大，但其与电离装置高度的比值不宜超过0.15，以免降低电场的不均匀程度。

良好的电离防雷装置，电晕电流可达数十至数百毫安。若电晕电流为100mA，则每十秒钟能消电一库仑。可见良好的电离防雷装置完全是可能消除雷击的。

电离防雷装置空中保护半径可达其高度的15倍，并可达1000m以上。地面上的保护半径约为空中保护半径的70%，但稳妥起见，最好按空中保护半径的一半考虑。

除上述感应式电离装置外，有的电离防雷装置配用带有放射性元素的电离装置，或配用带有特种材料（或特殊镀层）电离针的电离装置，它对于增大电晕电流有不同程度的效果。

电离防雷装置的接地装置宜采用水平延伸式接地装置，以利于泄放电流。电离防雷装置的连接线只通过毫安级的电流，所用导线满足机械强度的要求即可。

除电离防电装置外，还有设想用火箭或激光防雷的，但目前尚不成熟，还处在研究、探索阶段。

第三节　防雷装置的保护范围

防雷装置的保护范围是指防雷装置保护其对象，被雷电击中的概率在0.1%以下。

在防雷装置中，只对避雷针和避雷线确定其空间保护范围，而避雷网和避雷带，因为是直接设在建筑物表面上，已构成了确定的平面保护范围，不需要再计算确定。避雷针、避雷线的保护范围与布局形式和高度有关。避雷针、避雷线的布局形式取决于被保护物的结构尺寸（高度和面积），通常有单支、双支、三支等高，双支不等高避雷针和单根、两根平行等高，两根平行不等高避雷线等布局形式。

避雷针和避雷线的保护范围确定方法有两种，一种是折线圆锥体法，另一种是滚球法。对于同一结构的避雷针和避雷线，滚球法比折线圆锥体法核算的保护范围要小些，即滚球法比折线圆锥体法对避雷针和避雷线的保护作用要求更要严格。

一、避雷针的保护范围

（一）单支避雷针的保护范围

1. 单支避雷针折线圆锥体法保护范围的确定

按下式计算：

$$r_o = 1.5h$$

式中：

h——避雷针的高度（m）；

r_o——避雷针在地面上的保护半径。

高度为 h_x 水平面上的保护半径 h_x

当 $h_x \geqslant \frac{1}{2}h$ 时：

$$h_x = k(h - h_x)$$

当 $h_x < \frac{1}{2}h$ 时：

$$r_x = k(1.5h - 2h_x)$$

式中：

k——高度影响系数。

当 $h \leqslant 30\text{m}$ 时，$k = 1$；

当 $30\text{m} < h \leqslant 120\text{m}$ 时，$k = 5.5/\sqrt{h}$。

图 5－10 为单支避雷针折线圆锥体法的保护范围，其作图方法是：作避雷针的水平底线，在底线中点作长度避雷针高度 h 的垂线；从针的顶点向下，按避雷针保护物防雷要求角度（一般为45°），作斜线至 $1/2h$ 处。即构成圆锥体的上半部分；在底线上取距避雷针 $1.5h$ 的点，向上作斜线与前一斜线在 $1/2h$ 处相交，即构成了折线圆锥体。

某一高度 h_x 的保护半径，则作高度为 h_x 的水平线共 XX' 相交于圆锥体母线，避雷针至交点的水平距离即为该高度的平面保护半径 r_x。

依据地面保护半径 $r = 1.5h$ 和 h_x 水平面上的保护半径 r_x，可作出单支避雷针保护范围的俯视图。

从图 5－10 中可以看出，高度一定的单支避雷针随着保护平面的升高，避雷针的保护范围减少，要想增加其保护范围就必须增加避雷针的高度。另外，为使单支避雷针的保护空间得到充分利用，单支避雷针应安装在被保护物的纵向中央；独立单支避雷针与被保护半径物的最短距离，在符合安装规定的情况下，应尽量靠近建筑物。

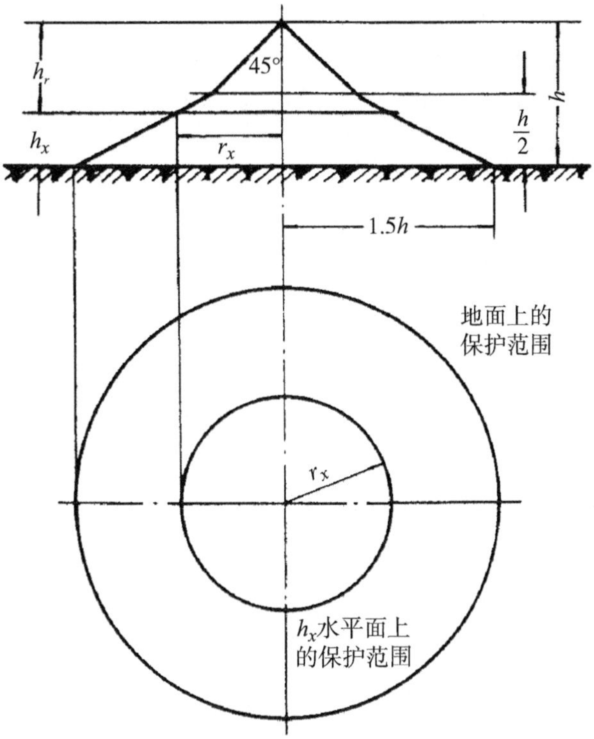

图 5－10　单支避雷针折线圆锥体法的保护范围

2. 单支避雷针滚球法保护范围的确定方法

滚球法是以 h_r 为半径的一个球体，沿需要防直击雷的部位滚动，当球体只触及接闪器（包括被利用作为接闪器的金属物）或只触及接闪器和地面（包括与大地接触并能承受雷击的金属物）而不触及需要保护的部件时，则该部件就得到接闪器的保护。单支避雷针滚球法的保护范围如图 5－11 所示。

滚球半径 h_r 的取值与建筑物防雷类别有关，第一类防雷建筑物的滚球半径 h_r 规定为 30m；第二类防雷建筑物的滚球半径 h_r 规定为 45m。

（1）避雷针高度 $h \leqslant h_r$ 时。

①距地面 h_r 处作一平行于地面的平行线。

②以针尖为圆心，h_r 为半径，作弧线交于平行线的 A、B 两点。

③以 A、B 为圆心，h_r 为半径作弧线，该弧线与针尖相交并与地面相切。从此弧线起到地面止就是保护范围。保护范围是一个对称的锥体。

④避雷针在 h_r 高度为 XX' 平面上的保护半径 r_x 为避雷针轴线至锥体母线交点的水平距离，可按下列公式计算：

$$r_x = \sqrt{h(2h_r - h)} - \sqrt{h_x(2h_r - h_x)}$$

式中：

r_x——避雷针在 h_x 高度的 XX' 平面上的保护半径（m）；

h_r——滚球半径（m）;

h_x——被保护物的高度（m）。

（2）当避雷针高度 $h > h_r$ 时，在避雷针上取高度 h_r 的一点代替单支避雷针针尖为圆心，其余的做法同上。

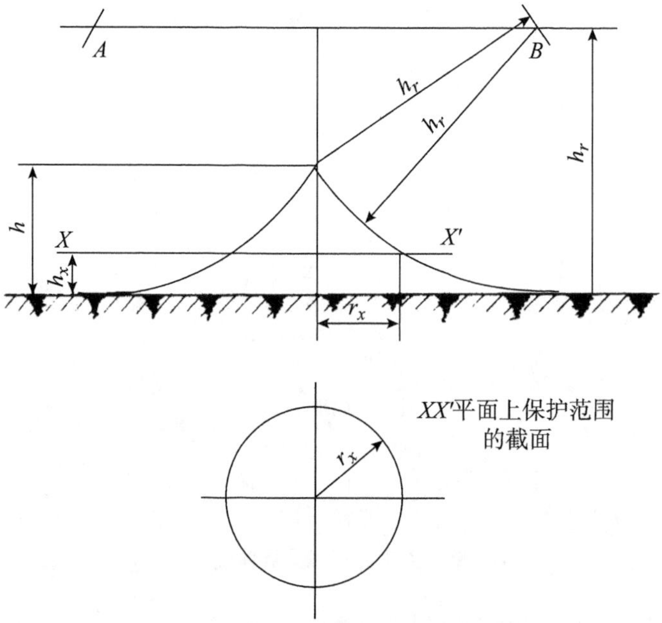

图 5－11　单支避雷针滚球法的保护范围

（二）双支等高避雷针的保护范围

1. 双支等高避雷针折线圆锥体法保护范围的确定

双支等高避雷针的两针外侧的保护范围按单支避雷针确定，两针间的保护范围，应通过两针的高度 h 和两针间的距离 D 确定。

两针之间保护范围边缘最低点的高度计算公式为：

当 $h \leqslant 30$m 时：

$$h_0 = h - \frac{D}{7}$$

当 $h > 30$m 时：

$$h_0 = h - \frac{D}{7k}$$

式中：

h——避雷针的高度（m）;

D——两针间的距离（m）;

h_0——两针间保护范围边缘最低点的高度（m）；

k——影响系数、取值同单支避雷针。

两针间在 XX' 平面上中心线每侧的最小保护宽度为：

$$b_x = 1.5(h_0 - h_x)$$

式中：

b_x——两针间在 h 高度的 XX' 平面上中心线每侧的最小保护宽度（m）。

由计算公式可以看出，当两针之间距离增至 $D = 7kh$ 时，$h_0 = 0$，两针间不再构成联合保护范围。因此，两针间距离 D 不宜过大，一般情况下，两针间距离与针高之比 D/h 不宜大于 5。

图 5－12 为双支等高避雷针的折线圆锥体法确定的保护范围，方法为：

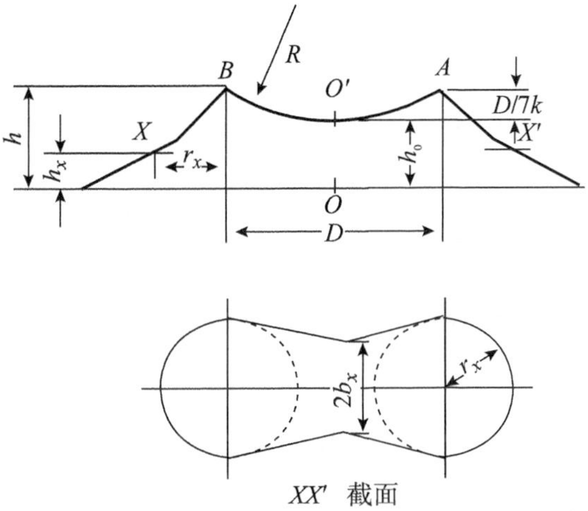

图 5－12　双支等高避雷针折线圆锥体法的保护范围

（1）作避雷针水平底线，在水平底线上确定两针距离 D，作出高度为 h 的两针垂线及两针距离中点处高度为 $h_0 = h - D/7k$（k 值同单支避雷针）的垂线 OO'，通过两针顶点作 AOB 弧线。其 O 点为两针间保护边缘的最低点，h_0 为两针间保护范围边缘最低点的高度。

（2）在上图的右边，以 h_0 为高度，以 1.5 h_0 为地面保护半径，作假想避雷针保护范围的 OO' 截面圆锥图。

（3）在上图和右图上，作高度 h_x 的 XX' 水平面，得出 h_x 高度的 XX' 平面上的保护半径 r_x 和两针中线每侧的最小保护宽度 b_x。

（4）作以两针为圆心，r_x 为半径的圆与两侧宽度为 b_x 的两针中心线端点相切，即为双支等高避雷针在高度为 b_x 的 XX' 平面上的保护范围。

2. 双支等高避雷针滚球法保护范围的确定

双支等高避雷针的保护范围，在 $h \leqslant h_r$ 的情况下，当两支避雷针之间的水平距离

$D\geqslant 2\sqrt{h(2h_r-h)}$ 时，由于两针之间形成不了联合保护范围，各支避雷针的保护范围按单支避雷针的方法确定；当 $D<2\sqrt{h(2h_r-h)}$ 时，两针之间形成了一定的联合保护范围，见图 5 – 13。

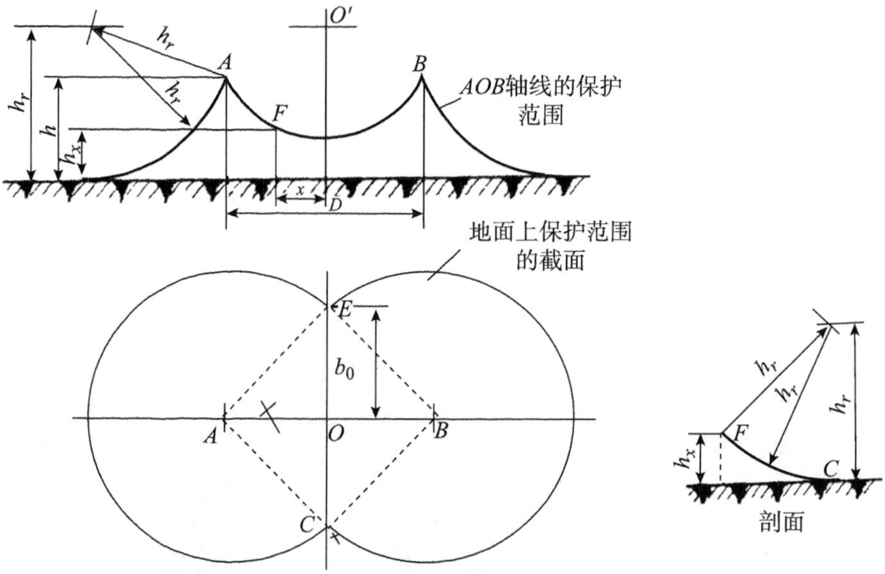

图 5 – 13　双支等高避雷针滚球法的保护范围

双支等高避雷针保护范围的确定方法是：

（1）AEBC 外侧的保护范围，按照单支避雷针的方法确定。

（2）C、E 点位于两针间的垂直平分线上。在地面每侧的最小保护宽度按下式计算：

$$b_0 = CO = EO = \sqrt{h(2h_r-h)-(D/2)^2}$$

在 AOB 轴线上，距中心线任一距离 X 处，其保护范围上边缘的保护高度 h_r 按下式确定：

$$h_x = h_r - \sqrt{(h_r-h)^2+(D/2)^2-x^2}$$

实际上，该保护范围上的边线是以中心线距地面 h_r 的一点 O' 为圆心，以 $\sqrt{(h_r-h)^2+(D/2)^2}$ 为半径所作的圆弧。

（3）两针间 AEBC 内的保护范围，ACO、BCO、AEO、BEO 各部分是类同的，以 ACO 部分的保护范围为例，按以下方法确定：在任一保护高度 h_x 作为假想避雷针，按单支避雷针的方法逐点确定（见图 5 – 13“剖面图”）。

（三）双支不等高避雷针保护范围

1. 双支不等高避雷针折线圆锥体法保护范围的确定

双支不等高避雷针的两针外侧的保护范围按单支避雷针确定，两针间的保护范围，应先按单支避雷针规定的方法作出较高避雷针的保护范围（见图 5－14），然后经过较低避雷针的顶点 B 作水平线相交于较高避雷针保护范围的 A' 点，取 A' 点作为一支等效避雷针的顶点，BA' 之间的保护范围按双支等高避雷针的方法确定。其最低点高度为：

$$h_0 = h_B - D'/7k$$

式中：

h_B ——较低避雷针的高度；

D' ——较低避雷针与等效避雷针之间的距离。

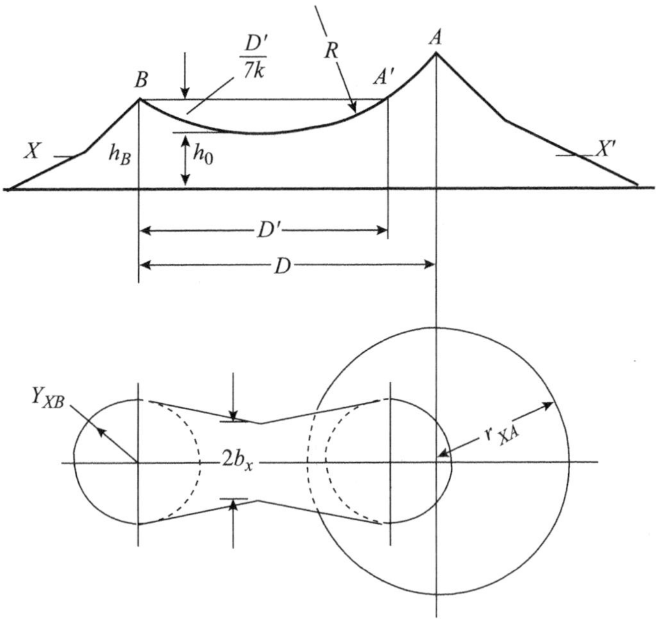

图 5－14　双支不等高避雷针折线圆锥法的保护范围

2. 双支不等高避雷针滚球法保护范围的确定

双支不等高避雷针的保护范围，在 $h_1 \leqslant h_r$ 和 $h_2 \leqslant h_r$ 的情况下，当 $D \geqslant \sqrt{h_1(2h_r - h_1)} + \sqrt{h_2(2h_r - h_2)}$ 时，各支避雷针的保护范围按单支避雷针的方法确定；当 $D < \sqrt{h_1(2h_r - h_1)} + \sqrt{h_2(2h_r - h_2)}$ 时，双支不等高避雷针的保护范围见图 5－15。

其保护范围的确定方法：

（1）$AEBC$ 外侧的保护范围，按照单支避雷针的方法确定。

（2）CE 线或 HO' 线的位置按下列公式计算：

$$D_1 = [2h_r(h_1 - h_2) - h_1^2 + h_2^2 + D^2]/2D$$

（3）在地面上每侧的最小保护宽度按下式计算：

$$b_0 = CO = EO = \sqrt{h_1(2h_r - h_1) - D_1^2}$$

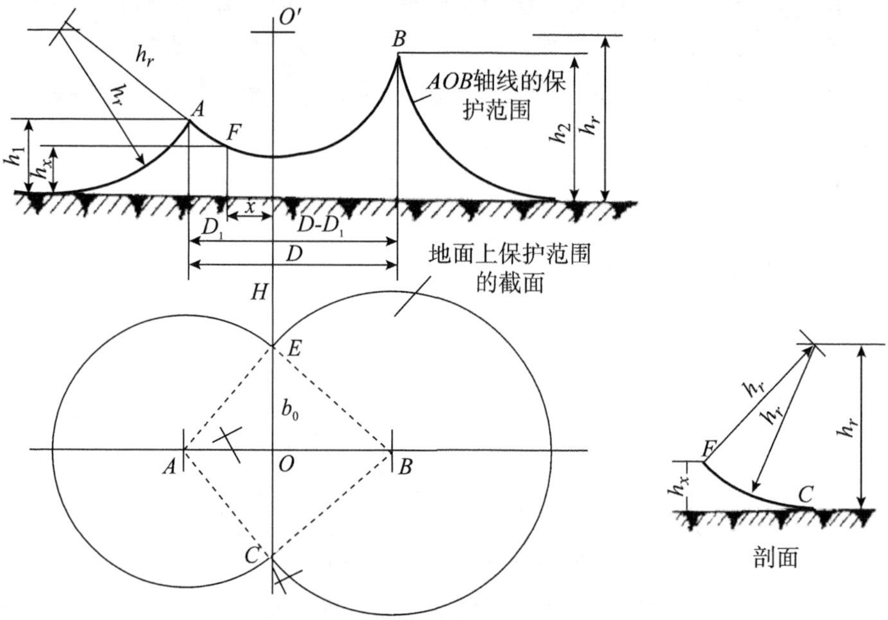

图 5－15　双支不等高避雷针滚球法的保护范围

在 AOB 轴线上，A、B 间保护范围上边线按下列公式确定：

$$h_x = h_r - \sqrt{h_r^2 - h_1(2h_r - h_1) + D_1^2 - x^2}$$

式中 x 为距 CE 线或 HO′ 线的距离。实际上，该保护范围上边线是以 HO′ 线上距地面 h_x 的一点 O′ 为圆心，以 $\sqrt{h_r^2 - h_1(2h_r - h_1) + D_1^2}$ 为半径所作的圆弧。

（4）两针间 AEBC 内的保护范围，ACO 与 AEO 是对称的，BCO 与 BEO 也是对称的，以 ACO 部分的保护范围为例，按以下方法确定：在 h_x 和 C 点所处的垂直平面上，以 h_x 作为假想避雷针，按单支避雷针的方法确定（见图 5－15“剖面图”）。

（四）多支避雷针保护范围

（1）多支避雷针成直接布置时，应区别等高和不等高两种情况，分别按双支等高或不等高避雷的方法，确定其保护范围。

（2）三支避雷针成三角形布置时，应区别等高和不等高两种情况，其三角形内侧保护范围，按相邻两支等高或不等高避雷针的方法确定；如各相邻两支避雷针的最小保护宽度 $b_x \geq 0$ 时，则全部面积均受到保护。多支避雷针保护范围如图 5－16 所示。

（3）四支及四支以上避雷针形成四角形或多角形布置时，可先将其分成两个或几个三角形，然后按三支避雷针成三角形布置的情况，确定其保护范围；如各边的最小保护宽度 $b_x \geq 0$ 时，则全部面积均受到保护。

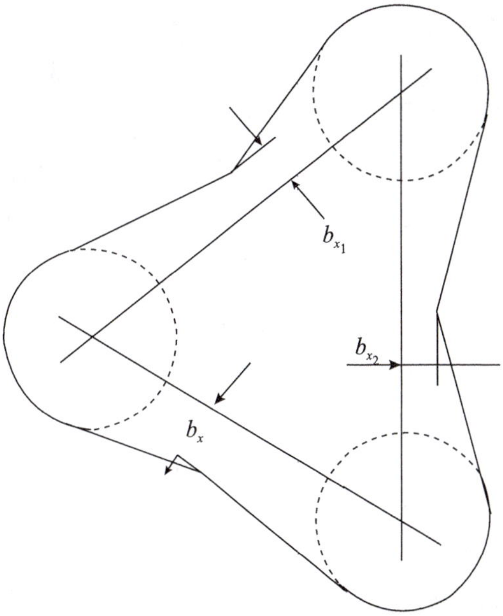

图 5－16　多支避雷针保护范围

［例］　某仓库有一栋地面库房的形状及尺寸如图 5－17 所示，原已在库房后墙中央距墙 5m 处安装了一支高为 20m 的独立避雷针。试校核该库房是否在避雷针的保护范围内？若未被保护可采取什么措施？

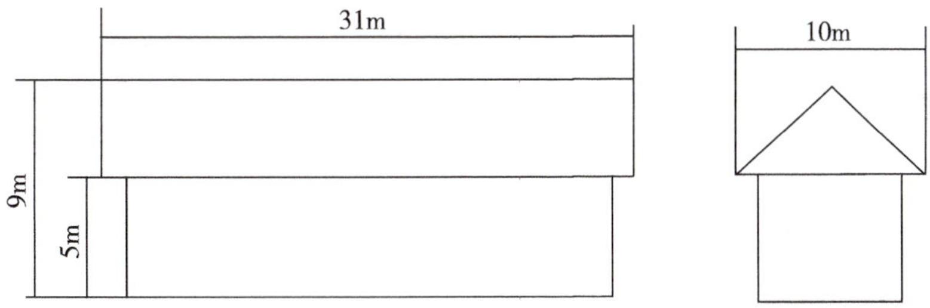

图 5－17　地面库的形状及尺寸

解 1：校核避雷针的保护范围

根据避雷针尺寸和库房尺寸，作图 5－18 如下所示。

由图可知，在 $h_x=9$（屋脊高度）的水平面上的屋角和 $h_x=5$（屋檐高度）的水平面上的檐角，均不在该避雷针的保护范围内。即该库房不能全部受到避雷针的保护。

解 2：采取加高单支避雷针的措施保护库房

（1）$h_x=9$ 时，按屋角被保护的半径 r_x 确定单支避雷针的高度。

已知避雷针设置在后墙中央 5m 处，避雷针每侧的库房长度为 31/2 = 15.5，避雷针至屋脊线的垂直距离为 10m。

由三角形定理求避雷针至屋角的半径为：

$$r_x = \sqrt{15.5^2 + 10^2} = 18.45$$

由 $h_x \leqslant 1/2h$ 时，$r_x = 1.5h - 2h_x$ 可求出避雷针高度 h 为：

$$h = (r_x + 2h_x)/1.5 = (18.45 + 2 \times 9)/1.5 = 24.3$$

（2）$h_x = 5$ 时，按檐角被保护的半径 r_x 确定单支避雷针的高度。

已知避雷针每侧的库房长度为 $31/2 = 15.5$，避雷针至前屋檐线的垂直距离为15m。由三角形定理求避雷针至前檐角的半径 r_x 为：

$$r_x = \sqrt{15.5^2 + 15^2} = 21.57$$

由 $h_x \leqslant 1/2h$ 时，$r_x = 1.5h - 2h_x$ 可求出避雷针高度 h 为：

$$h = (r_x + 2h_x)/1.5 = (21.57 + 2 \times 5)/1.5 = 21.05$$

若要使库房全面受到保护，避雷针的高度应取上述两个极点计算值的较高者。即单支避雷针的高度为24.3m，考虑到一定的保险系数，可再加0.5～1m的余量，该避雷针的高度应按25m设置。

解3：改用双支等高避雷针保护库房

（1）确定避雷针的安装位置。

为了避免产生雷电反击现象和在库房得到保护的前提下使避雷针的高度最低，双支等高避雷针应分别安装在库房两山墙的外侧中央且离开库房5m处。库房避雷针保护范围如图5－18所示。

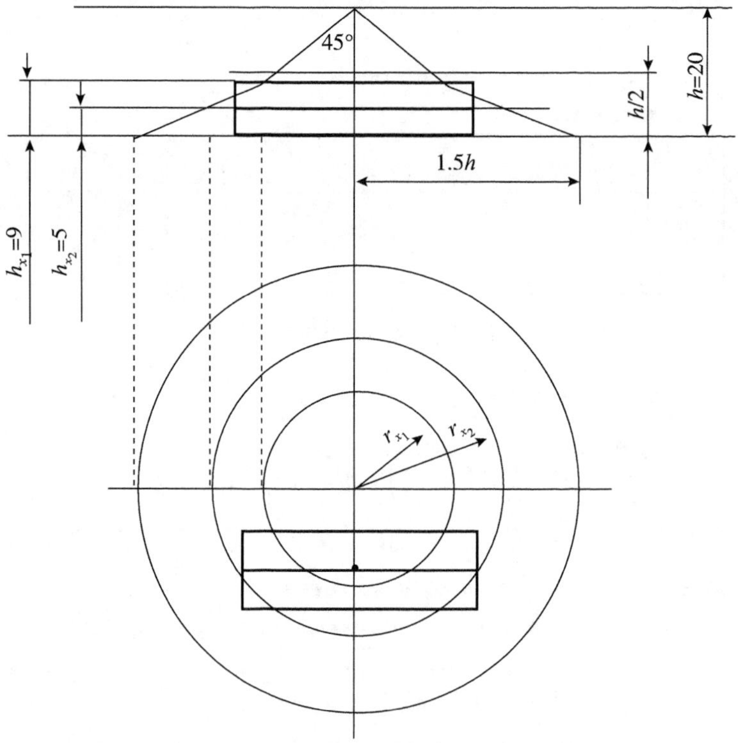

图5－18　库房避雷针保护范围

（2）确定两针之间保护边缘最低点的高度 h。

由题设库房尺寸可知，在屋檐高度 $h_x = 5$ 的平面上，每侧的最小保护宽度 $b_x = 10/2 = 5$。

由公式：$b_x = 1.5(h_0 - h_x)$

求出：$h_0 = h_x/1.5 + h_x = 5/1.5 + 5 = 8.3$

在屋脊高度 $h_x = 9$ 的平面上，屋脊为一条直线，其最小保护宽度应满足 $b_x \geqslant 0$。

由公式 $b_x = 1.5(h_0 - h_x)$ 可知，当 $b_x \geqslant 0$ 时，则 $h_0 \geqslant h_x = 9$。

依据上述，两避雷针之间保护边缘最低点的高度 h_0 应取其中较高者，即 $h_0 \geqslant 9$m。

（3）确定避雷针高度 h。

已知：两针间距离 $D = 31 + 2 \times 5 = 41$。

取 $h_0 = 9$，高度影响系数 $k = 1$，由下式计算避雷针高度：

$h_0 = h - D/7k$

$h = h_0 + D/7k = 9 + 41/7 \times 1 = 14.9$

考虑到一定的保险系数，可再加高 0.5～1m 的余量，取该双支等高避雷针的高度为 15.5m 为宜。

二、避雷线保护范围

（一）单根避雷线保护范围

1. 单根避雷线折线圆锥体法保护范围的确定

避雷线在地面上投影线每侧的最小保护宽度，按下式计算：

$$b = 1.2h$$

式中：

b——避雷线在地面上投影线每侧的最小保护宽度（m）；

h——避雷线最大弧垂点的高度（m）。

避雷线在 h_x 高度上的 XX' 平面上投影线每侧的保护范围按下式确定。

当 $h_x \geqslant 1/2h$ 时，$b_x = 0.7(h - h_x)k$。

当 $h_x < 1/2h$ 时，$b_x = (1.2h - 1.7h_x)k$。

单根避雷线端部的保护范围以 b_x 为半径作半圆弧。

单根避雷线折线圆锥体法的保护范围如图 5－19 所示。

2. 单根避雷线滚球法保护范围的确定

单根避雷线的保护范围是当避雷线的高度 $h \geqslant 2h_r$ 时，无保护范围；当避雷线的高度 $h < 2h_r$ 时，单根避雷线滚球法保护范围见图 5－20。

在确定架空避雷线的高度时要考虑弧垂的影响，在无法确定弧垂的情况下，可考虑架空避雷线中点的弧垂为：当等高支柱距离小于 120m 时的中点弧垂为 2m，距离为

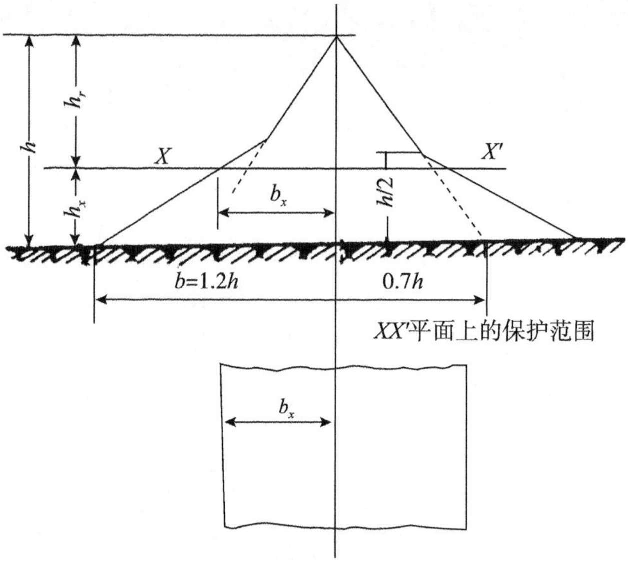

图 5－19　单根避雷线折线圆锥体法的保护范围

120～150m 时的中点弧垂为 3m。

图 5－20 中确定单根避雷线滚球法保护范围的方法是：

（1）距地面 h_r处作一平行于地面的平行线。

（2）以避雷线为圆心、h_r为半径，作弧线交于平行线的 A、B 两点。

（3）以 A、B 为圆心、h_r为半径作弧线，两弧线相交或相切并与地面相切。从该弧线起到地面止就是其保护范围。

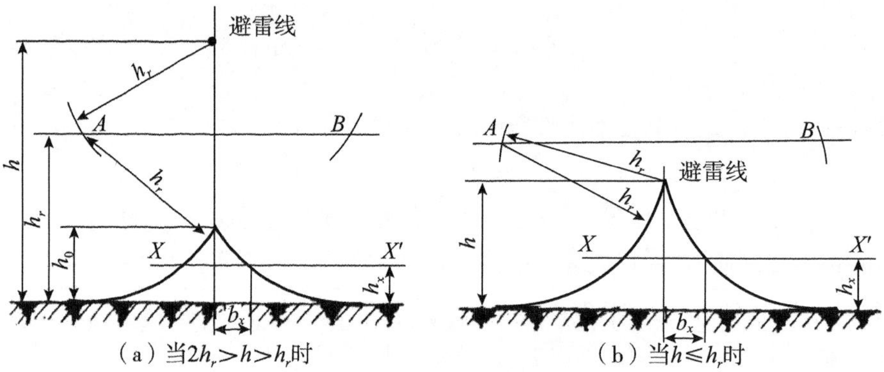

图 5－20　单根避雷线滚球法的保护范围

（4）当 $2h_r > h > h_r$ 时，保护范围最高点的高度 h_0按下式计算：

$$h_0 = 2h_r - h$$

（5）避雷线在 h_x高度 XX' 平面上的保护宽度，按下式计算：

$$b_x = \sqrt{h(2h_r - h)} - \sqrt{h_x(2h_r - h_x)}$$

式中：

b_x ——避雷线在 h_x 高度的 XX' 平面上的保护宽度（m）；

h ——避雷线的高度（m）；

h_r——滚球半径（m）；

h_x ——被保护物的高度（m）。

（6）避雷线两端的保护范围按单支避雷针的方法确定。

（二）两根平行等高避雷线保护范围

1. 两根平行等高避雷线折线圆锥体法保护范围的确定

两根平行等高避雷线的外侧保护范围按单根避雷线确定。两根平行等高避雷线折线圆锥体法保护范围如图 5－21 所示。应通过两线最大弧垂点 A、B 和中心 O 的圆弧确定，O 点是两线间保护范围边缘的最低点，其高度 h_0 应按下式计算。

当 $h \leqslant 30$ 时，$h_0 = h - \dfrac{D}{4}$

当 $h > 30$ 时，$h_0 = h - \dfrac{D}{4k}$

式中：

D——两线间的距离（m）；

h_0——两避雷线间保护范围边缘的最低点的高度（m）。

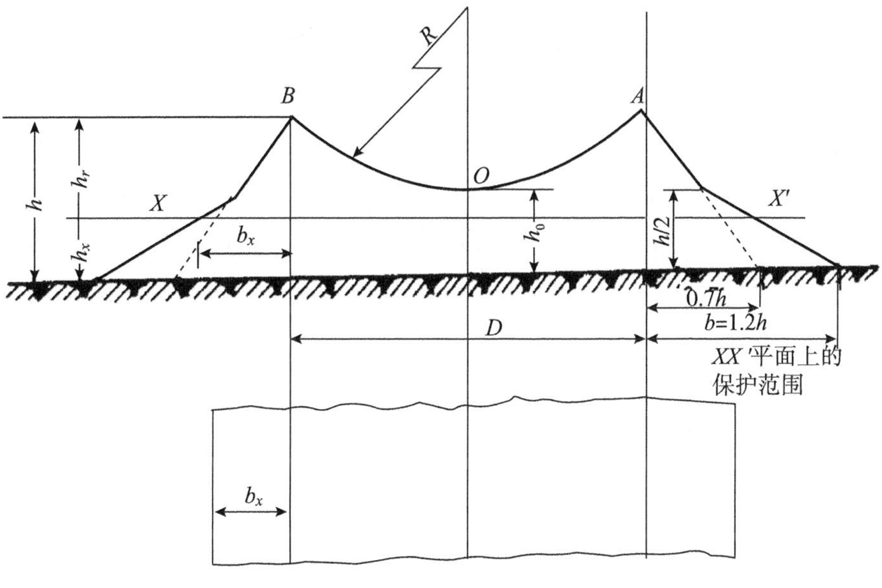

图 5－21　两根平行等高避雷线折线圆锥体法的保护范围

2. 两根等高避雷线滚球法保护范围的确定

（1）在避雷线的高度 $h<h_r$ 的情况下，当 $D\geqslant 2\sqrt{h(2h_r-h)}$ 时，各按单根避雷线规定的方法确定其保护范围。

（2）在避雷线高度 $h<h_r$ 的情况下，当 $D<2\sqrt{h(2h_r-h)}$ 时，两根等高避雷线在 $h<h_r$ 时滚球法的保护范围如图 5－22 所示。

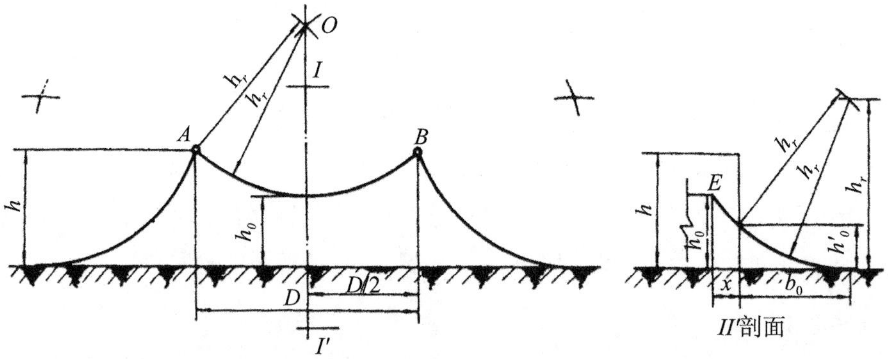

图 5－22　两根等高避雷线在 $h<h_r$ 时滚球法的保护范围

确定两根等高避雷线保护范围的方法是：

①两极避雷线的外侧，各按单根避雷线的方法确定；

②两根避雷线之间的保护范围按以下方法确定：以 A、B 两避雷线为圆心、h_r 为半径作圆弧交于 O 点，以 O 点为圆心、h_r 为半径作圆弧交于 A、B 点；

③两避雷线之间保护范围最低点的高度 h_0 按下式计算：

$$h_0=\sqrt{h_r^2-(D/2)^2}+h-h_r$$

④避雷线两端的保护范围按双支避雷针的方法确定，但在中线上 h_0 线的内移位置按以下方法确定（II'剖面）：以两根避雷针所确定的中点保护范围最低点的高度 $h'_0=h_r-\sqrt{(h_r-h)^2+(D/2)^2}$ 作为假想避雷针，将其保护范围的延长弧线与 h_0 线交于 E 点。内移位置的距离 x 也可按下式计算：

$$x=\sqrt{h_0(2h_r-h_0)}-b_0$$

式中，b_0 按双支等高避雷针的方法确定。

（3）在避雷线高度为 $h_r<h\leqslant 2h_r$，而且避雷线之间的距离为 $2h_r>D>2[h_r-\sqrt{h(2h_r-h)}]$ 的情况下，两根等高避雷线在 $h_r<h\leqslant 2h_r$ 时滚球法的保护范围如图 5－23 所示。

图 5－23 中确定两根等高避雷线保护范围的方法是：

①距地面 h_r 处作一与地面平行的线；

②以避雷线 A、B 作为圆心、h_r 为半径弧线相交于 O 点并与平行线相交或相切于

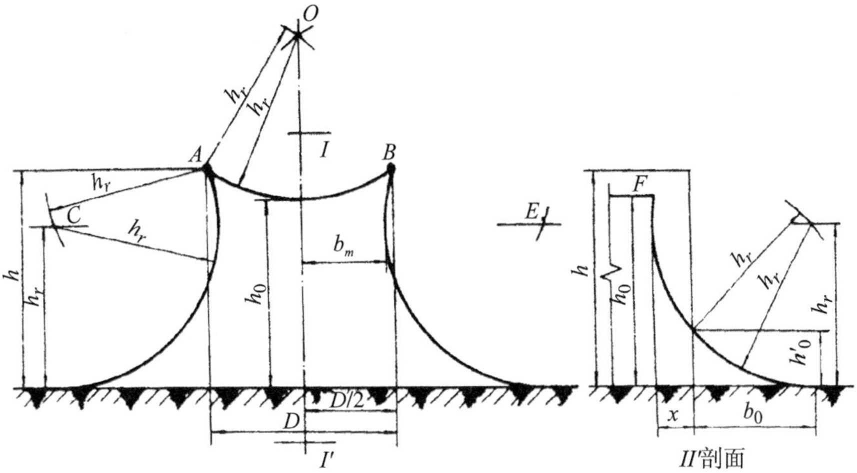

图 5－23　两根等高避雷线在 $h_r < h \leq 2h_r$ 时滚球法的保护范围

C、E 点；

③以 O 为圆心、h_r为半径作弧线交于 A、B 点；

④以 C、E 为圆心、h_r 为半径作弧线交于 A、B 并与地面相切；

⑤两避雷线之间保护范围最低点的高度 h_0 按下式计算：

$$h_0 = \sqrt{h_r^2 - (D/2)^2} + h - h_r$$

⑥最小保护宽度 b_m 位于 h_r 高处，其值按下式计算：

$$b_m = \sqrt{h(2h_r - h)} + D/2 - h_r$$

⑦避雷线两端的保护范围按双支高度 h_r 的避雷针确定，但在中线上 h_0线的内移位置按以下方法确定（见图 5－23“II'”剖面）：以双支高度 h_r 的避雷针所确定的中心保护范围最低点的高度 $h'_0 = (h_r - D/2)$ 作为假想避雷针，将其保护范围的延长弧线与 h_0 线交于 F 点。内移位置的距离 x 也可按下式计算：

$$x = \sqrt{h_0(2h_r - h_0)} - \sqrt{h_r^2 - (D/h_r)^2}$$

以上介绍的是几种类型的避雷针和避雷线以滚球法确定保护范围的方法。这里还要说明的是，滚球法的各图中所画的地面也可以是位于建筑物上的地金属物、接闪器。当“地面上保护范围的截面”的外周线触及接地金属物、接闪器时，各图的保护范围均适用于这些接闪器，当接地金属物、接闪器是处在外周线之内且位于被保护部位的边沿时，按图 5－24 确定所需断面的保护范围。

图 5－24 中确定建筑物上任两接闪器在所需断面上的保护范围的方法是：

①以 A、B 为圆心、h_r 为半径作弧线相交于 O 点；

②以 O 为圆心，h_r 为半径作弧线 AB，弧线 AB 就是保护范围。

当外周线触及的是屋面时，各图的保护范围仍有效，但外周线触及的屋面及其外部得不到保护，内部得到保护。

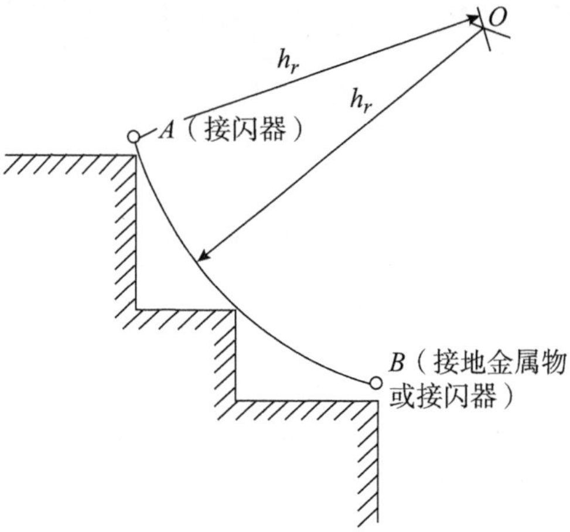

图 5 – 24　建筑物上任两接闪器所需断面的保护范围

第四节　防雷装置的检测与管理

为了保证防雷装置具有良好的保护性能，使用中的防雷装置，应进行及时检查和维护。

一、防雷装置检测的基本内容

防雷装置应在每年雷雨季以前进行检查。主要检查如下事项：

（1）检查建筑物维修或改建后的变形，是否使防雷装置的保护情况发生改变。

（2）检查有无因挖土方、敷设其他管线或种植树木而挖断接地装置。

（3）检查各处明装导体有无开焊、锈蚀后截面积减小过大、机械损伤折断的情况。

（4）检查接闪器有无因接受雷击而熔化或折断情况。

（5）检查避雷器瓷套有无裂纹、碰伤、污染、烧伤痕迹。

（6）检查引下线距地 2m 一段的绝缘保护处理有无破坏情况。

（7）检查支持物是否牢固，有无歪斜、松动。引下线与支持物固定是否可靠。

（8）检查断接卡子有无接触不良情况。

（9）检查木结构接闪器支柱或支架有无腐朽现象。

（10）检查接地装置周围的土壤有无沉陷情况。

（11）测量全部接地装置的流散电阻。

（12）如发现接地装置的电阻有很大变化时，应将接地装置挖开检查。

二、接地装置的检测

对防雷接地装置应定期检查和测定。主要是检查各部分连接情况和锈蚀情况以及测量电阻，一般规定每年春、秋两季各检查一次。

（一）影响接地电阻的因素

接地装置的接地电阻由接地体金属电阻、接地体与土壤的接触电阻和土壤电阻三部分组成。

一般接地体金属的电阻率愈小，接地体截面积愈大，接地体的电阻愈小，反之愈大。接地体与土壤的接触面积愈大，愈紧密，接地体与土壤的接触电阻愈小，反之愈大。由于金属接地体的电阻在整个接地电阻中所占比例很小，往往可以忽略不计。接地体形状一定并按规定要求埋设，接触电阻的变化也不大。影响接地电阻大小的主要因素是土壤电阻。

土壤电阻可用土壤电阻率（ρ）来衡量，它的数值等于电流通过边长为1cm的正立方体的土壤的电阻，单位为Ω·cm。不同的土壤，其土壤电阻率是不同的，影响土壤电阻率大小的原因除土壤本身的性质外，还和土壤的含水量、土壤的温度等有关。土壤电阻率随土壤的含水量的增加而减小；但土壤的温度在零下时，土壤中水分冻结，所以土壤电阻率很大。土壤温度升高，土壤中的盐类溶解量增大，电阻率减小。但土壤温度继续升高，由于土壤中水分蒸发，使土壤含水量减少，所以电阻率又会增大。各种土壤电阻率参考值如表5－1所示。

表5－1　各种土壤电阻率参考值　　单位：Ω·cm

类别	名称	近似值	变动范围		
			较湿时（多雨区）	较干时（多雨区）	地下水含盐碱时
泥土砂	冲击土	5	—	—	1~5
	陶黏土	10	5~20	10~100	3~10
	沼泽地、泥潭地	20	10~30	50~300	3~10
	黑土园田土、陶黏土	50	30~100	50~300	10~30
	黏土	60	30~100	50~300	10~30
	沙质黏土	100	30~300	800~1000	10~30
	黄土	200	100~200	250	30
	多石土壤	400	—	—	—
	含沙黏土、砂土	300	100~1000	1000以上	30~1000
	砂子、砂砾	1000	250~1000	1000~2500	—
岩石	砾石、碎石	5000	800~1000	—	—
	多岩石地	5000	—	—	—

避雷针接地装置的接地电阻，可以根据土壤电阻率和接地体的有关参数，用相应的经验公式进行估算，但因土壤电阻率的大小受到很多因素的影响，估算往往不精确，这种方法常用于接地装置设计时的计算。对已投入实际使用中的避雷针，常用实测方法来得出其接地电阻。

（二）接地电阻测量原理

土壤能够导电是由于土壤中电解质的作用，所以测量接地电阻时如使用直流电就会引起化学极化作用，从而严重影响测量结果。故测量接地电阻时一般都采用交流电来测量。

接地电阻测量原理如图 5－25 所示。在被测接地装置的接地体 E' 的几十米外设辅助接地极 C'，并将交流电压加于此两极上，电流 I 将通过电极和大地。借助电压表和电位极 P'，可以得到 E' 和 C' 的连接线上的电位分布曲线。从曲线可以看出，在接近电极 E'1～2 处电位下降得很快，然后渐慢，至 2～3 处电压维持不变，从 3～4 处电位向相反方向增大。电位之所以这样分布，是因为从接地体出来的电流分散在各个不同的方向。

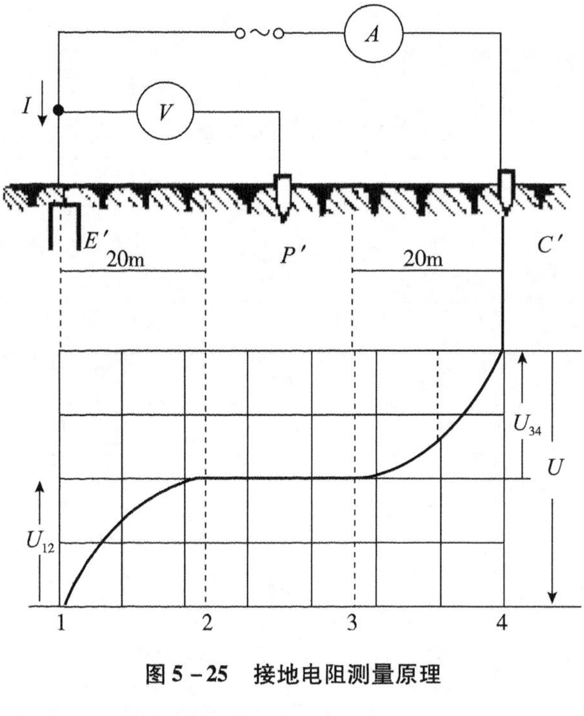

图 5－25　接地电阻测量原理

当避雷针遭到雷击时，雷电流通过接地体泄入大地。距接地体越近的地方电阻越大，距接地体越远的地方电阻越小，一般距离接地体 20m 以外时土壤的电阻就可以忽略不计。所以雷电的绝大部分电压将降落在接地体的附近，故测量接地电阻可用一个辅助接地极，设在离接地体一定距离的大地中，即可测得接地电阻。为了避免杂散电流的干扰和把辅助接地极的电阻包含在内，一般采用两个辅助接地极，一个供电流导入土壤中的电流极，另一个供测量电压用的电位极。若流经接地体与电流回路间的电流为 I，被测接地体与电位派间的电压力 V，则被测接地装置的接地电阻为：

$$R = \frac{V}{I}$$

（三）ZC－8 型接地电阻测量仪

接地电阻的测量方法很多，有电流表、电压表法；电流表、电力表法；电桥法；三点法接地电阻测量仪直读法等。最常用的是 ZC－8 型接地电阻测量仪直读法。

1. ZC－8 型接地电阻测量仪的用途和性能

ZC－8 型接地电阻测量仪主要用于测量各种接地装置的接地电阻，同时也可用来测量土壤阻率和一般导体的电阻。

ZC－8 型接地电阻测量仪有两种量程，即：

0 ~ 1Ω　0 ~ 10Ω　0 ~ 100Ω

0 ~ 10Ω　0 ~ 100Ω　0 ~ 1000Ω

ZC－8 型接地电阻测量准确度为：指示误差在额定值 30% 以下时为额定值的 ±1.5%；在额定值 30% 至额定值时为指示值的 ±5%。

ZC－8 型接地电阻测量仪的有关技术性能参数如表 5－2 所示。

表 5－2　ZC－8 型接地电阻测量仪的有关技术性能参数

项目	B 组	T 组
工作环境温度	－20℃ ~ ＋50℃	0℃ ~ ＋50℃
相对湿度	90% 以下（＋35℃时）	98% 以下（＋35℃时）
发电机转速	120r/min	120r/min
指示部分阻尼时间	不超过 4s	不超过 4s
温度影响	工作环境温度改变 10℃不能超过基本误差 4/5	同 B 组
绝缘耐压	温度为＋20℃ ±2℃，相对湿度小于 85% 时，不小于 20mΩ	温度为＋20℃ ±2℃，相对湿度小于 85% 时，不小于 20mΩ。温度为＋30 ~ ＋35℃，相对湿度为 95 ±3%，不小于 2mΩ
倾斜影响	仪表倾斜 30°时附加误差不大于基本误差	同 B 组
备注	B 组仪表适宜普通气候条件下使用	T 组仪表适宜热带或亚热带气候条件下使用

2. ZC－8 型接地电阻测量仪的构造原理

ZC－8 型接地电阻测量仪由测量机构、相敏整流线路和交发电机三部分组成。测量机构主要是一个灵敏的微安表，作用是测量电阻值；相敏整流线路部分，作用是把从接地装置与电位极上接收来的交流电压变成直流，供微安表测量，并避免大地中的杂散电流对测量的干扰；交发电机，作用是当它以 120r/min 的速度转动时，便产生频率 110～115 周/秒，电压 100～130V 的交流电，供测量用。

3. ZC－8 型接地电阻测量仪的工作原理

首先按图 5－26 连接好线路。接线端 E（或 C_2，P_2）连接接地装置 E'，另外两端 P 和 C（或 P_1 和 C_1）连接相应的电位探测极和电流探测极。

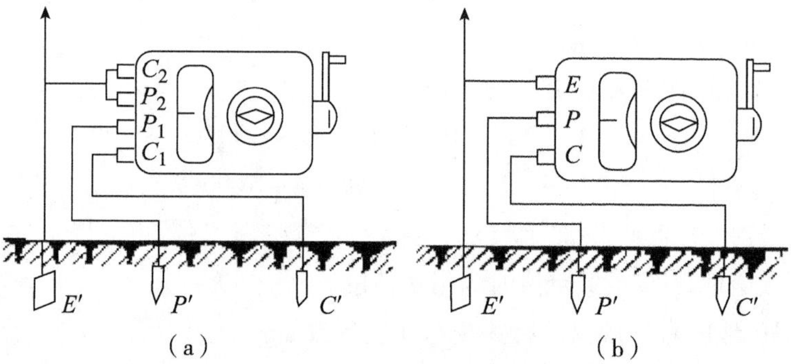

图 5－26　ZC－8 测量接线图

当摇动发电机时，电流 I_1 从发电机经过电流互感器的第一绕组、接地装置、大地和电流极而回到发电机；由电流互感器二次统组产生的 I_2 接电位器 R_s。当检流计指针偏转时，调节电位器 R_s 的触点 B 以使其达到平衡。这时 E 和 P 之间的电位差与电位 R_s 的 O 和 B 点之间的电位差相等，检流计指针回到零位。因此，如果标度盘满刻度为 10，读数为 N，即可列出下列方程式：

$$I_1 \cdot R_X = I_2 \cdot R_s \cdot N/10$$

$$R_x = (I_2/I_1) \cdot R_s \cdot N/10$$

当 $I_2 = I_1$ 时：$R_x = R_s \cdot N/10$

如 $I_2 = I_1/10$，则 $R_x = R_s \cdot N/100$

如 $I_2 = I_1/100$，则 $R_x = R_s \cdot N/1000$

（四）接地电阻的测量方法

使用 ZC－8 型接地测量仪测量接地电阻的方法如下：

①如图 5－26 所示，沿被测接地体 E' 使电位探针 C'，依直线彼此相距 20m，且 P' 位于 E' 和 C' 之间。

②导线将 E'、P' 和 C' 连于仪表的相应端钮。

③仪表放置成水平位置，检查检流计的指针是否在中心线上，否则通过零位调正器将指针调整到与中心线重合。

④将“倍率标度”置于最大倍数，慢慢转动发动机摇把，同时旋动“测量标度盘”使检流计的指针指示中心线。

⑤当检流计指针接近平衡时，加快摇把转速，使其达到120r/min以上，并随时调“测量标度盘”使指针指于中心线上。

⑥如“测量标度盘”的读数小于1时，应将“倍率标度”置于较小的倍数，再重新调整“测量标度盘”以得到正确的读数。

⑦用“测量标度盘”的读数乘以倍率标度的倍数即为所测的接地电阻。

在进行上述操作时，应注意以下事项：

①当检流计的灵敏度过高时，将电位探测针 P' 插入土壤中浅些；当检流计灵敏度不够时，可沿电位探针 P' 和电探针 C' 注水，使其土壤湿润，提高灵敏度。

②当用四个端钮的仪表测量小于1Ω的接地电阻时，应将图5－26中的 C_2、P_2 的联结片打开，并分别用导线连接到被测接地装置上，以消除测量导线电阻附加的误差。

ZC－8测量电阻小于1Ω时的接线方法，如图5－27所示。

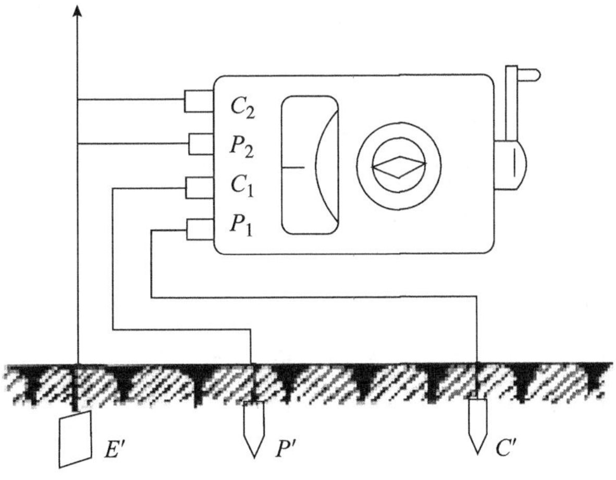

图5－27 ZC－8测量电阻小于1Ω时的接线方法

（五）接地电阻测量仪的保管使用注意事项

ZC－8型接地电阻测量仪搬运时，要稳拿轻放，避免剧烈震动，以防仪器损坏。用完后，仪器应存放于0℃～＋40℃，相对湿度不超过85%，无腐蚀性气体的地方保管。并把附件电流极和电位极、导线整理好放入布袋保管。

三、避雷器电气性能的检测管理

为了发现避雷器内部的缺陷，在每年雷雨季节之前和外观检查发现避雷器有问题时，应进行电气性能的预防性试验。

（一）测量避雷器的绝缘电阻

密封已经破坏、受潮、火花间隙短路等，具有这些故障的避雷器的绝缘电阻都会显著下降。测量绝缘电阻时首先把避雷器擦拭干净，以免影响测量结果。

（二）测量避雷器的泄漏电阻

低压阀型避雷器的泄漏电流一般为 0 ~ 10μA。测量前也必须把避雷器擦拭干净。在严寒天气（0℃以下）不能进行，因此种环境条件与雷雨季节差别太大，试验结果误差太大。如在试验室内进行试验时，避雷器应在室内停放 8h 以上，才能进行试验。

（三）测量工频放电电压

当避雷器内部元件位移、损坏时，会使避雷的放电电压太低或太高。如果避雷器放电电压太高，则有可能当线路中有雷电流袭来时不易放电，因而起不了应有的保护作用。如果避雷器的放电电压太低，则可能在电力系统中产生操作过电压时就放电，从而造成避雷器爆炸。FS - 0. 22 避雷器的标准工作工频放电电压为 9 ~ 11kV，FS - 0. 38 避雷器的标准工频放电电压为 16 ~ 19kV，FS - 0. 50 避雷器的标准工频放电电压为 26 ~ 31kV。

对阀型避雷器进行外观检查和电气检查，都要特别注意安全，因为避雷器一端是与带电线路连接在一起的，特别是在进行电器性能检查时要使用数千伏以上的高压电。因此阀型避雷器的检查一般应请供电系统的有关技术人员进行。

（四）接地电阻检查

避雷器的接地电阻检查与避雷针的接地电阻检查基本相同，应特别注意的是：在进行避雷器的接地电阻检查时，引下线应与火线断开。

四、降低接地电阻的方法

当防雷装置的接地电阻超过规定值时，应设法降低接地体附近的土壤电阻率，使接地电阻符合规定要求。

降低接地电阻的方法主要有以下几种：

（一）换土法

换土法是用电阻率低的黏土、泥炭、黑土等替换接地体周围电阻率高的土壤。其方法是，将接地体周围的土壤挖出，把预先准备好的低电阻率土壤填入，并分层夯实。必要时可在新填土中加入适量焦炭、木炭等易吸湿物质，以保持土壤中的含水量，改善土壤的导电性。

（二）深埋接地体

深埋接地体是在接地体所处地层电阻率大而在该处较深层的情况下采用。其方法是，将接地体挖出后，再把接地体坑深挖至低电阻率土层，然后放入接地体，并与引下线焊接可靠后填实并深埋接地体。

（三）保水法

保水法是采取把接地体埋在建筑物的背阳面比较潮湿的地点，在埋接地体的地表面栽种植物，将废水（无腐蚀）引向埋设接地体的地点。或采用钢管钻孔使水渗入钢管内（每隔 20cm 钻一个直径 5mm 的孔）等方法，使接地体周围保持充足的水分，以降低接地电阻。

（四）化学处理法

化学处理法是在接地体周围加入一定量的化学物质，降低接地电阻，通常有以下几种方式：

1. 灌注电解液

在一根 1.5～2m 长的钢管上每隔 10～15cm 钻几个孔，然后将管子打入接地体附近的土壤中，并和引下线焊接牢固，将食盐或硫酸饱和溶液灌入管内，让电解液从管子的孔渗入土壤，从而降低土壤电阻率。

2. 分层加电解质

把接地体周围的土壤挖开，分层铺上土壤、焦炭（或木炭）、食盐共 6～8 层，每层土壤厚 10cm 左右，食盐 2～3cm，然后浇水夯实。每放 1kg 食盐，可浇 1～2L 水。

3. 填入低电阻率混合物

挖开接地体周围的土壤，将炉渣、废碱液、木炭、氮肥渣、电石渣、石灰、食盐等混合物，填入坑内夯实。

降低接地电阻的方法，应根据当地具体情况，因地制宜地选择应用。

第五节　仓库防雷措施

仓库是物资储存场所，一旦遭受雷击，就可能造成重大损失。因此，仓库建筑物应合理地确定其防雷类别，采取相应的防雷措施，确保仓库建筑物的安全。

一、建筑物的防雷分类

建筑物防雷类别，主要依据建筑物的重要性、使用性质、发生雷击事故的可能性，雷击后可能造成的后果（火灾、爆炸、人员设备损害等），按照防雷要求分为三类。

（一）第一类防雷建筑物

凡制造、使用或储存炸药、火药、起爆药、火工品等大量爆炸物质的建筑物，因电火花而引起爆炸，造成巨大破坏和人身伤亡者。

（二）第二类防雷建筑物

凡建筑物和构筑物中制造、使用或储存爆炸物质，但电火花不易引起爆炸或不致造成巨大破坏和人身伤亡者。

（三）第三类防雷建筑物

根据建筑物年计算雷击次数为0.01及以上并结合当地雷击情况确定需要防雷的建筑物。

历史上雷害事故较多地区的较重要建筑物。

高度在15m及以上的烟囱、水塔等孤立的高耸建筑物，在年平均雷暴日数少于30的地区其高度为20m及以上的建筑物。

二、建筑物防雷措施

（一）一类防雷建筑物的保护措施

1. 防直击雷的措施

装设独立避雷针、架空避雷线或架空避雷网，使被保护建筑物和突出屋面的物体，均处于接闪器的保护范围之内。

排放易燃易爆气体、蒸气或粉尘的管道，其管口附近的危险空间应处于接闪器保护范围内，接闪器与雷闪接触点应设在该空间之处。

独立避雷针、架空避雷线和架空避雷网的每一杆塔或支柱至少应设一根引下线。对金属制成或有焊接、绑扎连接钢筋网的杆搭、支柱，宜利用其作为引下线。

独立避雷针至被保护建筑物及与其有联系的金属物（如管道、电缆等）之间的距离，应符合下列公式的要求，但不得小于3m。

地上部分：

当 $h_x < 5R_i$ 时，$S_{a1} \geqslant 0.4\ (R_i + 0.1h_x)$

当 $h_x \geqslant 5R_i$ 时，$S_{a1} \geqslant 0.1\ (R_i + h_x)$

地下部分：$S_{e1} \geqslant 0.4R_i$

式中：

S_{a1}——至被保护物空气中距离（m）；

S_{e1}——地中距离（m）；

R_i——避雷针接地装置的冲击接地电阻（Ω）；

h_x——被保护物或计算点的高度（m）。

架空避雷线的支柱和接地装置至被保护建筑物及其有联系的金属物之间的距离同避雷针的规定，架空避雷线至屋面和各种突出屋面物体之间的距离，应符合下列公式的要求，但不应小于3m。

当 $(h+L/2)<5R_i$ 时，$S_{e2}\geqslant 0.2R_i+0.03(h+L/2)$

当 $(h+L/2)\geqslant 5R_i$ 时，$S_{e2}\geqslant 0.05R_i+0.06(h+L/2)$

式中：

S_{e2}——避雷线最低垂点至被保护建筑物屋面和突出屋面的物体之间的距离（m）；

h——避雷线支柱的高度（m）；

L——避雷线的水平长度（m）；

R_i——避雷线每端接地装置的冲击接地电阻（Ω）。

架空避雷网的支柱和接地装置至被保护建筑物及与其有联系的金属物之间的距离，同避雷针的规定。架空避雷网至屋面和各种突出屋面的物体之间的距离，应符合下列公式的要求，但不应小于3m。

当 $(h+L_1)<5R_i$ 时，$S_{a2}\geqslant[0.4R_i+0.06(h+L_1)]/n$

当 $(h+L_1)\geqslant 5R_i$ 时，$S_{a2}\geqslant[0.1R_i+0.12(h+L_1)]/n$

式中：

S_{a2}——避雷网最低垂点至被保护建筑物屋面和突出屋面的物体之间的距离（m）；

h——避雷网支柱的高度（m）；

L_1——避雷网中间最低点沿导体至最近的距离（m）；

R_i——每根支柱处接地装置的冲击接地电阻（Ω）；

n——从避雷网中间最低点沿导体至最近不同支柱并有同一距离 L_1 的个数。

独立避雷针、架空避雷线或架空避雷网应有独立的接地装置，每一引下线的冲击接地电阻均不宜大于10Ω。在土壤电阻率高的地区，可适当增大冲击接地电阻，但距离 S_{a1}、S_{a2}、S_{e1}、S_{e2} 应符合要求。

由于建筑物太高或其他原因，难以装设独立避雷针、架空避雷线或架空避雷网时，可将避雷针或避雷网或由其混合组成的接闪器直接装在建筑物上，避雷网应沿屋角、屋檐和檐角等易受雷击的部位铺设。同时应符合以下要求：

（1）所有避雷针应用避雷带互相连接。

（2）引下线不应少于两根，并应沿建筑物四周均匀或对称布置，其间距不应大于12m。

（3）排放易燃易爆气体、蒸气或粉尘的管道的防雷，应符合有关要求。排放无爆炸危险的气体、蒸气或粉尘的金属管道和突出屋面的其他金属物体，应与屋面的防雷装置相连，在屋面接闪器保护范围以外的非金属管道和物体，应装接闪器，并与屋面防雷装置相连。

（4）建筑物应装设均压环。环间垂直距离不应大于12m。所有引下线、建筑物的金属构件和金属设备均应与均压环连接。可以利用电气设备的接地干线环路作为均压环。

（5）防直击雷的接地装置应围绕建筑物铺设成环形接地体，所有进入建筑物的金属管道和电气设备接地装置应与其相连，此接地装置可兼作防雷感应之用。每根引下线的冲击接地电阻不应大于10Ω。

（6）为防止雷击防雷装置时产生的高电位击穿电气装置的绝缘，宜在电源引入的总配电箱处装设过电压保护器。

2. 防雷电感应的措施

（1）防止静电感应产生火花措施。

建筑物内的金属物（如设备、管道、构架、钢窗、钢屋架等较大金属件）和突出屋面的金属物，均应接到防雷电感应的接地装置上。

金属屋面周边每隔18～24m应用引下线接地一次。

现场浇制的或由预制构件组成的钢筋混凝土屋面，其钢筋绑扎或焊接成电气闭合回路，并应每隔18～24m应用引下线接地一次。

（2）防止电磁感应产生火花措施。

平行铺设的长金属物，如管道、构架和电缆外皮等，其净距小于100mm时，应每隔20～30m用金属跨接；交叉净距小于100mm时，其交叉处也应跨接。当管道连接处如弯头、阀门、法兰盘等，不能保持良好的金属接触时，在连接处应用金属线跨接。用丝扣紧密连接的直径在25mm及以上的管接头和法兰盘，在非腐蚀环境下，可不跨接。

防雷电感应的接地装置，其接地电阻不应大于10Ω，并应和电气设备的接地装置共用（但电力、电子设备考虑过电压保护）。此接地装置与独立避雷针、架空避雷线、架空避雷网的接地装置之间的距离，同防直击雷的要求。室内接地与防雷电感应接地装置的连接不应少于两处。

3. 防雷电波侵入的措施

（1）低压线路措施。

宜全线采用电缆或护套电缆穿钢管直接埋地敷设，并在入户端将电缆金属外皮或钢管接到防雷电感应的接地装置上。当全线采用电缆有困难时，可采用钢筋混凝土杆铁横担架空线，但应使用一般长度不小于$2\sqrt{\rho}$（m）的金属铠装电缆或护套电缆穿钢管直接埋地引入，ρ为埋电缆处的土壤电阻率（Ω·m），电缆埋地长度不应小于15m。在电缆或架空线连接处，还应设避雷器；避雷器、电缆金属外皮（或钢管）和绝缘子铁脚等应连接在一起接地，其冲击接地电阻不应大于10Ω。

（2）架空金属管道措施。

在进出建筑物处，应与防雷电感应的接地装置相连或接地。距离建筑物100m内管道，还应每隔25m左右接地一次，其冲击接地不应大于20 Ω。以上接地宜利用金属支架或钢筋混凝土支架的焊接、绑扎钢筋网作为引下线，钢筋混凝土基础作为接地装置。

埋地或地沟内的金属管道，在进出建筑物处也应与防雷电感应的接地装置相连。

（二）二类防雷建筑物的保护措施

1. 防直击雷的措施

一般在建筑物上装避雷网（带）或避雷针作保护，避雷网（带）应沿屋角、屋脊、屋檐和檐角等易受雷击的部位敷设。并应在整个屋面组成不大于10m×10m的网格，避雷针应用避雷带相互连接。

突出屋面的物体，如风管、道和金属物体的保护方式，同第一类防雷建筑物的要求。

接闪器的引下线不应少于两根并应沿建筑物四周均匀或对称布置，其间距不大于18m。

每根引下线的冲击接地电阻不应大于10 Ω。其接地装置宜同防雷电感应和电气设备的接地装置共用。防雷接地装置宜与埋地金属管道相连，如不共用，相连时，两者在地中的距离应符合下列公式的要求，但不应小于2m：

$$S_{e2} \geqslant 0.3K_cR_i$$

式中：

S_{e2}——地中距离（m）；

R_i——每根引下线的冲击接地电阻（Ω）；

K_c——分流系数。

单根引下线时 $K_c=1$；两根引下线及接闪器不成闭合环的多根引下线时 $K_c=0.66$；接闪器成闭合环或网状多根引下线时 $K_c=0.44$。

在共用接地装置并与埋地金属管道相连的情况下，接地装置宜围绕建筑物敷设成环形接地体。

防雷接地装置在同各种接地装置和进出建筑物的金属管道相连的情况下，也可不管防雷接地电阻的大小而按以下方法处理：

将接地装置围绕建筑物敷设成环形接地体，在土壤电阻率 $\rho \leqslant 3000\Omega \cdot m$ 时，对于 $\sqrt{A/\pi} \geqslant 5$ 的情况，除环形接地体外不需补加接地体，对 $\sqrt{A/\pi} < 5$ 的情况，每一引下线处应补加水平或垂直接地体，其长度应符合下式的要求：

$$L_r = 5 - \sqrt{A/\pi}$$

$$L_v = (5 - \sqrt{A/\pi})/2$$

式中：

L_r——水平接地体的长度（m）；

L_v——垂直接地体的长度（m）；

A——环形接地体所包围的面积（m^2）。

建筑物内的金属物或线路与引下线之间的距离，应符合以下要求。

当金属物或线路与防雷接地装置不相连时按下列公式计算：

当 $L_x < 5R_i$ 时，$S_{a3} \geqslant 0.3K_c\ (R_i + 0.1L_x)$

当 $L_x \geqslant 5R_i$ 时，$S_{a3} \geqslant 0.075K_c\ (R_i + 0.1L_x)$

式中：

S_{a3}——空气中距离（m）；

R_i——引下线的冲击接地电阻（Ω）；

K_c——分流系数，取值同前；

L_x——引下线计算点至地面的长度（m）。

当金属物或线路与防雷接地装置相连或通过过电压保护器相连时按下列公式计算：

$$S_{a4} \geqslant 0.075K_cL_x$$

式中：

S_{a4}——空气中距离（m）；

K_c——分流系数，取值同前；

L_x——引下线计算点至地面的长度（m）。

当引下线与金属物或线路之间有接地的钢筋混凝土构件、金属板、金属网等静电屏蔽物隔开时，其距离可不受限制；如有混凝土墙、砖墙隔开时，混凝土墙的击穿强度与空气的击穿强度相同，砖墙的击穿强度为空气的击穿强度的1/2。

如果上述距离不能满足时，金属物或线路应与引下线直接相连或通过过电压保护器相连。

在电气接地装置与防雷接地装置共用或相连的情况下，当低压电源用电缆引入时（包括全长电缆或架空线换电缆引入），宜在电源引入的总配电箱处装过电压保护器；当接线的配电变压器设在本建筑物内或附设于外墙处时，在高压侧采用电缆进线的场合下，宜在变压器高低压侧各相上装设避雷器；在高压侧采用架空线的场合下，除按有关规定在高压侧装设避雷器外，还宜在低压侧各相上装设避雷器。

2. 防雷电感应的措施

建筑内的主要金属物，如设备、管道、构架等，应与接地装置相连，以防静电感应；平等敷设的长金属物，用法兰盘和丝扣连接的金属管道连接处可不跨接；屋内接地干线与接地装置的连接不应少于两处。

3. 防雷波的措施

低压架空线宜用长度不小于50m的金属铠装电缆直接埋地引入。入户端电缆的金属外皮应与防雷接地装置相连；在电缆与架空线连接处，还应装置阀型避雷器。避雷器、电缆金属外皮和绝缘子铁脚应连在一起，其冲击接地电阻不应大于10Ω。

爆炸危险性较小或年平均雷暴日在30日以下地区，可采用低压架空线直接引入建筑物，但应符合下列要求：

①在入户处应装阀型避雷器或2～3mm的空气间隙，并应与绝缘子铁脚连在一起接到防雷接地装置上，其冲击接地电阻不应大于5Ω。

②入户端的三基电杆绝缘子铁脚也应接地，靠近建筑物的电杆，其冲击接地电阻不应大于10Ω，其余两基电杆不应大于20Ω。

③架空和直接埋地的金属管道在入户处应与接地装置相连，架空金属管道在距建筑物约25m处还应接地一次，其冲击接地电阻不应大于20Ω。

（三）三类防雷建筑物的保护措施

1. 防直击雷的措施

对防直击雷，一般在建筑物易受雷击的部位装设避雷带或避雷针。

当采用避雷带时，屋面上任何一点距避雷带不应大于10m。当有三条及以上平行避雷带时，每隔30～40m宜将平行的避雷带连接起来。

屋面上装设多支避雷针时，可按规定计算保护范围，但两针间距离不宜大于30m，并应符合下列要求。

$$D \leqslant 15h_a$$

式中：

D——两针间距离（m）；

h_a——避雷针的有效高度（m）。

屋面上单支避雷针的保护范围宜按60°保护角确定。

接地装置的冲击接地电阻不宜大于30Ω，并应与电气设备接地装置及埋地金属管道相连。

防雷装置的引下线不宜少于两根，其间距不宜大于30m，有困难时，可放宽到40m。周长和高度均不超过40m的建筑物可只设一根引下线。

建筑物宜利用钢筋混凝土屋面板、梁、柱和基础的钢筋作为防雷装置。也可分别利用屋面板作为接闪器，柱作为引下线，基础作为接地装置。但钢筋混凝土构件中的钢筋由于流过雷电流而温度升高时，其温度值对于需要验算疲劳的构件，不宜超过60℃，对于屋架、托架、屋面梁等，不宜超过80℃。构件内钢筋的接点应绑扎或焊接，各构件之间必须连成电气通路。

2. 防雷电波措施

防止沿低压架空线侵入建筑物，在入户处应将绝缘子铁脚接到防雷及电气设备的接地装置上。

进入建筑物的架空金属管道在入户处宜和上述接地装置相连。

第六节　仓库计算机网络系统防雷

随着科学技术的进步，仓储管理广泛应用信息技术与装备，如仓储管理系统、自动分拣系统、自动导向车、物资自动出入库系统等，这些自动化系统大都由计算机网络系统及各种电子设备组成，因此，计算机网络系统防雷设计显得格外重要。

一、雷电对仓库计算机网络系统的危害

（一）直击雷对计算机网络系统的危害

仓库计算机网络系统，其计算机控制中心、计算机终端和其他设备都集中在建筑物中，如办公大楼、控制中心楼等。雷击直接击中机房的建筑物时，雷电流就会流过接闪器、引下线及接地装置，在其周围形成一个变化的电场和磁场，使机房的地电位升高到几万伏乃至几十万伏，并且还可以通过电力系统和信号电缆的接点反馈到其他地方，损坏接在计算机网络系统上的设备。直击雷是对计算机网络系统破坏最严重的一种。

（二）感应雷对计算机网络系统的危害

感应雷是指通过雷云之间或雷云对地的放电，在附近架空线路、接地线路或传导体上产生感应过电压，以雷电波的形式侵入计算机室内，毁坏计算机网络设备。

1. 雷电感应对架空线路的侵害

雷云在起电、移动和放电的过程中，对架空线会产生静电感应，使之产生静电位，当雷云对地放电导线中的束缚电荷成为自由电荷时，以冲击波的形式对称地向线路两端移动，而造成计算机网络系统上的设备损坏。

仓库在进行网络布线时，由于受到地质条件的限制，采用光缆架空布线时，通过挂钩或铁线垂吊在钢绞线之下，光缆上面的钢绞线及其他通信线可看作光缆的屏蔽线，但由于钢绞线距离光缆太近，且通过挂钩与光缆连通，会造成钢绞线与光缆的金属护层等金属体间放电而烧断光纤。

2. 地下光缆受间接雷击的侵害

地下光缆的雷电感应过电压与雷击点入地雷电流幅值、雷击土壤电阻率，电缆与雷击点的距离、电缆掩埋深度、电缆屏蔽及其接地状况等因素有关。

光缆遭受的间接雷击，是指雷电流通过光缆旁边的引雷物入地，雷电流流入大地后向地中各个方向传播，形成一个导电半球，引起附近的地电位升高，对光缆造成危害。

二、计算机网络雷电侵入的途径

雷击对计算机网络侵入途径是通过耦合方式进行的。

1. **电阻耦合**

当雷电冲击通过避雷系统或其他物体对地放电时，会导致附近瞬时地电位的值极大地升高，放电附近电源的接地系统的地电位也会随之升高，而远端建筑物的电源的接地系统为零电位，这样放电附近的高的地电位与远端建筑物的接地系统的零电位之间，由于地电阻的耦合，会形成一个瞬时的高压电位。如果在两个建筑物之间的计算机系统有通信电缆相连，这个高电位会加在两个系统之间，而电缆就成了一个放电通道，这个高电位沿着通道传输时就会击毁通道上的相关设备。

2. **感应耦合**

当雷电冲击沿雷电保护系统的放电回路到地的过程中，这个巨大的放电能量会产生很强的电磁感应脉冲，而使建筑物内靠近放电回路的电缆感应一个破坏性的浪涌电压。该电压沿着电缆传输到计算机网络上，会击毁网络系统中连接设备。

3. **电容耦合**

超高压输电线路在遭到雷击时，相当大一部分能量被电网的防雷电保护装置吸收，在这个巨大的能量通过消雷系统送到地时，由于它的高频特性，仍有相当一部分能量通过变压器的电容耦合到一些建筑物的电源系统上，击毁电源系统上的某些电子设备。

当雷电产生的强大的快速瞬变电磁场，出现过电压，过电压存在的时间非常短，过电压侵入计算机系统时，容易造成元器件的老化，减少设备的使用寿命和造成永久性损坏。

三、计算机网络系统雷电防护措施

根据仓库计算机网络系统特点和雷电侵入途径分析，雷电防护应从以下几个方面考虑：

1. **计算机网络机房雷电防护**

仓库所处的位置不同，雷电活动强度也不同，在雷电活动强度较轻的地区，对计算机机房，采用与整座建筑物避雷网连在一体进行保护，反之，在雷电活动特别强的地方，对计算机机房，最好采用独立避雷针（网）把整座建筑物保护起来，让雷电流引到足够远的地方入地，防止雷电波从建筑物沿着各种金属导线传输到计算机。

除避雷针、引下线及接地系统外，所有进出机房建筑物的金属物包括各种金属管道、各种电缆和金属外皮、建筑物本身的基础钢筋网，以及建筑物内的各种金属构件等都应连接成统一的电气体，并与专门的统一地网相连；所有进出建筑物的金属传输线不能直接接地的部分，如电源相线、计算机通信电缆和芯线、电话线、电视传输线、各种报警通信电缆的芯线等都应接上合适的避雷器，并将其接地端接到统一地网。

2. 计算机网络电源系统雷电的防护

由于雷电冲击能量巨大，对电源系统的保护，从外部总配电室到内部对计算机系统供电，要分多级进行，才能将雷电的能量降到设备所能承受的水平。供电变压器的高低压侧均应设避雷器，网络设备（终端机、数传机、服务器、多路器和主机接口等）的传输线是从户外引入的，都必须安装防雷器，防雷器的安装位置应紧靠被保护设备的接口。楼内配电室 380V 交流配电屏进线侧、中心机房 380V 交流配电屏进线侧也应装设避雷器。对于服务器、磁盘阵列、交换机等电子设备的电源保护可采用浪涌吸收保护器。机房内服务器、交换机等重要设备应由在线式 UPS（不间断电源）进行供电，设备插座应选用有保护功能的插座。

3. 计算机通信线路的雷电防护

光缆传输光信号，而不是电子信号，具有良好的绝缘性能，并且光信号的频率远远高于电磁波的频率，因此光信号通过玻璃介质纤维传播时，不会受到雷电电磁波的干扰，使其广泛用于电磁干扰区。但由于光缆中的金属加强件传导雷电流，光缆两端的金属件应接地。由于电流通过引雷物入地把土壤电弧击穿成导体，使得附近大地电位升高，击穿塑料外套，使电流流向光缆的金属损坏光纤。因此，光缆布线时应与引雷物相隔一定的距离。在架空线路进机房前，应更换为屏蔽电缆并水平地埋 10m 以上，屏蔽层两端应接地。非屏蔽电缆进机房前要求穿铁管地埋 10m 以上，铁管两端与地网焊接。电缆沟中的非屏蔽电缆应穿铁管，各段铁管需金属连接，铁管两端与地网相连。

四、计算机网络系统主机房防雷电设计

由于机房内安装了大量的电子设备，有大量的电源线路和通信线路进出机房。根据雷电危险性评估方法，导线经过的地区越大则雷击危害性越大，一般来说，如果进出机房的金属线路总长超过一定范围，则雷电活动都会影响到机房的安全。

1. 主机房防雷系统设计原则

（1）整体性原则。

雷电防护是一项系统工程，与周围环境有着密切联系，对某一局部进行单独防护并不能取得理想的效果，例如，位于城市中的房屋与位于山区的房屋，其防雷方法有着极为悬殊的差别。防雷方法是对云、大气、被保护物及大地综合考虑做出一个整体性的方案。

（2）安全性原则。

由于计算机系统的重要性越来越大，所以防雷方案安全设计偏于比标准规定的数据高一个级别。

（3）经济性原则。

设计阶段、安装阶段、运行阶段做防雷的价格之比大约为 1∶10∶100，因此把防雷

工作在设计初期即综合考虑，如果计算机系统处于运行时进行防雷改造是极其费时的，除非是老系统改造。防雷工作是围绕如何让设备更有效地工作为前提。

2. **电源系统的防雷设计**

电源系统防雷设计时，在供电线路由户外引入时宜穿铁管埋地入户，且铁管两端口应接地。在供电线路入户后，总配电柜前装设电源一级防雷器，如果有稳压器则电源一级防雷器装设在稳压器前端，分配电柜前装设电源二级防雷器，如果有 UPS 设备，则宜在 UPS 设备前装设电源二级防雷器，终端设备前端宜装设电源三级防雷器。

电源一级防雷器的核心器件一般为火花间隙，其特点是通流量大，能够耐强雷电流冲击，通流量达到 100kA；但响应时间较长，一般需要 100ns，启动电压较高，通常为 4kV。

电源二级防雷器的核心器件一般为压敏电阻和气体放电管，其特点是响应时间短，小于 25～100ns，通流量较小，一般达到 40kA。

因此，计算机系统的电源部分作一、二、三级综合防护，防雷器的残压控制在设备的承受范围之内，保证了设备的正常运转，达到了防雷的目的。

3. **主机房防雷系统设计**

在防雷设计原则的基础上，结合计算机系统的实际建设要求，以保护计算机系统为主要任务，在大楼应有可靠的等电位连接，机房内应有可靠的等电位带（接地铜排），接地电阻应满足《建筑物防雷设计规范》（GB 50057—2011）的基础之上，对主机房实施防雷保护，主机房保护原理如图 5－28 所示。

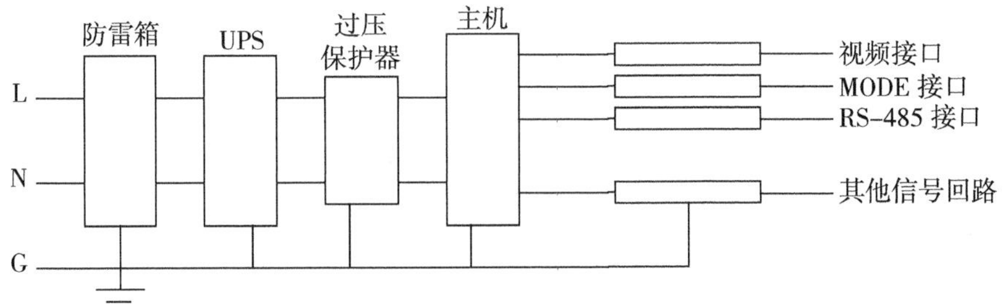

图 5－28　主机房保护原理

根据通信工程设计技术中通信接地装置的基本要求，防雷接地装置可采用层迭降阻法，倒“U”字形结构，见图 5－29。具体做法如下：

挖两个长宽 1m、深 2.5m 的坑，两坑相距 2m，两坑之间再挖下去 0.5m。将 2 根 2m 长的镀锌钢分别放入两个坑内，在每根扁钢的周围用土、木炭和食盐分层填埋，而且每层均浇水夯实。在两根扁钢的上端，再用扁钢焊连，并接出一根 $35mm^2$ 的铜导线到机房，接设备保护地，剩下的 0.5m 的坑用土回填夯实。

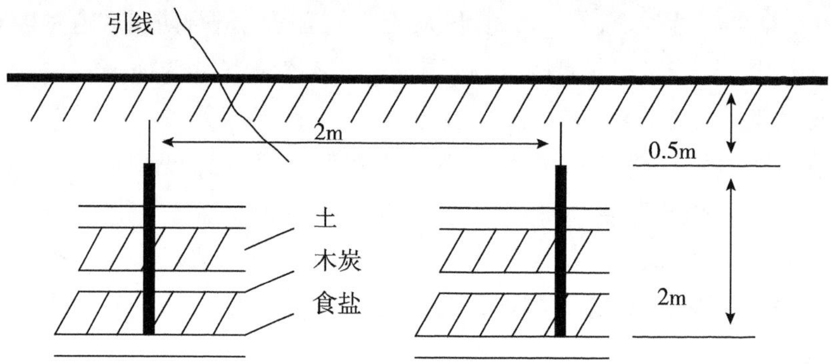

图 5－29　防雷接地装置示意

网络系统主机房雷电防护设计依据有：《雷电电磁脉冲的防护》（IEC 61312）、《建筑物防雷设计规范》（GBT 50057—2011）、《计算机信息系统防雷保安器》（GA 173—2002）及《电子信息系统机房设计规范》（GB 50174—2008）、《计算机场地通用规范》（GBT 2887—2011）等。

第六章　仓库安全监控系统

第一节　概述

随着社会的发展，人们对安全的要求也越来越高，特别是重要场所的安全保障方面，需要提供对重要地点的有效和可靠监控。重要场所的监控系统的功能和使用可靠性会直接影响到所保卫场所的安全。今天，安全防范的概念已经发生根本的变化。传统的人防由于人的弱点（偷懒、打瞌睡、疏忽等）以及投资回报等问题，已经渐渐由技防所取代。为了防止各种偷盗和紧急事件的发生，确保仓库的安全，物资和人员不受损害，智能安全监控系统的设置是必要的。随着科技的发展，新的犯罪手段对安全监控系统也提出了新的要求。安全技术防范，就是根据技术防范的需要，运用某些高技术手段，与建筑的实体防护相结合，把多项技防器材、设备，安装在建筑物的薄弱环节和要害部位，组成一个有规划、有范围、有重点的防护区域。根据该防护区域现场环境条件和特点，因地制宜地采用点、线、面和空间相结合的多种技术类型的探测器，构成多层次无漏洞的“入侵探测感知网络系统”，在这个网络系统控制范围内，无论入侵者从何方入侵，采用何种入侵手段，该入侵探测感知网络系统都能及时准确地捕捉到入侵信息，并能实时触发系统报警和部位显示。控制室接警后，值班人员通过操作，进行监控跟踪，并实时录音、录像取证，把入侵活动信息记录存储下来，指挥调度防卫力量迅速出击，应对突发事件。

在一个仓库内，不仅对外部人员要防范，对内部人员也需要加强管理；对某些重要的地点、物品，以及重要的人物也需要特殊的保护。因此，对新型的现代化的仓库需要设置多层次、立体化的安全系统。安全监控系统是随着计算机技术、通信技术、自动化控制技术和影像显示技术的进步和相互渗透而逐渐发展起来的。随着我国改革开放的不断深入，一座座满足现代物流需要并且具有安全、高效、舒适、便利和灵活特点的新型仓库不断涌现。为了防止和应付各种偷盗和紧急事件的发生和危害，确保仓库的安全，有必要建立一套安全监控系统。

第二节　入侵防范系统

“入侵防范”，顾名思义是指如何防止犯罪分子非法侵入某一区域、建筑、单位或家庭，以保护人民的生命财产安全。它有两种防范形式，一种是由保安人员防范入侵形式，是较原始的措施，但效果并不很理想；另一种是以电子技术、传感器技术和计算机技术为基础的技术手段防入侵形式，该方式一旦安装调试完毕，只要维护保养得当，极少有疏漏现象发生，而且一次投资长年受益，维护保养费用很低。正因为如此，技术防入侵方式取得了飞速地发展，并得到越来越广泛地推广和使用。

安装入侵防范系统首先会对犯罪分子产生一种威慑作用，使其不敢轻易作案。其次一旦出现了入侵、盗窃等犯罪活动，入侵防范系统能及时发现，及时报警，并能启动电视监控系统自动记录下犯罪现场以及犯罪分子的犯罪过程，为及时破案提供可靠的证据，从而能节省大量的人力、物力和财力。重要单位、要害部门安装多功能、多层次的入侵防范系统后，大大减少了巡逻值班人员，既提高了入侵防范的可靠性，又可减少开支。

入侵防范系统的构成如图6－1所示，通常由探测器（报警器）、传输通道和报警控制器三部分构成。

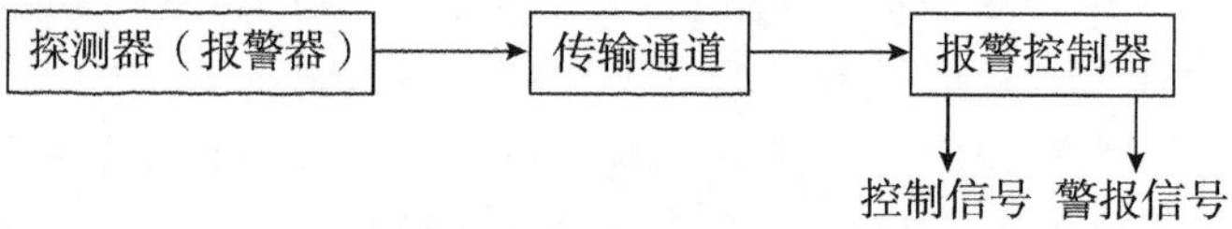

图6－1　入侵防范系统的构成

一、入侵报警探测器

入侵报警探测器是用来感知和探测入侵者入侵时所发生的侵入动作和移动动作的设备。通常由传感器和信号处理器组成。入侵者在实施入侵时总是要发出声响、产生振动波、阻断光路，对地面或某些物体产生压力，破坏原有温度场发出红外光等物理现象。传感器则是利用某些材料对这些物理现象的敏感性而将其转换为相应的电信号和电参量（电压、电流、电阻、电容等），然后经过信号处理器放大、滤波、整形后成为有效的报警信号，并通过传输通道传给报警控制器。

入侵报警探测器用于防范入侵的地方可以是某些特定的部位，如门、窗、柜台；或是条线，如边防线、警戒线、边界线；有时要求防范范围是个面，如仓库、重要建筑物的周界围网（铁丝网或围墙）；有时又要求防范的是个空间，如档案室、资料室、武器室、珍贵物品的展厅等，它不允许入侵者进入其空间的任何地方。因此入侵报警系统在设计时就应根据被防范场所的不同地理特征、外部环境及警戒要求选用合适的探测器以达到安全防范的目的。入侵探测器应有防拆、防破坏等保护功能。当入侵者企图拆开外壳或信号传输线断路、短路或接其他负载时，探测器应能发出报警信号。入侵探测器还要有较强的抗干扰能力。在探测范围内，任何小动物或长150mm、直径为30mm，具有与小动物类似的红外辐射特性的圆筒大小物体都不应使探测器产生报警；探测器对于与射束轴线成15°或更大一点的任何界外光源的辐射干扰信号应不产生误报；探测器应能承受常温气流和电铃的干扰；应能承受电火花的干扰。

（一）传感器

传感器是入侵探测器的核心，它是一种物理量转换器件，可以将入侵时所产生的力、压力、位移、振动、温度、声音、光强等物理量转化为易于处理的电信号和电参量，如电压、电流、电阻、电容等。这种转换是按照一定的规律进行的。被探测的信号我们称之为输入信号 x，转换后的电信号称之为输出信号 y，那么有 $y=f(x)$，f 称之为转换函数。转换函数则反映了一定的转换规律。对传感器来说输入信号除了被探测的入侵行为所产生的物理信号外，还包括干扰所产生的气压、温度、振动、噪声等干扰信号，因此实际上转换函数应是一个多元函数，但好的传感器会使干扰对输出的影响被忽略。

传感器的输出电信号有两种，一种是连续变化的信号，我们称之为模拟量。如光电二极管输出的电流随光照强度大小而变化就是一种连续变化的物理量。但报警控制器通常只接收入侵行为是否发生的有无信号来决定相应的防范措施。这就需要将连续变化的模拟信号转换成只有“有”和“无”两种状态的数字量，通常用“1”表示“有”，用“0”表示“无”。这种转换可以在探测器中完成，也可以在报警控制器中完成。通常是将传感器探测到的模拟信号与一预先确定的基准信号相比较，小于基准信号可认为该信号为干扰引入而非入侵信号，判定为“0”，超过基准值的信号则只能在入侵行为发生时产生，判定为“1”。也有少数的传感器产生并输出的信号只有两种状态，如干簧继电器的“通”与“断”，已经是数字信号而不需转换和比较，可直接被控制器接收。传感器分类如图6－2所示。

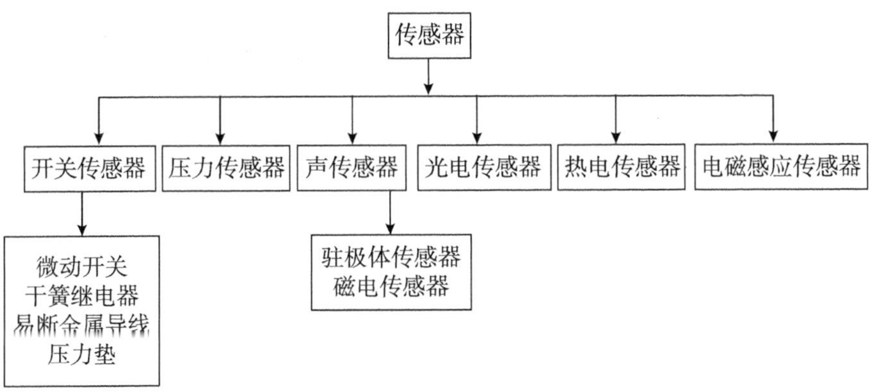

图6－2　传感器分类

（二）入侵探测器

入侵探测器是由传感器和信号处理器组成的用来探测入侵者入侵行为的电子和机

械部件组成的装置。入侵探测器分类如图 6－3 所示。

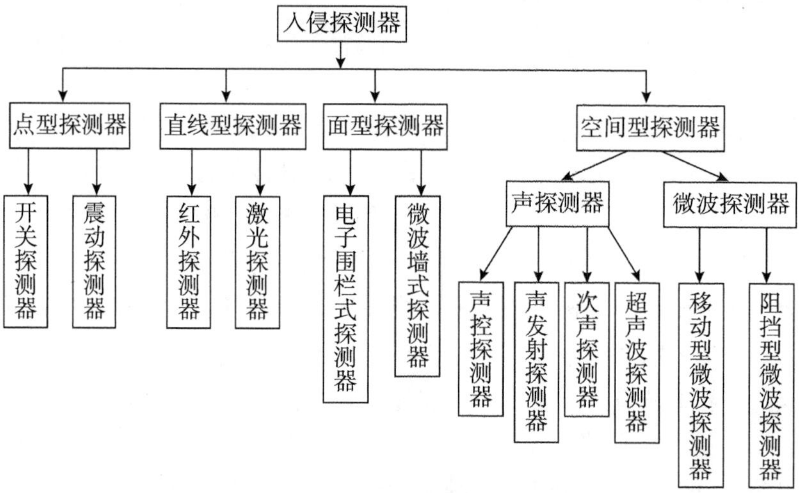

图 6－3　入侵探测器分类

二、入侵报警控制器

入侵报警控制器应能直接接收来自入侵探测器发出的报警信号，发出声光报警并能指示入侵发生的部位。声光报警信号应能保持到手动复位，如果再有入侵报警信号输入时，应能重新发出声光报警信号。另外，入侵报警控制器能向与该机接口的全部探测器提供直流工作电压（当前端入侵探测器过多、过远时，也可单独向前端探测器供电）。

入侵报警控制器应有防破坏功能，当连接入侵探测器和控制器的传输线发生断路、短路或并接其他负载时应能发出声光报警故障信号。报警信号应能保持到引起报警的原因排除后，才实现复位；而在故障信号存在期间，如有其他入侵信号输入，仍能发出相应的报警信号。

入侵报警控制器能对控制系统进行自检，检查系统各个部分的工作状态是否处于正常工作状态。

入侵报警控制器应有较宽的电源适应范围，当主电源变化 ±15% 时，不需调整仍能正常工作。主电源的容量应保证在最大负载条件下连续工作 24 小时以上。

入侵报警控制器应有备用电源。当主电源断电时能自动切换到备用电源上，而当主电源恢复后又能自动恢复主电源供电。切换时控制器仍能正常工作，不产生误报。备用电源应能满足系统要求，并可连续工作 24 小时以上。

入侵报警控制器应有较高的稳定性，平均无故障工作时间分为三个等级：A 级：5000h；B 级：20000h；C 级：60000h。

入侵报警控制器应在额定电压和额定负载电流下进行警戒、报警、复位，循环

6000 次，而不允许出现电的或机械的故障，也不应有器件的损坏和触点粘连。

入侵报警控制器的机壳应有门锁或锁控装置（两路以下的例外），机壳上除密码按键及灯光显示外，所有影响功能的操作机构均应放在箱体内。

入侵报警控制器应能接受各种性能的报警输入，如：

①瞬间入侵：为入侵探测器提供瞬时入侵报警。

②紧急报警：接入按钮可提供 24h 的紧急呼救，不受电源开关影响，能保证昼夜工作。

③防拆报警：提供 24h 防拆保护，不受电源开关影响，能保证昼夜工作。

④延时报警：实现 0～40s 可调进入延时和 100s 固定输出延时。

凡四路以上的防盗报警器必须有①、②、③三种报警输入。

由于入侵探测器有时会产生误报，通常控制器对某些重要部位的监控，采用声控和电视复核。

入侵报警控制器按其容量可分为单路或多路报警控制器。多路报警控制器常为 2、4、8、16、24、32、64 路等。

入侵报警控制器可做成盒式、挂壁式或柜式。

根据用户的管理机制以及对报警的要求，可组成独立的小系统、区域互联互防的区域报警系统和大规模集中报警系统。

（一）小型报警控制器

对于一般的小用户，其防护的部位少，如银行的储蓄所，学校的财务室、档案室，较小的仓库等，可采用小型报警控制器。

这种小型的控制器一般功能为：

①能提供 4～8 路报警信号、4～8 路声控复核信号、2～4 路电视复核信号，功能扩展后，能从接收天线接收无线传输的报警信号。

②能在任何一路信号报警时，发出声光报警信号，并能显示报警部位和时间。

③有自动/手动声音复核和电视、录像复核。

④对系统有自查能力。

⑤市电正常供电时能对备用电源充电，断电时能自动切换到备用电源上，以保证系统正常工作。另外还有欠压报警功能。

⑥具有延迟报警功能。

⑦能向区域报警中心发出报警信号。

⑧能存入 2～4 个紧急报警电话号码，发生报警情况时，能自动依次向紧急报警电话发出报警信号。

小型报警控制器多由微处理器系统构成。其原理如图 6－4 所示。

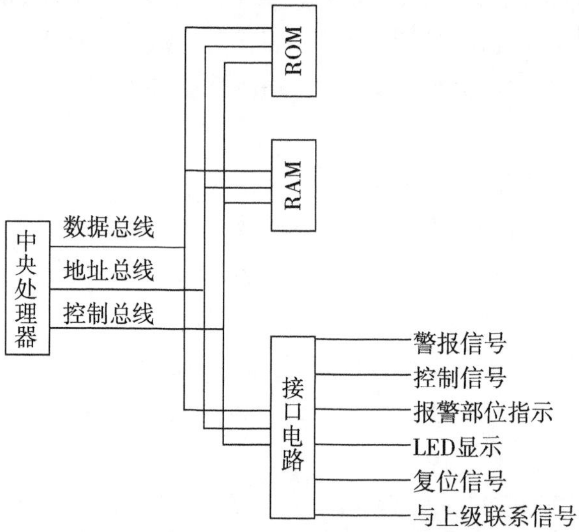

图6－4 小型报警控制器原理

注：RAM——随机存储器；ROM——只读存储器；LED——发光二极管。

（二）区域报警控制器

对于一些相对规模较大的工程项目，要求防范区域较大，设置的入侵探测器较多（如大型仓库、货场等），这时应采用区域入侵报警控制器。区域报警控制器具有小型控制器的所有功能，结构原理也相似，只是输入、输出端口更多，通信能力更强。区域报警控制器与入侵探测器的接口一般采用总线制，即控制器采用串行通信方式访问每个探测器，所有的入侵探测器均根据安置的地点实行统一编址，控制器不停地巡检各探测器的状态。

（三）集中报警控制器

在大型和特大型的工程项目中，由集中入侵控制器把多个区域控制器联系在一起。集中入侵控制器能接收各个区域控制器送来的信息，同时也能向各区域控制器发送控制指令，直接监控各区域控制器的防范区域。集中入侵控制器可以直接切换出任何一个区域控制器送来的声音和图像信号，并根据需要用录像机记录下来。还由于集中入侵控制器能和多台区域控制器联网，因此具有更大的存储容量和先进的联网功能。

第三节 门禁控制系统

门禁控制系统可对建筑物内外正常的出入通道进行管理，既可控制人员的出入，也可控制人员在楼内及其相关区域的行动，它代替了保安人员、门锁和围墙的作用，可以避免人员的疏忽、钥匙的丢失、被盗和复制。门禁控制系统在大楼的入口处、金库门、档案室门、电梯等处安装磁卡识别器或者密码键盘，机要部位甚至采用指纹识别、眼纹识别、声音识别等唯一身份标识识别系统，只有被授权的人才能进入，而其他人则不得入内。该系统可以将每天进入人员的身份、时间及活动记录下来，以备事后分析，而且不需门卫值班人员，只需很少的人在控制中心就可以控制整个大楼内的所有出入口，节省了人员，提高了效率，也增强了保安效果。

近几年门禁系统发展较快，设备不断更新换代。最新的门禁系统可以将所有保安系统集成在一台计算机上进行管理，包括门禁、考勤、报警、摄像等，并具有电子照片、电子地图等功能。控制器一般有单门、双门和八门等几种规格。控制器机箱均装有防拆报警开关，联网通信信号采用 64 位数字钥匙加密的方式传输，大大提高了安全性。有的还具有门间互锁、反重入、人数计数、人数最少和最多限制、领导高级卡、双人规则等功能。门禁控制系统如图 6－5 所示。

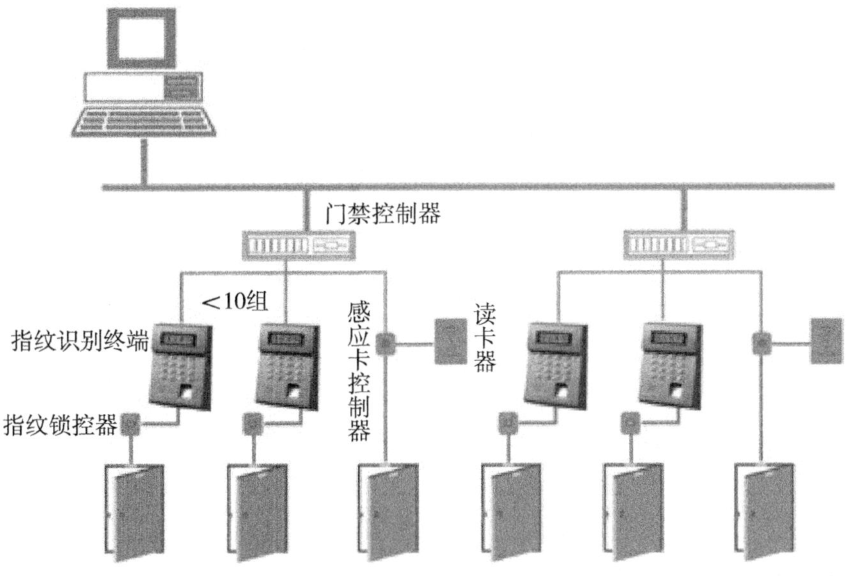

图 6－5　门禁控制系统

门禁控制系统，一般分为卡片门禁控制系统和人体生物特征识别门禁控制系统两大类。

一、卡片门禁控制系统

卡片门禁控制系统主要由读卡机、打印机、中央控制器、卡片和附加的报警监控系统组成。卡片的种类很多，如磁卡、灵巧卡、激光卡、感应卡，使用最多的是感应卡（非接触式 IC 卡）。

感应卡门禁系统不仅自动控制门户出入，更能实时反映门户状态，且兼有记录考勤、保安防盗等多种功能。它将计算机技术、IC卡技术、精密机械制造技术、精密电磁控制技术、微型遥感技术等现代科学技术综合应用于门禁系统，不仅使门锁的安全性、可靠性大大提高，还使门锁置于现代办公管理系统之中，实现了人的智能与机械装置的对话，门禁系统成为智能化管理系统。据有关资料分析，感应卡门禁系统将是今后几年现代楼宇和办公环境的门禁首选。

感应卡门禁系统由一台（必要时也可根据需要使用多台联网）系统管理主机（PC机），相当数量的读卡器（即开门控制器）、磁感或红外线感应门锁和作为门锁开关的钥匙——IC卡组成。为了预防停电，系统中根据管理主机和读卡器的不同需要配置了相应的备用电源，用户还可根据发卡或改写卡的需要配备台式写卡器。门禁控制系统结构如图6－6所示。

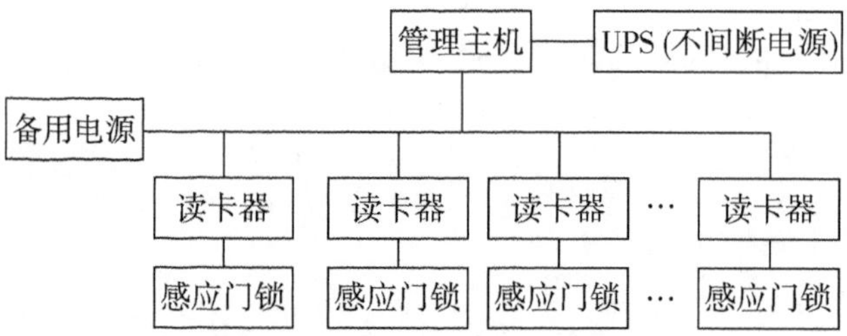

图6－6　门禁控制系统结构

DCS2000型门禁控制系统由控制器DCS8600、网络服务器NSR4000、系统软件DCS2000组成。下面以DCS2000型门禁控制系统为例介绍感应卡式门禁控制系统的特点：

（1）每个DCS8600控制器可安2个读卡器（进出控制），一个出门按钮、一个报警按钮，提供一个门继电器输出、4个状态输出端口。

（2）系统软件可设置7个通行组，针对每张卡设置通行权限；可设置8组通行时间；设置每个控制器的起控延迟时间；打开或关闭控制器的区域防跟踪功能。

（3）自动记录通行地点、事件类型、卡号、姓名、时间、日期等数据，实时显示通行人员的照片。

（4）实时控制各控制器的状态；实时多媒体报警、提供最新报警列表。

（5）针对考勤要求设计的功能，可对记录数据进行查找、排序、筛选、修改等操作，并能打印数据报表。

（6）系统软件使用简便，并有较强的在线帮助功能。

（7）即使系统长时间掉电，其内部数据也不会丢失。

（8）DCS8600可单独工作。

（9）DCS8600连接附加驱动板，可控制云台、可变镜头等监控设备（不需要解码器和云台控制器等设备）。

（10）NSR4000 一次最大可存储 200000 条记录事件，500000 条采集数据。

（11）DCS2000 网络版支持 TCP/IP（传输控制/因特网互联）协议，可在广域网络上进行数据交换。

二、人体生物特征识别门禁控制系统

（一）概述

按人体生物特征的非同性（如指纹、掌纹、眼纹、声音）来辨别人的身份是最安全可靠的方法。它避免了身份证的伪造和密码的破译与盗用，是一种不可伪造、假冒、更改的最佳身份识别方法。

掌纹识别原理与指纹识别原理相同，是利用人的掌型和掌纹特征与原来存入的数据进行对比辨识。掌纹机的识别准确度比指纹机稍低。手上的污迹与疤痕等虽不会对观测掌形系统产生影响，但会对识别细节产生影响。

眼纹识别的方法有两种，一种是利用人眼眼底（视网膜）上的血管花纹；另一种是利用眼睛虹膜上的花纹进行光学摄像对比识别，其中对视网膜识别用得较多。

视网膜扫描识别采用低强度红外线经瞳孔直射眼底，将视网膜花纹反射到摄像机，拍摄下花纹图像，然后与原来存在计算机中的花纹图像数据比较辨别。视网膜识别的失误率几乎为零，识别准确迅速。其主要障碍是被验者的不合作（如取下眼镜）。而且对于睡眠不足导致视网膜充血、糖尿病引起的视网膜病变或视网膜脱落者，将无法识别。

声音辨别是利用每个人声音的差异以及所说的指令内容不同来进行比较识别的。

人体指纹具有独特的单一性和排他性，以指纹识别替代传统个人身份鉴别方式，不会遗忘、不可伪造、不会损坏、不易被盗用、永不丢失，能提供最为安全的门禁管理，指纹图可以复制，但是复制的指纹图无法在活体指纹采集器识别且对于活体指纹采集器来说指纹是不可伪造的。因此它具有极高的安全性，得到了广泛的应用。

（二）指纹门禁系统

指纹门禁按工作方式一般分为两种：联机门禁和脱机门禁。设备一般包括门禁控制器、配套电锁、门磁和报警器等。指纹门禁控制器可连接门磁、报警、监控系统，实现对门禁通道的监控报警管理。指纹门禁控制器内部存储器自动记录系统管理操作与人员进出情况，实现对门禁系统使用的历史记录管理。还可通过连接计算机，将管理记录与出入记录读入计算机存档或打印。

青松 QS－3000 网络指纹门禁管理系统是一套功能强大、安全可靠、集成灵活、方便管理的计算机智能控制系统，该系统集计算机技术、网络通信技术、指纹识别技术、智能卡技术、自动控制技术于一体，广泛适用于各种智能化门禁系统。该系统集多年软硬件开发经验研制而成，包含了技术含量较高的指纹识别算法，整个系统安全可靠，如图 6－7 所示。该系统的主要特点如下：

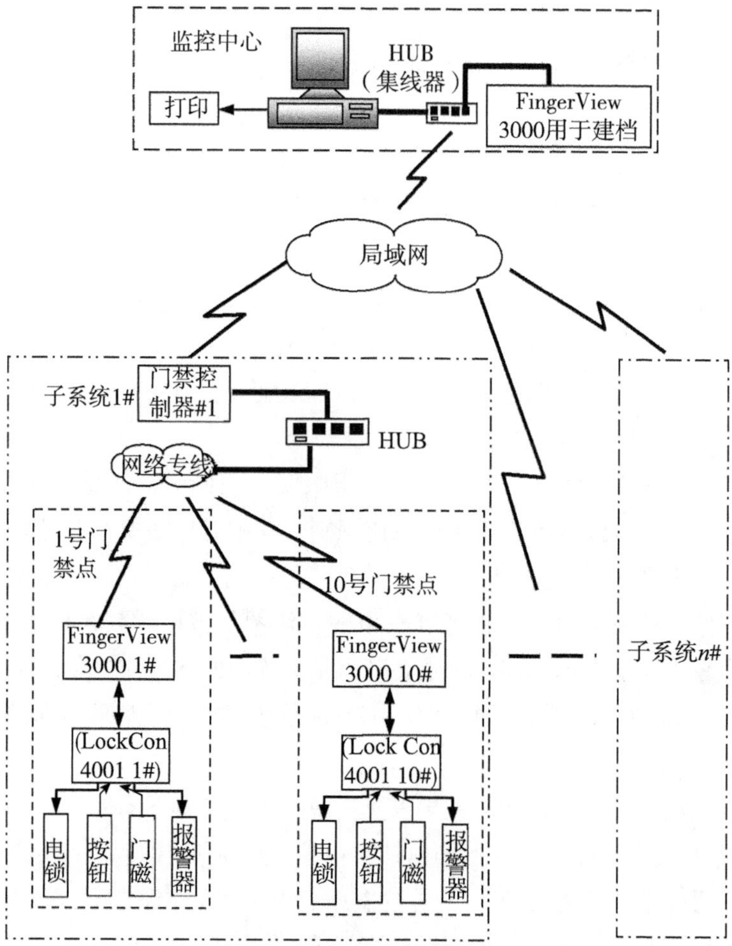

图 6－7　青松 QS－3000 网络指纹门禁管理系统

1. **系统扩容性强**

系统以门禁控制器为中心，连接青松指纹识别终端（FingerView3000）、锁控器（LockCon 4001）以及读卡器（选配）构成一个子系统。各子系统又通过局域网与监控中心的计算机相连，整个系统可以很方便地按照用户的要求灵活配置。

将不同数量、不同大小的子系统集成在一起，可构成规模不同的门禁系统。根据用户要求，系统规模可大可小，方便用户扩容的需求。从理论上讲，系统可以无限扩大，但受网络带宽的影响，扩容数量会受到限制。

2. **系统通信速度快、效率高、安全性强**

系统采用主动发送和轮询并用的通信方式，大大提高了网络通信的速率和安全性，克服了只采用轮询方式通信的低效率之弊端。系统具有抗雷击和抗干扰的能力，还具有防破坏功能，若断了一处网络总线，系统仍可脱机正常工作，并发出报警信号，提请用户检修。系统还具有远程维护和远程故障诊断报警功能，给用户进行系统维护提供了极大的方便。

3. 系统具有强大的控制器

门禁控制器是整个系统的心脏。它用于存储系统数据，将系统中的各模块连接在一起，并将系统信息传送到监控中心。门禁控制器智能化程度非常高，通过设置可以灵活方便地组成各种性能、各种级别的系统。

当其独立使用时，可以和青松指纹识别终端、锁控器构成单门禁系统，利用前端指纹采集器建立用户指纹档案，给门禁控制器配置键盘来设置系统参数和用户权限，以及实现其他多功能设置和查询，如果配上计算机和打印机，还可以实现实时监控功能，并可以查询、编辑、打印开门记录。

当需要组成具有一定规模的门禁系统时，可以先用一台门禁控制器控制 10 台 FingerView3000 指纹采集终端和 10 台 LockCon4001 锁控器，组成一个子系统。再根据用户要求，将多个子系统通过局域网连接起来，由监控中心的计算机统一管理和监控。当总线断损或监控计算机关机时，子系统可以独立工作，提高了系统的安全性。

4. 系统适应范围广、灵活性强

由于门禁控制器具有强大的功能，所以由其组成的门禁系统大小不限，功能设置灵活多样，广泛适合于工厂、写字楼、商店、学校、宾馆酒店、公寓小区、金融系统等各个领域。如果再给监控计算机配上 QS－3000 指纹/感应卡考勤管理软件，不但可以完成门禁工作，还可以实现考勤功能。

第四节　电视监控系统

一、概述

闭路监视电视（CCTV）系统是指除广播电视系统以外，在其他各个领域中应用的一种电视系统。闭路电视监控系统因其采用了视频监视技术，实现了实时、多路、远距离、安全、较低误报的监视方式以及周边报警设备齐全、系统兼容性好的特点，越来越受到重视。CCTV 系统具有明显应用特点，主要用于工业、交通、商业、金融、宾馆酒店、仓库、军事及安全保卫等领域。是现代化管理、监测、保安和控制的重要手段之一。通过在某些重要场所安装一定数量的摄像头进行监视，可以清楚、准确地记录这些场所的情况；在突发事件发生后，能方便有效地了解事件的实际情况。如果需要进行夜间值守，还可以选用夜视镜头、低照度镜头、红外镜头等，配以各类报警传感器，可以在这些重要场所布下严密的监控网，保障所要保卫的场所里的人身、财物安全。CCTV 能实时、形象、真实地反映被监视控制的对象，人们利用这一特点，及时获取大量丰富的信息，极大地提高了管理效率和自动化水平。同时在某些场合，解决了人们不能直接观察的困难，使其成为一种有效的观测工具，并可通过记录设备将观测到的图像录制下来，以供日后查证，这是其他系统不可替代的独特作用，因此 CCTV 系统越来越受到人们的重视，在现代社会的各个方面得到越来越多的应用。

二、系统的基本组成

闭路电视监控系统根据其使用环境，使用部门和系统功能而具有不同的组成方式，但无论系统规模大小和功能多少，一般 CCTV 系统由摄像、传输、控制、图像处理与记录和显示等几部分组成。

（一）摄像部分

摄像部分的作用就是把系统所监视的，即把被摄体的光、声信号变成电信号，然后送入 CCTV 系统的传输部分进行传送。摄像部分的核心就是电视摄像机，它是光电信号转换的主要设备，是 CCTV 系统的眼睛。摄像机分为彩色和黑白两种，彩色和黑白摄像机分别有高分辨率和中分辨率之分。摄像机一般需要配置光学镜头、护罩和支架等设备。

（二）传输部分

传输部分的作用是将摄像机输出的信号反馈到监控机房或分控点。CCTV 系统的传输一般采用以视频信号本身的基带传输，所用电缆为同轴实心聚乙烯视频电缆。专用型号为 SYV75 -3、SYV75 -5、SYV75 -7 和 SYV75 -9。

（三）控制部分

控制部分的作用是在监控机房对系统的摄像部分进行距离遥控。其主要设备有：

①集中控制器：一般装在监控机房，使用时配合一些辅助设备，可对摄像机的电源开关、云台的旋转俯仰、变倍镜头的变焦、聚焦和光圈开合等进行遥控。

②电动云台：分为水平云台和万向云台，用于安装摄像机，在控制器作用下，作水平和垂直转动，使摄像机在大范围内对准并摄取所需要的观察目标。

（四）图像处理与记录

图像处理与记录是指对系统传输的图像信号进行切换、分割、压缩和复制等功能。其主要设备有：

①画面分割器：它能将 4 路或 4 路以上的视频信号同时以多个小画面显示在监视器屏幕上，并且录像回放时也只能以分割方式显示。

②视频切换器：它能对多路视频信号进行自动和手动切换，使一个监视器能监视

多路摄像机信号。

③图像处理器：它能对4～16路视频信号进行数字压缩处理。可用1台录像机录制4～16路摄像机信号，在录像和重放时，任何摄像机信号都可以独立观看或者多画面显示。

④录像机：采用VHS格式，CCTV系统中录像机大多采用专业长延时录像机，即一盒E－180录像带可录制6～24h，具有耐久性好、效率高的特点。

（五）显示部分

CCTV系统的显示部分就是视频监视器，它是用来显示、监测被摄体的图像，整个系统的状态都体现在监视器屏幕上，最终反映了系统的优劣，因此监视器也是CCTV系统的主要设备。

视频监视器分为彩色监视器和黑白监视器，一般黑白监视器水平中心分辨率≥800线，屏幕对角线有5～20in的规格。彩色监视器水平中心分辨率为350～750线，有6～29in的规格。

三、模拟监控系统的基本形式

模拟电视监控系统的组成形式一般有如下几种。

（一）单头单尾方式

这是最简单的组成方式。头指摄像机，尾指监视器。这种由一台摄像机和一台监视器组成的方式用在一处连续监视一个固定目标的场合，如图6－8所示。

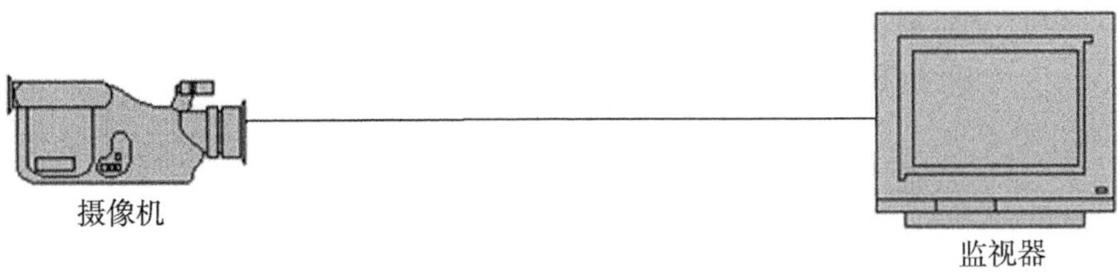

图6－8　单头单尾方式

（二）单头多尾方式

这种方式是一台摄像机向许多监视点输送图像信号，由各个点上的监视器同时观看图像，如图6－9所示。这种方式用在多处监视同一个固定目标的场合。

（三）多头单尾方式

此方式是一处集中监视多个目标的场合，如果不要求录像，那么，多台摄像机可通过一台切换器由一台监视器全部进行监视；如果要求连续录像，那么，多台摄像机

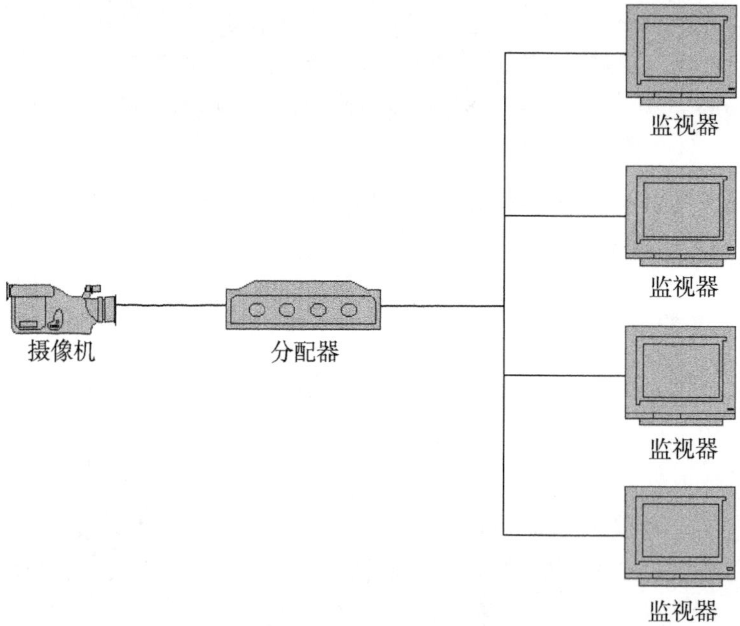

图 6 – 9　单头多尾方式

的图像信号通过一台图像处理器进行处理后，由一台录像机同时录制多台摄像机的图像信号，由一台监视器监视，如图 6 – 10 所示。

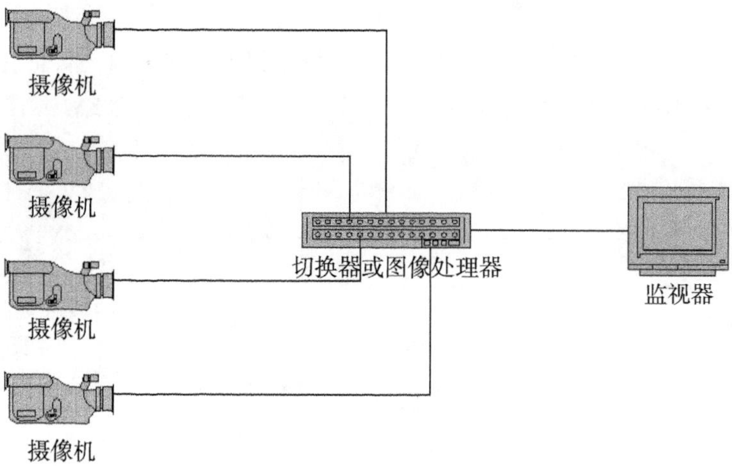

图 6 – 10　多头单尾方式

（四）多头多尾方式

该方式用于多处监视多个目标场合，并可对一些特殊摄像机进行云台和变倍镜头的控制，每台监视器都可以选切自己需要的图像，如图 6 – 11 所示。

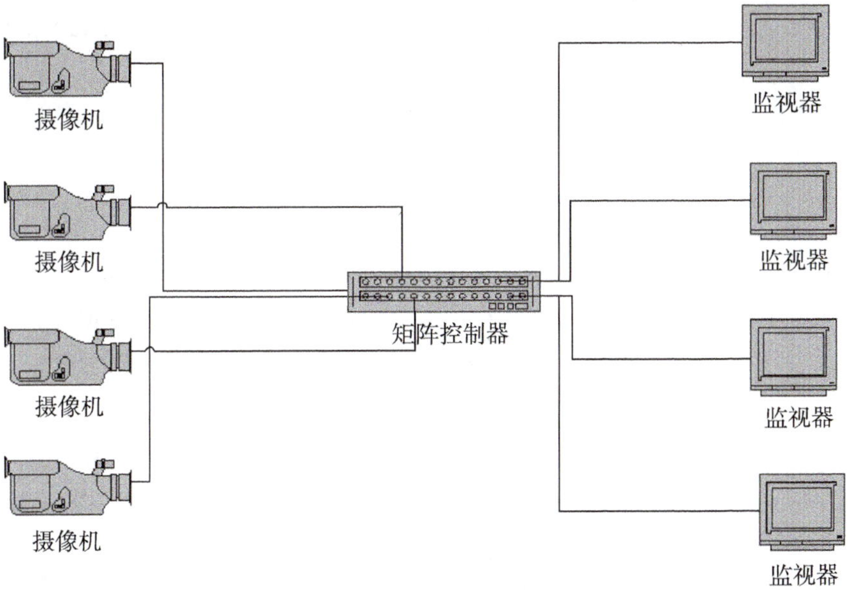

图 6－11　多头多尾方式

（五）综合方式

上述 4 种方式各有其优缺点，第 1、2 种方式太简单，在实际系统中很少应用。第 3 种方式虽然经济性较好，但在控制和显示方面显得很不方便，并且不能设立分控点。第 4 种方式虽然控制和显示都较理想，但为了能较为连续地录制每台摄像机的图像信号，必须按摄像机的数量相应添加若干台录像机，会使整个系统的预算较高。根据上述 4 种方式的优缺点比较，一般系统均采用第 3、4 种方式相结合的方式，如图 6－12 所示。即保留矩阵控制器在控制和显示方面的优点，再使用多路画面处理器在高效率

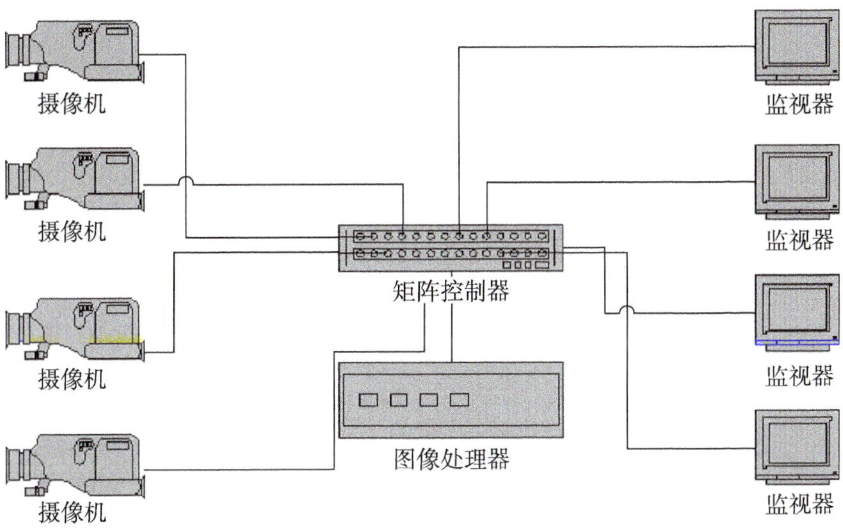

图 6－12　综合方式

低成本录像方面的长处，使二者有机地合而为一，使系统具有良好的性能价格比。

第五节　数字硬盘录像系统

一、概述

数字硬盘录像系统 DDS（Digital Disk System）是采用数字视频显示、记录技术，并以硬盘作为存储介质的一种高技术监控系统，是当今闭路电视监控领域最新型、性能卓越的数字化图像记录系统，不但可以对监控系统中所有的摄像机摄取的图像进行实时的数字压缩并存储，根据任意检索条件对所记录的图像进行随机检索，也可以对摄像机和云台进行直接的控制和调整，同时可以对图像进行分割和处理。其系统的组成如图 6－13 所示。

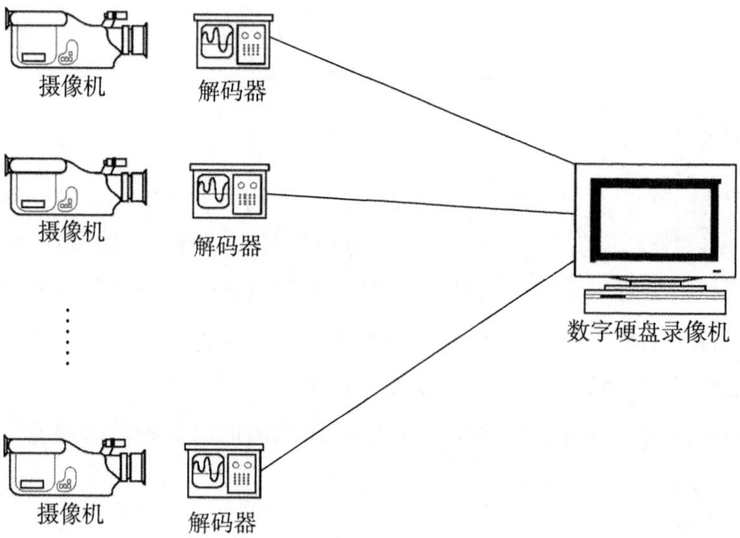

图 6－13　数字硬盘录像系统组成

二、数字硬盘录像系统的分类

根据系统结构及其实现方式的不同，在电视监控系统中应用的数字硬盘录像系统大致可分为下面三类：

（一）计算机插卡型

这类产品是在计算机（通常为工控机）内插有一块或多块视频采集卡，可同时或轮换采集多台摄像机送来的视频信号，工作环境大多数都选定为 Windows 平台，压缩方式为卡上硬件压缩或通过软件压缩（具有多种压缩格式），并将压缩后的视频图像存储在硬盘上。由于视频采集卡的厂家一般都会向开发商提供该卡的 SDK（Software Developing Kit，软件开发包），有利于软件开发商进行二次开发，因而这类产品的种类较多（品牌也不一）。用户既可以购买整机，也可以购买套件（视频采集卡及应用软件）自行安装。为防止用户对软件的非法复制，插卡型硬盘录像系统的软件一般配有“加密狗”。根据硬、软件实现方式的不同，这种插卡型 DDS 还可分为单卡单路型、多卡多路型和单卡多路型等几种。从压缩方式上可分为 M－JPEG 型、MPEG－1 型、MPEG－2 型和 MPEG－4① 型等。

（二）计算机改装型

这类产品是插卡型产品的变种，它通常是由生产厂商自行开发，生产出全新的机壳，再将计算机板卡及视频采集板卡装在机壳内，有时还需要自行生产接口板，用于固定各视频输入/输出及报警输入/输出端子，同时还可驳接 VGA 显示器或普通监视器，是一种准一体化机型，比第一种更能够适应各种工业环境，适应性和可靠性都较高。但是其成本也稍高一些，其基本功能则与第一种差不多。

（三）一体化专用机型

这种产品直接利用嵌入式 CPU 及 RAM 在底层进行板卡级产品的开发设计，采用嵌入式操作系统及硬件压缩技术，运用固化的硬盘录像应用的软件，可外接计算机显示器以 VGA（视频图形阵列）方式显示画面，或外接普通视频监视器。这种 DDS 一般没有 Windows 操作平台，因而不需要鼠标操作，但可以在机器面板上操作按键或通过遥控板对机器进行设置及控制，机器的运行状态信息及其他的设置信息都可以在面板上的液晶显示屏或数码显示屏上显示出来，也可以在外接监视器上显示出来（即 OSD② 菜单）。这种一体化机多采用传统的 VHS（家用录像系统）录像机的操作方式，也有采用 Windows 操作系统的操作方式，以适应计算机操作人员的操作习惯。由于是专用一体化设计，因而不会出现死机现象，使得机器的品质及稳定性、图像的存储速度、分辨率及画质等都有较大改进。

三、数字硬盘录像系统的介绍

下面具体介绍一款 INV4000 系列风暴数字化网络监控系统，来了解数字硬盘录像系统的特点及功能。

数字化网络监控系统是将计算机网络技术、多媒体技术与监控技术有机地结合起来的一种全新的监控系统。它能将监控系统和计算机网络系统连接起来，使两个相互

---

① M－JPEG、MPEG－1、MPEG－2、MPEG－4，视频和音频有损压缩标准。

② OSD，屏幕菜单式调节方式。

独立的系统开始走向融合，实现真正的三网合一（数据、语音和图像），在理念和方式上取得了重大突破。

（一）系统的特点

（1）显示方式多样：INV4000 系列采用先进的 MPEG－1 压缩技术，25 帧/秒的全实时图像通过计算机，以单画面至 16 画面展现在我们的眼前，单画面可放大至全屏。图像可以直接在计算机的显示屏上显示，也可以外接监视器或投影电视机进行监视。系统可设定图像自动切换，人机界面友好，操作简单。音视频、报警信号同步传输，全面提供信息。

（2）控制能力强：用户可以通过计算机用鼠标灵活控制云台、可变镜头工作、调节图像的变化，调用前端图像。系统具有报警模块、可连接外部传感器和警报器，可实现报警联动和警前图像的处理。具有移动检测功能，动录、不动不录。

（3）数字化储存：系统具备实时存储和随机存储功能，将监控服务器实时传送的数字化视频、音频信息存储在硬盘上，便于用户事后随时查阅，检索方便灵活。如配备活动硬盘作为备份系统，系统保存时间无限。

（4）磁盘惊醒扩充：磁盘具备惊醒功能，当硬盘写满，系统自动覆盖早期数据。

（5）自动报警功能：当硬盘写满，系统将报警，提示用户备份重要信息，输入端信号丢失，也将触发报警功能。

（6）超强管理：安全可靠，独有“管理包”软件，权限设置、优先级管理无微不至。

（7）远程维护：通过电话线、ISDN（综合业务数字网），可以在世界上任何地方进行远程登录进行系统维护。

（二）系统的功能说明

（1）多路同时监控：可同时监控多达 36 路的实时视频图像。单机 1 ~ 9 路时，可提供像素分辨率为 352 × 288 像素的较高清晰度的图像，实现银行柜员实时监控等，满足高质量图像的特殊要求。每一监控显示画面可方便地放大到全屏显示模式，支持局域网传输功能。

（2）多路同时录像：可在监控的多路信号中任选其中的几路全部进行录像，图像质量与监控时显示相同，且实时连续，每路均能达到 25 帧/秒。

（3）系统可进行循环存储，自动将最早的可抛弃的数据删除并以新数据取代。

（4）抽帧存储功能：可根据用户需要方便地对任一路或多路视频图像抽取一定数量的帧数后进行存储，在保证相当图像质量的前提下，极大地降低了数据的存储容量，节省了硬盘存储空间。

（5）报警录像功能：可连接外部传感器和警报器，实现报警联动录像，大大节省了硬件成本，降低了系统对资源的占用。

（6）灵活、方便、快捷的录像资料查询显示功能。可根据时间、地点或镜头查询已录数据，迅速反馈，在屏幕上显示。并不影响系统正在进行的监控和录像等功能。

（7）操作日志查询功能，用户可以通过查询系统记录的日志来获取所进行过的操作记录，方便用户掌握系统运行情况。

（8）回放时可进行快进、快倒、慢进、慢倒、单帧等控制，录像可全屏显示或局部放大。

（9）电脑托管功能：可根据用户的一些设置自动监控管理，实现无人值守。在托管期间，根据用户的需要可锁定对系统软件的操作。

（10）实行用户分级别管理，不同级别用户有不同的操作权限，提高系统安全性。

（11）系统支持音频：可实现多路声音。

四、数字硬盘录像系统与模拟监控系统的比较

数字硬盘录像系统利用最新的图像处理技术将模拟图像信号转为国际标准 MPEG-2 数字图像信号，在计算机显示器上实现实时显示多路（1~16 路）视、音频信号，同时将各路信号存储在计算机内。每路信号在监视、记录、回放时都能达到每秒 25 帧活动图像的效果。其设备简单，淘汰了模拟监视系统里庞大的控制设备。以录像机和录像带为主的模拟记录方式，需要大量的人工操作的模式。数字监控系统以硬盘录像机为中心设备，以图像数字处理为基础，采用了人机友好的操作界面，自带专业监视数据库管理，大大提高了监视系统的图像清晰度和自动化水平，提供给用户全新的监视系统，实现图像监视系统的小型化、高清晰化、自动化和网络化，具有高度的可靠性和工作的连续性，大大减少了用户的维护工作量；可扩展性、伸缩性亦较强，使用方便，给图像监视工程提供更优的性能，更灵活的系统组建，更好的系统管理，是监视系统从模拟到数字的一个飞跃。

（一）存储方式

模拟系统一般采用磁带录像机作为记录设备，其基本存储介质是录像带，数字系统采用的是硬盘录像机作为记录设备，其存储介质是硬盘。系统结构上，模拟磁带录像机采用机械传动，伺服机构复杂，可靠性低，数字硬盘录像机构成简洁，可靠性高；系统的安全性上，模拟磁带录像机只有面板按键锁定才能保护录像带内容，数字硬盘录像机可设置密码保护，非授权用户无法调看图像内容；智能控制上，模拟磁带录像机只有报警关联录像一种方式，数字硬盘录像机可设多种智能控制，视频动态感知，报警关联录像，系统状态实时监测、诊断；图像记录上，模拟磁带录像机只记录单路模拟信号，要配合画面分割器才能实现多路时分记录，数字硬盘录像机可实现多路图像高密度时分或实时记录，采用数字压缩方式存储。

（二）记录方式

在模拟系统中，使用者为了节约成本，在录像带相同的情况下记录更多的信号，往往采用丢帧的方法；同时录像带在反复记录以后不可避免地会出现磁粉丢失的情况，这就造成了模拟系统在回放时的图像质量模糊。对于硬盘的读写不会影响画质，因此，数字硬盘录像系统回放的画质保持了较高的清晰度。

（三）检索功能

模拟系统需手工逐段查找或简单的报警检索，记录与检索无法同时进行，无法远程检索，采用线性检索，需反复倒带，速度慢，且磁头磨损严重；数字监控系统可多重高级随机智能检索，记录与检索可同时进行，还可通过网络进行远程检索，是非线性随机检索，无倒带时间，检索可在瞬间完成。

（四）远程传输和资源共享

模拟系统只能将录像带以邮寄等方式来实现远程传递和资源的共享；而数字系统则可以通过网络的连接快速实现信号的远程传输和资源的共享。

（五）性价比

以 MPEG－2 方式压缩，300MB/h 的压缩比例，40GB 的硬盘，可保存约 133 个小时的图像信号。而要保存 133 个小时的模拟信号，则需要约 65 盘 120min 的录像带。功能强大的数字监控录像机完全可以取代传统的画面分割器、矩阵切换器、控制键盘、录像机等中心设备，仅仅与传统的线缆、前端摄像机就可以组成功能远远超过传统监控系统的数字监控系统。而且，由于可以采用不同的数字压缩技术，特别是基于流媒体技术的 MPEG－4 压缩和组播技术的出现，通过网络，使真正意义上的远程实时图像监控系统取得了突破性应用与发展。因此，数字系统所能提供的性价比是模拟系统无法比拟的。

（六）操作的简易程度

模拟系统的操作相对比较复杂，而对于有一定计算机基础的操作员来说，数字系统不仅界面直观、友好，而且可操作性强。如果培训一个保安人员来熟练操作模拟系统需要 1 天时间，那培训一个保安人员来熟练操作数字系统大约只需要 1 个小时。

（七）系统的可维护性

模拟磁带录像机至少每年换一次磁鼓，费用昂贵，数字硬盘录像机可长期使用，直至升级换代；模拟系统一经定型，升级性差，一般只能更换设备，而数字系统可只升级软件。

第六节　网络电视监控系统

一、概述

20 世纪末提出的网络视音频监控的概念，其目的是借助于计算机网络实现电视监控系统图像与声音的传输与控制，这就意味着网络上的任何一台计算机都可能通过内置的视、音频采集卡完成图像及声音信号的采集、压缩、存储与传输（上载）。再有更简捷的，摄像机本身就内置有符合网络传输协议的接口，将视、音频信号以数据流的形式直接输出到网上。人们通过联网的 PC 可以任意调看通过网络传输来的某台摄像机的画面，监听该摄像机内置话筒采集的现场声音，还可以方便地对摄像机的云台及电动变焦镜头进行各种控制。网络视频监控由网络视频前端监控设备（前端子系统）、系统服务和管理设备（视频服务器）、网络用户终端三大部分组成。前端监控设备通过网络视频编码器和各种网络链路接入用户网络，实现前端监控点音视频和控制数据的数字化与网络化。视频服务器负责网络视频流的管理以及网络用户的授权管理。网络用户在自己桌面通过视频服务器发送各种服务请求，获得相应权限的各种监控系统服务。网络视频监控系统适用于任何支持 TCP/IP 的网络。

未来的网络型电视监控系统，主干技术将会完全以基于 IP 网络架构和光纤技术为主导，监控可以运用网络、本地、远程、无人、不定时等多种手段监控。电视监控系统与计算机网络有机地结合在一起，是 21 世纪电视监控系统的发展方向。

二、网络视频设备

（一）网络视频服务器

网络视频服务器（Video Server）也被称为网络视频编码器，是通过网络实时传输动态图像和音频数据的设备。它将模拟的视频和音频信号转换成可传输的数字信号。通过压缩方式在线传输，提供 IP（网协）地址，之后即可在网上被浏览。

由于网络视频服务器内嵌 Web（万维网）服务器和网络设备，因此不需要再增添其他设备和程序，只要将普通摄像机连接到网络视频服务器就可以入网，这样无论任何时间与地点都可以通过因特网的 Web 浏览器进行远程动态图像和音频数据的实时监控。

数字视频监控系统突破了地域限制，可利用局域网、广域网、互联网实现远程监控。提供的远程访问能力意味着从世界上任何有通信线路的地方，用户只要通过一个网络连接到他们的数字视频服务器，就能够在他们选择的任何 PC（个人计算机）上观看到所需的视频图像，连接的网络既可以是局域网或广域网，也可以是一个通过电话线的拨号网络［一个 Modem（调制解调器）连接到单台计算机或连接到 Internet（因特网）］。而模拟系统则不可能做到远程监控视频图像。

网络视频服务器有独立的网络地址，可以像路由器一样进行编码、组合。设定路由及存储数据到指定的网络地址存储器。

以韩国 3R 公司的 4 路网络视频服务器 Brans200 为例，可通过网络传输 4 路分辨率为 640×240 的图像数据和 1 路音频数据（带双向语音功能），视频压缩方式为 MPEG-4，要比 JPEG① 压缩方式小 2～3 倍，一幅 320×240 画面的图像存储容量大小仅为 1.5～2kB，音频压缩方式为 MPEG-4 Speech Codec（语音编码）。传输速度最大为 30 帧/s，传输协议是 TCP/IP，采用嵌入式 Linux 操作系统。它支持 xDSL、LAN、WAN 等不同的网络环境，每个网络视频服务器都有一个 IP 地址，浏览方式为 Explore4.0 或更高版本。此外它还具有录像功能，用户使用 BRS-1 软件可将服务器传输的图像储存在 PC 的硬盘上，并能对录像记录进行搜索和回放。

又如三星公司的 Web 摄像机服务器（Webtbr），它是具有高性能的多合一系统，内嵌有一个高性能的核心处理器［32 位 RISC（精简指令集计算机）嵌入式处理器，2MB 快闪存储器，16MB RAM］、Linux 操作系统、一个联网装置和一个 CCD（电荷耦合元件）模块，大小与 CCTV（管道闭路电视系统）摄像机类似，采用小波压缩、递增方式压缩算法，能压缩图像最高达到每秒 30 帧和传送图像每秒 15 帧，解码速率为 2～15 帧/s，并达到 720×576 像素的最高分辨率。可同时连接 1～4 个外部视频输入或更多个用户，也能接外部传感器输入。这样，它可以将 1～4 路视频图像信号直接上传给局域网、广域网、Internet，其间无须任何视频转换设备。它支持 IP 访问，支持各种网络协议，如 TCP/IP、FTP（文件传输协议）、HTTP（超文本传输协议）、RARP（反向地址转换协议）等，通过浏览器（MSIE4.0，Netssscapo4.5，Windons98/NT）的方式可以远程控制云台、镜头以及视频图像的切换。有口令保护和 IP 地址保护。配置和组态可用以太网口，快闪存储器允许通过 TCP/IP 网络升级到新版本软件。有由软件控制的 1 个继电器输出和 2 个报警输入。

典型网络视频服务器背面接口如图 6-14 所示。

网络视频服务器的未来发展除提升各项性能指标外，将实现内置硬盘，同时具备数字视频录像（Digital Video Recorder）和多画面处理器（Multiplexer）的一机多用，它将涵盖除摄像机及监视器以外的所有功能，成为数字监控系统的核心。

（二）网络摄像机

网络摄像机是指内含有 CPU，由编解码芯片完成对图像和声音的压缩及动态录像

① JPEG，一种常用的图像文件格式。

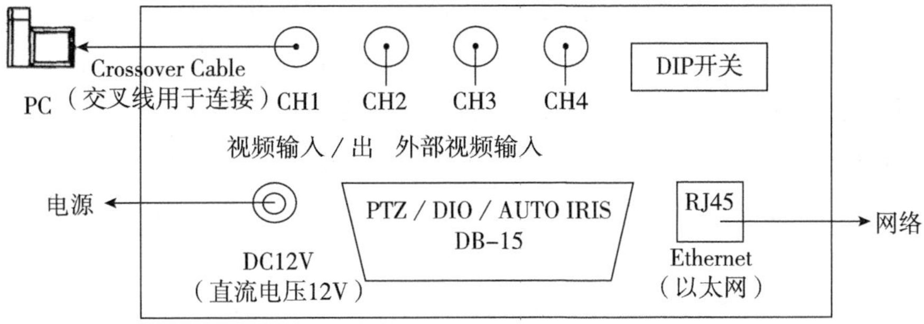

图 6－14　典型网络视频服务器背面接口

注：CH——跨平台的 C/C＋＋脚本解释器；DIP——双列直插式封装技术；RJ45——信息插座连接器的一种；PTZ——云台全方位移动及镜头变倍、变焦控制；DIO——直接输入、输出；AUTO IRIS——自动光圈；DB－15———种连接计算机的端口。

回放，从而可直接接入网络的数字化摄像机（Network Camera 或 LAN Camera)。此类摄像机拍摄的图像既可传送给个人电脑，也可以加到 Web 站点的主页上，或者附在电子邮件中发送。网络摄像机将是未来应用的主流。

网络摄像机可以是将一个标准的 PC 结构组合在小巧的摄像机机身内，它本身带有 7～8mm 手动光圈镜头，也有带变焦镜头的，并集成有视频捕捉、视频分割、网络传输、报警触发等功能，能够完成图像的捕获和视频压缩，图像采样率帧数可调，也能通过以太网、公用交换电话网（PSTN）和综合业务数字网（ISDN）实时发送和传输彩色视频图像，视频图像页可选口令保护。它还可以作为一个单独的视频 Web 服务器，通过 Internet、Intranet（内联网)、Extranet 传播彩色视频图像。其基本结构如图 6－15 所示。

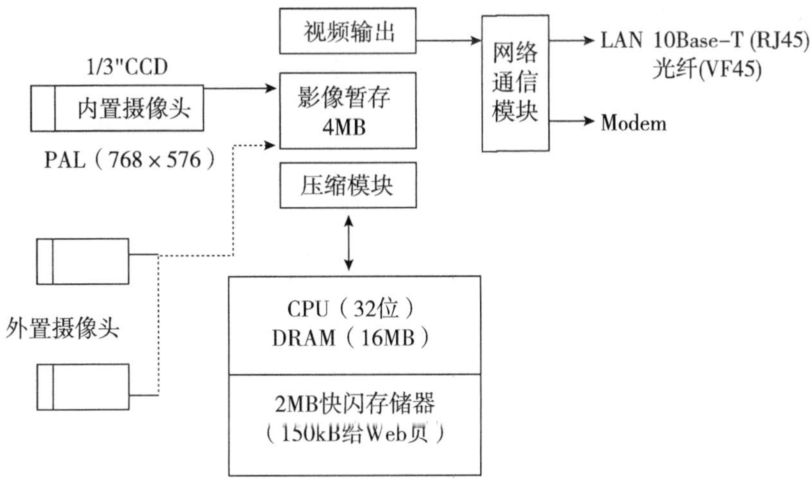

图 6－15　网络摄像机的基本结构

注：PAL——帕尔制电视标准；LAN——局域网；Modem——调制解调器；DRAM——随机存取存储器。

网络摄像机可独立于计算机运行，通过网页浏览器可以观察图像，每台网络摄像机接入网后，将会被分配一个固定的 IP 地址，或者一个动态的［例如 DHCP（动态主机配置协议）设定的］IP 地址。国外公司还推出具有 V - mail（语音邮件）功能的并行端口 PC 摄像机。V - mail 即视频邮件，通过与摄像机捆绑的 V - mail，用户可以剪辑文件，并将在 PC 上创建的图像、画片、声音等组合起来，在数秒内用户便可将编辑结果以电子邮件的形式发送给任何地方的任何人。其最大的优点是接收者在接收图像和声音时无须任何特殊的硬件和软件设备。传送的文件包为自动执行文件，V - mail 自动解包，并在任何带有电子邮件的 PC 上启动，用户只需单击鼠标即可。该种摄像机支持 CIF①、QCIF② 等格式，帧速度最高可达每秒 25 帧，今后会很流行。数字网络摄像机的后面板设置如图 6 - 16 所示。

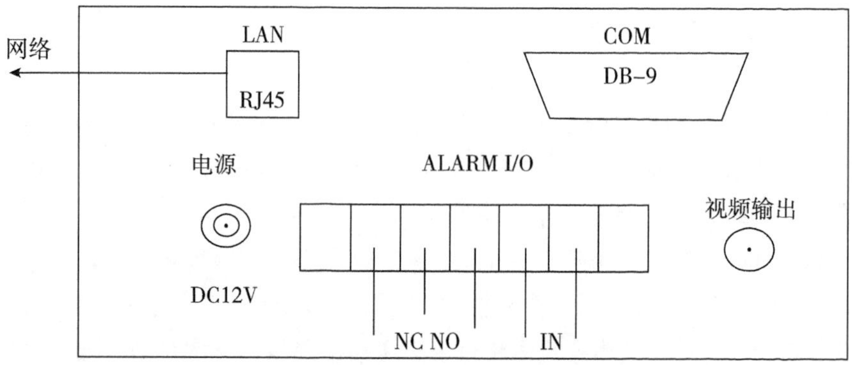

图 6 - 16　数字网络摄像机的后面板设置

注：COM——串行通信端口；DB - 9——一种连接计算机的端口；ALARM I/O——报警输入输出；NC——常闭触点；NO——常开触点；IN——输入接口。

三、网络监控系统

数字化网络型监控系统正在取代模拟视频监控系统，究其原因主要是数字视频监控系统将多画面的分割和混合、远程访问、视频图像记录等全部集成在数字视频服务器中，这样，普通模拟摄像机只需要直接连到数字视频服务器的接口即可进入网络，比模拟系统需要安装多个设备和通过电缆互连进行配置容易许多。特别是，数字视频监控系统提供远程访问能力，这意味着在世界上任何有通信线路的地方，用户能够通过一个网络连接到他们的数字视频服务器，就能在他们选择的 PC 上观看到所需的视频图像，连接的网络既可是局域网也可是广域网，也可以是一个通过电话线的拨号网络（一个 Modem 连接到单台计算机或连接到 Internet)，而模拟系统则不可能远程观看到视频图像。

（一）通过网络进行多媒体传输

Pelco NET104 网络多媒体传送产品如图 6 - 17 所示。

---

① CIF，通用影像传输视频会议中常使用的影像传输格式。

② QCIF，1/4 公共中间格式，是常用的标准化图像格式。

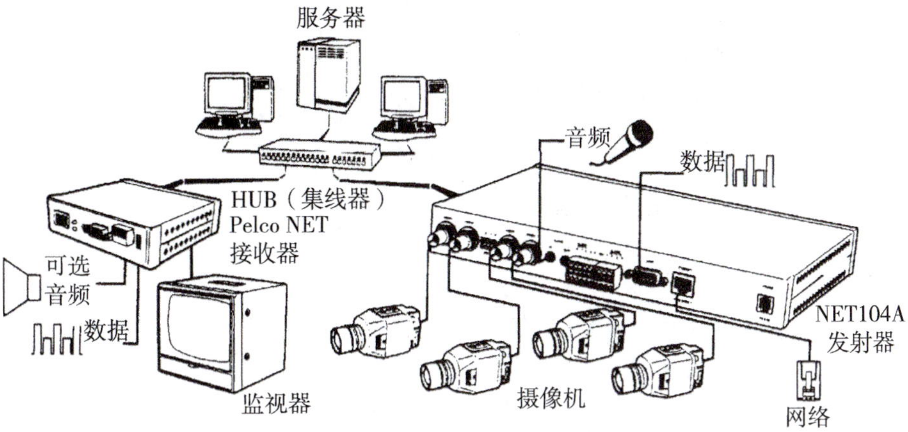

图 6-17　Pelco NET104 网络多媒体传送产品

以图 6-17 所示 Pelco 公司产品 NET104 系列为例，先将摄像机与发射器相连接，再将发射器与接收器通过网络连接，通过使用标准终端程序或标准 Web 浏览器设置设备的 IP 地址，这样就可以在与接收器相连的监视器上观看摄像机图像。也可以在接收端使用 Internet 浏览器以在 PC 上显示视频图像，浏览器上还可进行云台镜头控制。该产品可用的网络协议包括 IP、TCP（传输控制协议）、UDP（用户数据报协议）、ARP（地址解析协议）、HTTP、FTP，视频编码采用 H. 261①、H. 323①协议，视频速率可达每秒 30 帧。数据通信及遥控采用 H. 224①协议。最新推出的采用 MPEG-4 标准的网络视频传输系统，可传输一路实时视频图像和一路全双工音频。

（二）通过局域网构成数字视频监控系统

即将传统的 CCTV 监控系统融入到 LAN 中，甚至 WAN（广域网）中。首先，多台摄像机摄取的模拟图像信号转换成数字图像信号，再通过计算机作网络传输，使网络内的计算机都能成为监控终端，而不受地域环境的限制。通过简单添加视频服务器、客户工作站和软件配置即可实现系统的扩展，网络视频监控系统如图 6-18 所示。

主要部件包括：

（1）数字视频服务器——每个视频服务器，相当于 CCTV 设备到 LAN 的接口。摄像机的视频输出、云台和镜头的控制信号通过模拟视频矩阵切换器被转接，成为视频服务器的上行通道，网络则是其下行连接。为了能在网络上传输图像、声音等信息，需视应用对象不同采用有效的图像数据压缩标准，并采用具有相应硬件压缩功能的图像采集处理卡。在终端数字视频服务器除对高压缩率的视频 CODEC（编解码器）进行实时译码外，还有时滞、预置报警记录功能，有动态检测和视频丢失检测功能。多个数字视频服务器之间利用 TCP/IP 协议进行通信，并且预分配公用信息。

① 一种视频编码标准。

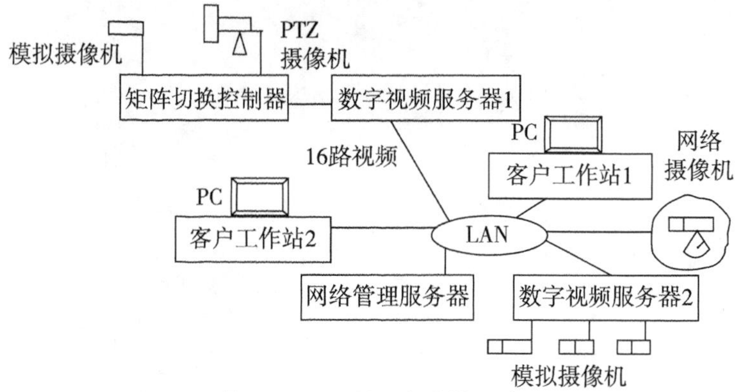

图 6 – 18　网络视频监控系统

（2）客户工作站——它是操作和管理的终端，有友好的用户界面，通过点击鼠标即可完成操作控制。在每个客户工作站上用户可控制整个系统内的摄像机，执行报警/动态检测/记录控制功能，还具有远程访问网络的管理功能。

（3）网络管理服务器——它是为客户工作站中多重服务器和信息流而设计的，用于中心数据管理。在其控制下，LAN 用户在访问监控服务器前需先注册，注册内容包括摄像机的使用限制、控制限制、优先级、信息路由分配等。对所有图像均以分辨率为 768 × 576 的满屏方式采集，现场图像发送到主机时的清晰度可选择多画面时的 192 × 144 和单一画面时的 384 × 288，当数字变焦时，对帧中感兴趣区域为 384 × 288。AXIS 公司更推出基于视频服务器的 Web 平台视频监控系统，超大型的分布式级联系统可以同时管理、监控、录像多于 100 个 AXIS 视频服务器。

（三）通过局域网或宽带网实现网络监控系统

1. 通过局域网实现网络监控系统

局域网的典型代表是以太网，经历了从共享型以太网到交换型以太网的转变，类型和速率也从 10Mbps 到 100Mbps 的快速以太网再到 1Gbps 的千兆以太网，还出现了速率达 1 ~ 10Gbps 的万兆以太网，以太网的传输线缆也从同轴电缆过渡到 UTP。数字图像监视系统是先将前端现场传输过来的摄像机图像在数字视频服务器（CamHub）进行数字化和压缩处理，之后就可以将对应每台摄像机图像的视频流 VS（Video Streaming）通过诸如一个 100M 以太网络或千兆以太网进行网域内的传输，送往指定的监视器（Dispalyer），从而通过局域网实现了数字式的视频切换，如图 6 – 19 所示。

CamHub 是无盘工作站，为嵌入式 PC 机，可支持 1 ~ 4 台摄像机输入，支持 CIF/QCIF 压缩格式，有一个 RJ45 以太网接口。Displayer 也是无盘工作站，同样是嵌入式 PC，有一个 RJ45 以太网接口和一个 RCA（莲花插座）视频输出接口。除此之外，数字化图像还可增加视频移动探测功能，也可配合外接报警传感器进行联动，亦可通过网络在远端中心对摄像机的云台和变焦镜头进行遥控。

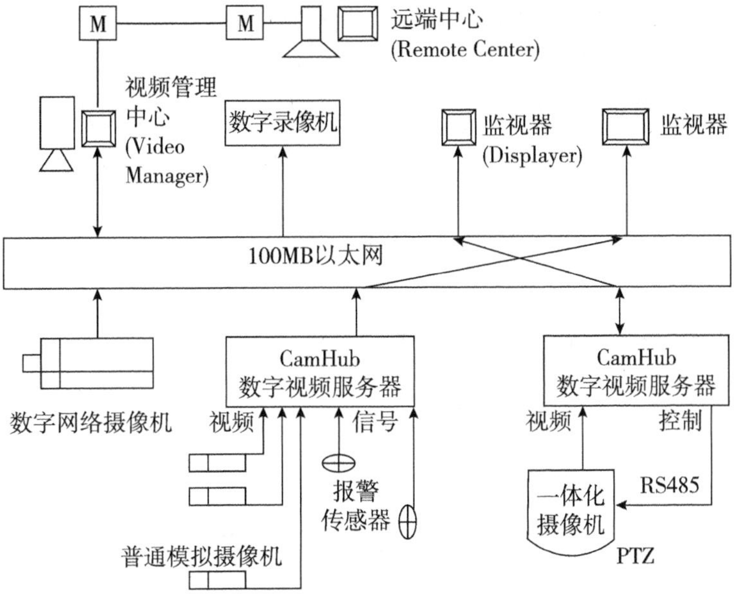

图 6－19　通过局域网实现了数字式图像监控系统

注：RS485——一种通信接口。

2. 通过宽带网实现的远程视频监控系统

宽带网的远程视频监控系统的结构如图 6－20 所示。它具有如下功能特点：

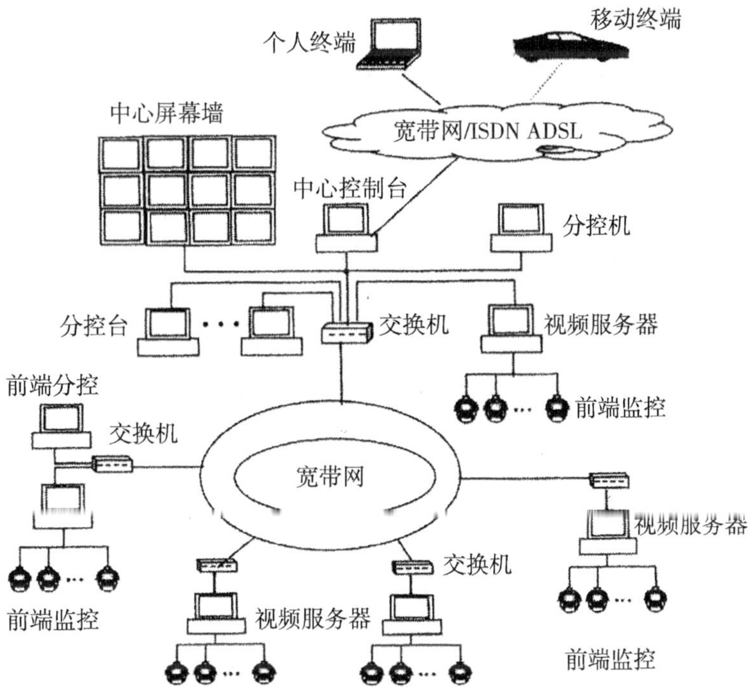

图 6－20　宽带网的远程视频监控系统的结构

（1）多种图像压缩格式兼容，大流量图像跨网关传输，城域数字视频矩阵监控；

（2）大流量图像数据流跨网络网关，宽带网络畅通无阻；

（3）视频服务器兼容 MPEG－1、MPEG－4 等各种图像压缩格式传输；

（4）大范围数字视频矩阵，通过中心控制台实现中心屏幕墙任意图像切换和显示；

（5）网络状况实时监控，实现网络带宽自适应和断线自动续接，保证图像传输连续；

（6）前端和中心图像双备份存储，图像资料安全可靠。

（四）IP 网络摄像机和 IP 网关

1. IP 网络摄像机

IP 网络摄像机（IP Network Camera）是内置有数字视音频压缩处理 DSP（数字信号处理）芯片及符合网络传输协议的接口芯片，因而可以将视音频信号以数据流的形式直接输出到网上的摄像机。简而言之，即内置有 IP 服务器、可以直接连接网络上的摄像机，是把视频服务器集成到摄像机外罩内的一种形式。而网络摄像头（Web Camera）则必须连接 PC 才能工作。

视频格式有 M－JPEG、H. 261、MPEG－1、MPEG－2、MPEG－4 等不同的形式，分辨率最高可达 720×576。H. 261 标准是利用运动图像相邻帧间有很大相关性的特点，使得相邻帧的存储可以只保留变动部分的数据，以此来提高压缩率。MPEG－1 标准对于图像的压缩技术与 H. 261 标准类似，不同的是其数据流除包含有视频数据外还包含有音频数据。MPEG－2 标准是对 MPEG－1 标准的一种改进，使之不但能处理逐行扫描的图像信息，也可处理隔行扫描的图像信息。MPEG－4 因采用了小波压缩技术而进一步提高了图像的压缩率，改善了图像的清晰度，更加适合 Internet 图像环境的应用，为众多应用看好。

使用 IP 摄像机可以在现有的以太网上传输视频和音频，在指定 IP 地址后，也可以在网络上的任何一个位置通过浏览器在本地或远程网络上调阅图像，多个用户可以同时调阅同一图像，图像传输速度可以达到每秒 25 帧。调阅的图像既可以显示在电脑屏幕上，也可以显示在常规监视器上。

IP 摄像机的 IP 地址及图像的各种参数均可预先设置好，这样在现场安装时可以做到即插即用。IP 摄像机由于能将双向音频以多播方式传输，带有 Ivpp 双向音频接口，故可实现对讲功能，采用的是 G. 723 或 G. 726 标准压缩。摄像机内置的低速数据传输格式，支持 RS232、RS422、RS485 接口，传输速率为 1200bps～115. 2kBps，可以用来控制云台和镜头。IP 摄像机还可直接连接多路报警输入和多路报警输出。

IP 摄像机的硬件，包含有 32bit[①]RISC（精简指令系统计算机）嵌入式处理器、2MB 快闪存储器、16MB 随机存取存储器（可存储多达 500 帧），还内置有 Web 服务器，从而可在任何 TCP/IP 网络环境下即插即用。安全性有口令保护和 IP 地址保护，从软件上而言，配置和组态可用以太网口，快闪存储器允许通过 TCP /IP 网络升级到新版本软件。

通过因特网向用户实时、同步传送音频和视频的 iCanView－100 是一种综合型网络数码摄像机，它有别于目前采用画面停止压缩技术（M－JPEG，Wavelet[②]）的数码摄像机，是一种使实时视频压缩（H. 263）技术和音频压缩（G. 72[③]）技术达到最佳效果的产品。与目前的网络摄像机相比，iCanView－100 用户可在相对狭窄的宽带上享受更高清晰度的图像。在设定条下出现问题时，iCanView－100 具有通过电子邮件或 FTP（文件传输协议）服务器通知用户现状的功能。

2. IP **网关**

与 IP 摄像机基本一样，IP 网关（Internet GateWay 或称为 IP－Codec）实现了低成本的音视频以及报警信号的传输，发射和接收采用多播方式在以太网上传输双向音频和视频，有效地降低安装布线成本。如果事先设置好 IP 地址，摄像机的安装可以做到即插即用。

通过配置可以将 IP 网关当作编码器或者解码器来使用。当作编码器使用时，可以将最多 4 路模拟视频信号同时上网，并可以直接在电脑上查看图像。将网关当作解码器使用时，可将数字视频信号转换成模拟的视频信号，在普通的监视器上显示图像。

网关自带的双向数据接口可以供用户在网络上直接控制前端的云台和镜头。网关可以选择 TCP/IP 或者 UDP（用户数据报协议）、HTTP 等网络协议。采用 H. 261 方式压缩的图像，传输速率可以达到每秒 25 帧。采用 M－JPEG 方式压缩的图像，传输速率可以达到每秒 15 帧。网络化视频解决方案（IP Solution）如图 6－21 所示。值得指出的是，由于采用了多播方式传输数字视频，数字主干网的带宽与采用多少个摄像机和数字网关没有必然的联系，而仅仅取决于有多少个用户需要同时查看图像。

（五）在 IP 网络上通过网络视频服务器的传输方案

视频图像可在 Internet 网（简称 IP 网）上传输。数字式网上视频切换是采用 IP 作为视频传送载体，而与频矩压缩标准无关，这样中继次数将不受限制，可跨越不同传输介质的网络平台，实现大规模的视频联网，迎来数字式视频矩阵切换的新时代。

---

① 32bit，32 位操作系统针对的 32 位 CPU 设计。

② Wavelet，小波分析。

③ G. 72，一种多媒体语音编解码标准。

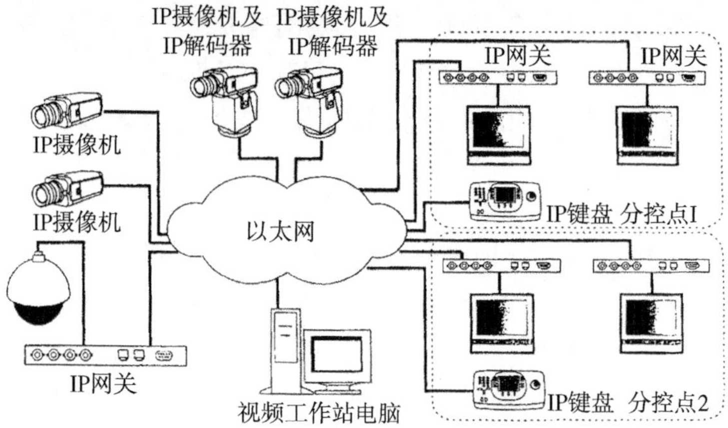

图 6－21　网络化视频解决方案

Internet 互联网是由多个不同的网络通过网络互联设备连接而成，它采用自由和开放式的网络组织方式，全网不存在一个统一管理用户和控制所有信息流的主机或公司，而是以统一的网络协议 TCP /IP 和通用的地址体系（IP 地址）来保证网络互通。Internet 网络，自下而上可分为三层结构——用户驱动网、区域网和骨干网。用户驱动网由分布式计算机与分布式数据库构成；区域网是地区内的网络，包括局域网、城域网和广域网，网间通信速率为 T1[①]/E1[②]；骨干网则是国家级或部级网络。Internet 是一个完全开放式的网络，接入 Internet 网的每个用户均可利用网络上的资源，也可以将自己的资源加入 Internet 网供所有用户享用。

IP 网络上的视频传输方案之一是利用基于 TCP/IP 协议、符合最新的 H. 323 标准。采用 Motion JPEG[③] 或 MPEG－4 等视频压缩技术，以独立模块方式构建而成的网络视频产品 IP－Vedio，具有集成度高、自适应网络带宽、视频效果好、即插即用、稳定可靠等优点，并可控制摄像机锁定目标，是网络视频监控系统全新的解决方案，有广泛的应用范围。主要功能为有透明的全双工数据通道（RS232），有全双工的音频信号传输，音频编码为 G. 711 或 G. 728，图像分辨率为 352 × 288，视频编码 H. 261、M－JPEG，局域网接口 UTP（10Base－T）、RJ45，局域网传输速率 10kB ~ 1MB，网络压缩带宽从 10kB ~ 1MB 可调，如图 6－22 所示。

但由于目前 Internet 不能提供任何的 QoS 保证，因此它仅局限用于传送时间要求不严格的场合，如果要在 TCP/IP 体系结构中支持有多种 QoS（服务质量）要求的业务，提供有效的实时服务，一种方法是研究开发新的网络协议，如 IPv6、资源预留协议（RSVP）、实时传输协议（RTP）和实时传输控制协议（RTCP）等，与 H. 323 标准配

① T1，24 路脉码调制 PCM（脉冲编码调制）。

② E1，30 路脉码调制 PCM。

③ Motion JPEG，一种视频压缩格式。

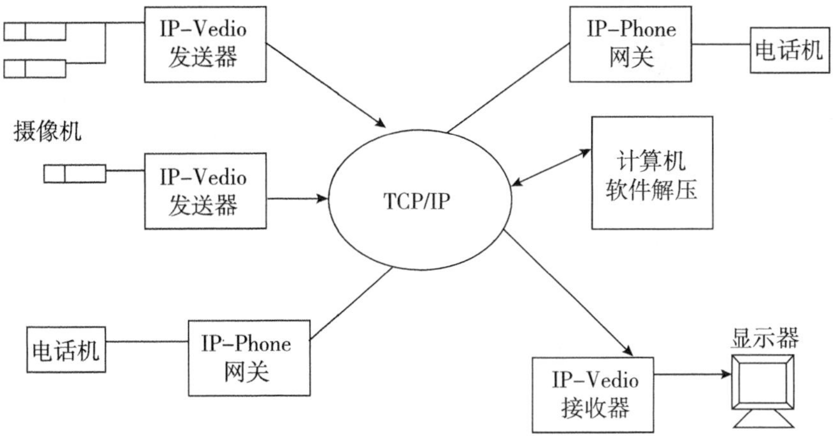

图 6－22　IP 网络视频传输

合，以保证在 IP 网络上传送实时音频视频流。另一种方法则是改造路由器使其具备处理 QoS 请求的功能，这是最根本的方法。

（六）全数字化的视频监控

数字化的视频传输涉及传输协议，Everything Over IP① 作为今后三网合一的发展基石，可以把包括语音、视频、数据及多媒体在内的各种业务都加载到 IP 上进行传输。另外是 IP Over Ethernet②，但要保证长距离和大容量数据传输的 QoS，目前一种方法是采用 MPEG－2 压缩方式利用 Video Over IP③ 和 IP Over Ethernet 技术来实现，传输协议采用 UDP（用户数据报协议），利用交换式路由器或直接连接核心交换机，利用业务区分（优先级设置）来得到视频 QoS 保证，一般在 5～8MB 时视频质量较佳。另外一种方法是基于 M－JPEG 压缩方式利用 Video Over IP 和 IP Over Ethernet 技术，一般在 384kB～3MB 时画面质量和帧连续性都相当不错，是一种性能价格比较高的产品，但关键是要在 QoS 保证拥塞解决机制及网管方面得到加强，方可使之广泛使用。

1. 数字闭路应用电视（DCCTV）系统

DCCTV（Digital Closed Circuit Television）系统结构如图 6－23 所示。

（1）局域网：10/100/1000MB 以太网。网络摄像机至前沿 1000MB 交换机；10/100MB 接入交换机至核心 1000MB 交换机；前沿 1000MB 交换机至核心 1000MB 交换机；视频记录服务器至核心 1000MB 交换机；客户机工作站（监视器）至 10/100/1000MB 交换机。

（2）城域网：Internet。网络摄像机至集线器（经 ADSL Modem），4MB 带宽专线；

① Everything Over IP，任何设备均以 IP 为基础。

② IP Over Ethernet，IP 以以太网为基础。

③ Video Over IP，网络视频。

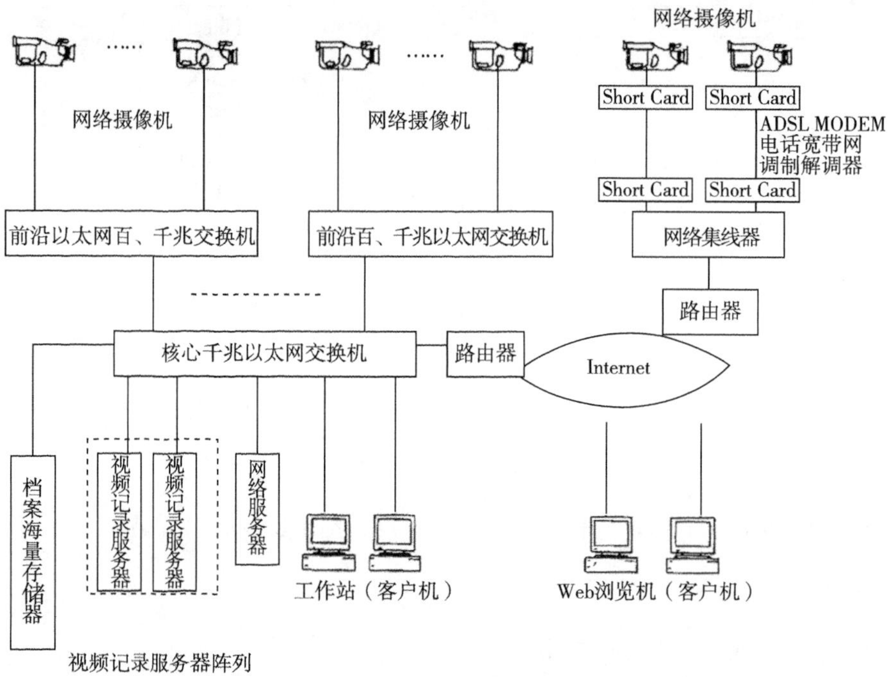

图 6－23　DCCTV 系统结构

注：Short Card——短卡。

视频记录服务器至核心 1000MB 交换机；客户机浏览器（监视器）至互联网（经 ADSL Modem），4MB 带宽专线。

（3）局域网中的客户机工作站（监视器）或广域网中的客户机 Web 浏览器（监视器）所看到的图像和听到的声音，均来自连在核心 1000MB 以太网交换机上的视频记录服务器阵列（Video Record Server Array），约每 20 台网络摄像机需要 1 台视频记录服务器支持，在其硬盘中完成图像和声音的记录，提供视频及音频的实时同步播放和视频点播 VOD（视频点播）。

（4）所有摄像机均可预置图像移动监测报警，在图像上任意画出敏感方框（Rectangular Regions of Interest），锁定目标区域，一旦监测到物体移动，即发出报警、开始录像、指定一台摄像机完成报警监视。

2. **霍尼韦尔 Honeywell 公司的数字影像管理系统（DVM）**

在传统视频监视系统设计中，如何克服影像传输损失以及如何合理地配置各种放大器、信号控制器及有效且可靠地解决录像存证等问题，一直是在高层或大面积建筑物中需要解决的主要问题。霍尼韦尔公司的数字影像管理系统（Digital Video Manager）以及安全管理系统，容量达到 1000 只以上的数字摄像机与超过 6000 个安全防盗报警监控点，已成功地应用于澳大利亚悉尼机场和中国香港一座 85 层办公楼（楼层总面积 18 万平方米，地下停车位 750 个）。

所谓的数字影像管理系统是结合数字摄像机、视频矩阵设备、视频多工处理器、高端网络设备与数字录像系统等集成的多工操作系统。在这套全新的影像管理解决方案中，将数字摄像机的影像输出端与旋转云台和镜头景深等信号经由视频码流器（Video Streamer）连接至具有极大传输能力的快速以太网上，并以此作为连接所有影像、控制元件与主系统的集成要素。而所谓的安全管理系统则是基于门禁出入管制与防盗报警等功能并与 Honeywell DVM 完全的结合，在相同的操作平台上能充分地呈现完整而翔实的现场信息，使操作人员能及时掌握所有突发情况，如图 6－24 所示。

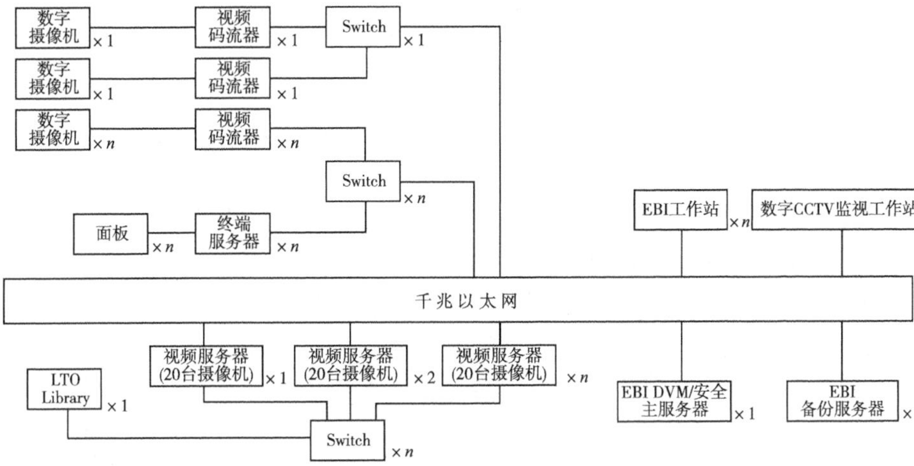

图 6－24　Honeywell DVM/Security 系统示意

注：Switch——变换机；EBI——外部总线接口；DVM——数字电压表；LTO Library——磁带库。

Honeywell DVM 的影像服务器使用 Microsoft Windows 2000 系统，主要的架构是使用一台主服务器，在数字摄像机数量增大的情况下可随时依据需求增加，以完成大量影像的处理需求。而在人员操作方面则选用以 Honeywell 操作系统为应用程序的个人电脑，作为操作平台的“操作工作站”。在选用 Honeywell 的安全管理系统并与数字影像管理系统结合后，所有的操作平台也将结合为一体，为用户带来便利。

第七节　仓库安全监控系统的设计

下面通过一个仓库安全监控系统工程的实例介绍，说明仓库安全监控系统的设计。

一、系统概况

某仓库主要由办公区、仓库 1 区、仓库 2 区和仓库 3 区等单位组成。整体布局如图 6－25 所示。

下面着重对仓库 1 区的安全监控系统进行设计。整个仓库分为四个区，一个行政生活区，三个仓库存储区。行政生活区内包括仓库机关办公大楼，宿舍，家属楼，值

图 6 – 25　某仓库布局

班室等。库区内除了库房外，还有若干哨所及车场。仓库 1 区位于城市郊区，靠近公路，交通方便。三个库区布局相同。仓库外平面布局示意如图 6 – 26 所示。

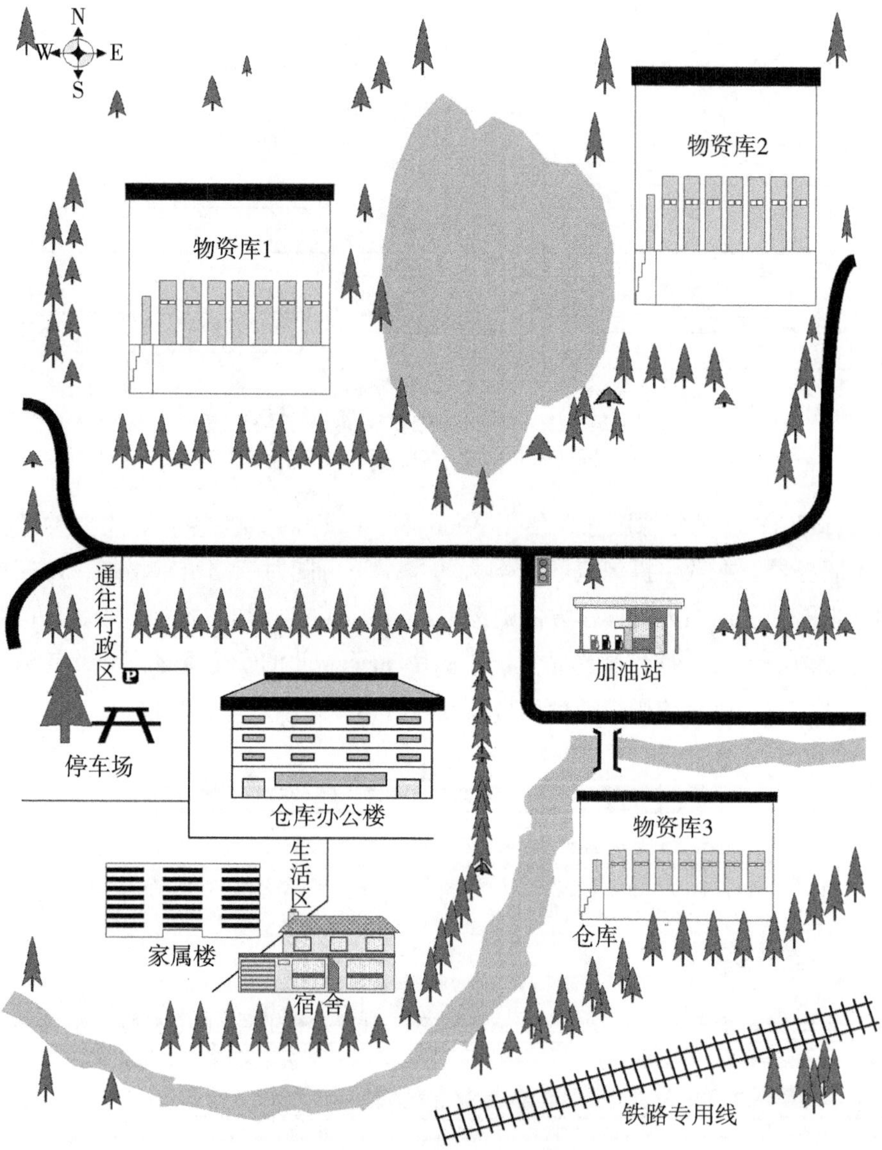

图 6 – 26　仓库外平面布局示意

仓库行政生活区位于城区内主干道附近，是仓库办公所在地，内有办公大楼、车队和家属区。南部临近河流，四周有高墙围绕。仓库三个库区围绕行政生活区分布于城市郊区各处，临近主干道，交通方便，每个库区内除了6座库房外，还设有一个值班室及车场。

二、系统组成

仓库库区安全监控系统如图6－27所示。

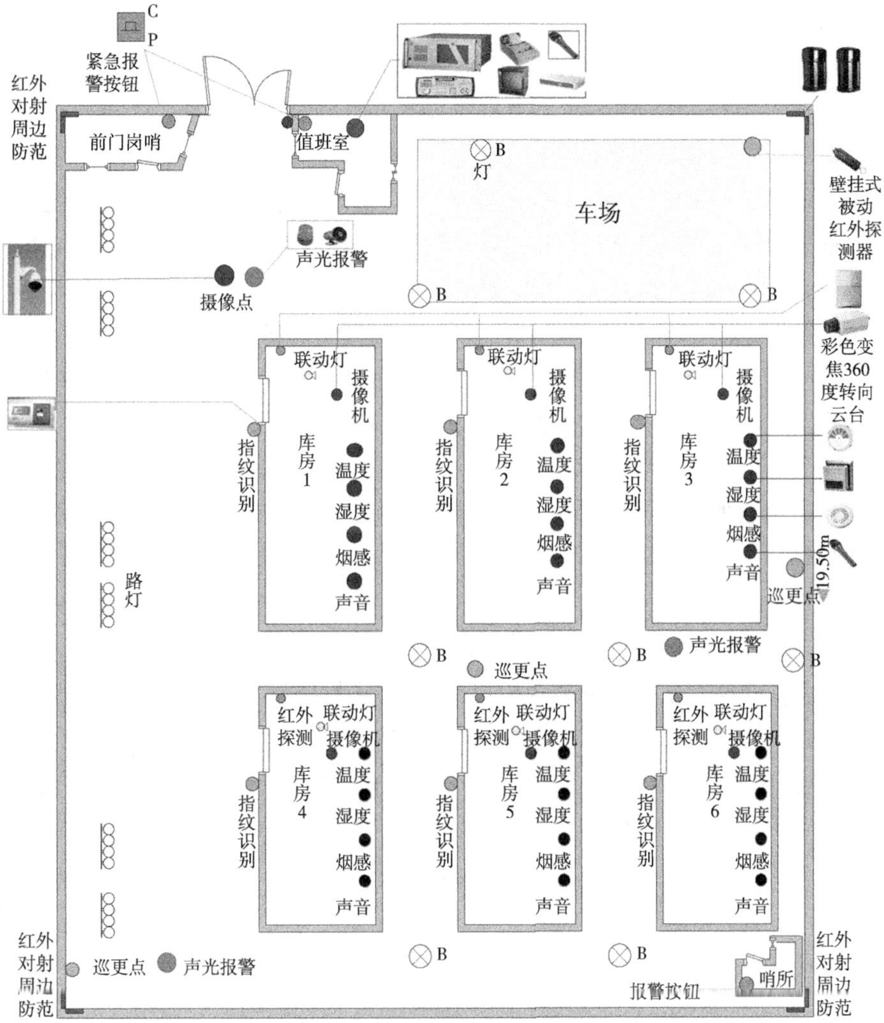

图6－27　仓库库区安全监控系统

设备布置：

（1）系统的前端由一台固定黑白摄像机，一台彩色万向高速半球摄像机，6台彩色变焦带自动云台摄像机，12只温度传感器，12只湿度传感器，12只烟雾传感器，12

只声音传感器，6 只壁挂式被动红外探测器，3 组报警按钮，6 个指纹识别器，6 个联动照明灯，6 组周界红外对射探测器组成。

（2）在库区正门一侧设置一台固定黑白摄像机。采用韩国三星公司 SBC－300P 型黑白摄像机，其水平分辨率 380TVL，最低照度 0.1lx，信噪比大于 48dB，可适应多种光照条件的背光补偿，主要对大门进出的人员进行全天 24 小时监控。并在夜晚昏暗的灯光下能够分清出入人员的外貌特征。

（3）在库区内正对大门 25m 立一竖杆，在其顶端设置一美国 AD 公司 AD616LS－1 彩色一体化摄像机，其水平分辨率 450TVL，内置 360 度高速云台，16 倍光学变焦镜头，128 倍数字变焦，3 种花样扫描，内置解码器。要求能对进出大门及其附近的车辆人员的行踪进行监视。

（4）在每个库房入口安装一套青松门禁指纹识别系统，门内设开门按钮。内一侧墙壁设一壁挂式红外被动探测器，正对门顶棚上方设一带万向云台韩国三星公司 SCC－101P 型彩色摄像机，其水平分辨率 480TVL，最低照度 1lx，色彩还原好，带背光补偿。另外库房内还分别设有 2 组温度传感器，2 组湿度传感器，2 组烟雾传感器，2 组声音传感器。要求能对出入库房人员进行限制、监视，对库房内发生的失火、过湿、温度过高等紧急情况进行及时报警，并能监听库房内声响。

（5）在库区中西南角，库房区中部，东部围墙中部，车场一侧各设一处巡更点，设置信息钮。要求能完成包括时间在内的多次记录。

（6）在前后两哨所中各设一组紧急报警按钮，用以对紧急情况快速做出反应。

（7）在库区四周围墙共设 6 组日本 ALEPH 公司的 ABH－250 红外对射探测器。一有非法侵入发生立即报警。

（8）值班室作为库区的监控中心，除了设有报警按钮外，还有数字硬盘录像机、控制键盘、报警打印机等监控设备。所有摄像机共 8 路的视频信号均进入硬盘录像主机，由主机进行分组切换显示和控制。各探头进入报警输入接口，警报发生时可将报警探头附近的摄像机画面调到主监视器上。彩色固定式摄像机的视频信号通过硬盘录像机的环通接口输入进行连续录像。1 台球型一体化摄像机的视频信号通过硬盘录像机的环通接口输入进行连续录像。1 台黑白摄像机的视频信号通过硬盘录像机的环通接口输入进行连续录像。图像监视采用 2 台 14in 彩色专业监视器和 1 台 14in 黑白专业监视器进行监视。所有摄像机的图像显示、切换和球型一体化摄像机的云台、变焦镜头的控制均由控制键盘实现。要求不但能直接监视出入门口的人员及车辆，且能对库区内的各监控点的情况进行实时监控，并能将各种数据上传至机关。

三、系统设备选型

（一）摄像机

选用美国 AD 公司 AD616LS－1 彩色一体化摄像机，其水平分辨力 450TVL，内置

360度高速云台，16倍光学变焦镜头，128倍数字变焦，3种花样扫描，内置解码器。固定彩色摄像机采用韩国三星公司SCC－101P摄像机，其水平分辨力480TVL，最低照度1lx，色彩还原好，带背光补偿。固定式黑白摄像机采用韩国三星公司SBC－300P摄像机，其水平分辨力380TVL，最低照度0.1lx，信噪比大于48dB，可适应多种光照条件的背光补偿。

（二）数字硬盘录像机

选用网典科技有限公司Espy－DV型数字录像主机。

1. 主要功能特点

（1）以帧切换编码录像方式同时记录所有输入的摄像机信号。

（2）全中文操作界面仿真设计，提供友好的人机交互界面，系统操作简单易学。

（3）高压缩比录像，适合长时间存储。

（4）图像回放检索方便，支持多种回放模式，可对选定图像进行放大、画质增强等处理。

（5）可以利用鼠标控制云台和镜头。

（6）可任意设置画面动态感知区域，一旦该摄像区域有人活动，监控主机自动报警并启动录像。

（7）在显示器屏幕上可以进行字符叠加，显示录像时间和摄像位置。

（8）支持DVD光盘备份。

（9）可以通过网络（LAN、PSTN、ISDN）进行远程监控、回放、云镜控制。

（10）全数字化、全自动化、无人值守。

2. 技术参数

Espy－DV型数字录像主机的技术参数如表6－1所示。

表6－1　　Espy－DV型数字录像主机的技术参数

技术规格	E－SPY（易贝）ES－1602数字监控录像主机
视频输入	16路NTSC/PAL－BNC复合信号
视频输出	主显示器（PC VGA显示器）和NTSC/PAL SPOT输出
显示速度	25帧/s
录像速度	200帧/s
工作模式	对每一个摄像机单独设置工作时间表，共有四种工作模式：监视、录像、传感器和录像＋传感器
压缩格式	M－JPEG，ML－JPEG（多层JPEG）

续 表

压缩比	20：1－30：1（M－JPEG：9～12kB），50：1－75：1（ML－JPEG：3～8kB）
分辨率	640×480，640×240，320×240，160×120 像素
画面分割方式	1，2，4，6，8，9，10，12，16 多画面/满屏多种分割方式
动态感知	可以灵活设置感知区域和灵敏度
传输	PSTN，ISDN，DDN，LAN，WAN
传输速度	PSTN：1/3 帧/s，LAN：最快 26～100 帧/s
网络方式	可以通过局域网或拨号网络进行分控、实行三级管理
报警输入/输出	16 路传感器输入/2 路报警输出/1 路报警复位输出
摄像机/传感器联动	N：M 联动
多任务方式	监视、录像、回放、传输和备份可以同时工作
回放方式	提供录像时间表，只需要一只鼠标即可操作回放
备份功能	使用 DVD/RAM 活动硬盘进行自动或手动备份

（三）监视器

彩色 14in 监视器采用目前最大的监视器生产商韩国三星公司 SMC－140P 监视器，采用 14in 阴极射线管，条纹间距为 0.66mm，水平分辨率 360TVL，多制式国际线路，屏幕显示菜单，坚固的金属机壳可有效防止外界干扰，是特别为 CCTV 应用系统设计的产品。大屏幕专业彩色监视器价格昂贵，因此采用索尼公司 29in 平面彩电替代，其指标优于一般监视器，是行业人士的理想选用器材。黑白监视器采用台湾利凌公司 PIH－14 监视器，其水平分辨力 850TVL，清晰度高，层次分明，金属外壳具有优良抗干扰能力。

（四）巡更器

由于仓库安全工作要求高，加之巡更点多，设备使用频繁，选用 TP－30 型设备。TP－30 巡检器采用压模金属外壳，结构设计精密，坚固耐用，抗冲击能力强，识读次数可达 100 万次，小巧轻便，便于手持携带，适用于各类巡检工作条件。系统具有以下特点：

（1）TP－30 巡更机采用压模金属外壳，结构设计精密，坚固耐用，抗冲击能力强，寿命长。

（2）TP－30 巡更机体积小重量轻，安全巡检人员携带方便，适合不同行业，不同环境下使用，可以自存储记录 5000 条。

（3）不锈钢封装的信息钮均有独立之内码，具有内码唯一性、免电池、防水、防磁、防震、保固10年等特性。安装与增减十分方便。

（4）本系统为特殊合金材料制成的高科技微电子产品，其精确性与可靠性已得到广泛认可。

（5）系统管理软件包括：系统设置、巡检计划、数据采集、查询打印、系统维护五个模块。

①系统设置模块：人员设置、巡检棒设置、事件设置、地点设置。

②巡检计划模块：班次设置、路线设置等。

③系统维护模块：参数设置、系统管理员、数据清理、软件的使用说明。

④查询打印模块：人员资料、巡检资料、班次资料、详尽的巡检统计报表和直观的图形统计报表。

⑤数据采集模块：读入资料、清除资料、资料归档。

（五）门禁指纹识别控制器

门禁控制器选用青松指纹门禁控制器。它是目前技术较先进、性能功能较成熟、产品质量可靠的大批量生产的指纹门禁控制产品，是门禁通道安全的最佳保障。其具体参数如表6－2所示。

表6－2　　青松指纹门禁控制器技术参数

项目		参数
确认响应时间		平均1～2s
登记时指纹输入次数		3次
指纹输入面积		20mm×20mm
认假率（FAR）		0.0001%以下
拒真率（FRR）		1%以下
指纹登记个数		200枚
管理记录个数/出入记录个数		1000/3000个
LCD显示方式		中文、英文
电控锁驱动电压		12V
报警器触点电压		DC 24V（MAX）AC 120V（MAX）
最大电控锁驱动电流		1.2A
锁体工作电压/电流		12V/450mA
等待状态电流		300μA
重量（g）	前端控制器	1100
	后端控制器	1400

续　表

大小（mm）		前端控制器	115（H）×227（W）×60（D）
		后端控制器	145（H）×272（W）×40（D）
工作环境	温度/湿度	0℃～50℃/15%～80%	
储存环境	温度/湿度	-15℃～60℃/10%～95%	

（六）壁挂式双元红外传感器

能有效地在非工作时间防止非法人员进入库房或金库。我们选用了以色列的ROKONET系列报警器材RK125FC型有线被动移动探测器。

1. 功能特点

（1）双元红外传感器。

（2）三种菲涅尔透镜可供选择：（广角透镜、长廓透镜、防宠物透镜）。

（3）两种脉冲计数选择：2脉冲或3脉冲。

（4）探测俯视角可调。

（5）步行测试，LED显示。

（6）灵敏度自动温度补偿。

（7）低功耗。

（8）金属屏蔽抗电磁干扰。

2. 技术指标

（1）探测方式：被动红外探测器。

（2）覆盖范围：广角：80°×15m（高度2.4m）、长廓：25m（高度2.4m）、防宠物：80°×15m（高度1m）。

（3）电源电压：8～15VDC。

（4）电流消耗：15mA（12VDC）。

（5）继电器输出：常闭触点、0.5A、≤10W。

（6）脉冲计数：2脉冲或3脉冲可选择。

（7）报警持续时间：3秒±0.5秒。

（8）环境温度：-10℃～50℃。

（9）环境湿度：95%。

（10）重量：24g。

（11）尺寸：直径100mm×65mm×42mm。

（七）室外双光束全数字式红外线探测器

设备选用日本ALEPH的ABH-250型。如图6-28所示。四段光束同时调整，水平调整角180°，垂直调整角24°。采用高频数字红外信号，对雨、雾、雪等恶劣天气适应力更强。有不同频率A、B、C型三种产品可选，互不干扰。室外有效探测距离250米。

图6－28　日本ALEPH的ABH－250型红外线探测器

四、系统的设计思想及功能

本系统根据公安部《安全防范工程程序与要求》（GA/T75—1994）安全防范工程设计标准进行设计，针对仓库的具体情况，采用目前最先进的数字监控技术和成熟的监控设备器材，系统功能齐备，操作简单，可靠性高，维护方便。在器材搭配上，全部使用高性能、高可靠性和高性价比的器材。

系统能实现以下功能：

（1）人员可通过指纹识别系统进入仓库库房、主任和主管领导办公室、财务室等。

（2）系统管理员或主管工作人员可以对整个监控系统或某局部区域进行布撤防操作。

（3）当出现突发事件时，库内人员可利用分布于各处的应急按钮向监控中心和上级部门报警。

（4）整个系统在运行过程中如某处出现故障，监控中心可收到警报并可以快速查出故障发生位置。

（5）监控中心可以对各监视点进行实时监控。

（6）利用指纹识别系统对工作人员进行考勤管理。

（7）监控系统高级管理人员可以根据需要对指纹库及指纹使用权限进行增加或删减。

（8）系统管理人员以及仓库有关人员可通过主、负控制键盘对远端监控设备的工作情况进行控制。

第七章　仓库消防

第一节　仓库消防管理

一、消防工作的方针

仓库消防管理就是遵循仓库火灾发生以及生产作业活动的客观规律，依照消防法规和消防工作方针、原则，运用管理科学的理论和方法，通过一系列的管理职能，合理而有效地使用人力、物力、财力、时间和信息等资源，为达到仓库预定的消防安全目标而进行的各种消防活动。

《中华人民共和国消防法》规定消防工作的方针是："预防为主，防消结合"。这个方针准确、科学地体现了对火灾的预防和扑救的辩论关系，正确地反映了同火灾作斗争的客观规律。

"预防为主"，就是在消防工作的指导思想上要把预防火灾始终放在首位，采取有效的预防措施，防患于未然，掌握同火灾作斗争的主动权。落实"预防为主"，仓库必须加强组织领导，建立健全消防组织和各种规章制度，积极开展消防安全教育，自觉遵守国家及有关行业部门颁布的消防法规，加强监督管理，落实整改措施，尤其应探索在社会主义市场经济条件下仓库消防管理的新思路、新经验，建立符合仓库实际的消防管理模式和相应的消防安全保障机制，把先进的科学技术用于消防管理，充分发动群众，依法严格管理，科学管理，有效地保障仓库安全。

"防消结合"，就是把同火灾作斗争的两个基本手段——预防和扑救，有机地联系起来，做到相辅相成，互相促进。"防消结合"，要求在做好防火工作的同时，在思想上、组织上、物资上和技术上做好充分的灭火准备。切实加强仓库消防力量的建设，搞好灭火技术装备的配备，强化消防基础设施建设，提高灭火战斗力。

认真贯彻"预防为主，防消结合"的方针，做到防与消有机地结合，才能在同火灾作斗争中处于主动地位，有效地防止火灾事故发生。

二、仓库消防管理的作用

1. 搞好仓库消防管理是防止仓库火灾爆炸事故的根本措施

仓库是储存物资的基地，许多物资（如油品、爆炸危险品等）具有易燃易爆等特点，如果管理不善，就可能引起燃烧或爆炸事故，其直接原因主要是人的不安全行为、物的不安全状态或环境的不安全因素，但最深层的本质原因则是管理上的原因。因此，应通过强化仓库消防安全管理，防止火灾爆炸事故的发生。

2. 搞好仓库消防管理是贯彻落实“预防为主，防消结合”方针的基本保证

消防工作方针是“预防为主，防消结合”，要求仓库消防重点应放在预防火灾事故的发生上，落实防火安全技术措施，采取预防火灾的对策，同时积极做好灭火准备，立足于扑灭仓库初起火灾，防止事故扩大。所有这些工作，都有赖于良好的消防管理工作。

3. 在技术、经济力量薄弱的情况，为了保证仓库安全，更加需要突出消防管理的作用

由于仓库所处的特殊环境以及仓库本身技术、经济力量的限制，仓库不可能投入更多的人力、物力和财力用于消防硬件设施的建设，因而，仓库火灾危险性大与消防设备设施建设滞后的矛盾相当突出。如何解决这一矛盾呢？重点就应放在抓好仓库消防管理上。

抓好仓库消防管理，重要的是落实国家颁布的消防安全法规，建立规章制度，实行“谁主管，谁负责”的消防安全责任制，充分发挥消防监督管理的作用。

4. 搞好仓库消防管理有利于全面提高仓库管理水平

为了防止火灾爆炸事故及其危害，仓库必须从人员、设备设施、作业环境、法规等方面采取相应的对策，包括提高仓库人员的素质，环境的整治与改善，设备设施的检查、维修、改造和更新，作业方法的改进，灭火技能的掌握，仓库作业管理，技术管理，设备设施管理以及组织管理进行优化，等等。从而推动仓库管理的改善和全面工作的进步，提高仓库安全管理水平和保障能力。

三、仓库消防管理原则

仓库消防管理原则就是从事消防管理活动所必须遵循的共同准则和基本要求，为了有效地进行仓库消防管理，必须遵循以下几项原则。

1. “谁主管，谁负责”的原则

“谁主管，谁负责”就是要求谁主管哪项工作，谁就对那项工作中的消防安全负责。仓库主管应对仓库的消防安全工作全面负责，是当然的防火责任人，仓库分管其他工作的领导和各业务部门，要对分管业务范围内的消防安全工作负责，仓库各分队领导，要对本分队的消防安全工作负责，仓库各岗位的人员，应对本岗位的消防安全工作负责。

实行这一原则，可使仓库消防安全管理工作，纵向上层层负责，横向上分口把关，形成纵横交错的消防管理网络。

2. **依靠群众的原则**

仓库消防安全工作是一项具有广泛群众性的工作，仓库所有人员既是消防安全管理工作的参与者，又是仓库安全生产的受益者，他们与仓库消防安全管理具有密不可分的联系。因此，仓库消防安全管理必须建立在广泛的群众基础之上，坚持群众性原则，采取各种方式方法，动员仓库所有人员积极参与消防安全管理，向群众普及消防知识，提高群众的消防意识和防灾抗灾能力，组织群众中的骨干，建立义务消防组织，开展群众性的防火灭火工作。

3. **依法管理的原则**

仓库消防管理必须依照国家立法机关和有关行政机关颁布的法律、法令、条例、规则、规程等来进行，实行依法管理。目前，我国已逐步形成了以消防法为基本法律，由行政法规和技术标准、规范和军队、地方性法规相结合的消防法规体系，这是油库建立消防安全秩序的重要依据，它不仅具有引导、教育、评价、调整人们行为的规范作用，而且具有制裁、惩罚违法犯罪行为的强制作用。因此，仓库应组织干部、员工、战士学习消防法规，从仓库实际出发，依照消防法规的基本要求，制定相应的消防管理规章制度或工作规程，并严格执行，做到有法必依、执法必严、违法必究，使油库消防管理走上法制化轨道。

4. **科学管理的原则**

仓库消防管理有其自身的规律性，实行科学管理，首先要按客观规律办事，如仓库火灾发生、发展的规律；火灾的发生与仓库作业环境、作业场所的关系；火灾成因与人们心理和行为相关的规律等。其次要学习和运用管理科学的理论和方法，提高工作效率和管理水平，并与实践经验有机结合起来。最后要逐步采用现代化的技术手段和管理手段，以取得最佳的管理效果。

5. **综合治理的原则**

仓库消防管理是一项系统工程，涉及仓库人员、设备设施、储存物资以及各个作业环节和作业场所。因此，仓库消防管理在管理方式、管理手段以及管理内容上表现出较强的综合性，需要进行综合治理：一是应动员仓库每个人员、每个部门参加对消防工作的治理，形成齐抓共管的局面；二是仓库消防管理应与仓库的整体管理统一起来，不搞单打独斗；三是应用法律的、经济的、技术的和思想教育的手段进行治理；四是仓库消防涉及的所有人、物、事、时间、信息等都要进行综合治理，不留死角。

四、仓库消防组织

消防组织是根据消防系统目标，按照一定系统、形式组建起来的同火灾作斗争的专业性和群众性实体。仓库消防组织是担负仓库火灾预防和扑救，进行消防教育和消防安全检查的重要机构。仓库一般有专职消防组织和义务消防组织两种形式。

（一）专职消防组织

1. 消防班（组）

根据仓库具体情况，可设立仓库消防班（组），内设1名班（组）长和若干名消防队员。在专职人员不足时，可指定若干名适合的人员作为兼职消防队员，兼职消防队员应参加消防班（组）的各种技术训练和扑救工作。

2. 消防班（组）职责

消防班（组）的主要任务是贯彻“预防为主，防消结合”的方针，切实做好本单位的防火、灭火工作。其职责如下：

①建立防火责任制，定期深入责任区进行检查，督促整改火灾隐患，建立防火档案。

②在本单位开展消防宣传活动，普及消防知识，推动消防安全制度的贯彻落实，并负责训练本单位的义务消防队员。

③在本单位改变储存物资的性质以及需要进行新建、扩建、改建工程施工时，应向单位领导和有关部门提出改进消防安全措施的意见和建议。

④定期向仓库领导和上级业务部门汇报消防工作。对违反消防法规的情形，应当及时提出意见，如不采纳，可向有关部门报告。

⑤制订灭火作战方案，进行实地演练，加强灭火战术、技术训练，不断提高业务素质和灭火战斗能力。

⑥随时做好灭火战斗准备，一旦发现火灾立即扑救，及时抢救人员和物资，当接到消防监督部门的外出灭火调令时，应迅速出动，听从火场指挥员的统一指挥。

（二）义务消防组织

1. 义务消防队

义务消防队是保障本单位消防安全、扑救火灾而组成的基层兼职灭火力量，是发动仓库全体人员同火灾斗争的自防自救组织。义务消防队可结合各仓库具体情况进行组建，一般为30人左右，设队长1名，副队长1~2名，下设防火宣传、安全检查和扑救火灾等若干班（组）。

为了有组织地扑救火灾，义务消防队一般以分担任务的不同分成下列各组：

①指挥组：由单位首长担任，负责平时消防教育和灭火时的组织指挥工作。

②安全检查组：负责平时对消防工作和消防器材的检查，发现问题及时报告，及时处理。

③通信联络组：负责火警时的通信联络工作。平时应熟悉当地消防队、公安消防部门、驻地部队和企事业单位、上级司令部门、业务部门等的电话号码及通信联络方法，熟悉本单位的道路和水源情况，以便发生火灾时迅速报警和联系。

④警卫组：负责火场的警卫和现场纠察工作。

⑤抢救组：负责物资抢运和人员救护工作。

⑥扑救组：负责火场灭火工作。平时要熟悉各种物质的灭火方法，熟练地使用各种消防器材。发生火灾时，要听从指挥，发扬“一不怕苦，二不怕死”的精神，勇敢地扑灭火灾。

⑦机动组：随时准备执行任务或加强某一个组工作。

2. 义务消防队的任务

义务消防队要认真贯彻“预防为主，防消结合”的消防工作方针，努力做好本单位的防火和灭火工作，其主要任务是：

①认真贯彻执行国家和有关部门颁布的有关消防安全的各项法规。

②协助本单位订立切实可行的消防安全制度，并督促实施。

③根据本单位的特点，利用各种场合，采取群众喜闻乐见的各种形式（如电影、幻灯、广播、板报、标语和讲座等）进行防火宣传，普及消防知识。

④结合本单位的实际情况，进行经常性的防火安全检查，督促整改火险隐患，并在节假日和火灾多发季节组织消防值班和巡逻。

⑤负责本单位的消防设施、器材和装具的管理、维修和保养，经常保持完整好用。

⑥负责制订本单位的灭火作战或人员疏散的方案，并定期组织实地演练。

⑦当本单位发生火灾时，在报警的同时，应有组织地进行火灾扑救，严密警戒火场，防止坏人“趁火打劫”。火灾扑灭后，及时总结经验教训。

⑧扑救火灾时，要保护起火部位和火灾现场，并协助调查火灾原因，吸取经验教训，以利于改进消防措施，进一步加强消防安全工作。

五、仓库消防值班制度

1. 巡回值班制度

主要负责巡查仓库防火情况，检查消防水池贮水情况，库区交通要道畅通情况，有无违犯防火规章的现象以及禁区有无火种、危险物品和非本库人员。特别在节假日应加强巡查。

2. 现场值班制度

携带必要的消防器材或出动消防车到作业现场负责防火安全，督促现场工作人员执行安全和防火制度，现场的消防器材、设备必须呈戒备状态，并不得中途私自撤离，以保证万一发生火灾时能迅速扑灭。工作完毕后，要检查现场，确保无火灾危险发生时，方可撤出。

六、仓库消防检查

消防安全检查是消防安全管理的一项重要职能，通过防火检查，能够及时发现隐患，分析和研究隐患构成的要素，以便有的放矢地采取对策，消除隐患；检查可以获得防火管理信息，掌握情况变化，加强管理和指导；检查可督促各级、各部门、各类人员执行和落实防火安全制度。

1. 消防安全检查的内容

消防安全检查是一项综合性的管理措施，可以对仓库的消防工作进行全面性的检查，也可以对人的不安全行为或设备、环境的不安全状态进行检查。全面性的检查，一般要检查消防管理的基本情况、储存物资的消防安全状况、用火用电的管理情况、重点部位（危险点）的管理情况、消防安全培训和安全教育程度、灭火疏散准备程度等方面。

2. 消防安全检查的种类

①日常性检查。即经常的、普遍的检查。仓库每年要进行若干次，业务部门每月至少一次，分队、班组每周应进行检查或根据作业情况进行检查。仓库消防员的日常检查应有计划、有重点地进行周期性的检查。

②季节检查。是根据历年各季节火灾发生规律有的放矢地进行检查。这种检查可在季节来临之前进行主动性检查或在季节中进行控制性检查。

③节假日检查。节假日之前要进行综合性检查，着重落实值班、巡逻等措施。

④专业性检查。是由有关职能部门组成专业检查组针对特种作业、特殊场所进行检查，如对用电用火设备、压力容器、房屋建筑、易燃易爆物品储运场所等进行检查。

防火安全检查按检查主体可分为：自力检查，部门或基层单位进行互查；公安消防部门或主管部门（系统）对基层单位进行的外力检查，即监督性检查。

七、仓库消防预案

仓库消防预案的拟制一般采用文、表、图混合格式，也可用图、表形式。仓库消防预案的拟制是仓库消防管理的重要工作，下面简单介绍仓库消防预案拟制方法。

（一）仓库消防预案拟制要领

1. 标题

通常由“仓库名称”加“事由”加“预案”组成，如“××仓库消防预案”。

2. 开头

通常写明拟制本预案的依据、目的等。如：为了切实做好仓库消防工作，提高仓库消防组织指挥能力和快速反应能力，确保仓库安全，特制定本预案。

3. 正文

仓库消防预案应包括以下内容：

（1）消防区域的划分。为了便于平时管理和火警时的通信联络，综合考虑仓库地形、建筑物布局、作业性质、道路、距离等因素，将仓库划分为若干个消防区域，并在各区域内设置若干个报警点，规定各消防区域集合点。

（2）人员编组、任务区分和器材配备。通常成立指挥组、灭火组、抢险组、运输组、警防组、通信联络组、救护组和后勤保障组，明确各组的任务及器材配备标准。

（3）火警信号规定。明确火警信号规定。

（4）指挥部的位置。在各消防区域发生火灾时，明确现场指挥部的设置地点，以利于组织指挥。

（5）消防设备与器材的配备与管理。仓库各场所消防设备和器材的配备情况。

（6）情况处置。明确仓库的物资储存区、铁路装卸作业区、码头装卸作业区、汽车装卸作业区、办公生活区和库区附近山林等发生火灾时的处置办法。

（7）与友邻单位和公安消防部门的协同。明确友邻单位和公安消防部门的联系电话，协同内容。

（8）要求。针对可能出现的问题，提出具体要求。

（9）附件。消防区域划分、消防报警点及现场指挥部设置图；仓库消防设备、器材配置图；仓库消防设备器材配置一览表；仓库消防方案图。

（二）拟制仓库消防预案应注意的问题

（1）应突出重点。情况处置是仓库消防预案的重点。应结合各仓库的实际情况，认真分析可能的火情，提出切实可行的消防措施。

（2）应加强演练。每年按规定进行演练，明确任务，熟悉消防预案，掌握消防设备、器材的使用，保证一有情况能立即出动，并能完成任务。

（3）应简明易懂。尽量采用表格和图来表示仓库消防情况，方便使用。

第二节　仓库防火

一、燃烧爆炸基本原理

（一）燃烧的本质

燃烧是一种放热发光的化学反应。在日常生活、生产中所看到的燃烧现象，大都是可燃物质与空气（氧）或其他氧化剂进行剧烈化合而发生的放热发光的现象。

可燃物质在燃烧过程中变成在性质上与原来物质完全不同的新物质。例如：木材在空气中燃烧变成二氧化碳和水蒸气。另外，物质燃烧时还必须有放热发光的现象。否则，不能称为燃烧。例如：碳酸氢钠和硫酸铝起反应，生成二氧化碳、氢氧化铝和硫酸钠，是一种化学反应，但无放热和发光现象；生石灰与水起反应，生成熟石灰，同时放出热，但没有发光现象，所以二者都不能称为燃烧。既称燃烧，其过程就应包括化学反应、放热、发光，三者缺一不可。

燃烧是一种复杂的化学反应。这种化学反应实际上是剧烈的氧化反应。

物质燃烧时是可燃物质与氧或其他氧化剂进行反应的结果，但由于氧化速度不同，或成为燃烧，或成为一般的氧化反应。剧烈氧化的结果，放出光和热，而一般氧化因速度慢，产生的热又随时散发，所以没有发光现象。因此，物质燃烧是氧化反应，但氧化反应不一定都是燃烧。

（二）燃烧的条件

燃烧不是随便发生的，凡发生燃烧，就必须同时具备三个条件，即可燃物、助燃物、着火源。

1. 可燃物

凡能与空气中的氧或其他氧化剂起剧烈反应的物质，都称为可燃物。可燃物，简单地说，就是可以燃烧的物质，如木材、纸张、汽油、酒精、氢气、乙炔、金属钠、镁，等等。

2. 助燃物

凡能帮助和支持燃烧的物质都叫助燃物，如空气、氧、氯、溴、氯酸钾、高锰酸钾、过氧化钠，等等。

3. 着火源

凡能引起可燃物质燃烧的热能源都称着火源。最常见的有明火焰、赤热体、火星和电火花等。

明火焰是比较强的热源。它可以点燃任何可燃物质，其温度约在700℃～2000℃，远远高于可燃物的自燃点。

赤热体是指本身受高温作用，由于蓄热而使自己具有较高的温度，如赤热的铁块、烧红了的金属设备等。赤热体点燃可燃物的速度有快有慢，主要取决于物质的性质和状态，其点燃过程是由一点而扩至全部。

火星是由于两个物体强烈的摩擦、撞击产生的，是由机械能转化为热能的一种现象。火星的温度约有1200℃，可引燃可燃气体或液体蒸气与空气的混合物，也能引燃某些固体物质，如棉花、布匹、绒毛等。

电孤和电火花是在两极间放电放出的火花，或者是击穿产生的电弧光，或者是切断接点时产生的孤光放电火花，还有静电放电火花。这些火花能引起可燃气体、液体蒸气和固体物质着火。这种火源较为普遍，所以是一种较危险的着火源。

在周围环境中常见的着火源的温度如表7－1所示。从表7－1可以看出，着火源的温度都大大超出一般可燃物质所需要的点火能量。所以，要求在有火灾爆炸危险的场所严禁烟火，禁止使用易产生火花的金属工具，不准机动车辆随便驶入，采用防爆电器，严格动火检修制度等。

表 7－1　　常见着火源的温度

着火源名称	火源温度（℃）	着火源名称	火源温度（℃）
火柴焰	500～650	酒精灯焰	1180
烟头（中心）	700～800	煤油灯焰	700～900
烟头（表面）	250	蜡烛焰	640～940
机械火星	1200	打火机焰	1000
电火花	700	焊割火花	2000～3000
烟囱飞火	600	汽车排气管火星	600～800
气体灯焰	1600～2100		

在某些情况下，虽然具备了燃烧的三个条件，也不一定能发生燃烧。这就需要可燃物要与氧有一定数量的比例，并且要提供充足的氧气，否则就不会使燃烧继续下去。另外，要发生燃烧，着火源要有足够的温度，还必须使三者相互作用，否则燃烧也不能发生。

（三）燃烧形式

1. 扩散燃烧

可燃气体和空气分子互相扩散、混合，其混合浓度在爆炸范围以外，遇火源即能着火燃烧。

2. 蒸发燃烧

可燃性液体，如汽油、酒精等，蒸发产生了蒸气被点燃起火，它放出热量进一步加热液体表面，从而促使液体持续蒸发，使燃烧继续下去。

萘、硫黄等在常温下虽为固体，但在受热后会升华产生蒸气或熔融后产生蒸气，同样是蒸发燃烧。

3. 分解燃烧

分解燃烧是指在燃烧过程中可燃物首先遇热分解，分解产物和氧反应产生燃烧，如木材、煤、纸等固体可燃物的燃烧。

4. 表面燃烧

表面燃烧在空气和固体表面接触部位进行。例如，木材燃烧，最后分解不出可燃气体，只剩下固体炭，燃烧在空气和固体炭表面接触部分进行，它能产生红热的表面，不产生火焰。

5. 混合燃烧

可燃气体与助燃气体在容器内或空间中充分扩散混合，其浓度在爆炸范围内，此时遇火源即会发生燃烧，这种燃烧在混合气所分布的空间中快速进行，所以称之为混合燃烧。

6. 阴燃

一些固体可燃物在空气不流通、加热温度低或可燃物含水多等条件下发生的只冒烟无火焰的燃烧。

（四）燃烧过程

1. 不同状态物质的燃烧

自然界里的一切物质，在一定温度和压力下，都以一定状态（固态、液态、气态）存在。固体、液体、气体就是物质的三种状态。这三种状态的物质燃烧过程是不同的。固体和液体发生燃烧，需要经过分解和蒸发，生成气体，然后由这些气体成分与氧化剂作用发生燃烧。气体物质不需要经过蒸发，可以直接燃烧。物质燃烧历程如图 7－1 所示。

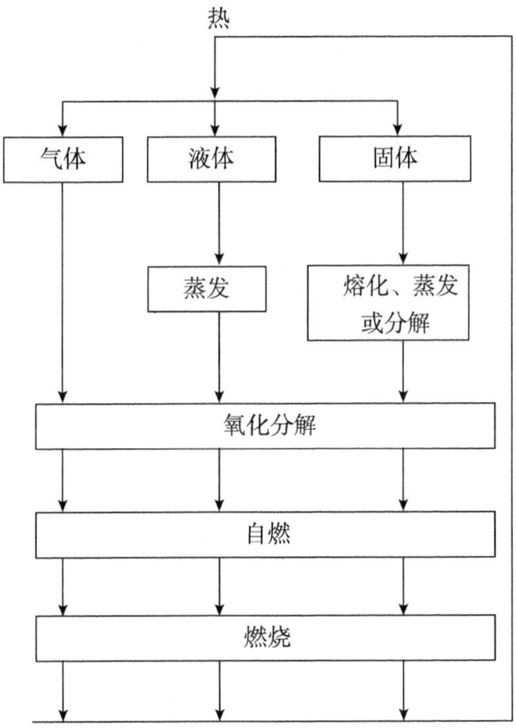

图 7－1　物质燃烧历程

（1）固体物质的燃烧。

固体是有一定形状的物质。它的化学结构比较紧凑，所以在常温下都以固态存在。固体物质的化学组成是不一样的，有的比较简单，如硫、磷、钾等都是由同种元素构成的物质；有的比较复杂，如木材、纸张和煤炭等，是由多种元素构成的化合物。由于固体物质的化学组成不同，燃烧时情况也不一样。有的固体物质可以直接受热分解蒸发，生成气体，进而燃烧。有的固体物质受热后先熔化为液体，然后气化燃烧，如硫、磷、蜡等。

此外，各种固体物质的熔点和受热分解的温度也不一样，有的低，有的高。熔点和分解温度低的物质，容易发生燃烧。如赛璐珞（硝化纤维素）在 80℃ ~90℃时就会软化，在 100℃时就开始分解，150℃ ~180℃时自燃。但是大多数固体物质的分解温度和熔点是比较高的。如木材先是受热蒸发掉水分，析出二氧化碳等不燃气体，然后外层开始分解出可燃的气态产物，同时放出热量，开始剧烈氧化，直到出现火焰。

另外，固体物质燃烧的速度与其体积和颗粒的大小有关，小则快，大则慢。如散放的木条要比垛成堆的圆木燃烧得快，其原因就是木条与氧的接触面大，燃烧较充分，因此燃烧速度就快。

（2）液体物质的燃烧。

液体是一种流动性物质，没有一定形状。燃烧时，挥发性强，不少液体在常温下，表面上就飘浮着一定浓度的蒸气，遇到着火源即可燃烧。

液体的种类繁多，各自的化学成分不同，燃烧的过程也就不同，如汽油、酒精等易燃液体的化学成分就比较简单，沸点较低，在一般情况下就能挥发，燃烧时，可直接蒸发生成与液体成分相同的气体，与氧化剂作用而燃烧。而有些化学组成比较复杂的液体燃烧时，其过程就比较复杂。如原油（石油）是一种多组分的混合物，燃烧时，原油首先逐一蒸发为各种气体组分，而后再燃烧。原油的燃烧与其他成分单一的液体燃烧不一样，它首先蒸发出沸点较低的组分并燃烧，而后才是沸点较高的组分。

（3）气体的燃烧。

易燃与可燃气体的燃烧不需要像固体、液体物质那样经过熔化、蒸发等准备过程，所以气体在燃烧时所需要的热量仅用于氧化或分解气体和将气体加热到燃点，因此容易燃烧，而且燃烧速度快。

气体燃烧有两种形式，一是扩散燃烧；二是动力燃烧。如果可燃气体与空气边混合边燃烧，这种燃烧就叫扩散燃烧（或称稳定燃烧）。如使用石油液化气罐烧饭就是扩散燃烧。如果可燃气体与空气在燃烧之前就已混合，遇到着火源立即爆炸，形成燃烧，这种燃烧就叫动力燃烧。如石油液化气罐气阀漏气时，漏出的气体与空气形成爆炸混合物，一遇到着火源，就会以爆炸的形式燃烧，并在漏气处转变为扩散燃烧。

2. 完全燃烧和不完全燃烧

物质燃烧可分为完全燃烧和不完全燃烧。凡是物质燃烧后产生不能继续燃烧的新物质，就叫作完全燃烧；凡是物质燃烧后，产生还能继续燃烧的新物质，就叫不完全燃烧。

物质为什么会出现两种不同形式的燃烧呢？主要是因为燃烧物质所处的条件不同。

物质燃烧时，如果空气（或其他氧化剂）充足，就会发生完全燃烧，反之就会发生不完全燃烧。

物质燃烧后产生的新物质称为燃烧产物。其中，散布于空气中能被人们看到的云雾状燃烧产物，叫作烟雾。物质完全燃烧后的产物叫完全燃烧产物。物质不完全燃烧所生成的新物质叫作不完全燃烧产物。

燃烧产物对火灾扑救工作有很大影响。有利的影响是：

第一，大量生成完全燃烧产物，可以阻止燃烧的进行。如完全燃烧后生成的水蒸气和二氧化碳能够稀释燃烧区的含氧量，从而中断一般物质的燃烧。

第二，可以根据烟雾的特征和流动方向，来识别燃烧物质，判断火源位置和火势蔓延方向。

燃烧产物对灭火工作的不利影响是：

第一，妨碍灭火人员的行动。烟雾弥漫使火场中能见度降低，看不清方向，不便于抢救人员和物资，影响灭火。

第二，威胁人员安全。许多物质燃烧时能释放出有毒气体，一氧化碳就是火场上较为常见的有毒气体，它无嗅、无味、无色，不易察觉，易使人中毒。一氧化碳对人体的影响如表 7 – 2 所示。

表 7 – 2　　一氧化碳对人体的影响

空气中一氧化碳含量（%）	呼吸时间	中毒程度
0. 1	1h	头痛、呕吐
0. 5	20 ~ 30min	有致死的危险
1	呼吸次数	失去知觉
	1 ~ 2min	可中毒死亡

第三，造成火势蔓延。受热的燃烧产物、受热气体的对流和热辐射，都会使火势蔓延。

（五）燃烧类型

燃烧有许多种类型，下面主要介绍闪燃、着火、自燃和爆炸四种类型。

1. 闪燃

在一定温度下，易燃或可燃液体（包括能蒸发蒸气的少量固体，如石蜡、樟脑等）产生的蒸气与空气混合后，达到一定浓度时遇火源产生一闪即灭的现象，这种燃烧现象就叫闪燃。液体发生闪燃的最低温度，叫作闪点。液体的闪点越低，火灾危险性越大，它是评定液体火灾危险性的主要依据。表 7 – 3 为几种液体的闪点。

表7-3　　几种液体的闪点

液体名称	闪点（℃）	液体名称	闪点（℃）
乙醚	-45	汽油	-50~30
丙酮	-10	苯	10~15
甲苯	6~30	松节油	32
乙醇	14	柴油	50~90
煤油	28		

2. 着火

可燃物质在空气中受着火源的作用而发生持续燃烧的现象叫着火。物质着火需要一定的温度。可燃物开始持续燃烧所需要的最低温度，叫燃点（又称着火点）。可燃物的燃点越低，越容易起火。根据可燃物质的燃点高低，可以鉴别其火灾危险程度，以便在防火和灭火工作中采取相应措施。表7-4为几种可燃物质的燃点。

表7-4　　几种可燃物质的燃点

物质名称	燃点（℃）	物质名称	燃点（℃）
黄磷	34~60	布匹	200
松节油	53	麦草	200
樟脑	70	硫	207
灯油	86	豆油	220
赛璐珞	100	烟叶	222
橡胶	120	松木	250
纸张	130	胶布	325
漆布	165	涤纶纤维	390
蜡烛	190	棉花	210

3. 自燃

可燃物在空气中没有外来火源的作用，靠自热和外热而发生的燃烧现象叫自燃。根据热的来源不同，可分为本身自燃和受热自燃。本身自燃，指由于物质内部自行发热而发生的燃烧现象；受热自燃指物质被加热到一定温度时发生的燃烧现象。使可燃物发生自燃的最低温度，叫自燃点。物质的自燃点越低，发生火灾的危险性越大。表7-5为几种可燃物质的自燃点。

表 7－5　　几种可燃物质的自燃点

物质名称	自燃点（℃）	物质名称	自燃点（℃）
黄磷	34～35	木材	400～500
松香	240	稻草	330
浸油的棉麻纸	165	褐煤	250～450
汽油	255～530	烟煤	400～500
煤油	240～290	硫化铁	340～406
柴油	350～380	锦纶纤维（尼龙）	442
桐油	410	涤纶纤维	440
籽油	407	腈纶纤维	435

4. **爆炸**

爆炸是指物质从一种状态迅速转变为另一种状态，并在瞬间以机械功的形式放出巨大能量，或是气体、蒸气在瞬间发生剧烈膨胀等现象。常见的爆炸有两种：一种是物理性爆炸，一种是化学性爆炸。

物理性爆炸主要是由于气体或蒸气迅速膨胀，压力急剧增加，并大大超过容器所能承受的极限压力，而造成容器爆裂，如锅炉爆炸等。化学性爆炸是爆炸性物质本身发生了化学变化，产生出大量的气体和很高的温度而形成爆炸。典型的化学性爆炸有炸药的爆炸、可燃气体与空气混合物的爆炸，可直接造成火灾。

可燃气体与空气的混合物，必须在一定的浓度范围内，遇着火源才能发生爆炸。这个遇着火源能够发生爆炸的浓度范围，叫做爆炸浓度极限。其最高浓度为爆炸上限，最低浓度为爆炸下限。可燃液体在一定温度下，由于蒸发而形成的蒸气浓度等于爆炸浓度极限时，其温度称为爆炸温度极限。几种可燃液体的蒸气爆炸浓度极限与爆炸温度极限如表 7－6 所示。

表 7－6　　几种可燃液体的蒸气爆炸浓度极限与爆炸温度极限

液体名称	蒸气爆炸浓度极限（%）		爆炸温度极限（℃）	
	下限	上限	下限	上限
酒精	3.3	18	11	40
甲苯	1.5	7	5.5	31
松节油	0.8	62	33.5	53
车用汽油	1.7	7.2	－38	－8
灯用煤油	1.4	7.5	40	86
乙醚	1.85	40	－43	13
苯	1.5	9.5	－14	19

二、燃烧爆炸性物质

凡是能够引起火灾或爆炸危险的物质称为燃烧爆炸性物质。

1. 爆炸性物质

凡是受到高热、摩擦、撞击或受一定物质的激发能瞬息间起单分解或复分解化学反应，并以机械功的形式在极短时间内放出能量的物质，统称为爆炸性物质。爆炸性物质按照组成分为爆炸性化合物和爆炸性混合物。

爆炸性化合物按照化学反应的类型又分为单分解爆炸物质和复分解爆炸物质。单分解爆炸物质爆炸时并不一定发生燃烧反应，爆炸所需热量来自本身分解时产生的热量。如过氧化物、氨酸和过氨酸化合物、氮的卤化物、亚硝基化合物等，这类物质的性质极不稳定，受轻微振动即可爆炸。复分解爆炸物质的性质较单分解爆炸性物质稳定，爆炸时伴有燃烧反应，燃烧所需要的氧由本身分解时供给，如梯恩梯、苦味酸、硝化棉等。

爆炸性混合物通常是由两种或两种以上的爆炸组分和非爆炸组分经机械混合而成，如黑色火药、硝铵炸药、硝化甘油炸药等。

爆炸性物质分类如表 7 – 7 所示。

表 7 – 7　爆炸性物质分类

序号	名称	说明	备注
1	火药	指缓燃性类型或爆炸反应较缓慢类型的火药。统称火药，包括以硝酸盐为主的有烟火药和以硝化纤维为主的无烟火药	如黑火药、硝化纤维火药、由硝化纤维和硝化甘油组成的无烟火药
2	炸药	是指爆炸反应速度很快的爆轰性火药	如雷汞、雷酸银、硝化甘油混合炸药、硝铵炸药、硝化纤维素等
3	火工品	是将火药或爆炸一类物质装在金属管、纸管或布包中，通过其燃烧或爆炸来诱发其他火药类物质燃烧或爆炸装置的总称	如雷管、导爆线、信号烟管、推进剂、电雷管、导火线等
4	弹药	弹药是由各种不同形状和结构的金属外壳（也有少数是非金属）中间装填猛性炸药结构，包括弹头和发射部分	如枪弹、炮弹、投掷弹、爆破器材（地雷、水雷、反坦克地雷、爆破筒）和特种弹药（照明弹、燃烧弹、烟幕弹等）

注：爆炸品还包括烟花炮竹等。

2. 易燃和可燃液体

凡闪点低于或等于 45℃的液体称为易燃液体。闪点大于 45℃的称为可燃液体。易燃可燃液体分级如表7－8所示。液体的火灾危险性是由其理化性质决定的。

表7－8　易燃可燃液体分级

类别	级别	划分标准	举例	备注
易燃液体	一	闪点＜28℃	汽油、酒精、苯	①燃烧爆炸性； ②常温挥发性； ③受热膨胀性； ④流动扩散性； ⑤摩擦带电性
	二	闪点28℃～45℃	柴油、松节油	
可燃液体	三	闪点45℃～120℃	柴油、酚	
	四	闪点＞120℃	润滑油、甘油、桐油	

3. **可燃气体**

凡遇火受热撞击摩擦或与氧化剂接触能够燃烧爆炸的气态物质称为可燃气体。可燃气体包括可燃性气体（如氢气、煤气、甲烷等）、可燃液化气（如液化石油气等）、液体蒸气（如汽油、甲醇等）、助燃气体（如氧、氯、二氧化氮等）、分解爆炸性气体（如乙烯、二烯等）。衡量气体的火灾危险性，主要是依据它们的燃烧能力以及与空气形成爆炸混合物的浓度，同时还要参考其他理化性质。可燃气体分级如表7－9所示。

表7－9　可燃气体分级

级别	爆炸下限（体积）（%）	举例
一级	＜10	氢气、煤气、甲烷
二级	≥10	氨、一氧化碳

4. **遇水燃烧物质**

凡是遇水或潮湿空气能分解产生可燃气体并放出热量而引起燃烧或爆炸的物质，都叫遇水燃烧物质。其性质是能使水分解，夺取水中的氧与其化合，放出热量，并产生可燃气体。这种气体由于放热作用或接触火源，会发生燃烧或爆炸。在扑救这类物质的火灾时，可使用干粉、干砂等，严禁用水或泡沫。

5. **自燃性物质**

凡是不需外界火源的作用，由于本身受空气氧化或外界温度、湿度影响，发热而达到燃点引起自行燃烧的物质，都叫自燃性物质。此类物质的特性是在空气中能剧烈氧化，反应速度快，极易自燃，而且燃烧猛烈，危害性大。

6. **易燃可燃固体**

凡是遇火、受热、撞击、摩擦或与氧化剂接触能着火的固体物质，统称为易燃可燃固体。其火灾危险性决定于该物质的理化性质。易燃可燃固体分级如表7－10所示。

表7－10　　易燃可燃固体分级

类别	级别	划分参考标准	举例	备注
易燃固体	一	高熔点，燃点在300℃以下，低熔点，闪点在100℃以下：燃烧速度0.5 cm/s以上；产物毒胜较大；为危险物	①磷及磷化物（红磷）； ②硝基化合物（二硝基甲苯）； ③含氮12.5%以下的硝化棉（胶棉）； ④氨基化合物（氨基化钠）； ⑤其他（闪光粉）	①燃烧性； ②爆炸性； ③自燃性； ④带电性； ⑤毒害性
	二	燃烧性能较低； 燃烧速度0.5cm/s以上； 产物毒性较小； 为危险物	①金属粉末（镁粉）； ②硝基化合物（硝基芳烃）； ③硝化棉制品（赛璐珞）； ④氨基化物（氨基化钙）； ⑤其他（硫黄、茶、生松香）	
可燃固体	易燃固体外燃烧性固体；未列入危险品的易燃固体		①天然纤维（棉、麻、木材）； ②合成纤维（锦纶、涤纶、维尼纶）； ③谷物（小麦、大豆、玉米、面粉）； ④化工原料（石蜡、己二酸）； ⑤其他（橡胶、纸张、毛皮）	

7. **氧化剂**

凡是具有强烈的氧化性能，如遇酸、遇碱、受潮、摩擦、冲击或与易燃物、还原剂等接触而发生分解并引起燃烧或爆炸的物质，统称氧化剂。

氧化剂按化学结构与性质，分为无机氧化剂和有机氧化剂两大类。无机氧化剂和有机氧化剂按危险程度又分为一、二级。

一级无机氧化剂大多为碱金属或碱土金属的盐类，常见的有硝酸盐、氯酸盐、高氨酸盐和过氧化物。二级无机氧化剂主要包括碱金属和碱土金属以外的高氯酸盐、氨酸盐、硝酸盐、高锰酸盐等。

一级有机氧化剂大多为过氧化物的有机衍生物或硝酸化合物，常见的有硝酸胍、硝酸尿、过氧化苯甲酰等。二级有机氧化剂常见的有过氧化环己酮等。

三、仓库火灾

（一）火灾及其分类

火灾是指失去控制并对财物和人身造成损害的燃烧现象，或指在时间或空间上失去控制的燃烧所造成的灾害。

按《火灾分类》（GB 4968—2008），根据物质燃烧特性把火灾分为五类，具体如表7－11所示。

表 7－11　火灾分类

分类	项目	示例
A 类火灾	固体物质火灾。这种物质具有有机物性质，一般在燃烧时能产生灼热的余烬	如木材、棉、毛麻、纸张火灾等
B 类火灾	指液体火灾和可熔化的固体物质火灾	如汽油、煤油、柴油、原油、甲醇、沥青、石蜡火灾等
C 类火灾	气体火灾	如煤气、天然气、甲烷、乙烷、丙烷、氢气火灾等
D 类火灾	金属火灾	如钾、钠、镁、钛、锆、锂、铝镁合金火灾等
E 类火灾	带电火灾。物体带电燃烧的火灾	

（二）仓库火灾的特点

1. 易发生，损失大

仓库物资储存集中，大部分是易燃易爆物品，一旦遇到着火源，极易发生火灾。仓库发生火灾不仅会造成库存物资付之一炬，而且还会对仓库建筑、设备、设施等造成破坏，引起人身伤亡。

据统计，我国的一些特大火灾许多发生在仓库，1985 年全年 10 起仓库大火（损失在百万元以上的特大火灾）统计经济损失达 4500 多万元，约占当年全国火灾损失总额的 16%。例如，1989 年 8 月 12 日由于雷击引起黄岛油库油罐内产生感应火花引起爆炸和燃烧，烧毁 2.2 万 m^3 非金属油罐 2 座，1 万 m^3 金属油罐 3 座，烧掉原油 3.6 万 t，燃烧 104h，损失 4000 多万元，在救火中牺牲 19 人，受伤 78 人，这次火灾除造成重大损失外，还严重威胁黄岛油港输油码头、青岛海湾和沿海地区安全。又如，1993 年 8 月 5 日发生的深圳安贸储运公司清水河仓库因违章将过硫酸铵、硫酸钠等化学品混储，引起化学反应而发生火灾和爆炸，火灾蔓延导致连续爆炸，爆炸又使火灾蔓延，共发生 2 次大爆炸和 7 次小爆炸，有 18 处起火燃烧。这次火灾爆炸事故，初步统计死伤 891 人，其中死 18 人，重伤 136 人，烧毁、炸毁建筑物面积 39000 m^2 和大量化学物品，直接经济损失约 2.5 亿元。

2. 易蔓延扩大

储存可燃物的仓库，由于储存物资多，火势发展较快，着火后火势会迅速蔓延扩大，产生很高的温度。一般物资仓库燃烧中心温度往往在 1000℃ 以上，而化学危险物品（如汽油等）着火的温度更高。高温不仅使火势蔓延速度加快，还会造成库房、油罐的倒塌，在库外风力影响下，形成一片火海。爆炸品仓库、化学危险物品仓库等还易引起爆炸。

3. 扑救困难

由于库内物资堆放数量大，发生火灾后，物资燃烧时间长，加之多数仓库远离城区，供水和道路条件较差，仓库消防设备设施不足，消防力量有限，这就增加了扑救的难度。库房平时门窗关闭，空气流通较差，发生不完全燃烧，产生大量烟雾，影响消防人员的视线和正常呼吸，发生火灾后，库房内堆垛物资倒塌，通道受阻，也给扑救造成困难。

（三）仓库火灾原因

仓库中储存有可燃物（各种物资），空气中也总是存在助燃物（氧气），根据燃烧三要素，分析引起仓库火灾的原因，就是要找出引起仓库火灾的着火源。这些着火源主要有：

（1）明火。就是一种敞开的火焰（或火星及灼热的物体），具有较高的温度并释放一定的热量。仓库中的明火主要有打火机、火柴、吸烟、在库区打猎、烧荒、燃放烟花爆竹、施工中电焊和气焊、玩火、纵火，等等。

（2）雷电。一些仓库地处山区，尤其是地处多雷地区的仓库，雷电是引起仓库火灾的重要原因。雷电的危害主要表现为直接雷击、雷电感应和雷电波。

（3）静电。两种不同物质相互摩擦或其他原因，导致了一个物体上的电子转移到另一个物体上，就要产生静电。在储存易燃易爆危险物品的场所，如弹药库、油库等，静电荷的火花放电，就会引起火灾爆炸。

（4）电气。电气引起火灾的原因主要有短路、超负荷、接触电阻过大、火花和电弧、熔断器、开关插销、照明灯具、电动机、架空配电线路和火灾爆炸场所未按规定安装防爆电气装置等。

（5）自燃。有些自燃点较低的物质，在储存的过程中，发生自燃，引起火灾。

（6）爆炸。在仓库中，储存的可燃气体与空气混合达到爆炸极限，遇火源发生爆炸，引起火灾爆炸事故。弹药库内储存的爆炸性物质，接触着火源、受热、通电、撞击、摩擦等，引起爆炸。

（7）其他。如战时敌人炮击、敌机轰炸、导弹打击等。

四、防火防爆基本措施

防火防爆基本措施，就是根据科学原理和实践经验，对火灾爆炸危险场所采取的预防、控制和消除措施。根据物质燃烧爆炸原理，防止仓库火灾爆炸事故，可采取控制可燃物、消除着火源、阻止火势蔓延等措施。

1. 控制可燃物

物质是燃烧的基础，控制可燃物，就是使可燃物达不到燃爆所需要的数量、浓度，从而消除发生燃爆的物质基础，防止或减少火灾的发生。

（1）以不燃或难燃材料取代可燃或易燃材料，提高建筑耐火等级。在仓库修建、改造时，应尽量采用不燃或难燃材料或作必要的耐火处理。例如同样截面积（20cm × 20cm）的构件，木质材料耐火极限为1h，而钢筋混凝土材料的耐火极限为2h，又如木板和可燃材料上涂刷用水玻璃调剂的无机防火漆，其耐火焰温度可达1200℃。

（2）加强通风，使可燃气体或粉尘达不到爆炸极限。例如，弹药修理中大量地使用的涂料、溶剂，易挥发出易燃易爆气体；弹药除锈具有较多的粉尘；酸性蓄电池充电室充电时能放出氢气；油料储存及收发作业中挥发油蒸气等。因此，这些场所特别应加强通风。通风排气口的设置要得当，对比空气轻的可燃气体或粉尘，排风口应设在上部，对比空气重的可燃气体或粉尘，排风口应设在下部。通风设备本身应防爆，安装位置应有利于新鲜空气与可燃气体交换，防止可燃气体循环使用。

（3）密闭可燃物或设备，防止可燃物质挥发、泄漏或可燃物质、空气渗入设备。许多可燃物质具有流动性和扩散性，如盛装涂料、熔剂、油料的容器，若密闭性不好，就会出现“跑、冒、滴、漏”现象，以致在空间发生燃烧、爆炸事故。因此，盛装可燃物质的容器和有关设备，应加强检查和维护。

（4）加强可燃物质的管理。可燃物质的储存使用必须符合有关规定。如修理工序上所使用的涂料、溶剂，应严格领取制度，限量供应，随用随取，防止工序上积有过多的可燃物质；设备维修时使用的清洗熔剂应限量使用，废料应及时作适当处理，不得倒入下水道或洒向室外或长期存放；储存可燃物质的库房条件应符合防火规定要求，库房周围环境一定距离内不得存放木材、废料等可燃物质。

2. 消除着火源

着火源是物质燃烧必备的三个条件之一，它是火灾的引发因素。在多数情况下，可燃物和助燃物的存在是不可避免的，因此，控制或消除引发火灾的着火源就成为防火防爆的关键。

（1）消除和控制明火源。在有火灾爆炸危险的场所，应有醒目的“禁止烟火”标志，严禁动火吸烟；进入危险区的蒸汽机车，应停止抽风，关闭灰箱，其烟囱上装设火星熄灭器；进入危险区的机动车辆，其排气管应戴防火帽；进入危险区的人员，应按规定登记，严禁携带火柴、打火机等；使用气焊、电焊等进行安装维修时，必须按规定办理动火批准手续，领取动火证，并消除物体和环境的危险状态，备好灭火器材，采取防护措施，确保安全无误后，方可动火作业。动火过程中，必须遵守安全技术规程。

（2）防止电气火花。采取有效措施，防止电气线路和电气设备在开关断开、接触不良、短路、漏电时产生火花；防止静电放电火花；防止雷电放电火花。

（3）防止撞击火星和控制摩擦热。对机械轴承等转动部位及时加油，保持良好润滑，经常注意清扫附着的可燃污物，防止机械轴承因缺油、润滑不均等，引起附着可燃物着火；在有爆炸危险的场所，应使用有色金属或防爆合金材料制作的工具；进入有爆炸危险的场所，禁止穿带钉子的鞋，地面应用磨碰撞击不产生火花的材料铺筑。

3. 阻止火势蔓延

阻止火势蔓延，就是阻止火焰或火星窜入有燃烧爆炸危险的设备、管道或空间，或者把燃烧限制在一定范围内不致向外传播。其目的在于减少火灾危害，把火灾损失降到最低程度。这主要是通过设置阻火装置或建造阻火设施来达到。

（1）阻火器。用于阻止可燃气体或可燃液体蒸气火焰扩展的装置。其阻火原理是根据火焰在管中蔓延的速度随着管径的减小而降低，同时随着管径的减小，火焰通过时的热损失相应增大，致使火焰熄灭。包括金属网、波纹金属片、砾石等。通常安装在油罐、油气回收系统等处。

（2）防火阀。安装在洞库通风系统中，用以防止火势沿通风管道蔓延的阻火阀门。其工作原理是：防火阀平时处于开启的使用状态，在发生火灾时，依靠易熔合金片或感温、感烟等控制设备在温度作用下关闭起到防火作用。

（3）火星熄灭器。又称防火帽，是用于熄灭由机械等排放废气中夹带火星的安全装置。通常装在进入危险场所的汽车上。

（4）防火门。是在一定时间内，连同框架能满足耐火稳定性、完整性和隔热性要求的一种防火分隔物。按耐火极限，分为甲、乙、丙三级。要求各种防火门满足一定的耐火极限，关闭紧密，不能窜入烟火。

（5）防火墙。专门为减少或避免建筑物、结构、设备遭受热辐射危害和防止火灾蔓延，设置在户外的竖向分隔体或直接设置在建筑物基础上或钢筋混凝土框架上的非燃烧体墙，其耐火极限不低于4h。

（6）防火带。是一种由非燃烧材料筑成的带状防火分隔物。通常用于无法设防火墙时，可改设防火带。

（7）水封井。是一种湿式阻火设施，设置在含有可燃性液体的下水道中，如油库污水系统，用以防止火焰、爆炸波的蔓延扩散。

（8）防火堤。又称防油堤，是为容纳泄漏或溢出油料的防护设施，设置在地上、半地下油罐的四周。

（9）围墙。不仅是库区界限和防卫设施，而且是库区防火设施，可以防止外部火向库区蔓延。围墙一般用砖石、钢筋混凝土板柱等材料修建，高度不低于2.5m，在根部留出排水口，并采取措施防止库外山火窜入库区。

（10）防火道。主要用于延缓山火的蔓延。仓库一般在库区围墙内侧或库房周围要设置防火道。要求防火道宽度：围墙不小于50m，地面库周围不小于5~30m，洞库口部不小于20m。根据当地干燥季节主导风向在迎风及山坡地段适当加宽。防火道不要留有缺口，不得种植非耐火树种，每年秋冬要清理地面杂草枯叶。

（11）防火林带。由耐燃树种组成，可以有效地阻止山火蔓延起到隔火防火的作用。仓库防火林带常用耐火、隔热性好的常绿阔叶树类，要求宽度：库区边界林带30m，地面库和洞库周围林带15~20m。

第三节　灭火剂

灭火剂是能够有效地破坏燃烧条件，中止燃烧的物质。

燃烧是一种放热和发光的化学连锁反应，它必须具备三个必要条件，即可燃物、助燃物和着火源，三者缺一不可。一切灭火措施，都是为了破坏已形成的燃烧条件，并使燃烧的连锁反应中断。灭火剂在被喷射到燃烧物上和燃烧区域后，通过一系列的物理化学作用，就能使燃烧冷却、燃烧物与氧气隔绝、燃烧区域内的氧气浓度降低，燃烧的连锁反应中断，最终导致维持燃烧的必要条件受到破坏，而停止燃烧反应，从而起到灭火作用。

仓库常用的灭火剂，主要有水、泡沫灭火剂、干粉灭火剂、二氧化碳灭火剂、烟雾灭火剂等。不同的灭火剂有各自不同的特点和性能，为了更有效地发挥其灭火效力，应该详细了解各类灭火剂的物理、化学性质，灭火原理以及适用范围等，以便针对不同的火灾对象，选择适宜的灭火剂。表 7－12 列出了各种灭火剂分类及适用范围。

表 7－12　　各种灭火剂分类及适用范围

灭火剂			火灾类别					带电设备火灾
			A 类火灾	B 类火灾		C 类火灾	D 类火灾	
				非极性液体	极性液体			
液体	水	直流	√	×	×	○	×	Δ
		喷雾	√	○	○	○	×	○
	泡沫	酸碱灭火剂	√	Δ	Δ	Δ	×	×
		化学泡沫	√	√	×	×	×	×
		蛋白泡沫	√	√	×	×	×	×
		氟蛋白泡沫	√	√	×	×	×	×
		水成膜泡沫（轻水）	√	√	×	×	×	×
		合成泡沫	√	√	×	×	×	×
		抗溶性泡沫（金属皂抗溶泡沫、凝胶型抗溶泡沫、多功能氟蛋白泡沫、化学泡沫）	√	√	√	×	×	×
		高、中倍数泡沫	√	√	×	×	×	×
		7150 灭火剂	×	×	×	×	√	×

续 表

灭火剂			火灾类别					带电设备火灾
			A类火灾	B类火灾		C类火灾	D类火灾	
				非极性液体	极性液体			
气体	不燃气体	二氧化碳	○	√	√	△	×	√
		氮气	△	○	○	△	×	○
固体	干粉	钠盐、钾盐、氨基干粉	○	√	√	√	×	√
		磷酸盐干粉	√	√	√	√	○	√
		金属火灾用干粉	×	×	×	×	√	×
	烟雾灭火剂		×	○	○	×	×	×

注：√表示适用，是扑救该类火灾最适宜的灭火剂；○表示可用，灭火效果不显著或按有关规定有限制地使用该灭火剂；△表示一般不用，从安全、技术、经济等因素考虑，通常情况下不采用；×表示不适用，灭火无效或能导致新的危险。

一、水

水是应用最广泛的天然灭火剂，它可以单独使用，也可以与不同的化学剂组成混合液使用。现有消防器材中，用水灭火的占很大比例。例如：作为重要灭火工具的消防车，多数是离不开水的；在固定灭火装置中，水喷淋系统使用的最多最广；对于泡沫灭火系统来说，泡沫混合液中含有94%或97%的水。因此，水不仅现在，而且将来也是重要的和不可缺少的灭火剂。

1. 水的物理化学性质

纯水是一种无色、无味、无嗅的透明液体。水具有三种不同形态，即气态、液态和固态。水的比热、汽化热较大，所以用水灭火的效果很好。

水能与许多物质发生化学反应，如活性金属、金属氢化物、碳化碱金属、硅金属化合物、磷化物、硼氢类物质等，产生可燃气体，同时放出一定热量，当温度达到可燃气体的自燃点或可燃气体接触到着火源时，便会立即引起燃烧或爆炸，水在1500℃时还会发生分解，生成氢气和氧气，形成气体爆炸性混合物，如遇见火会发生爆炸。

仓库消防用水一般取自于自燃界，含有一定杂质，有一定的电导率，水中的电解质越大，其电导率越大，因此，一般不能用水扑救电气火灾。此外，一般水的比重比油品的密度大，用水直接灭火会引起油品流散飞溅，造成火灾蔓延，因此不能用水直接灭油品火灾。

2. 水的灭火作用

（1）冷却作用。

冷却是水的主要灭火作用。水的热容量和汽化潜热很大，水的比热为4.184J/(g·℃)，也就是说，每千克水的温度升高1℃，就会吸收4184J的热量；水的蒸发潜热为2.259kJ/g，即每千克水蒸发汽化时，要吸收2259kJ的热量。因而当水与炽热的燃烧物接触时，在被加热和汽化的过程中，就会大量吸收燃烧物的热量，使燃烧物冷却。

当水与炽热的含碳可燃物接触时，还会发生化学反应，并吸收大量的热。

由此可见，水与炽热的燃烧物接触后，就会通过上述物理作用和化学反应，从燃烧物吸收大量的热，迫使燃烧物的温度大幅度下降，而最终停止燃烧。

在扑救油罐火灾时，需要用大量的水对着火油罐及相邻的油罐进行冷却，以降低油罐温度，防止油罐变形、倒塌，并使泡沫免受高温油品和炽热罐壁的破坏，提高灭火效率。同时可以延缓油品的沸腾、喷溅，为扑救工作赢得时间。

（2）窒息作用。

水灭火时，遇到炽热燃烧物而汽化，产生大量水蒸气，1kg水可生成1700L(100℃)水蒸气。当温度升高，生成的水蒸气更多。水生成水蒸气后，体积急剧增大，大量的水蒸气占据了燃烧区的空间，阻止了周围的空气进入燃烧区，从而显著地降低燃烧区域内的含氧量，迫使氧逐渐减少，一般情况下，空气中含有35%体积的水蒸气，燃烧就会停止。

（3）乳化作用。

用水喷雾灭火设备扑救油类等非水溶性可燃液体火灾时，由于雾状水射流的高速冲击作用，微粒水珠进入液层并引起剧烈的扰动，使可燃液体表面形成一层由水粒和非水溶性液体混合组成的乳状物表层，这样就可减少可燃液体的蒸发量而难于继续燃烧。

（4）水力冲击作用。

水在机械的作用下，密集的水流具有强大动能和冲击力，可达数十甚至数百吨每平方厘米。高压的密集水流强烈地冲击着燃烧物和火焰，使燃烧物冲散和减弱燃烧强度进而达到灭火目的。

由此可见，水的灭火作用不是某一种作用，而是几种综合作用的结果。但是，冷却是水的主要灭火作用。

二、泡沫灭火剂

凡能够与水混溶，并可通过化学反应或机械方法产生灭火泡沫的灭火药剂，称为泡沫灭火剂。泡沫灭火剂一般由发泡剂、泡沫稳定剂、降黏剂、抗冻剂、助溶剂、防腐剂及水组成。

1. **泡沫灭火剂的分类**

按照泡沫的生成机理，泡沫灭火剂可分为化学泡沫灭火剂和空气泡沫灭火剂。化学泡沫是通过两种药剂的水溶液发生化学反应生成的，泡沫中所包含的气体为二氧化碳。空气泡沫是通过搅拌而生成的，泡沫中所包含的气体一般为空气。空气泡沫灭火剂按其发泡倍数又可分为低倍数泡沫、中倍数泡沫和高倍数泡沫三类。根据发泡剂的类型和用途，低倍数泡沫灭火剂又可分为蛋白泡沫、氟蛋白泡沫、水成膜泡沫、抗溶性泡沫和合成泡沫灭火剂五种类型。

发泡倍数是指泡沫灭火剂的水溶液变成灭火泡沫后的体积膨胀倍数。低倍数泡沫的发泡倍数一般在20倍以下；中倍数泡沫的发泡倍数一般在20～200倍；高倍数泡沫的发泡倍数一般在200～1000倍。

2. **泡沫灭火剂的灭火原理**

通常使用的灭火泡沫，发泡倍数范围为2～1000，比重在0.001～0.5。由于泡沫的比重远远小于一般可燃液体的比重，因而可以漂浮于液体的表面，形成一个泡沫覆盖层。同时泡沫又有一定的黏性，可以黏附于一般可燃固体的表面。其灭火作用表现在以下几个方面。

（1）阻隔作用。灭火泡沫在燃烧物表面形成的泡沫覆盖层，可使燃烧表面与空气隔离。

泡沫层封闭了燃烧物表面，可以遮断火焰对燃烧物的热辐射，阻止燃烧物的蒸发或热解挥发，使可燃气体难以进入燃烧区。

（2）冷却作用。泡沫析出的液体对燃烧表面有冷却作用。

（3）稀释作用。泡沫灭火剂产生的泡沫受热蒸发，产生的水蒸气有稀释燃烧区氧气浓度的作用。

3. **化学泡沫灭火剂**

化学泡沫是指由两种药剂的水溶液通过化学反应产生的灭火泡沫，这两种药剂称为化学泡沫灭火剂。

化学泡沫灭火剂主要有YP型、YPB型和YPD型三种型号。

YP型化学泡沫灭火剂用于100L以下的泡沫灭火器中，是由内药剂（酸性粉）和外药剂（碱性粉）组成。作为内药剂的酸性粉有磷酸、硫酸铝、酸式硫酸铝，目前国内生产的化学灭火剂内药剂均为硫酸铝。化学灭火剂的外药剂是碱性粉，如碳酸氢钠、碳酸氢钾等，最常用的是碳酸氢钠，加上少量经喷雾干燥成粉末状的蛋白泡沫灭火剂组成。

YP型化学泡沫灭火剂出厂时，酸性粉和碱性粉分别装于两个不同标志的塑料袋中，配制时组成每付药剂的内药剂和含18mol结晶水的硫酸铝外药剂的重量比应在1.2∶1～1.35∶1内效果最佳。

使用YP型化学泡沫剂灭火时，通常倒置灭火器，使酸性内药剂与碱性外药剂混合，发生化学反应，反应中产生的二氧化碳，一方面在溶液中形成大量微细的泡沫；另一方面使灭火器中的压力很快上升，在压力的作用下，将生成的泡沫从灭火器的喷嘴中喷出；反应生成胶状氢氧化钠则分布在泡膜上，使泡膜具有一定的黏性，易于黏附在燃烧物上，形成一个连续的泡沫层，并通过冷却、抑制燃烧蒸发和隔离氧气的作用灭火。

YPB 型化学泡沫灭火剂是在 YP 型化学泡沫灭火剂基础上研制成功的一种新型化学泡沫灭火剂。它与 YP 型化学泡沫灭火剂相比，具有泡沫黏度小、流动性和自封性好、很好的疏油能力和抑制油品蒸发的能力、灭火效率高的特点，比同容量 YP 型化学泡沫灭火剂的灭火效率高 2 ~3 倍，而且全部采用合成原料，保存期长。

YPB 型化学泡沫以硫酸铝、碳酸氢钠作为发泡剂，并以氟碳表面活性剂、碳氢表面活性剂为增效剂组成，它的泡沫产生原理、灭火原理与 YP 型相同，但由于在碱性药剂中含有一定量的泡沫增效剂、氟氢表面活性剂等，使灭火效率大大提高。

YPD 型多功能金属皂化学泡沫灭火剂主要适用于极性液体火灾，当内药剂和外药剂的水溶液混合时发生反应，形成金属皂沉淀，沉淀的微粒分布在泡沫上，阻止了极性液体对泡沫的破坏，保证了泡沫层的形成和灭火。

目前，化学泡沫灭火剂主要用于充装手推式和推车式化学泡沫灭火器。

YP 型和 YPB 型化学泡沫灭火剂，适用于扑救 A 类火灾和 B 类火灾中的非水溶性液体火灾。YPD 型化学泡沫灭火剂，适用于扑救油品火灾以及水溶性可燃液体火灾。

4. **蛋白泡沫灭火剂**

蛋白泡沫灭火剂是由动物性蛋白质或植物性蛋白质的水解产物组成的泡沫液，并加入稳定剂、防冻剂、缓蚀剂、防腐剂和黏度控制剂等添加剂而制成的起泡性浓缩液。它是扑救原油及石油产品火灾最适宜的灭火剂之一。

蛋白泡沫灭火剂是由动物性蛋白质，如牛、马、羊、猪的蹄角、毛血或植物性蛋白质如豆饼、菜籽饼等，在碱性（氢氧化钠或氢氧化钙）的作用下，经过部分水解后，再加工浓缩而成。蛋白泡沫液按与水的混合比例分为 6% 和 3% 两种，按制造原料分为动物蛋白和植物蛋白两类。

蛋白泡沫灭火剂适用于扑救石油和石油产品火灾，如汽油、煤油、柴油、原油、重油、沥青、石蜡等的火灾；动物性和植物性油脂的火灾；由于蛋白泡沫具有较好的黏附和覆盖作用，同时又具有一定的冷却和润湿作用，所以，适用于扑救一般固体物质火灾，由于蛋白泡沫具有较好的稳定性，因而常用于防止火灾的发生和蔓延，如输油管道、油罐的石油产品发生泄漏或溢流时，可用蛋白泡沫覆盖，防止火灾发生，然后再采取其他措施。在油罐区，当一个油罐着火时，对着火罐附近的其他油罐可以喷射蛋白泡沫保护，以防止着火罐的热辐射引燃。

蛋白泡沫灭火剂不能用于扑救醇、醛、醚等水溶性可燃液体火灾，因为极性液体有强烈的消泡作用，也不能用于扑救加醇汽油（含醇量在 10% 以上）、电气、气体等火灾；不能采用液下喷射的方式扑救油罐火灾；不能与一般干粉灭火剂联用。

5. 氟蛋白泡沫灭火剂

氟蛋白泡沫灭火剂就是含有氟碳表面活性剂的蛋白泡沫灭火剂，也称氟蛋白泡沫液。它是在蛋白泡沫液中加入2%或1%（体积比）的氟碳表面活性剂预制液制成的。目前氟蛋白泡沫灭火剂是扑救石油及石油产品火灾的主要灭火剂之一。

氟蛋白泡沫灭火剂除了具有蛋白泡沫稳定性和热稳定性好的优点外，由于加入氟碳表面活性剂等成分，克服了蛋白泡沫流动性差，抵抗燃烧污染能力低，灭火缓慢且不能与干粉灭火剂联合使用等缺点，其灭火性能较蛋白泡沫灭火剂有了较大提高。

6. 水成膜泡沫灭火剂

水成膜泡沫灭火剂，又称“轻水”泡沫灭火剂或氟化学泡沫灭火剂。它主要是由氟碳表面活性剂、碳氢表面活性剂、稳定剂以及其他添加剂和水等组成。

在扑救石油产品火灾时，依靠泡沫和水膜的双重作用进行灭火，而泡沫起主导作用。实验表明，水成膜泡沫灭火剂的灭火效力约为蛋白泡沫灭火剂的3倍。

水成膜泡沫灭火剂适用于通用的低倍数泡沫灭火设备，主要用于扑救一般非水溶性可燃、易燃液体的火灾，且能迅速地控制火灾的蔓延，还能与干粉灭火剂联用。也可采用液下喷射方法扑救油罐火灾，扑救流淌液体火灾效果较好。但泡沫不够稳定，消失较快，而且对油面的封闭时间和阻回燃时间也短，所以在防止复燃与隔离热液面的性能方面，不如蛋白泡沫和氟蛋白泡沫灭火剂。

7. 高倍数泡沫灭火剂

高倍数泡沫灭火剂是以合成表面活性剂为基料的空气泡沫灭火剂，水按一定比例混合后，通过高倍数泡沫产生器而生成泡沫，泡沫倍数一般在200～1000倍，我国于1980年研制的YEGZ型高倍数泡沫已推广应用。

高倍数泡沫灭火剂按其配制混合液时使用水的类型，分为淡水型和海水型两种。

高倍数泡沫灭火剂是按一定比例混合的高倍数泡沫灭火剂水溶液通过高倍数泡沫产生器而生成的，它的发泡倍数高达200～1000倍，气泡直径一般在10毫米以上。由于它的体积膨胀大，再加上高倍数泡沫产生器的发泡量大（大型的高倍数泡沫灭火剂产生器可在一分钟内产生一千立方米以上泡沫），泡沫可以迅速充满着火空间，覆盖燃烧物，使燃烧物与空气隔绝；泡沫受热后产生的大量水蒸气被大量吸热，使燃烧区温度急骤下降，并稀释空气中含氧量，阻止火场的热传导、对流和热辐射，防止火势蔓延。因此，高倍数泡沫灭火技术具有混合液供给强度小，泡沫供给量大，灭火迅速，安全可靠，水渍损失少，灭火后现场处理简单等特点。

高倍数泡沫灭火剂主要适用于扑救A类火灾和B类火灾中的非水溶性液体火灾。特别适用于扑救有限空间内的火灾，如洞库、库房等的火灾。对于这些场所，高倍数泡沫既可以灭火，又有助于排烟和驱除有毒气体。

高倍数泡沫灭火剂也适用于扑救大面积液体火灾，但在室外使用时，应用防火堤等把覆盖物限制在一定的范围内。

三、干粉灭火剂

干粉灭火剂是一种干燥的、易于流动的固体粉末，一般借助于灭火器或灭火设备中的气体压力，将干粉从容器喷出，以粉雾形态扑救火灾。

1. 分类

干粉灭火剂按使用范围可分为普通干粉和多用干粉两大类。

（1）普通干粉。

普通干粉主要用于扑救可燃液体火灾、可燃气体火灾以及带电设备火灾。主要品种有：

①以碳酸氢钠为基料的碳酸氢钠干粉；

②以碳酸氢钠为基料，但又添加增效基料的改性钠盐干粉；

③以碳酸氢钾为基料的紫钾盐干粉；

④以氯化钾为基料的钾盐干粉；

⑤以硫酸钾为基料的钾盐干粉；

⑥以尿素与碳酸氢钾（或碳酸氢钠）的反应生成物为基料的氨基干粉。

（2）多用干粉。

多用干粉不仅适用于扑救可燃液体、可燃气体和带电设备的火灾，还适用于扑救一般固体物质火灾。主要品种有：

①以磷酸盐为基料的干粉；

②以硫酸铵与磷酸铵的混合物为基料的干粉；

③以聚磷酸铵为基料的干粉。

2. 灭火机理

干粉灭火剂灭火时，主要是抑制作用。燃烧反应是一种链锁反应。燃烧在高温作用下，吸收了活化能而被活化，产生了大量的活性基团，它们与燃烧分子作用，不断生成新的活化基团和氧化物，同时放出大量的热量维持燃烧链锁反应继续进行。当大量干粉以雾状形式喷向火焰时，可以大大吸收火焰中的活性基团，使其数量急剧减少，中断燃烧的链锁反应，从而使火焰熄灭。

此外，以磷酸铵盐为基料的干粉，当喷射到灼热的燃烧物表面时，产生一系列化学反应，在固体表面生成一玻璃状覆盖层，使燃烧物表面与空气中的氧隔开，从而使燃烧窒息。

3. 应用范围

（1）普通干粉（碳酸氢钠干粉）灭火剂一般装于手提式、推车式灭火器及干粉消防车中使用。主要用于扑救各种非水溶性及水溶性可燃、易燃烧体的火灾，以及天然气和液化石油气等可燃气体火灾和一般带电设备的火灾。

在扑救非水溶性可燃、易燃烧体火灾时，可与氟蛋白泡沫联用，以取得更好的灭火效果，并可有效地防止复燃。

（2）多用干粉（磷酸铵盐）灭火剂除与普通干粉灭火剂一样，能有效地扑救易燃、可燃液（气）体和电气设备火灾外，还可用于扑救木材、纸张、纤维等A类固体可燃物质的火灾。一般装于手提式和推车式灭火器中使用。

四、二氧化碳灭火剂

二氧化碳是一种不燃烧、不助燃的惰性气体，而且价格低廉易于液化，便于灌装和储存，是一种常用的灭火剂。

1. 灭火机理

二氧化碳灭火剂主要灭火作用是窒息作用。此外，对火焰还有一定冷却作用。

二氧化碳灭火剂平时以液态的形式储存在灭火器或压力容器中，灭火时从灭火器或设备中喷出，一般情况下1kg液态的二氧化碳汽化产生0.5m^3的二氧化碳气体，相对密度较大的二氧化碳能够排除燃烧物周围的空气，降低空气中氧的含量。当燃烧区或空间含氧量低于12%，或者二氧化碳浓度达到30%～35%时，绝大多数燃烧都会熄灭。

当二氧化碳喷出时，汽化吸收本身热量，使部分二氧化碳变为固态的干冰，干冰汽化时要吸收燃烧物的热量，对燃烧物有一定冷却作用，但这种冷却作用远不能扑灭火焰。

2. 应用范围

二氧化碳来源广泛，无腐蚀性，灭火时不会对火场环境造成污染，灭火后能很快逸散，不留痕迹。它适用于扑救各种易燃液体火灾，以及一些怕污染、损坏的固体火灾。另外，二氧化碳不导电，可用于扑救带电设备的火灾。

由于二氧化碳灭火器的压力随温度而变化。温度过低，压力迅速降低，其喷射强度也大大降低，失去灭火作用；温度过高，压力迅速升高，影响安全使用。因此，国家规定二氧化碳灭火器使用的温度范围为-20℃～55℃；二氧化碳液相在汽化时，吸收本身热量使温度很快降到-79℃，使用时应防止冻伤；二氧化碳是一种弱毒气体，主要是对人有窒息作用。空气中含有2%～4%的二氧化碳时，中毒者呼吸加快，当浓度增加至4%～6%时，开始出现头痛、耳鸣和剧烈的心跳，呼吸次数明显加快，当空气中含有20%的二氧化碳时，人便会死亡。因此，灭火后人员应迅速离开，室内灭火后要打开门窗。

五、烟雾灭火剂

1. 组成

烟雾灭火剂是由硝酸钾、木炭、硫黄、三聚氰胺和碳酸氢钾组成，呈深色粉状混合物。它是在发烟火药的基础上加以改进而研制成的一种新型灭火剂。其典型配比为硝酸钾50.5%、木炭12.5%、硫黄3%、三聚氰胺26%和碳酸氢钾8%。

2. 灭火机理

烟雾灭火剂的灭火作用主要是窒息作用。烟雾灭火剂的各种组成成分，可以在密闭系统中持续燃烧，而不需外界供给氧气，燃烧时产生大量气体，其中85%以上是二氧化碳、氮气等惰性气体。所谓烟雾，就是灭火剂燃烧反应的气态产物及浮游于其中的固体颗粒。用它扑救油罐火灾时，这些烟雾从发烟器喷嘴喷出，能迅速充满油罐内空间，排挤罐内的其他气体，阻止外界空气流入罐内，大大稀释了罐内的氧气和可燃气体浓度，从而使燃烧窒息。

除窒息作用外，烟雾灭火剂还有灭火作用。烟雾灭火剂能阻断燃油蒸气进入燃烧区，将油面封闭，此外烟雾灭火剂颗粒有一定的捕捉活性基团，抑制燃烧链锁反应的作用，没燃完的灭火剂残渣散落在油面上，有一定的覆盖作用。

3. 应用范围

烟雾灭火剂的特点有：灭火速度快；设备简单，投资少；不用水，不用电，节省人力物力；灭火后杂质少，对油品污染小。特别适用于缺水，交通不便，油罐少而分散的偏远地区。

烟雾灭火剂主要用于扑救2000m^3 以下的柴油、原油、重油等小型的钢质油罐火灾；对直径3m以下的酮、酯、醇的贮罐火灾，也有较好的灭火效果。目前，烟雾灭火剂只限于在1000m^3 以下的新建柴油贮罐使用。

第四节　仓库常用灭火器

灭火器是扑救初起火灾最常用的灭火器材，在仓库中尤其以手提式和推车式灭火器使用普遍，使用面广。

一、概述

1. 分类

我国通常采用按充装灭火剂的种类、灭火器重量、加压方式三种分类方法进行分类。

(1) 按充装灭火剂种类分。

①清水灭火器：灭火剂为水和少量添加剂；

②酸碱灭火器：灭火剂为碳酸氢钠和硫酸铝；

③化学泡沫灭火器：灭火剂为碳酸氢钠和硫酸铝，

④轻水泡沫灭火器：灭火剂为氟碳表面活性剂和添加剂；

⑤二氧化碳灭火器：灭火剂为二氧化碳；

⑥干粉灭火器：灭火剂为碳酸氢钠或磷酸铵。

(2) 按灭火器的重量分。

①手提式灭火器：总重在28kg以下；

容量在10kg（L）左右。

②背负式灭火器：总重在40kg以下；

容量在25kg以内。

③推车式灭火器：总重在40kg以上；

容量在100kg（L）以内。

（3）按加压方式分。

①化学反应式：两种药剂混合，进行化学反应产生气体而加压。包括酸碱灭火器和化学泡沫灭火器。

②贮气瓶式：气体贮存在钢瓶内，当使用时，打开钢瓶使气体与灭火剂混合。包括清水灭火器、轻水泡沫灭火器和干粉灭火器。

③贮压式：灭火器筒身内已充入气体，灭火剂与气体混装，经常处于加压状态，如二氧化碳灭火器等。

2. 标志

灭火器外表涂以红色油漆。

3. 灭火器类型规格编码

国产各种标准类型规格灭火器类型规格编码的字母含义如表7－13所示。

表7－13　　灭火器类型规格编码的字母含义

编码中字母	代表的含义	代表的名词术语	备注
M	灭	灭火器	
S	酸	酸、碱	左起第二位的S
Q	清	—	—
SQ	—	清水	—
P	泡	泡沫	化学泡沫
F	粉	干粉	—
N	钠	碳酸氢钠	—
A	铵	磷酸铵盐	—
Y	1	1211	—
S	3	1301	左起第三位的S
T	碳	二氧化碳	左起第二位的T
T	推	推车式	左起第三或第四位的T

举例：

MY4：M代表灭火器；Y代表1211灭火剂；4代表充装1211灭火剂4kg。

MF8：M代表灭火器；F代表干粉灭火剂；8代表充装干粉8kg。

MS7：M代表灭火器；S代表酸碱灭火剂；7代表充装灭火剂7L。

4. **火灾种类的划分**

仓库火灾种类根据物质燃烧特性分为 A、B、C、D、E 五类。

5. **灭火器的灭火级别**

灭火器的灭火级别是指按规定模型进行灭火试验时灭火器的灭火性能。它表示灭火器的灭火能力大小，是采用科学试验方法确定的。目前国家标准仅规定了 2 类灭火级别 A 和 B。

灭火器的灭火级别由数字和字母组成，数字表示灭火级别的大小，字母（A 或 B）表示灭火级别的单位及适用扑救火灾的种类。

1A、1B 是灭火器扑救 A 类火灾、B 类火灾的最低灭火级别，也是灭火级别的基本单位值。我国现行标准系列规格灭火器的灭火级别有 3A、5A、8A、13A、21A……55A 等和 1B、2B、3B、4B、5B……120B 等两个系列。分别标记在相应规格灭火器的铭牌上。

目前国内所有标准规格灭火器的灭火级别如表 7－14 所示。

表 7－14　　灭火器的灭火级别

<table>
<tr><th colspan="2" rowspan="2">灭火器类型</th><th colspan="2">灭火剂充装置</th><th colspan="2">灭火级别</th><th rowspan="2">类型规格</th></tr>
<tr><th>L</th><th>kg</th><th>A 类</th><th>B 类</th></tr>
<tr><td rowspan="2">水（清水、酸碱）</td><td rowspan="2">手提式</td><td>7</td><td>—</td><td>5A</td><td>—</td><td>MSQ7 MS7</td></tr>
<tr><td>9</td><td>—</td><td>8A</td><td>—</td><td>MSQ9 MS9</td></tr>
<tr><td rowspan="5">泡沫（化学泡沫）</td><td rowspan="2">手提式</td><td>6</td><td>—</td><td>5A</td><td>2B</td><td>MP6</td></tr>
<tr><td>9</td><td>—</td><td>8A</td><td>4B</td><td>MP9</td></tr>
<tr><td rowspan="3">推车式</td><td>40</td><td>—</td><td>13A</td><td>18B</td><td>MPT40</td></tr>
<tr><td>65</td><td>—</td><td>21A</td><td>25B</td><td>MPT65</td></tr>
<tr><td>90</td><td>—</td><td>27A</td><td>35B</td><td>MPT90</td></tr>
<tr><td rowspan="13">干粉（碳酸氢钠）</td><td rowspan="8">手提式</td><td>—</td><td>1</td><td>—</td><td>2B</td><td>MEN1</td></tr>
<tr><td>—</td><td>2</td><td>—</td><td>5B</td><td>MEN2</td></tr>
<tr><td>—</td><td>3</td><td>—</td><td>7B</td><td>MEN3</td></tr>
<tr><td>—</td><td>4</td><td>—</td><td>10B</td><td>MEN4</td></tr>
<tr><td>—</td><td>5</td><td>—</td><td>12B</td><td>MEN5</td></tr>
<tr><td>—</td><td>6</td><td>—</td><td>14B</td><td>MEN6</td></tr>
<tr><td>—</td><td>8</td><td>—</td><td>18B</td><td>MEN8</td></tr>
<tr><td>—</td><td>10</td><td>—</td><td>20B</td><td>MEN10</td></tr>
<tr><td rowspan="5">推车式</td><td>—</td><td>25</td><td>—</td><td>35B</td><td>MFNT25</td></tr>
<tr><td>—</td><td>35</td><td>—</td><td>45B</td><td>MFNT35</td></tr>
<tr><td>—</td><td>50</td><td>—</td><td>65B</td><td>MFNT50</td></tr>
<tr><td>—</td><td>70</td><td>—</td><td>90B</td><td>MFNT70</td></tr>
<tr><td>—</td><td>100</td><td>—</td><td>120B</td><td>MFNT10</td></tr>
</table>

续 表

灭火器类型		灭火剂充装置 L	灭火剂充装置 kg	灭火级别 A类	灭火级别 B类	类型规格
干粉（磷酸按盐）	手提式	—	1	3A	2B	MFA1
		—	2	5A	5B	MFA2
		—	3	5A	7B	MFA3
		—	4	8A	10B	MFA4
		—	5	8A	12B	MFA5
		—	6	13A	14B	MFA6
		—	8	13A	18B	MFA8
		—	10	21A	20B	MFA10
	推车式	—	25	21A	35B	MFAT25
		—	35	27A	45B	MFAT35
		—	50	34A	65B	MFAT50
		—	70	43A	90B	MFAT70
		—	100	55A	120B	MFAT100
二氧化碳	手提式	—	2	—	1B	MT2
		—	3	—	2B	MT3
		—	5	—	3B	MT5
		—	7	—	4B	MT7
	推车式	—	20	—	8B	MTT20
		—	25	—	10B	MTT25

6. 灭火器的选择

灭火器的选择应主要考虑以下因素：

（1）灭火器配置场所的火灾种类。应根据配置场所的性质以及其中可燃物的种类，判断可能发生的火灾种类，然后确定选择何种灭火器，见表7－15。

表7－15　　灭火器适用性

	水型		干粉型		泡沫型	二氧化碳
	清水	酸碱	磷酸铵盐	碳酸氢钠	化学泡沫	
A类火灾 系指含碳固体可燃物燃烧的火灾。如木材、棉、毛、麻、纸张等	适用 水能冷却，并穿透燃烧物而灭火，可有效防止复燃		适用 粉剂能附着在燃烧物的表面层，起到窒息火焰作用，隔绝空气，防止复燃	不适用 碳酸氢钠对固体可燃物无黏附作用，只能控火不能灭火	适用 具有冷却和覆盖燃烧物表面，与空气隔绝的作用	不适用 灭火器喷出的二氧化碳少，无液体，全是气体，对A类基本无效

续　表

	水型		干粉型		泡沫型	二氧化碳
	清水	酸碱	磷酸铵盐	碳酸氢钠	化学泡沫	
B类火灾 系指甲、乙、丙类液体燃烧的火灾。如汽油、乙醚、丙酮等	不适用 水流冲击油面，会激溅油火，致使火势蔓延，灭火困难		适用 干粉灭火剂能快速窒息火焰，还有中断燃烧过程的链反应的化学活性		不适用 覆盖燃烧物表面，使燃烧物表面与空气隔绝，可有效灭火。但由于极性溶剂破坏泡沫，故不适用	适用 二氧化碳窒息灭火，不留残渍，不损坏设备

灭火器类型选择时应符合下列要求：

①扑救A类火灾应选用水型、泡沫、磷酸铵盐干粉灭火器；

②扑救B类火灾应选用干粉、泡沫、二氧化碳型灭火器，扑救极性溶剂B类火灾不得选用化学泡沫灭火器；

③扑救C类火灾应选用干粉、二氧化碳型灭火器；

④扑救带电火灾应选用二氧化碳、干粉型灭火器；

⑤扑救A、B、C类火灾和带电火灾应选用磷酸铵盐干粉灭火器；

⑥扑救D类火灾的灭火器材应由设计单位和当地公安消防监督部门协商解决。

在同一灭火器配置场所，当选用同一类型灭火器时，宜选用操作方法相同的灭火器。

（2）灭火的有效程度。注意不同类型的灭火器对灭同一种火灾时灭火效果的差异。

（3）对保护物品的污损程度。如果被保护物品不能被污损，则应选择灭火后无污损的灭火器，如二氧化碳灭火器等。

（4）设置点的环境温度。要求灭火器设置点的环境温度必须在灭火器使用温度范围内，以确保灭火器的灭火性能和安全。

（5）使用灭火器人员的素质。考虑使用灭火器人员的性别、身体状况等方面的差异，合理确定灭火器的规格和型式。

在选择灭火器时，考虑到使用人员操作方便并有利于平时进行灭火训练，提高灭火操作熟悉程度，同时也为了方便灭火器的管理与维修，规定在同一灭火器配置场所，当选用同一类型的灭火器时，宜选用操作方法相同的灭火器。

在同一灭火器配置场所，当选用两种或两种以上类型灭火器时，应采用灭火剂相容的灭火器，防止因灭火剂选用不当而降低灭火效力。

7. **灭火器的设置要求**

①灭火器应设置在明显和便于取用的地点，且不得影响安全疏散。

②灭火器应设置稳固，其铭牌必须朝外。

③手提式灭火器宜设置在挂钩、托架上或灭火器箱内，其顶部离地面高度应小于1.50m；底部离地面高度不宜小于0.15m。

④灭火器不应设置在潮湿或强腐蚀性的地点，当必须设置时，应有相应的保护措施。

⑤设置在室外的灭火器，应有保护措施。

8. **灭火器的报废年限**

（1）手提式化学泡沫灭火器——5年；

（2）手提式酸碱灭火器——5年；

（3）手提式清水灭火器——6年；

（4）手提式干粉灭火器（储气瓶式）——8年；

（5）手提式储压式干粉灭火器——10年；

（6）手提式二氧化碳灭火器——12年；

（7）推车式化学泡沫灭火器——8年；

（8）推车式干粉灭火器（储气瓶式）——10年；

（9）推车式储压式干粉灭火器——12年；

（10）推车式1211灭火器——10年；

（11）推车式二氧化碳灭火器——12年。

二、泡沫灭火器

泡沫灭火器包括化学泡沫灭火器和空气泡沫灭火器两种，均是通过筒内酸性溶液和碱性溶液混合后发生化学反应，喷射出泡沫，覆在燃烧物的表面上，隔绝空气，起到窒息、灭火的作用。

1. **化学泡沫灭火器**

按使用操作形式可分为MP型手提式、MPZ型舟车式和MPT型推车式三种。

（1）MP型手提式泡沫灭火器。

①构造。主要由筒体、筒盖、瓶胆、瓶夹及喷嘴等组成，如图7-2所示。

②规格及性能。国产MP型手提式泡沫灭火器主要有MP6、MP8、MP9、MP10、MP26、MP29型。

③适用范围。适用于扑救一般B类火灾，如石油制品、油脂等火灾，也适用于A类火灾，但不能扑救B类火灾中的水溶性可燃、易燃液体的火灾，如醇、酯、醚、酮等物质的火灾，也不能扑救带电设备以及C类和D类火灾。

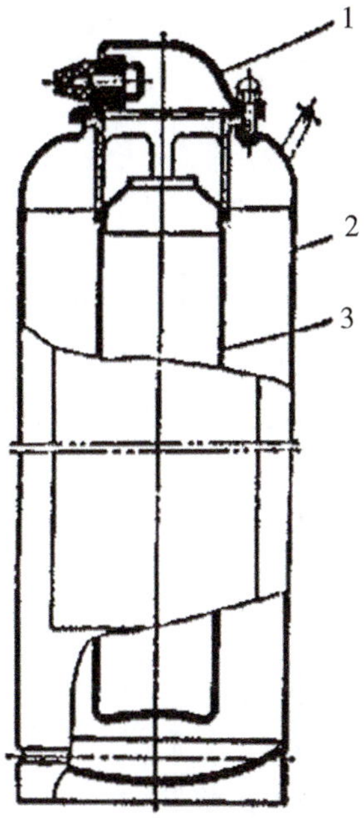

图 7-2 MP 型手提式泡沫灭火器

注：1——筒盖；2——筒体；3——瓶胆。

④使用方法。用手提筒体上部的提环，迅速奔到火场。这时应注意不得使灭火器过分倾斜，更不可颠倒，以免两种药液混合而提前喷出。当距离着火点 10m 左右，即可将筒体颠倒，一只手紧握提环，另一只手扶住筒体的底圈，让射流对准燃烧物。在扑救可燃烧体火灾时，如已呈流淌状燃烧，则泡沫应由远而近喷射，使泡沫完全覆盖在燃烧液面上；如在容器内燃烧，应将泡沫射向容器的内壁，使泡沫沿着内壁流淌，逐步覆盖着火液面。切忌直接对准液面喷射，以免由于射流的冲击，反而将燃烧的液体冲散或冲出容器，扩大燃烧的范围。在扑救固体物质的初起火灾时，应将射流对准燃烧最猛烈处。灭火时，随着有效喷射距离的缩短，使用者应逐渐向燃烧区靠近。并始终将泡沫喷射在燃烧物上，直至扑灭，使用时，始终要保持倒置状态，否则将会中断喷射。

使用时必须注意，不允许将筒盖和筒底对向人体，以防因爆破而造成事故，当灭火器已颠倒，但不喷泡沫，应把筒身放在地上，用铁丝疏通喷嘴，切不可先旋开筒盖以免筒盖飞出伤人，最好将其移至安全地点另换一只灭火器。

⑤检查维护。它是一种可供循环使用的灭火器材。每次使用后，应及时打开筒盖，把筒体和瓶胆清洗干净，并充装新的灭火药液。存放时，不可靠近有高温的地方，以防碳酸氢钠分解出二氧化碳而失效；严冬季节要采取保暖措施，以防冰冻。并应经常疏通喷嘴，使之保持通畅。使用期在 2 年以上的，每年应送请有关部门进行水压试验。试验压力为设计压力的 1.5 倍，合格后方可继续使用，并在灭火器上标明试验日期。装药 1 年后，必须送检验部门检验药液质量。

（2）MPZ 型舟车式泡沫灭火器。

MPZ 型舟车式泡沫灭火器，其规格、性能及维护保养与 MP 型手提式泡沫灭火器相同。其构造如图 7－3 所示。

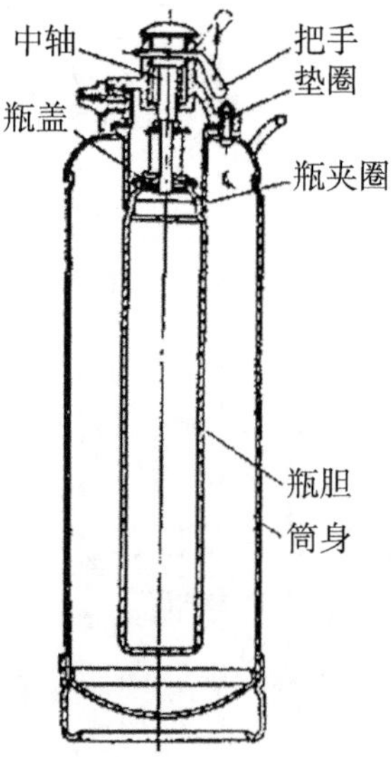

图 7－3　MPZ 型舟车式泡沫灭火器

MPZ 型舟车式泡沫灭火器的结构特点是：在筒盖上装有瓶盖机构，用以控制瓶口启闭。关闭时，瓶盖严密地封在瓶口上，保证在颠簸震动时，药液不渗出。当使用时，先把瓶盖机构向上扳起，中轴即可弹出，使瓶盖脱离瓶口而开启，然后颠倒筒身，酸碱两种药液混合，生成泡沫，从喷嘴喷出灭火。

（3）MPT 型推车式泡沫灭火器。

①构造。由筒体、筒盖、瓶胆启闭机构、喷射系统和车身等组成，如图 7－4 所示。

②规格及性能。MPT 型推车式泡沫灭火器按所充装的灭火剂量有 MPT65 和 MPT100 型两种。

③适用范围。其适用范围与手提式泡沫灭火器相同。

④使用方法。一般由 2 人操作。使用时，先将灭火器迅速推到火场，当距离着火点 10 米左右处停下，由一人释放喷射软管后，双手紧握喷枪对准燃烧物；另一人则先按逆时针方向转动手轮，将螺杆升至最高位置。使瓶盖完全开足，然后将筒体倾倒，使拉杆触地，并将阀门手柄旋转 90°，即可喷射泡沫进行灭火。如阀门装在喷枪处，则由操作喷枪者负责打开阀门。

灭火方法及注意事项与手提式基本相同。由于它的喷射距离远、连续喷射时间长，因而可充分发挥其优势，用来扑救较大面积的初起火灾。

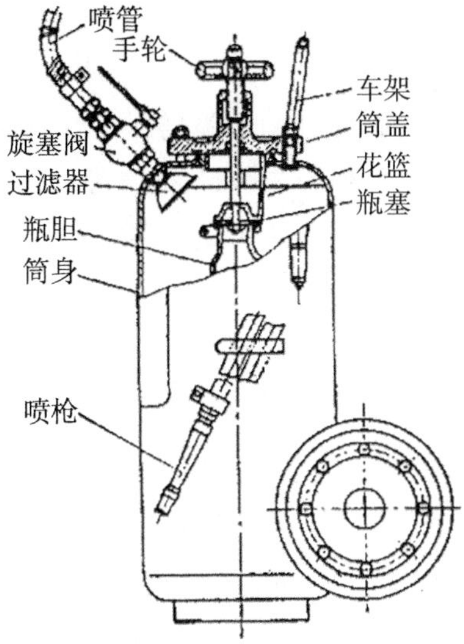

图 7－4　MPT 型推车式泡沫灭火器

⑤检查维护。存放处的环境温度在 4℃～45℃，不宜过高或过低。每月应定时检查一次，查看喷枪、软管、滤网及旋塞阀有无堵塞现象，并及时加以清除。使用 2 年后，应对筒体进行耐压试验，合格后方可继续使用。每隔半年应对所充满的药液进行检查，如发现有变质现象，应及时更换。

2. 空气泡沫灭火器

空气泡沫灭火器内部充装 90% 的水和 10% 的空气泡沫灭火剂。依靠二氧化碳气体将泡沫压送至喷射软管，经喷枪作用产生泡沫。按照所装灭火剂种类不同，分为蛋白泡沫灭火器、氟蛋白泡沫灭火器、抗溶性泡沫灭火器和“轻水”泡沫灭火器。它们扑救可燃液体火灾的能力要比化学泡沫灭火器高 3～4 倍。虽然它们类型各异，但组成及使用方法大体相似。以 MQP3 型“轻水”泡沫灭火器为例作一介绍。

（1）构造。

MQP3 型“轻水”泡沫灭火器由筒身、操纵机构、二氧化碳钢瓶、启闭机构和喷射系统组成。

（2）主要技术参数。

MQP3 型“轻水”泡沫灭火器灭火剂容量 3L，射程 6m，喷射时间 40s，使用温度在 4℃～55℃。

（3）使用方法。

将灭火器提至距燃烧物 6m 左右的地方，拔下保险销，一手握住喷枪，另一手握住开启压把，将压把按下，刺穿储气瓶密封片，泡沫混合液在二氧化碳的压力下，从喷嘴喷出，与空气混合，产生泡沫，覆盖燃烧物灭火。注意不能将灭火器颠倒或横卧使用，否则会中断喷射。

三、干粉灭火器

干粉灭火器是以高压二氧化碳为动力，喷射干粉灭火剂的器具。干粉灭火器按移动方式分为 MF 型手提式、MFT 型推车式和 MFB 型背负式三种；按储气瓶在灭火器上安装的形式又分为外装式和内装式两种。凡是二氧化碳储气瓶装在干粉筒身外面的称为外装式干粉灭火器，装在干粉筒内的称为内装式干粉灭火器。

1. 手提式干粉灭火器

（1）构造。

①手提外装式干粉灭火器。主要包括筒体及悬装在筒外的二氧化碳钢瓶两部分，如图 7－5 所示。筒体内装干粉灭火剂，并有进气管及出粉管各 1 根插入底部，它们分别与位于盖部的进气口及出粉口相通。钢瓶上口的开启阀为穿针式（由拉环操纵），用紧固螺母与进气口连接。带有喷枪的喷粉胶管则以螺纹连接形式安装在出粉口处。

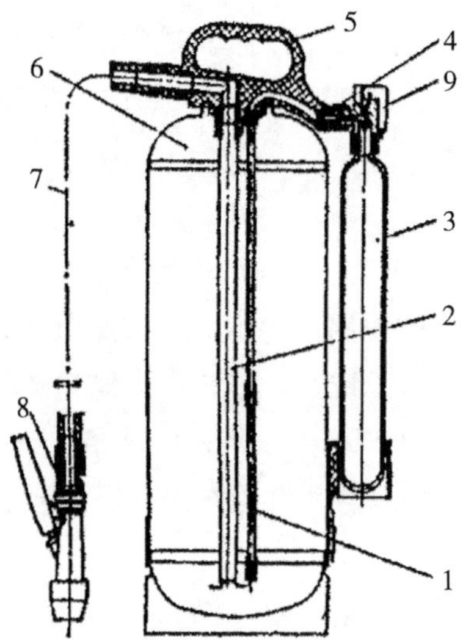

图 7－5　手提外装式干粉灭火器

注：1——进气管；2——出粉管；3——二氧化碳钢瓶；4——螺母；5——提环；6——筒体；7——喷粉胶管；8——喷枪；9——拉环。

②手提内装式干粉灭火器。钢瓶安装在筒体内部，且其阀门的开启由位于筒盖上压把操纵，其余部分则大致与外装式相同。其整体结构如图 7－6 所示。

（2）规格。

MF 型手提式干粉灭火器的规格是按充装干粉重量划分的，有 MF1、MF2、MF3、MF4、MF5、MF6、MF8、MF10 八种规格，其中 MF3 和 MF6 两种规格不常用。

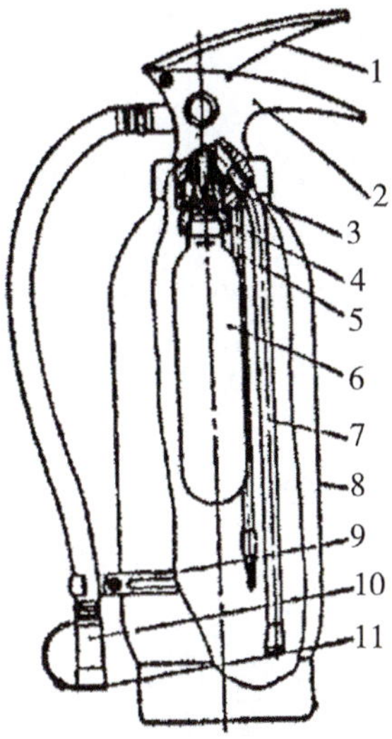

图 7－6　手提内装式干粉灭火器

注：1——压把；2——提把；3——刺针；4——密封膜片；5——进气管；6——二氧化碳钢瓶；7——出粉管；8——筒体；9——喷粉管固定夹箍；10——喷粉管（带提环）；11——喷嘴。

（3）适用范围。

碳酸氢钠干粉灭火器适用于易燃、可燃液体和气体以及带电设备的初起火灾；磷酸铵盐干粉灭火器除可用于上述几类火灾外，还可用于扑救固体物质燃烧的初起火灾。

（4）使用方法。

使用外装式干粉灭火器灭火时，一只手握住喷嘴，另一只手提起提环，握住提柄，将喷嘴对准火焰根部。当提起提环时，阀门即打开，二氧化碳气体经进气管进入筒身内，在气体压力作用下，干粉经过出粉管、胶管由喷嘴喷出，形成浓云般粉雾。灭火器应左右摆动，由近及远，快速推进灭火。注意使用前，先要上下颠倒几次，使干粉松动后，再提起提环喷粉。

使用内装式干粉灭火器灭火时，先拔下保险销，将喷枪对准火焰根部，握住提把，然后用力按下压把，开启阀门，气体充入筒内，干粉即从喷嘴喷出灭火。

扑救地面油火时，要采取平射姿势，左右摆动，由近及远，快速推进。

（5）检查维护。

干粉灭火器应放置在被保护物品附近、干燥通风和取用方便的地方。要注意防止受潮和日晒，灭火器各连接件不得松动，喷嘴塞盖不能脱落，保证密封性能。灭火器应按制造厂规定要求和检查周期，进行定期检查，如发现灭火剂结块或储气瓶气量不足时，应更换灭火剂或补充气量。灭火器的检查，应由专业人员进行。

灭火器一经开启必须进行再充装，再次充装应由经过训练的专人按制造厂的规定要求和方法进行，不得随意更换灭火剂的品种和重量。充装后的储气瓶，应进行气密性试验，不合格的不得使用。经修复的灭火器，应有经当地消防监督部门认可的标记，并应注明维修单位名称和修复日期。

2. **推车式干粉灭火器**

（1）构造。

MFT35 型推车式干粉灭火器，其构造如图 7 - 7 所示。压力表用于显示罐内二氧化碳气体压力，通过压力表的显示来控制进气压杆，使储罐内压力保持最佳状态。安全阀的作用是，当储罐内的气体压力超过最大工作压力时，安全阀自动开启放气降压，起到自动限压作用。

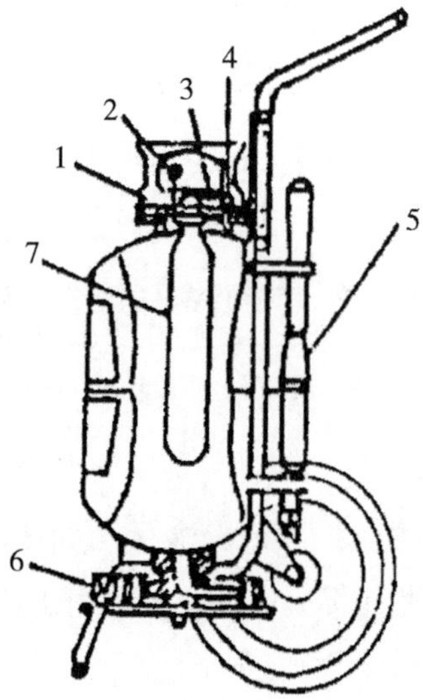

图 7 - 7　MFT35 型推车式干粉灭火器

注：1——护罩；2——压力表；3——进气压杆；4——提环；5——喷枪；6——出粉管；7——二氧化碳钢瓶。

（2）规格。

推车式灭火器按充装的干粉重量分为 MFT25、MFT35、MFT50、MFT70、MFT100 型五种规格。

（3）适用范围。

与手提式干粉灭火器相同。

（4）使用方法。

MFT35 型灭火器使用时，先取下喷枪，展开出粉管，提起进气压杆，使二氧化碳气体进入储罐。当表压升至 0.7 ~ 1.1MPa 时（0.8 ~ 0.9MPa 灭火效果最佳），放下压杆停止进气。同时两手持喷枪，枪口对准火焰边沿根部，扣动扳机，干粉即从喷嘴喷出，由近至远灭火。如扑救油火时，应注意干粉气流不能直接冲击油面，以免油液激溅引起火灾蔓延。

（5）检查维护。

①检查车架上的转动部件是否灵活可靠，经常检查干粉有无结块现象，如发现结

块，立即更换灭火剂；定期检查二氧化碳重量，如发现重量减少 1/10 时，应立即补气；检查密封件和安全阀装置，如发现有故障，须及时修复，修好后方可使用；每隔三年，干粉储罐需经 2.5 MPa 水压试验，二氧化碳钢瓶经 22.5 MPa 的水压试验，合格后方能继续使用。

②每半年检查一次二氧化碳气瓶是否漏气。检查的方法是将二氧化碳气瓶卸下用秤称重量，称得的总重量减去钢瓶重量即二氧化碳实有量。手提式灭火器二氧化碳泄漏量大于额定充气量的5%或7%；推车式减少额定储气重量的1/10 时，就应送修理部门充气。

③每年检查一次出粉管、进气管、喷管、喷枪和喷嘴等部分，有无损坏或干粉堵塞现象。检查干粉筒体有无腐蚀，零部件是否完整，有无松动变形损坏。检查干粉是否有变质结块现象。如有不安全因素存在，立即修复或更换。

④储压气干粉灭火器应检查压力表指针是否在绿色区域。如指针在红色区域时，应查明原因检修后重新充气。

四、二氧化碳灭火器

二氧化碳灭火器是（高压）储压式灭火器，利用其内部安装的高压液化二氧化碳喷出灭火。

1. **构造**

（1）手轮式二氧化碳灭火器，其构造如图 7－8 所示。

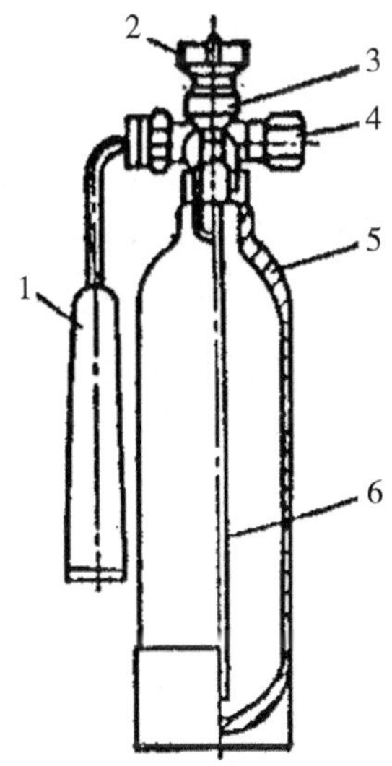

图 7－8　手轮式二氧化碳灭火器

注：1——喷筒；2——手枪；3——启闭阀；4——安全阀；5——钢瓶；6——虹吸管。

（2）鸭嘴式二氧化碳灭火器。它的构造与手轮式大致相同，其构造如图 7－9 所示。

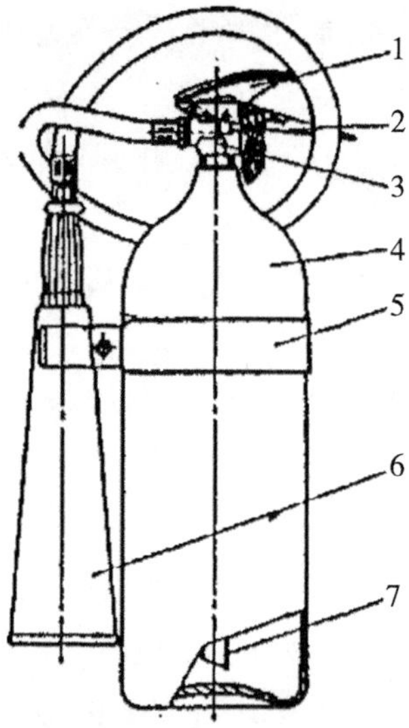

图7－9　鸭嘴式二氧化碳灭火器

注：1——压把；2——提把；3——启闭阀；4——钢瓶；5——卡箍；6——喷筒；7——虹吸管。

2. 规格

二氧化碳灭火器的规格，按充装灭火剂的重量分为MT2、MT3（多为手轮式）、MT25和MT27（多为鸭嘴式）四种；按移动方式（手提式按开关形式）分为MT型手提（手轮）式、MTZ型手提（鸭嘴）式、MTT型推车式三种。

3. 适用范围

适用于扑救贵重设备、档案资料、仪器仪表、600V以下的电气装置以及一般的B类火灾。

4. 使用方法

灭火时，将喷筒对准火源，打开启闭阀，即可喷射二氧化碳。鸭嘴式二氧化碳灭火器的使用方法是：右手拔去保险锁，紧握喇叭木柄，左手按下鸭嘴压把，二氧化碳即可从喷筒喷出。手轮式的使用方法是：逆时针旋转手轮，阀门即可开启。在使用过程中应连续喷射，防止余烬复燃。灭火器不可颠倒使用。使用时应注意安全。当空气中二氧化碳含量达到8.5%以上时，会造成呼吸困难，血压增高；含量达到20%～30%时，会造成呼吸衰弱，严重者可窒息死亡。

5. 检查维护

二氧化碳灭火器不应放置在采暖或加热设备附近和阳光强烈强射的地方，存放地点温度不宜超过42℃；对灭火器每年要检查一次重量，泄漏量超过1/10时应检修补气，方法是：将灭火器一年前称出的重量与一年后称出的重量比较，检查前后两次的重量差是否符合要求。每五年进行一次水压试验，合格后方可使用；灭火器一经开启，必须重新充装，维修及充装应由专业单位承担；在搬运过程中应轻拿轻放，防止撞击。

第五节　消防装备

消防装备包括消防车、消防车随车装备和消防员个人装备三大部分，品种和规格很多，下面对仓库常用的消防装备作简要介绍。

一、消防车

消防车是用于灭火、辅助灭火或消防救援的机动消防技术装备。

消防车就其功能不同可分为四大类：

灭火消防车：指能依靠自身力喷射灭火剂，并能独立扑救火灾的消防车。包括泵浦消防车、水罐消防车、泡沫消防车、干粉消防车、二氧化碳消防车和联用消防车等。

专勤消防车：指担负除灭火之外的某专项消防技术作业的消防车。包括通信指挥消防车、火场照明消防车、排烟消防车、抢险救援消防车、火因勘察消防车、消防宣传车等。

举高消防车：指装备举高和灭火装置，可进行登高灭火或消防救援的消防车。包括登高平台消防车、举高喷射消防车和云梯消防车。

后援消防车：指用来向火场补充灭火剂及消防器材的消防车。包括供水消防车、泡沫液罐车、器材消防车、救护消防车等。

我国消防车一般由通用运输车底盘装加各种消防专用机构而形成。由承载能力在500～3000kg的底盘改装的为轻型消防车；由承载能力在5000～6500kg的底盘改装的为中型消防车；由承载能力在8000kg以上的底盘改装的则为重型消防车。由于在普通运输车底盘上改装，消防车在动力性能、机动性能、操纵稳定性能等方面受到较大局限。要生产高性能消防车，必须进一步开发生产消防车专用底盘。国产消防车常用的汽车底盘有东风EQ140，解放CA141和JN150，罗曼R10和215F等，分别用于生产、改装中型和重型消防车。

1. 泡沫消防车

（1）用途。

泡沫消防车是装备有消防水泵、水罐、泡沫液罐和成套泡沫设备的灭火消防车。该车可用于仓库扑救可燃、易燃液体火灾，也可用来扑救一般固体火灾（A、B类）。扑救油类火灾时，使用3%或6%的泡沫液，通过混合装置、泡沫枪（炮）以6～10倍的空气泡沫发射到火源灭火。

（2）分类。

目前，国产泡沫消防车采用解放、东风、黄河、罗曼等载重汽车底盘改装。

泡沫消防车按底盘承载能力可分为中型和重型两种，按有无车载炮可分为无载炮

（CP型）泡沫车和载炮（CPP型）泡沫车两种。如CP9B型、CPP18型为中型泡沫车，CPP15型、CPP45型为重型泡沫车。

（3）结构。

CP15A内座式泡沫消防车结构示意如图7－10所示。

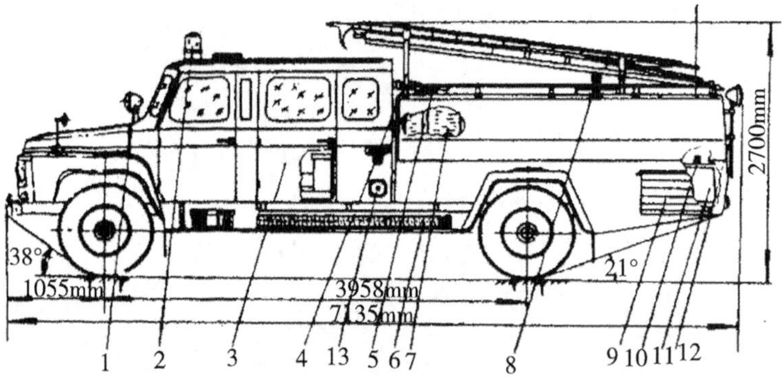

图7－10　CP15A内座式泡沫消防车结构示意

注：1——车前照明灯；2——12V回转警灯；3——消防员室；4——梯架总成；5——泡沫液加注口；6——吸水管；7——泡沫液、水罐；8——水罐注水弯管；9——器材箱；10——附件及工具；11——汽油箱；12——车后照明灯；13——水泵及泡沫系。

2. 水罐消防车

（1）用途。

水罐消防车简称水罐车，以水罐和水泵为主要消防设备，是配备最广泛、使用最多的灭火消防车。主要用于扑救房屋建筑及其他一般固体物质火灾。车内配备有泡沫枪、泡沫液桶等，可用来扑救小规模油品火灾。还可用于冷却保护或向泡沫灭火系统、水喷淋设施供水。

（2）分类。

水罐车一般有中型和重型两种，我国生产的水罐车中，中型车型号有CG30/30，CG35/30，CG36/30，CG40/40等；重型车型号有CG60/50，CG70/60等。此外，我国从国外进口一些重型水罐消防车，型号种类较多。有些水罐消防车上，特别是重型车上安装有固定水炮。

（3）结构。

以CG35/30型内座式水罐消防车为例，其结构示意如图7－11所示。

3. 干粉消防车

（1）用途。

干粉消防车简称干粉车。可由干粉枪或干粉炮喷射雾状干粉射流，扑救易燃液体（如油类、液态烃、醇、酯、醚等）、可燃气体（液化石油气、天然气、煤气等）和一般电气设备火灾，普通干粉车还装有消防水泵系统，具有泵浦车的功能，可用来扑救一般固体物质火灾。

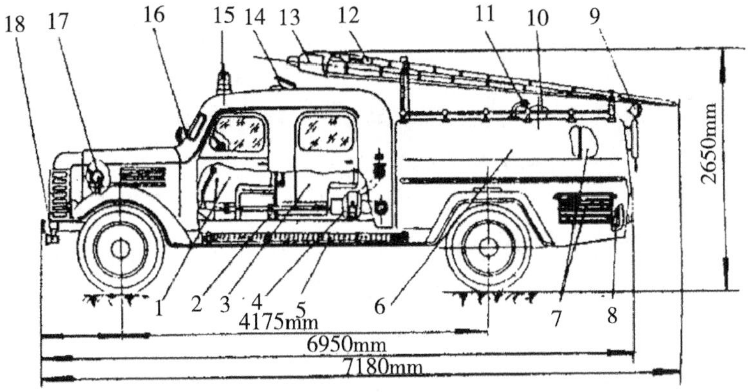

图 7－11 CG35/30 型内座式水罐消防车结构示意

注：1——驾驶员室；2——1211 灭火器；3——消防员室；4——水泵；5——吸水管；6——水罐；7——器材箱；8——汽油箱；9——后照明灯；10——水罐盖；11——注水接口；12——杆钩；13——二节梯；14——气孔；15——警灯；16——冷却器；17——车前照明灯；18——电子警报器及喇叭。

（2）分类。

按总重量，干粉消防车可分为重、中、轻三种，按喷射动力可分为氮气式、燃气式和二氧化碳式三种，目前我国使用的干粉车多为中型车和轻型车，主要车型有 CFI 型、CF75 型、CF10 型、CF20 型及 CFR10 燃气型。

（3）结构。

CF20 型干粉消防车结构示意如图 7－12 所示。

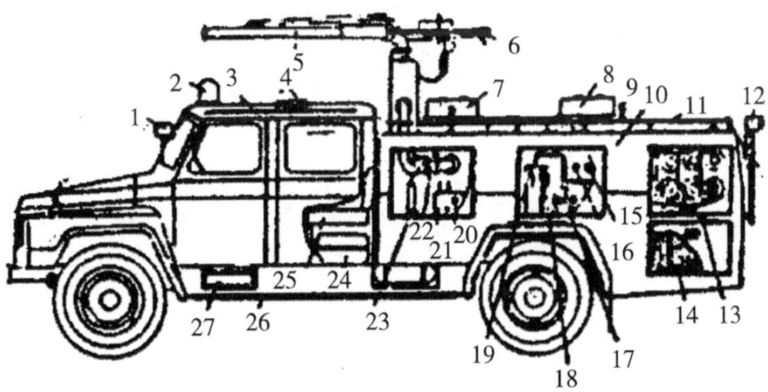

图 7－12 CF20 型干粉消防车结构示意

注：1——前照明灯；2——回转警灯；3——驾驶室、消防员室；4——通风窗；5——干粉炮；6——炮位操作盒；7——前干粉罐；8——后干粉罐；9——安全阀；10——车厢；11——栏杆；12——后照明灯；13——氮气瓶；14——干粉枪及软管；15——后罐压力表；16——前罐压力表；17——减压阀；18——后罐进气球阀；19——前罐进气球阀；20——气源压力表；21——气阀操作盒；22——前罐炮出粉球阀；23——气缸；24——油箱；25——坐垫；26——脚踏板；27——蓄电池。

4. 联用消防车

（1）用途。

干粉泡沫联用消防车是装置有干粉和泡沫两套设备的灭火消防车，具有水、泡沫和干粉喷射装置并能独立使用。其主要功能是同时或先后喷射干粉和泡沫进行联合灭火。

适用于扑救易燃液体（如油类、液态烃、醇、酯、醚等）、可燃气体（如石油液化气、天然气、煤气等）、带电设备和一般物质的火灾。

联用消防车的灭火特点是利用喷射干粉能迅速控制火势，泡沫可有效地阻止油类火灾的复燃，并能流过障碍物形成的死角处，弥补干粉灭火的不足。干粉和泡沫联用，能迅速可靠扑灭火灾。

（2）分类。

目前，国产联用消防车有CFP75/65型、CFP2/2型、CFO2/1型等几种。

（3）结构。

以CFP75/65型干粉泡沫联用消防车为例。该车采用EQ140J型载重汽车底盘改装而成，改装后仍保持原车性能。其结构示意如图7－13所示。

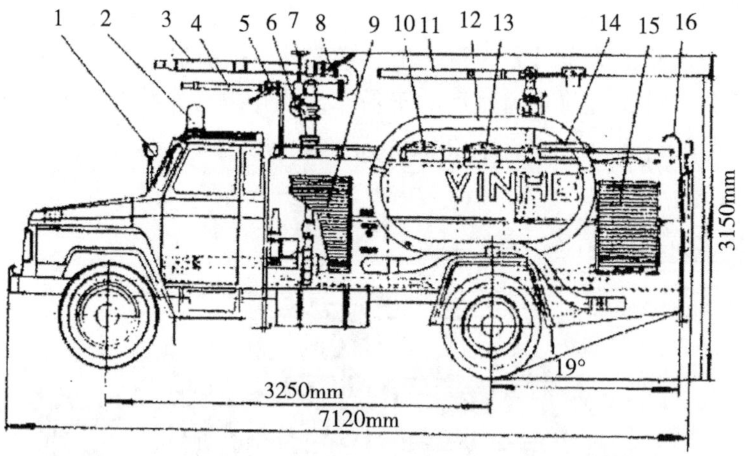

图7－13 CFP75/65型干粉泡沫联用消防车结构示意

注：1——照明灯；2——警示灯；3——泡沫炮；4——水炮；5——水炮开关；6——仰俯操纵手轮；7——回转操纵手轮；8——泡沫炮开关；9——前器材箱；10——水罐；11——干粉炮；12——吸水管；13——泡沫罐；14——干粉罐；15——后器材箱；16——梯子。

该车最大的特点是燃气发射干粉，车上装有火药燃烧的燃气发生器，因此，结构紧凑，操纵维护均较方便。

二、消防车随车装备

（一）消防水枪

消防水枪是由单人或双人携带和操作的喷射水的消防枪。它可将具有一定静压的水变为高速射流，并以直流、喷雾或伞状水幕等不同形式喷射至一定距离进行灭火。根据其喷射功能的不同，可分为直流水枪、开关直流水枪、开花直流水枪、喷雾水枪、多用水枪等几种类型。

1. **结构**

直流水枪结构示意如图 7－14 所示。

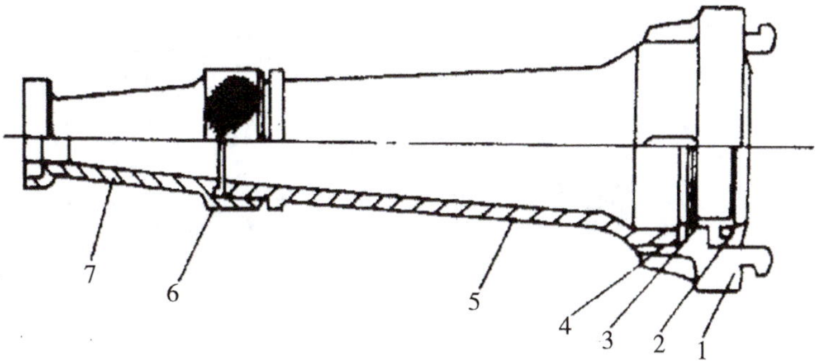

图 7－14　直流水枪结构示意

注：1——本体；2——密封圈；3——密封圈座；4——平面垫圈；5——枪体；6——密封圈；7——喷嘴。

开关直流水枪结构示意如图 7－15 所示。

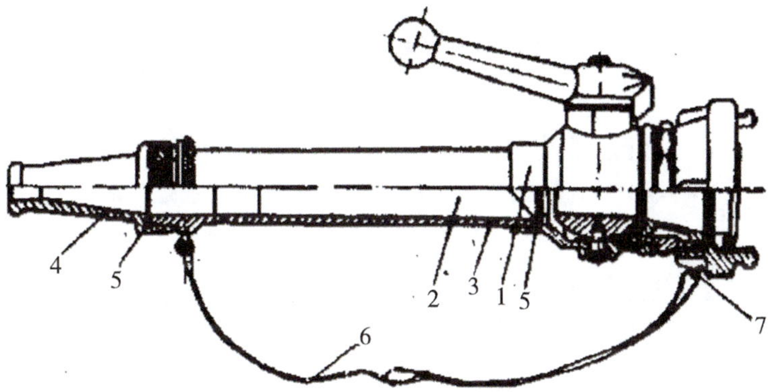

图 7－15　开关直流水枪结构示意

注：1——球阀及接口；2——整流器；3——枪体；4——喷嘴；5——密封圈；6——背带；7——耳环。

开花直流水枪结构示意如图 7－16 所示。

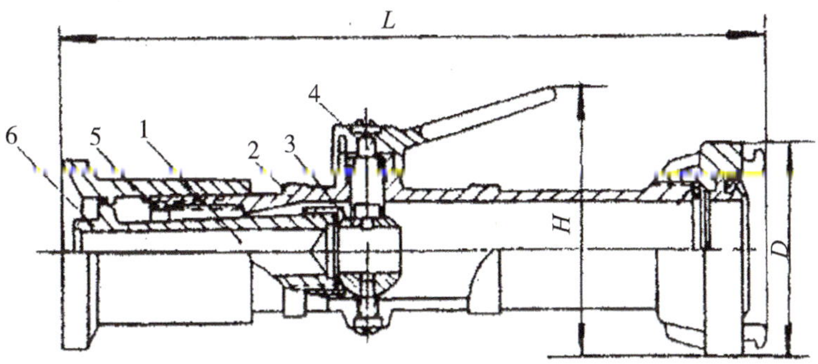

图 7－16　开花直流水枪结构示意

注：1——稳流器；2——枪体；3——球体；4——手柄；5——开花圈；6——直流喷雾体。

喷雾水枪是在开关直流水枪的基础上，通过用手控制开关球阀装置，使压力水通过导流片雾化。其结构示意如图7－17所示。

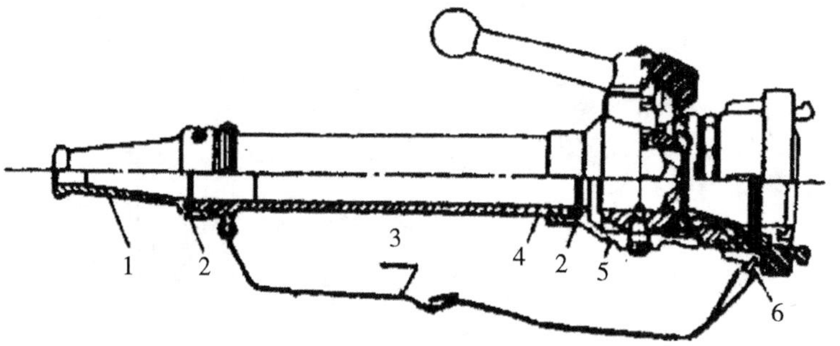

图7－17　喷雾水枪结构示意

注：1——喷嘴；2——平面垫圈；3——背带；4——枪体；5——球阀及接口；6——耳环。

2. 消防水枪的特点及适用范围

消防水枪的特点及适用范围如表7－16所示。

表7－16　消防水枪的特点及适用范围

序号	名称	型号	特点	适用范围
1	直流水枪	QZ16 QZ19 QZ16A QZ19A	射程远，冲击力强，但水渍损失大	较远距离火灾扑救及较远距离物体冷却
2	开关直流水枪	QZG16 QZG19	可间歇直流射水	较远距离火灾扑救及较远距离物体冷却
3	雾化水枪	QW48	流呈雾状，水渍损失小，驱排烟效果好，对水枪手有较好保护作用，但射程较近	扑救电气设备火灾
4	多用水枪	QD50 QD65	可实现直流射水和喷雾水以及直流、开水花、喷雾水的组合喷射，一枪多用，操作方便	扑救室内外一般固体物质火灾和可燃烧体的小型火灾及气体火灾
5	带架水枪	QJ32	水流量大，射程远	扑救棚户、露天货场等较大面积火灾

3. 消防水枪的操作使用

（1）操作直流水枪射水时，要注意反作用力的影响，变更射水方向时，尽量缓慢操作。

（2）使用开关枪时，转换开关缓慢进行。

（3）使用喷雾水枪扑救带电设备火灾时，一定要保证安全距离，电压小于33000V

时，安全距离为不小于2m。

（4）使用带架水枪时，应将水枪放置稳妥，并按目标位置适当调节射水角度。变换喷头时，需先关水。

（5）使用雾化水枪时，雾化程度不宜过高，否则不仅会影响射程，而且在扑救液体和气体火灾时会降低乳化和灭火的效果。

（6）在扑救较大面积可燃液体火灾的初期，雾化射流将会夹带大量气流进入火区而引起扰动，使火场热辐射强度增加，此时应充分考虑消防人员的隔热保护。

（7）多用水枪不得用于带电电器火灾，以防止误操作引起直流喷射而危及人身安全。

4. 消防水枪的维护保养

消防水枪使用后要将水渍擦净晾干，存放于阴凉处，不要长期置于日晒和高温的环境中，以防橡胶件早期老化。

（二）消防水炮

消防水炮分为移动式和固定式两种。移动式水炮主要作为消防车的附属装备；固定式水炮则可安装在消防车、油罐区、港口码头等场所。

水炮射水的特点是水量多、射程远、冲击力大。因此，水炮主要用于强烈的热辐射、热气流、浓烟火场的远距离射水和大风火场的强力射水。

1. 结构

以SP40型固定式水炮为例，其结构示意如图7－18所示。

2. 操作使用

（1）打开或关闭水炮进口球阀时应缓慢操作。

（2）车载式消防水炮平时可靠固定，防止行驶时引起震动而损坏。

（3）移动式水炮使用时，应选择平坦地面，视情况用绳索等将水炮固定或对地面适当修整或采取防滑措施。

3. 维护保养

（1）经常检查水炮有无变形、损伤。

（2）经常检查水炮的螺纹状况及密封情况。

（3）定期检查水炮活动部件，注意是否灵活或漏水，发现问题及时修理。

（4）水炮用后清洗干净，干燥后向旋转机构及折叠部分加注油脂。

（三）泡沫枪

泡沫枪是产生和喷射空气泡沫的灭火工具，用于扑救小型油罐、地面石油及石油产品等油类火灾以及木材等一般固体物质火灾。主要有长筒式和短筒式两大类。

1. 构造

常用短筒式空气泡沫枪结构示意如图7－19所示。

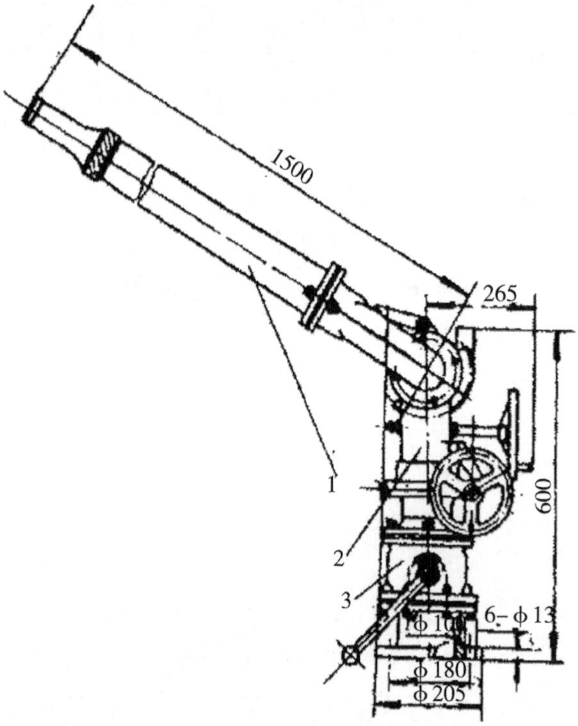

图7－18　SP40型固定式水炮结构示意（单位：mm）

注：1——炮筒；2——转塔；3——球阀。

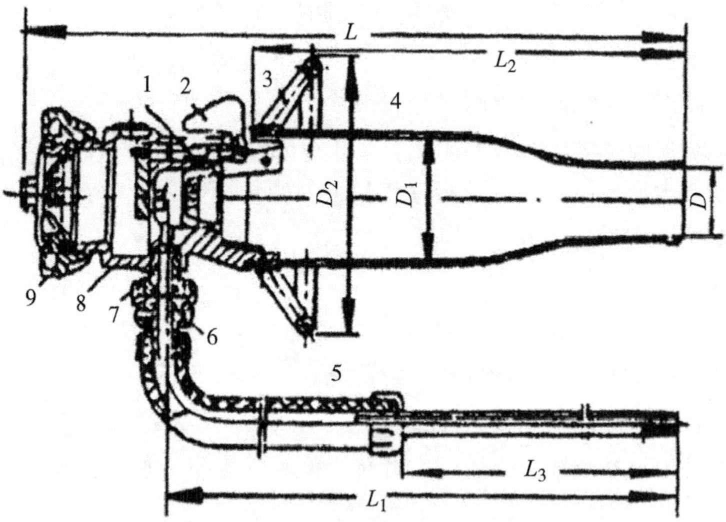

图7－19　短筒式空气泡沫枪结构示意

注：1——喷嘴；2——启闭柄；3——手轮；4——枪筒；5——吸管；6——密封圈；7——吸管接头；8——枪体；9——管牙接口。

2. 工作原理

由接口供入混合液时，在喷嘴处高速射流形成真空，卷吸（由空气口）空气，形成泡沫进而喷射灭火，也可供以清水，由吸液管从泡沫液桶中吸液，混合喷射形成泡沫。

供给混合液时要注意将泡沫枪的启闭手柄板至“混合液”一边；自吸液时，则将启闭手柄板至“自吸液”一边。

3. 操作使用

（1）空气泡沫枪的工作压力一般为 0.5MPa，但不得低于 0.3MPa。

（2）配用 6% 型空气泡沫液，应安好吸液管，并检查其密封性能是否良好。

（3）水源供水正常后，扳动启闭柄，泡沫即喷出，需要停止喷射时，扳动启闭柄至关闭位置即可。

4. 空气泡沫枪的检查和维护

（1）空气泡沫枪应经常保持完好。

（2）每次使用后应检查各部分零件是否完整，连接是否牢靠，吸管和管牙接口等处的橡胶垫圈是否损缺。

（3）空气泡沫枪应保持清洁，每次使用后用清水洗净，清除吸水管、喷嘴内外附着的杂物，擦干水渍，置于阴凉干燥处。

（四）泡沫钩管

泡沫钩管用于产生和喷射空气泡沫，扑救没有固定泡沫灭火装置的地下、半地下或小型储油罐火灾。

1. 构造

泡沫钩管由钩管、泡沫产生器等组成，如图 7－20 所示。

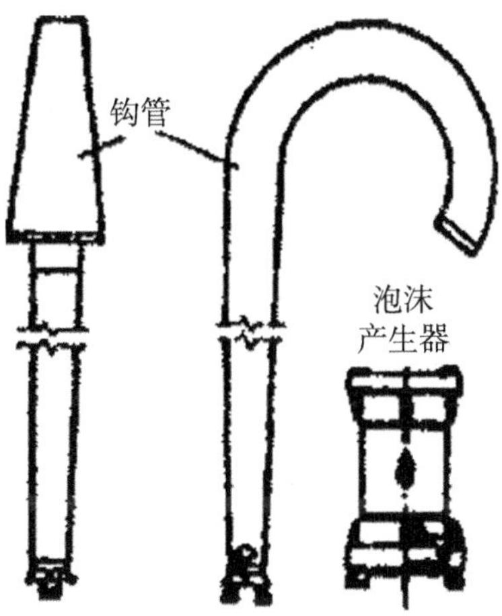

图 7－20　空气泡沫钩管结构示意

（1）钩管由薄钢板制成，其上端有弯形喷管，用来钩挂在着火的油罐壁上，以便向罐内送入泡沫。其下端装有 65mm 管牙接口，用来连接空气泡沫产生器。

（2）空气泡沫产生器由钢管制成，中部开有空气孔，两端各有65mm管牙接口，用以连接水带和钩管；内部装有孔板，用以控制混合液的流量。

2. **工作原理**

当混合液通过产生器时，因孔板的节流作用在周围形成负压，这时就由空气孔吸入大量空气。并与混合液充分混合，产生的空气泡沫则从弯形喷管喷出。

3. **操作使用**

（1）泡沫钩管一般作为泡沫消防车的附属配套装备，使用时，应将环泵式比例混合器的调节阀指针对准“100”的刻度位置上。

（2）扑救地上油罐火灾时，应将泡沫钩管牢固地拴装在消防拉梯上，升高拉梯使钩管出口处超过油罐壁面高度，再供给混合液产生泡沫。泡沫钩管的进口压力控制在0.2～0.5MPa的范围，待出泡正常后将泡沫钩管钩住罐壁顶即可。

（3）钩管与空气泡沫产生器平时应连接一起存放。

（4）泡沫钩管存放时应避免重压变形，内外表面漆层如有剥落，应立即涂刷防锈漆，以防锈蚀。

4. **维护保养**

（1）每次使用后，应检查空气泡沫钩管内外漆层，若有脱落，应重新涂刷防锈漆，以防锈蚀。

（2）各部件应保持完整，放置在便于取用的地方，并防止重物重压。

（五）消防水带

消防水带是消防现场输水用的软管。按材料可分为有衬里消防水带和无衬里消防水带。其中无衬里消防水带耐压低、阻力大，容易漏水，且易霉腐，寿命较短，适合于建筑物内火场中铺设；有衬里水带耐高压，耐磨损，耐霉腐，经久耐用，且不易渗漏，阻力小，也可任意弯曲折叠，随意搬动，使用方便，适用于外部火场铺设。

消防水带使用时应注意：

（1）铺设时应避免骤然曲折，以防止降低耐水压的能力；还应避免扭转，以防止充水后水带转动而使内扣式水带接口脱开。

（2）充水后应避免在地面上强行拖拉，需要改变位置时要尽量抬起移动，以减少水带与地面的磨损。

（3）应避免与油类、酸、碱等有腐蚀性的化学物品接触。

（4）在可能有火焰或强辐射热的区域，应采用棉或麻质水带。

（5）用毕后应清洗干净，无衬里水带要挂晒，干后盘卷保存于阴凉干燥处。

（6）使用过程中如发现有破损小孔，应用水带包布裹紧，事后尽早织补或粘补；当出现明显破损时，应立即退出战备。

（7）车辆需通过铺设中的水带时，应事先在通过部位安置水带护桥。

（8）铺设时如需通过铁路，应从铁轨下面通过。

（9）寒冷地区建筑物外部应使用有衬里水带，以免水带冻结。

（六）消防水带附件

消防水带附件主要是指连接和使用消防水带所必需的附件，包括接口、分水器等。

1. 接口

接口是水带与水带、消防泵、消火栓或移动式水炮连接的接头。主要有水带接口、管牙接口、阀盖、内螺纹固定接口、外螺纹固定接口、异径接口、异型接口等。

使用中应注意：

（1）使用和存放时，应避免摔、撞和重压，以防变形而使装拆困难。

（2）连接之前，应认真检查滑槽和密封部位，若有污泥和砂粒等杂物须及时清除，以防装拆困难和密封不良。

（3）连接内扣式接口时，应将扣爪插入滑槽后再按顺时针方向拧足。在连接水带时，还需将水带理直，以防水带扭转而使接口自行脱开。

（4）连接插入式接口时，应插至听到雌接口弹簧销伸至雄接口卡槽的声音为止，以确保连接可靠。

（5）存放时注意避免与酸、碱等化学物品接触，以防金属件腐蚀和橡胶密封圈变质。

2. 分水器

分水器是将出水线的水流分出支线水流的连接器具。按所分出的支线数量，有二分水、三分水及四分水之分。

（1）结构。

每个分水器有一个进水口和几个出水口，可供同时使用，也可分别使用，其接口均为内扣式。出水口上均装有截止阀或球阀，可以随时关闭，控制水流，便于增加和调换支线水带。图7－21是FF65型分水器的外形。

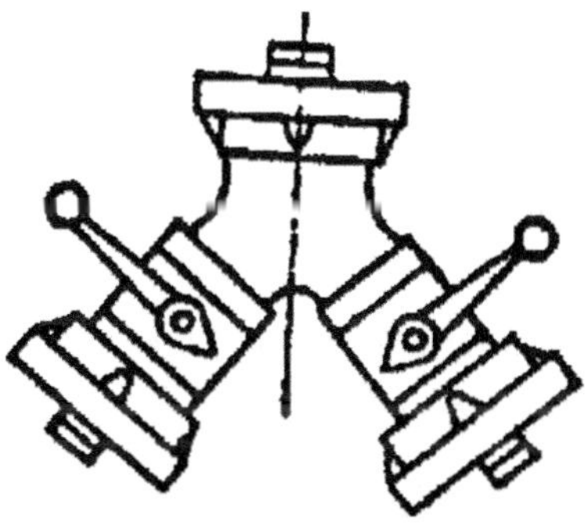

图7－21　FF65型分水器的外形

（2）使用和保养。

使用前，要检查接口密封圈和阀门是否完整好用。严冬季节要设法保温，防止冻结失灵。用后要用清水冲洗干净。

（七）消防梯

消防梯是消防队员扑救火灾时，登高灭火、救人或翻越障碍的工具，目前常用的有单杠梯、挂钩梯和拉梯三种。

消防梯应经常处于完好状态，加强维护保养。

（1）梯子从车上卸下后，要放在安全地带。在操练时要选好立梯场地，地面要平整、不滑。立梯时要注意掌握平衡。在灭火战斗中要尽量将梯靠在建筑物的外墙或防火墙上立起。如因抢救工作的需要将梯子放在受温和火焰作用的窗口时，要用水流加以冷却保护。

（2）每月或在每次火场及操作使用后，要检查梯子的螺栓、滑轮、铁钩及各部连接处是否松动；梯蹬、侧板等木质部分是否折断或损坏；拉绳或铁链是否损坏断裂；发现问题应及时修理或更换部件，主要负荷部件修理或更换后，要按消防梯检验规定检验合格后方可使用。

（3）消防梯应经常保持清洁，不宜日晒雨淋、时干时湿。表面油漆要保持完好，如有脱落，要及时补漆。

（4）消防梯的金属部分要涂抹机油，以防生锈。滑轮或活动铁角处要加注润滑油，以防磨损。

（5）消防梯梯身较重，用后应平整地放在室内，不应倾斜立放，以免日久变形。

三、消防员个人装备

消防员个人装备是消防员实施灭火过程中所佩戴和使用的防护设备或专用工具，其主要作用是提高消防员战斗力和保护自身的安全。消防员个人装备分为常规防护装备和特种防护装备两大类。

（一）消防员常规防护装备

1. 消防头盔

消防头盔有 GA－61－21 型及其改进型和 84－1 型等，用于保护消防员自身的头部、颈部免受坠落物的冲击和穿透以及热辐射、火焰、电击和侧向挤压等伤害。

（1）结构。消防头盔结构示意如图 7－22 所示。

（2）消防头盔的特点如表 7－17 所示。

（3）佩戴使用注意事项。

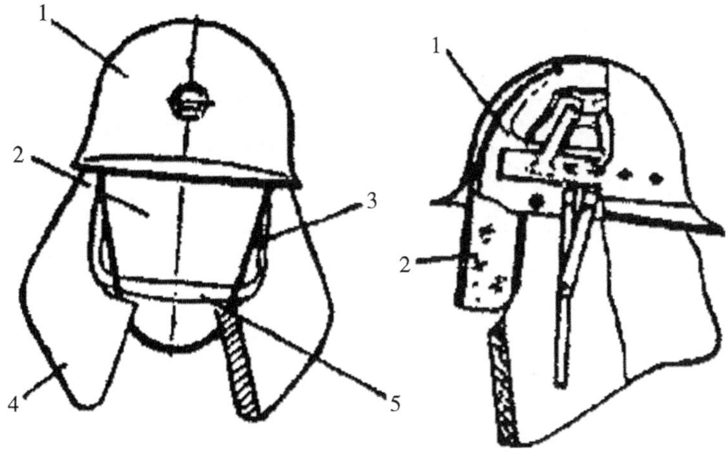

图 7－22　消防头盔结构示意

注：1——帽壳；2——面罩；3——佩戴装置；4——披肩；5——下颊带。

表 7－17　消防头盔的特点

序号	型号	特点
1	GA－61－21	帽型为钢盔形式，用酚醛玻璃钢制作，分大、小两号，重 860～890g
2	改进型	在 GA－61－21 型基础上，增设了披肩，改进了帽衬，防火隔热性能和抗冲击性均有提高
3	84－1 型	外形美观，结构更加合理，具有重量轻、耐冲击、防腐蚀等优点

①使用前应认真检查各部件有无损伤、烧融、炭化、撕破等现象。如有损伤，停止使用。

②使用后应将各部件清洗、擦净、晾干，以备再用。

③使用时不要随意推上面罩或卸下披肩，以防面部和颈部烧伤或受损。

（4）维护保养。

①保管时，要防止受潮、淋雨、曝晒，避免接触热源、火源以及酸碱等腐蚀性化学物质。

②平时应轻拿轻放，避免与坚硬物摩擦、碰撞，以免划伤与损坏帽壳与面罩。

③为保证结构的完整和部件之间的配合，平时不应随意拆卸各部件。

2. 消防战斗服

消防战斗服有八一型消防战斗服和八五型消防战斗服等，它主要用于保护消防员的身体免受火场中高温、蒸汽、热水、热质点以及其他危险物品的伤害。

八一型消防战斗服布料经防水处理，因而具有一定的防水性能，但不阻燃。而八五型消防战斗服布料既经防水处理又经阻燃处理，所以，它不仅能防水，还具有一定的防火功能。

消防战斗服的型号和款式、规格见表 7 – 18。

表 7 – 18　　消防战斗服的型号和款式、规格

序号	型号	款式	规格（号）
1	八一型消防战斗服	冬服：中山装式 夏服：夹克式	特、大、中、小
2	八五型消防战斗服	仿猎装式	正特、副特；正一、副一；正二、副二；正三、副三；正四、副四

消防战斗服的使用及保养：

（1）只能用于一般火场，不能在强辐射区或火焰区使用。

（2）如有玷污，应将衬里和外套分开清洗。清洗时不要硬刷或用强碱，以免影响防水性能。

（3）不用时宜放置通风阴凉处，避免阳光直晒。

消防战斗服应保持整洁，衣扣、背带应牢固齐全。每次灭火或操练弄脏后应及时洗净、晾干，不能在加热设备上烘烤，未干的战斗服不可折叠保存，以防发霉变质。

3. 消防靴

消防靴有消防胶靴和消防皮靴两种，供消防员平时训练和灭火战斗穿着，用以保护消防员的足部和小腿部，使之免受伤害。

消防胶靴主要为 GX – A 型，结构示意如图 7 – 23 所示。消防皮靴有普通型和防寒

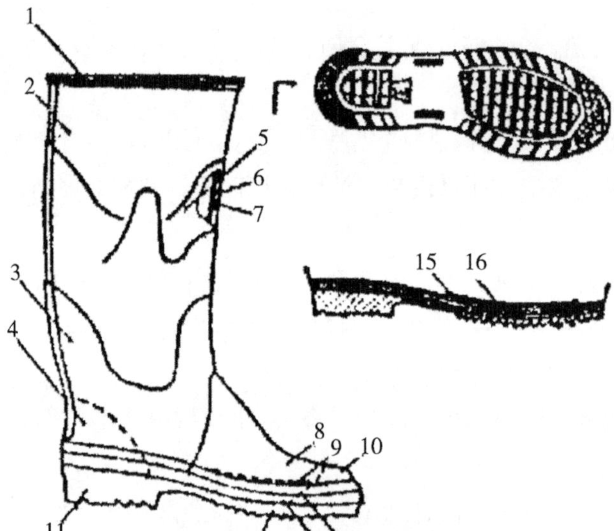

图 7 – 23　GX – A 型消防胶靴结构示意

注：1——上口沿条；2——筒上部；3——筒跟部；4——后根衬布；5——筒中部；6——筒身衬布；7——松紧布；8——筒头部；9——围条衬布；10——靴头衬布；11——底后跟；12——底掌；13——六线围条；14——光沿条；15——防刺层；16——中底部。

型两种，消防中筒皮靴结构示意如图 7－24 所示。

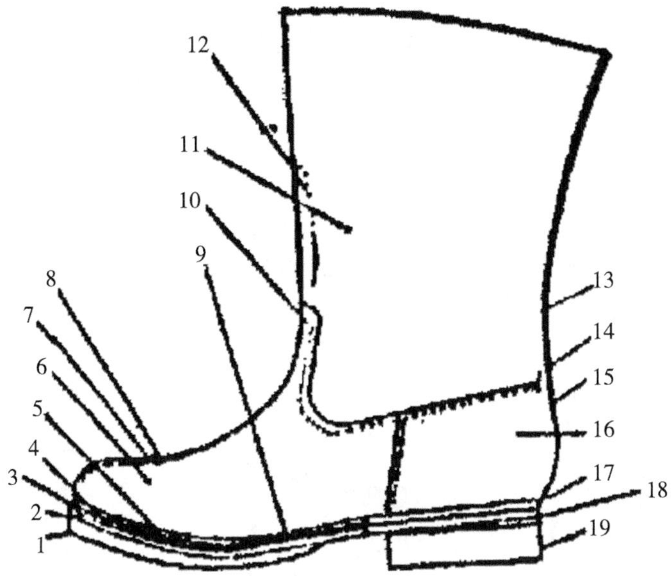

图 7－24　消防中筒皮靴结构示意

注：1——头掌；2——乳木；3——中底；4——沿条；5——内底；6——前帮里；7——筒头部；8——围条衬布；9——钢条；10——筒前里；11——筒面；12——上筒里；13——后筋；14——筒后里；15——后主跟；16——后帮；17——后围条；18——后跟条；19——靴跟。

（1）消防靴的主要型号、规格和性能见表 7－19。

表 7－19　　消防靴的主要型号、规格和性能

序号	名称	型号	规格	性能
1	消防胶靴	GX－A	长筒、中筒	防滑性能：起滑角度不小于 15°；防穿刺力：直径 4mm、长 38mm 钢钉，以静压穿刺，大于 600N；绝缘性能：耐交流电压大于 5000V
2	消防皮靴	普通型 防寒型	特号、1 号、2 号、3 号、4 号、5 号	防滑性能：起滑角度大于 29°；防穿刺力：静压穿刺，前掌大于 750N，中腰大于 740N，后跟大于 760N

（2）消防靴的使用及保养。

①新胶靴在仓库存放时间不宜超过一年。

②消防皮靴靴面至少每周上油一次。

③消防靴平时应避免与油类、酸、碱及其他化学腐蚀性物品接触，如沾有以上物品，应及时冲洗干净。

④如发现刺穿、漏水等现象，或使用时间较长，胶底磨损较多时，注意不要接近

高压电源。

4. **消防手套**

消防手套用于保护消防员手部，使其免受高温、摩擦、碰撞等伤害。它是按照消防作业的特点而设计制造的，具有穿戴柔软舒适，耐磨性强，防水性能良好等优点，适合消防员在训练和灭火战斗中使用。

（1）结构。

为五指分开式，有里、外双层结构。外层用猪皮手心并贴皮加固，起到耐磨和防穿刺的作用；手背和手筒用防水、阻燃、防霉细帆布制成，可防水、耐炙。里层用棉毛布浸塑，改善了防水性能，其结构示意如图7－25所示。

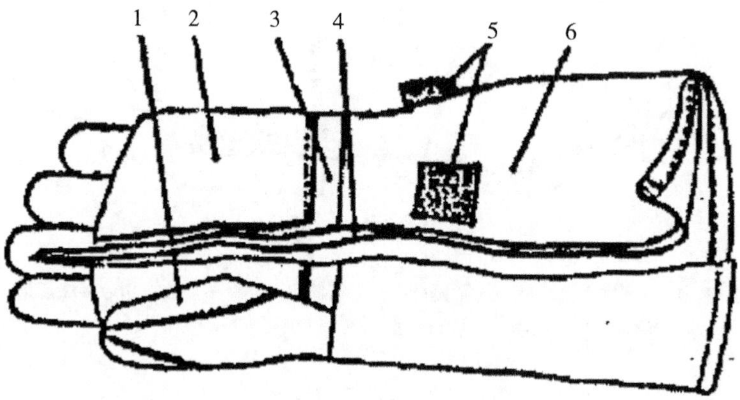

图7－25 消防手套结构示意

注：1——大拇指贴皮；2——手心贴皮；3——猪皮手心；4——浸塑棉毛布里层；5——尼龙搭扣；6——细帆布手筒。

（2）规格性能。消防手套的规格性能见表7－20。

表7－20 消防手套的规格性能

项目	规格及性能指标
尺寸	（长筒全长39cm均分大号、小号两种）短筒全长27cm
重量	长筒：230g；短筒：200g
其他	浸水24h无渗漏 在干、湿两种状态下，均能在30s内连续三次拾起直径5mm的圆滑试验针

（3）维护及保养。

①玷污后应及时洗净晾干。

②衬里被水沾湿时，应翻出来晾干。

③应储藏在干燥、通风的场所；如无木地板，则应垫高20cm以上，以防霉变。

5. 消防安全带

消防安全带是消防员登高灭火时的安全保护装备之一，可与安全绳、安全钩配合使用，进行救人及自救。根据材质的不同它分为麻织带和锦纶织带两种。

目前我国消防队所装备的主要是FDA型消防安全带。它的带体用35支8股锦纶丝编织，半圆环和大方扣等主要金属件用164新型铝合金制成。具有强度高、重量轻、耐磨、耐蚀、不霉、不蛀等特点。麻织带用亚麻帆布做带体，金属件用A3钢，这种安全带强度差且笨重，怕霉、怕蛀、不耐磨，金属件也容易生锈，已渐趋淘汰。

（1）结构。FDA型消防安全带由带体、大方扣、半圆环及套圈等组成，其结构示意如图7－26所示。

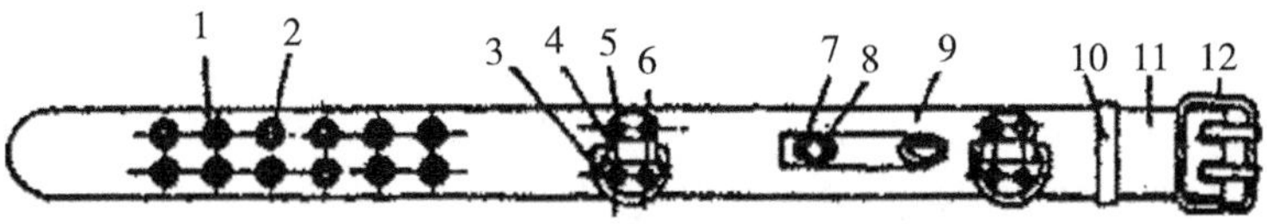

图7－26　FDA型消防安全带结构

注：1——带体；2——蓬围；3——半圆环；4——弓形板；5——平头铆钉；6——垫圈；7——空心铝铆钉；8——锁扣；9——攀带；10——套圈；11——扣头包布；12——大方扣。

（2）规格性能。FDA型消防安全带的规格性能见表7－21。

表7－21　FDA型消防安全带的规格性能

项目	规格及性能指标
式样	双钎双排扣眼式
尺寸（长×宽×高）（mm）	1250×80×30
重量（kg）	0.5
工作拉力（N）	4500
极限拉力（N）	12000
冲击重量	120kg，冲击高度2m（用棕绳牵引时）

（3）使用方法。

①带体围束于腰部，带尾插入大方扣后，必须将插钎穿入扣眼，再将带尾插入蓬围及套圈，以免带尾碰到其他物件而发生脱扣。

②带上铆有两只半圆环，用于安全防护时，在环上挂装安全钩或保险钩；如需把人员吊上或吊下，则应在两只环上分别挂装安全钩或保险钩，使人员能保持平衡。

③带上的攀带，可挂其他消防工具。

（4）维护及保养。

使用者应经常对消防安全带作外观检查，并定期按4500N工作拉力标准作静态载荷检查（检验时，将带上的最后一排扣眼穿过大方扣的插钎，挂在牢固的结构上；载荷则应悬挂在下方的安全钩上），检查中，如发现下列情况时，应作报废处理：

①锦纶织带受磨损、灼伤或强碱、强酸的腐蚀有较大面积和深度时；

②锦纶织带经长期使用出现明显变硬、发脆的老化现象时；

③铝合金部件经长期磨损，出现明显缺陷或受到强烈冲击后出现明显变形时。

不宜接触 120℃ 以上高温、明火、强酸、苯酚等化学溶剂，以及带有棱角的坚硬物体。

如有污垢时，可放入低温水内用肥皂擦洗，再用清水漂净晾干；但不允许浸入沸水及在日光下曝晒，或用火烤。

应储藏在干燥、通风良好及日光晒不到的场所，如无木地板，应垫高 20cm 以上。

6. 消防安全钩

消防安全钩与消防安全带配合使用，用于消防员滑绳自救或救人等作业，目前常用的是 GX－12 型消防安全钩。

（1）结构。

现以 GX－12 型消防安全钩为例，它是一种自锁式安全钩，其结构示意如图 7－27 所示。

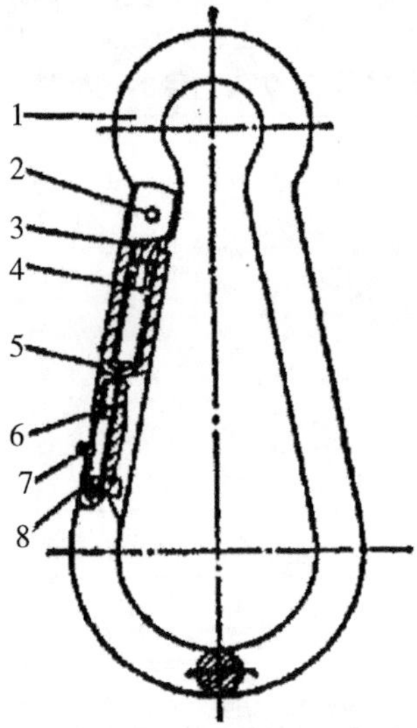

图 7－27　GX－12 型消防安全钩结构示意

注：1——钩体；2——销钉；3——簧舌；4——复位弹簧；5——锁臂；6——压缩弹簧；7——扳钉；8——保险锁。

它的开合机构为弹簧自动复位式，在锁臂上还装有由保险销、压缩弹簧和板钉构成的自锁插销。开钩时，只要用手指提起板钉，使保险销脱开，再按下锁臂，即可打开锁臂；如松开锁臂，在复位弹簧的作用下，锁臂自动复位，使钩口闭合，同时自锁插销通过压缩弹簧将保险销顶紧，将锁臂锁住。

（2）使用方法。

手握消防安全钩，用大拇指向上拉动保险销板钉，同时按下锁臂，使开合口张开，把安全绳挂进钩内后，松开按着锁臂的大拇指，通过复位弹簧的外向弹力作用，使开合口自动闭合，保险锁同时自锁，一次动作完成操作过程。

（3）使用注意事项及维护保养。

①使用前，应检查开合机构是否灵活，有无损坏，若有问题，应停止使用；如活动件有阻滞现象，可用轻质油类清洗，并滴注少量润滑油。

②使用时，勿与硬质尖锐物品撞击，避免浓厚尘土或其他污垢沾污保险销导槽，以防自锁失灵。

③使用后，擦拭干净，放置于干燥清洁处备用。长期保存时，应涂上润滑脂，以免锈蚀。

④应定期按4500N工作拉力做载荷检查（可与安全带同时进行），卸载后，如发现锁臂或保险销偏离原位，应停止使用。

（二）消防员特种防护装备

1. 隔热服

隔热服是消防员在火场中靠近或接近火源，进行灭火战斗时穿的一种特种防护服。

隔热服有夹衣、棉衣和单衣三种。主要由隔热头罩、上衣、手套、长裤、护脚等组成，如图7－28所示。

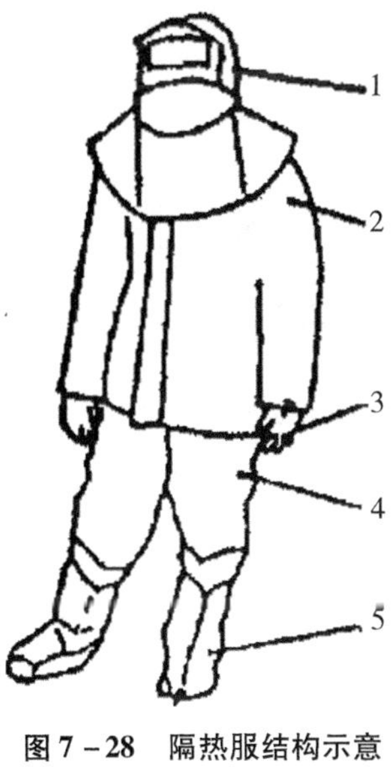

图7－28　隔热服结构示意

注：1——头罩；2——上衣；3——手套；4——长裤；5——护脚。

2. **呼吸器**

呼吸器是保护人体呼吸器官的器具，供消防人员进入有浓烟、有毒气或严重缺氧的火灾环境中进行火情侦察、灭火或抢救受困人员和重要物资等消防作战时使用。

呼吸器主要分为氧气呼吸器和空气呼吸器，其中空气呼吸器又分为正压式空气呼吸器和负压式空气呼吸器。

（1）氧气呼吸器属于与外界完全隔绝的呼吸器，气源来自本身，呼出气体也不排出，而是在器具内循环经净化后，再与纯净的氧气混合，供给佩戴者使用。因此，比过滤式防毒面具更安全。

（2）正压式空气呼吸器面罩内压力稍高于外界压力，呼吸舒畅，能防止外界有害气体的侵入，可靠性、安全程度高，并且体积小，操作简单，维护方便，重量比同类型产品轻 3 ~ 4kg，因而得到了广泛的应用。正压式空气呼吸器主要有 AHK103、AHK104、AHK105 和 AHK106 四种型号。

（3）负压式空气呼吸器面罩内压力稍低于外界压力，具有佩戴迅速容易，维修管理方便，适用范围广，结构简单，气源经济，视野宽广，呼吸舒畅，多数人均能适应等优点。可在有浓烟、毒性气体以及严重缺氧的场所使用。其不足之处是，钢瓶较重，面罩气密性不如氧气呼吸器好，使用的可燃材料及配件尚有待进行阻燃处理。

第六节　仓库灭火设施

仓库灭火设施主要包括消防供水系统、低倍数泡沫灭火系统、二氧化碳灭火系统和干粉灭火系统等。

一、消防供水系统

消防供水系统是仓库的重要灭火设施，仓库消防供水系统的完善与否，直接影响火灾扑救的效果。据火灾统计资料表明，在成功扑救火灾的案例中，有 93% 的火场消防供水条件较好；而扑救火灾失利的案例中，有 81.5% 的火场缺乏消防供水。消防供水系统供水设施不完善、火场缺水以及大火失控，这是造成重大损失和严重后果的主要原因。因此，建成水量充足、输送可靠、布置合理的仓库供水系统，是提高仓库消防能力的重要措施。

1. **消防用水量**

仓库消防用水量为室外消防用水量和室内消防用水量之和。

（1）室外消防用水量。

室外消防用水量 = 同一时间内的火灾次数 × 保护区域内最大体积建筑物的一次灭火用水量 × 灭火持续时间

同一时间内的火灾次数，是指一定的管辖区域内在同一时间、不同地点或不同火源发生的火灾次数。由于仓库范围较小，一般同一时间的火灾次数按一次计算。

一次灭火用水量，是指火场同时使用的水枪数量和每支水枪平均用水量的乘积。室外灭火的一次用水量与建筑物的结构和用途等有关。仓库一次灭火用水量应按保护区域内最大体积建筑物的一次灭火用水量计算，如表 7－22 所示。

表 7－22　建筑物一次灭火用水量　单位：L/s

建筑物体积（m^3）		≤1500	1501～3000	3001～5000	5001～20000	20001～50000	>50000
一级、二级	甲、乙	15	15	25	25	—	—
	丙	15	15	25	25	35	45
	丁、戊	10	10	10	15	15	20
三级	乙、丙	15	20	30	40	45	—
	丁、戊	10	10	15	20	25	35
四级	丁、戊	10	15	20	25	—	—

注：建筑物耐火等级分为一级、二级、三级、四级；储存物品的火灾危险性类别分为甲、乙、丙、丁、戊。

一个仓库内有泡沫设备、带架水枪、自动喷水灭火设备以及其他消防用水设备时，其用水量应将上述设备所需的全部消防用水量加上室外消火栓用水量的 25%，但用水量不得小于表 7－22 的规定。

油库的消防用水量，应按油罐区消防用水量计算确定。油罐区的消防用水量，应为扑救油罐火灾配制泡沫最大用水量与冷却油罐最大用水用量的总和。灭火用水量应按罐区内最大罐配制泡沫的用水量和扑救流散液体火焰的泡沫枪配制泡沫的用水量之和确定。油罐区的冷却用水量，应按一次灭火最大需水量计算。

军械库（工）房一般按丙类建筑物要求参照表 7－22 确定其一次灭火用水量。弹药仓库和弹药技术处理区的建筑耐火等级大都为一、二级，为了相对统一和简化，军械部门在《弹药技术处理区消防技术规范》中，对弹药库房和修理工房等专用建筑物一次灭火用水量作了规定，如表 7－23 所示。

表 7－23　弹药专用建筑物一次灭火用水量　单位：L/s

建筑物体积（m^3）	≤5000	5001～20000	20001～50000	>50000
一次灭火用水量	20	25	35	45

灭火持续时间，是指接到火警后，消防车到达火场并开始出水时算起，直至火灾被基本扑灭为止的一段时间。灭火持续时间是根据建筑物的特点和火灾实例的统计分析等因素综合确定的。对仓库而言，甲、乙、丙类仓库一般按 3h 计算，丁、戊类仓库

一般按 2h 计算。

油库灭火持续时间，一般按仓库内的储罐确定。浮顶、内浮顶油罐和地下、半地下、覆土油罐，直径小于或等于 20m 的地上固定顶油罐应为 4h，直径大于 20m 的地上固定顶油罐和浮盘为浅盘或浮舱用易熔材料制作的内浮顶油罐应为 6h，地上卧式油罐应为 1h 或为不小于 $50m^3$ 水池的供水时间。

（2）室内消防用水量。

室内消防用水量，按照建筑物室内设有的消火栓、自动喷水灭火雨淋管网需要同时开启时用水量之和计算。

①室内消火栓的用水量，一般按两股水同时到达室内任何部位考虑，每股水量不应小于 25L/s，灭火持续时间一般按 2h 计算。

②雨淋管网用水量，按同时作用最大一组雨淋管用水量计算，灭火持续时间按 1h 计算。

2. 消防水源

仓库消防水源选择的总要求是安全可靠并满足仓库消防需要。仓库的消防水源应就近选用地下水、地表水、城镇自来水等。

地下水是存在于地壳岩石裂缝或土壤空隙中的水，包括上层滞水、潜水、承压水、裂隙水、岩溶水和泉水等。一般情况下，潜水（无压地下水）、自流水（承压水）和自流泉水可作为消防水源。

地表水是存在于地壳表面、暴露于大气的水。包括江河、湖泊、池塘、水库和海水等。

当采用天然水源（地下水或地表水）作为消防水源时，河流的最枯流量和地下水储量（静储量和动储量）均应能满足仓库消防用水量要求。同时，要求地表水或地下水均不能被污染。用于自动喷水、喷雾灭火系统时，应经净化处理，防止地表水泥砂浆等堵塞喷头。

城镇自来水由供水管网输送至仓库，供应仓库生产员工生活和消防用水。

仓库消防水源的选择应根据各仓库的具体情况综合论证而定，由于仓库大都位置偏僻，利用城镇供水系统的条件有限，所以应考虑充分利用天然水源。

3. 仓库消防供水管网

仓库消防供水通常采用供水管网、天然水源或消防水池供水方式。

消防供水管网有高压或临时高压供水系统和低压供水系统 3 种。高压消防供水系统管网内经常维持足够高的压力，火场上不需使用消防车或其他移动式消防水泵加压，从消火栓直接接出水带、水枪就能灭火；临时高压消防供水系统管网内平时压力不高，在泵站（房）内设置高压消防水泵，一旦发生火灾，立刻启动消防水泵，临时加压使管网内的压力达到高压消防供水系统的压力要求。低压消防供水系统管网内压力较低，火场上灭火时水枪所需要的压力，由消防车或其他移动式消防水泵加压形成。仓库多采用低压消防供水系统。

仓库供水管道宜与生产、员工生活供水管道合并建设，如合并不经济或技术上不可靠时，可采用独立的消防供水管道。

消防供水管网由管道、阀门、消火栓等组成。

常用的消防供水管道，主要有钢管和铸铁管两种。钢管用于地面消防管道，铸铁管用于填地铺设的消防管道。设置室外消火栓的消防供水管道的最小直径不应小于100mm，根据火场供水实践和水力试验，直径为100mm的管道只能供应一辆消防车用水，因此在条件许可时，宜采用较大的管径消防供水管道。

消火栓是主要的灭火供水设备，分为室内消火栓和室外消火栓两种类型。

（1）室内消火栓。

室内消火栓是建筑物内的一种固定消防供水设备。平时与室内消防供水管线连接，遇有火警时，将水带一端的接口直接接在消火栓出口上，把手轮按开启方向旋转，即能喷水扑救火灾。

①构造。室内消火栓结构示意如图7－29所示。

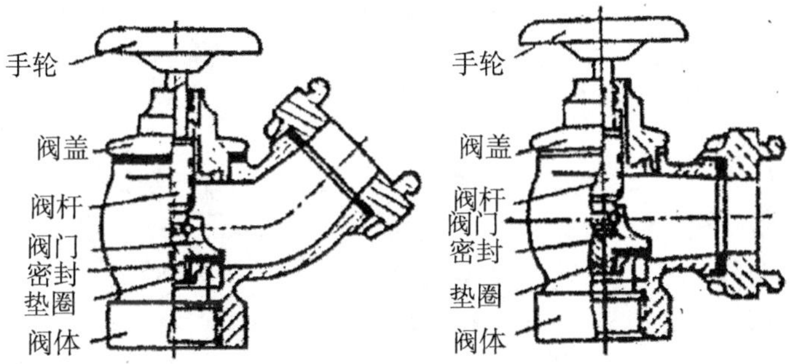

图7－29　室内消火栓结构示意

②室内消火栓的规格及性能如表7－24所示。

表7－24　室内消火栓的规格及性能

型号	工作压力（MPa）	进水口径（mm）	出水口径（mm）
SN50	1.6	50	50
SN65	1.6	65	65
SNA50	1.6	50	44
SNAA65	1.6	65	65
SNS50	1.6	65	50
SNS65	1.6	80	65
SNSS50	1.6	65	50
SNSS65	1.6	80	65

③安装方法。室内消火栓安装时，要注意出水口的方向，以便使用时接装水带方便，出水畅通。最好将水枪、水带与室内消火栓预先连接在一起，灭火时，便于迅速出水。

④维护保养和检查。平时应经常检查室内消火栓是否完好，有无生锈、漏水现象；接口垫圈是否完整无缺；阀杆上应经常加注润滑油，以防丝杆生锈。还应定期进行放水栓查，以保证应急时能开启自如，不会影响灭火。

（2）室外消火栓。

室外消火栓是供消防车用水或直接接出水带、水枪进行灭火的供水设备。按设置条件分为地上消火栓和地下消火栓两种。

1）地上消火栓。

适用于气温较高地区，安装在室外消防供水管网上，供消防车或消防泵取水扑救火灾。

①构造。

地上消火栓结构示意如图7－30所示。

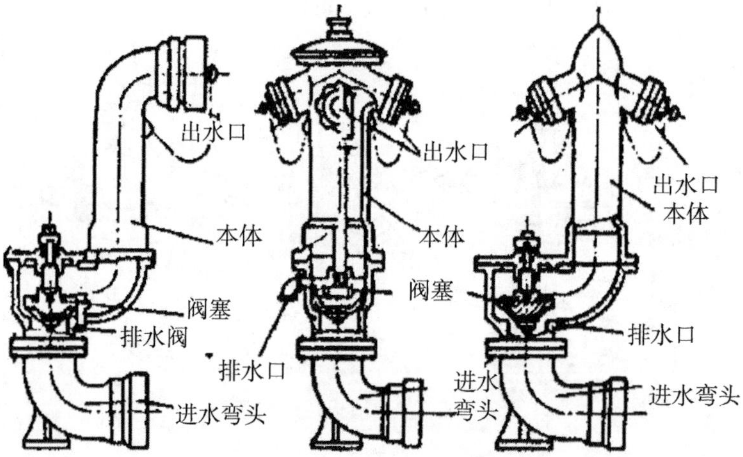

图7－30 地上消火栓结构示意

②规格性能。

按出水口径的大小不同，有SS150、SS100和SS65三种规格，其主要规格性能见表7－25。其中SS150型只有一个出水口，专供大型消防车取水用；SS100型除有100mm出水口一个，供消防车取水外，还有65mm出水口两个，可直接连接水带；SS65型则只有供直接连接水带的65mm出水口两个。

表7－25 SS型地上消火栓规格性能

规格型号	工作压力（MPa）	进水口径（mm）	出水口径（mm）
SS150	1.0	150	150
SS100	1.6	100	100×65
SS65	1.6	100	65×65

③安装和使用。

a. 安装时，根据需要将消火栓进水弯头与地下管网相接，或拆掉进水弯头直接装于管道三通上。

b. 安装高度以消火栓红漆部分露出地面为宜。在不影响交通情况下，应放在醒目处。其中主要出水口应面对公路。

c. 安装前必须把消火栓弯头里的泥沙杂物清除干净。

d. 使用时，用专用扳手，打开出水口扪盖，接上水带或吸水管，再用专用扳手打开阀塞，即可供水。使用后，应关闭阀塞，上好出水口扪盖。

④维护保养和检查。

a. 每月或重大节日前，必须对消火栓进行一次检查。

b. 清除阀塞启闭杆端部周围杂物，将专用扳头套于杆头，检查是否合适，转动启闭杆，加注润滑油。

c. 用油纱头擦除出水口螺纹上的锈渍，检查扪盖内橡胶垫圈是否。

d. 打开消火栓，检查供水情况，在放净锈水后再关紧，并观察有无漏水。

e. 外表油漆剥落，应及时修补。

f. 检查并清除消火栓附近的障碍物。

2）地下消火栓。

室外地下消火栓有双出水口和单出水口两种类型。地下消火栓安装在地面以下，不易冻结、损坏，便利交通，适用于北方寒冷地区。但是，不便寻找，特别是雪天、雨天和夜间，故附近应设明显标志。

①构造。

单出水口地下消火栓结构示意如图 7－31 所示。双出水口地下消火栓结构示意如图 7－32 所示。

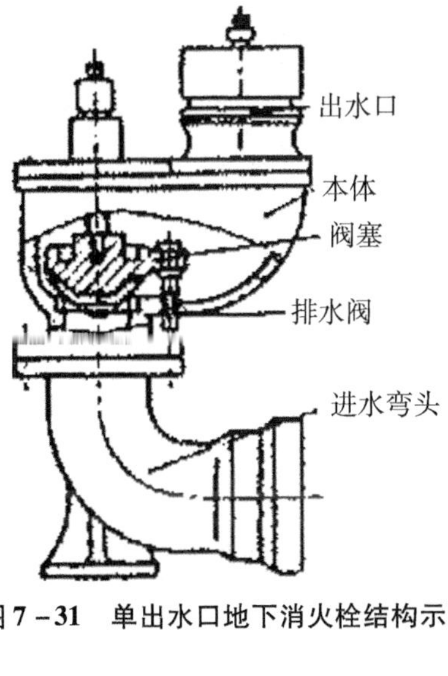

图 7－31　单出水口地下消火栓结构示意

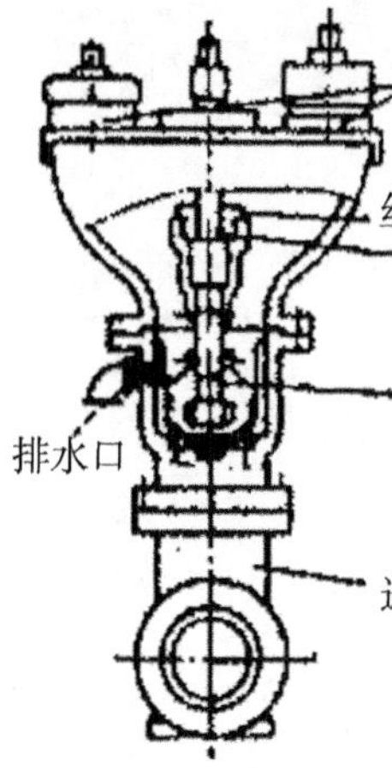

图 7－32 双出水口地下消火栓结构示意

②规格性能。

SX型地下消火栓规格性能见表7－26。其中SX150型专供大功率消防车取水；SX100A型供一般消防车取水；SX100型则有100mm和65mm出水口各一只，除供消防车取水外，还可直接连接水带灭火。

表 7－26 SX型地下消火栓规格性能

规格型号	工作压力（MPa）	进水口径（mm）	出水口径（mm）
SX150	1.0	150	150
SX100	1.6	100	100×65
SX100A	1.6	100	100

③安装和使用。

a. 安装要求除与地上消火栓相同外，为便于寻找，应制作指示牌，挂在明显的地方。

b. 使用时，先打开井盖，拧下扪盖，再接上消火栓与吸水管的连接器（也可直接将吸水管接到出水口上），或接上水带，用扳手打开阀塞即可出水灭火。使用完毕后应恢复原状。

④检查维护。

a. 每月必须对消火栓进行一次检查和保养。

b. 检查消火栓井盖是否完好，出水口是否完整无损，启闭杆是否灵活，必要时应加注润滑油。

c. 检查并清除井内垃圾、砂土等杂物。

d. 开启消火栓，检查供水情况，放净锈水后关闭，查看有无漏水现象。

e. 检查并清除消火栓周围障碍物。

f. 发现密封件有老化变质时，应及时更换。

g. 外表油漆脱落，应及时补漆。

仓库消火栓的数量，应按所需消防水量确定，每个消火栓的出水量，应按 10 ~ 15L/s 计算；消火栓的位置，应按保护半径确定，保护半径不宜大于 120m。

4. 消防水池

通常，仓库无消防供水管网和天然水源或虽有消防供水管网或天然水池，但不能满足消防用水量时，应设消防水池储存消防用水。仓库消防水池主要有储水和吸水两大功能，储水是主要功能。

仓库消防水池应满足以下要求：

（1）根据所处的地理环境，仓库可以利用自然河流、湖泊等作为消防水池，可以用钢筋混凝土浇筑半地下式或地上式消防水池。

（2）消防水池底部应设集水坑，供消防取水的消防水池的深度不宜大于 6m，并应有消防车的取水设施。

（3）在消防水池的周围应设消防车道，以便消防车从水池内取水灭火，消防车道应能通向被保护的设备设施。

（4）消防水池供水的保护半径为 150m，供泡沫的保护半径为 80m，凡在保护半径范围内的建（构）筑物的消防用水都可储存在该水池内。

（5）消防水池的有效容积应满足火灾延续时间内消防用水量的要求。

（6）为了清洗、检修、换水时保持必要的消防应急用水，消防水池总容量超过 $500m^3$ 时，应分成两个或分格成两部分，且数个消防水池相邻时，应用连通管相连，连通管中间应设置阀门，保证能独立使用，分开泄空。

（7）消防用水与生产、生活用水合并的水池，应有确保消防用水不作他用的技术措施。

二、低倍数泡沫灭火系统

（一）主要形式

低倍数泡沫灭火系统在国内已有 30 多年的应用历史，多次有效地扑灭了石油及石化类产品的火灾，是一种比较成熟的灭火方式。主要用于扑救原油、汽油、煤油、柴油等 B 类火灾，适用于油库内油罐、桶装库房、装卸油栈桥、石油码头等作业场所。主要有固定式泡沫灭火系统、半固定式泡沫灭火系统、移动式泡沫灭火系统和泡沫喷淋系统等。

1. 固定式泡沫灭火系统

一般由水池、固定的泡沫泵站（内设泡沫液泵、泡沫液储罐及比例混合器等）、泡沫混合液的输送管道、阀门及泡沫产生器（或液下喷射泡沫产生器、泡沫管道）组成。固定式泡沫灭火系统有液上喷射和液下喷射两种形式。

（1）液上喷射泡沫灭火系统。

该系统的泡沫产生器安装在油罐壁的上端，喷射出的泡沫由反射板反射在罐内壁沿罐内壁向液面上覆盖，以至盖住燃烧的液面，达到灭火目的，其结构示意如图7 –33所示。

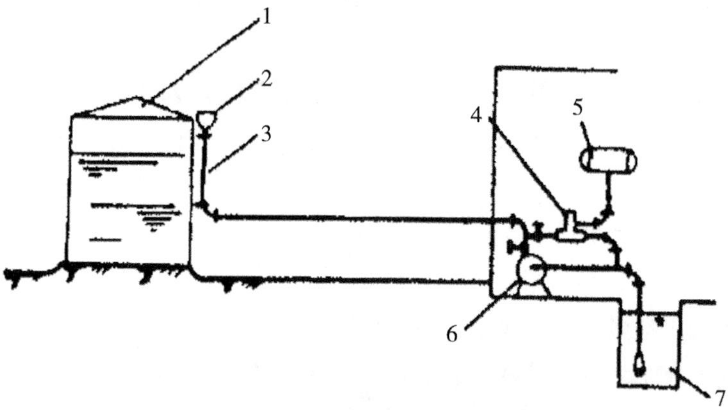

图 7 –33　液上喷射泡沫灭火系统

注：1——油罐；2——泡沫产生器；3——泡沫混合液管道；4——比例混合器；5——泡沫液储罐；6——泡沫混合液泵；7——水池。

（2）液下喷射泡沫灭火系统。

国外在 1941 年开始研究该系统，1976 年我国在大型油罐中做灭火试验，取得基本成功。又经过有关人员的不断完善，逐渐开始在国内运用。

该系统采用氟蛋白泡沫液或水成膜泡沫液、高背压泡沫产生器，安装在防火堤外，其结构示意如图 7 – 34 所示，泡沫管入口装在油罐的底部，泡沫由油罐下部进入，通过油层后覆盖燃烧液面达到灭火的目的。

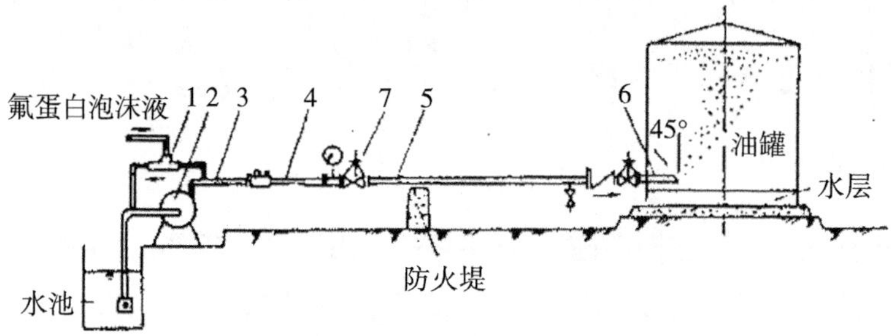

图 7 –34　液下喷射泡沫灭火系统

注：1——环泵式比例混合器；2——泡沫混合液泵；3——泡沫混合液管道；4——液下喷射泡沫产生器；5——泡沫管道；6——泡沫注入管；7——背压调压器。

该系统一般用于固定顶油罐，不宜用于外浮顶和内浮顶油罐。

2. 半固定式泡沫灭火系统

半固定式泡沫灭火系统结构示意如图 7 – 35 所示。灭火时，由泡沫消防车或机动消防泵通过水带从预留的接口将混合液打入实施灭火。

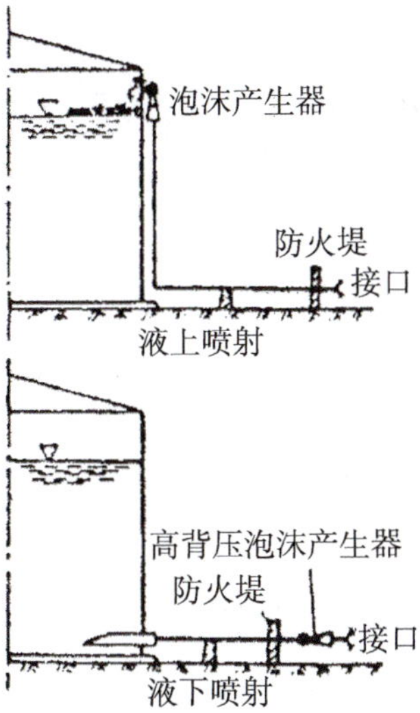

图 7－35　半固定式泡沫灭火系统结构示意

3. 移动式泡沫灭火系统

移动式泡沫灭火系统一般由水源（室外消火栓、消防水池或天然水源）、泡沫消防车、水带、泡沫枪或泡沫钩管、泡沫管架等组成，如图 7－36 所示，也可用大型泡沫消防车的泡沫炮直接喷射。

图 7－36　移动式泡沫灭火系统

注：1——泡沫消防车；2——油罐；3——泡沫产生器；4——泡沫混合液管道；5——地上式消火栓。

4. 泡沫喷淋系统

泡沫喷淋系统一般由泡沫泵站、泡沫混合液管道、阀门及泡沫喷头组成。该系统是用喷淋或喷雾形式释放泡沫或释放水成膜泡沫混合液。

（二）检查维护

泡沫灭火系统应由专职人员对其进行定期操作、维修和检查。应制定使用、维护、保养和检查规则，并将岗位操作规程公布在消防泵房的设备附近。

1. 周检

（1）启动泵，看能否立即启动，运转是否良好；

（2）管道和阀门有无泄漏；

（3）管道和泡沫产生器有无损坏；

（4）全部操作装置和部件是否完好。

2. 月检

除周检内容外，还应对操作者进行检查，考核他们对系统中设备的性能、作用的掌握程度。

3. 季检

应对全部电气装置和报警系统进行检查，检查完毕后应使其恢复正常状态。

4. 半年检或年检

（1）检查泡沫液质量是否符合要求，泡沫液如超过使用期限就应及时更换；

（2）检查比例混合器、泡沫产生器有无机械损伤、腐蚀，空气入口有无堵塞，以及所有阀件手动功能是否灵活；

（3）对泡沫液及贮存容器的液位进行检查，检查设备有无被腐蚀、液体高低是否符合规定；

（4）检查管道有无腐蚀及机械损伤，竖管是否牢固；

（5）检查自动报警、自动启动和手动启动装置性能是否正常；

（6）检查消防用水是否充足，消防水池的储水一旦被动用应及时补充。

三、二氧化碳灭火系统

（一）应用范围

二氧化碳灭火系统可用于扑救下列火灾：

（1）灭火前可切断气源的气体火灾；

（2）液体火灾或石蜡、沥青等可熔化的固体火灾；

（3）固体表面火灾及棉毛、织物、纸张等部分固体深位火灾；

（4）电气火灾。

但不能用于扑救下列火灾：

（1）硝酸纤维、火药等含氧化剂的化学制品火灾；

（2）钾、钠、镁等活泼金属火灾；

（3）氢化钾、氢化钠等金属氢化物火灾。

（二）特点

二氧化碳灭火系统具有对保护物体不产生污损、灭火速度快、空间淹没性能好等优点，但系统造价高，灭火的同时对人产生毒性危害，因此，一般用在较为重要的场合。

（三）系统构成

二氧化碳灭火系统一般为管网灭火系统。管网灭火系统由储存灭火剂的储存容器和容器阀、连接软管和止回阀、集流管、输送灭火剂的管道和管道附件、喷嘴、泄压装置、应急操作机构、储存启动气源的小钢瓶和电磁瓶头阀、气源管路、固定支架（对于组合分配系统还应有选择阀）以及探测、报警、控制器等组成。单元独立式二氧化碳灭火系统与一般二氧化碳灭火系统构造有所不同，其结构示意如图 7－37 所示。

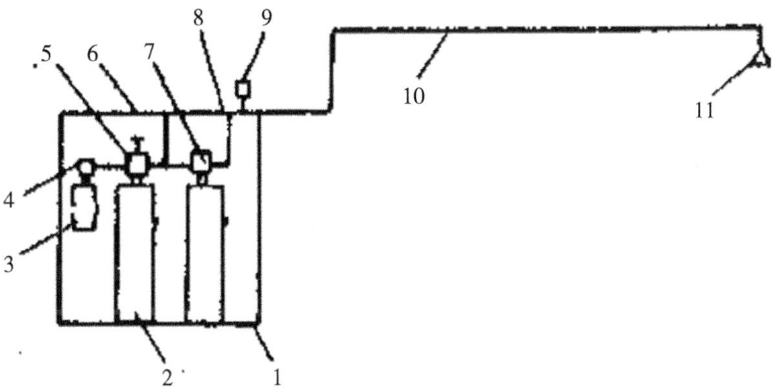

图 7－37　单元独立式二氧化碳灭火系统结构示意

注：1——XT 灭火剂储瓶框架；2——灭火剂储瓶；3——启动钢瓶；4——电磁阀；5——主动瓶容器阀；6——软管；7——气动阀；8——集流管；9——压力讯号器；10——灭火剂输送管道；11——喷嘴。

（四）工作原理

当防护区发生火灾，燃烧产生的烟雾、热量及光辐射使感烟、感温和感光火灾探测器动作，发回火灾信号到消防控制中心，消防监控设备控制联动装置动作（如关闭开口、停止机械通风及影响灭火效果的作业），同时实施火灾报警，延时 30s 以后，发出指令起动灭火剂储存容器，储存的二氧化碳灭火剂通过管道输送至防护区，经喷嘴释放灭火。如果采用手动控制启动，按下启动按钮，按上述程序释放灭火剂灭火。

（五）检查维护

仓库必须配有经过专门培训的专职或兼职人员负责对灭火系统进行每星期一次的

常规检查。

（1）检查储瓶间的环境状况，是否潮湿或阳光直射，储存温度是否符合规定；

（2）检查起动气瓶的压力及重量是否符合要求，一般压力降低 10%、重量损失 5% 就应充气恢复正常状态；

（3）检查管道系统有无松脱、损坏和严重腐蚀；

（4）检查阀门等组成设施的零部件是否完好无损，全部旋钮、开关是否处于正常位置；

（5）检查电源指示灯是否常亮，备用电源是否可靠地使用；

（6）检查防护区是否符合要求，特别是火灾探测器、喷嘴及联动控制装置是否完好。

四、干粉灭火系统

（一）应用范围

干粉灭火系统应用范围较广，对 A、B、C、D 四类火灾都可以使用，尤其适用于 B、C 类火灾。干粉灭火系统可以用于扑救以下火灾：

（1）易燃、可燃液体和可熔化的固体火灾。

（2）可燃气体和可燃液体以压力形式喷射的火灾，如输油管、输气管、液化石油气站等火灾。

（3）各种电气火灾。如室内外变压器、油浸开关等火灾。

（4）木材、纸张、纺织等 A 类火灾的明火。在用干粉灭火设备扑救这类火灾时，宜与喷水灭火设备配合使用。干粉能迅速控制明火，降低火势和辐射热，而水能扑灭余火。

（二）特点

干粉灭火系统具有以下特点：

（1）灭火时间短，效率高。尤其对石油及石油产品的灭火效果尤其显著。

（2）绝缘性能好，可用于扑救带电设备火灾。

（3）对人畜无毒或低毒，对环境不会产生危害。

（4）灭火后，对机器设备的污损小。

（5）已有相当压力的二氧化碳或氮气作动力，或以固体发射剂为喷射动力，不受电源限制。

（6）干粉能长距离输送，干粉设备可远离火区。

（7）寒冷地区使用不需采取防冻措施。

（8）不用水，特别适用于缺水地区。

（9）干粉灭火剂长期储存不变质。

（三）系统组成

干粉灭火系统主要由两部分组成，即干粉灭火设备部分和火灾自动探测控制部分。干粉灭火系统结构示意如图 7－38 所示。

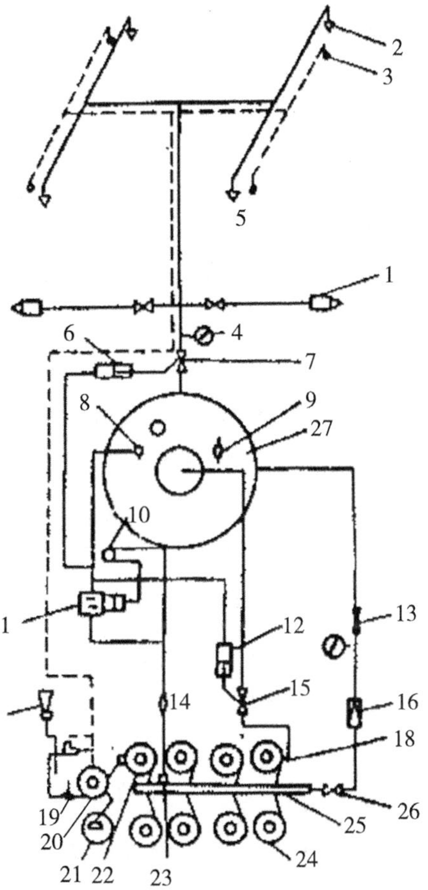

图 7－38　干粉灭火系统结构示意

注：1——干粉喷枪；2——喷嘴；3——火灾探测器；4——压力表；5——输粉管；6——气缸甲；7——球阀乙；8——压力表接头；9——安全阀；10——气动定压发信器；11——单向气动放大器；12——气缸乙；13——球阀甲；14——过滤器；15——球阀丙；16——减压阀；17——报警喇叭；18——动力瓶乙；19——启动瓶；20——减压阀甲；21——补气瓶；22——先导瓶；23——减压阀乙；24——动力瓶甲；25——集气管；26——高压阀。

当保护对象着火后，温度上升到一定数值，探测器发出信号，启动瓶被打开，同时喇叭发出警报。启动瓶中的气体通过止回阀把先导动力气瓶打开，瓶中高压气体进入集气管，管中的压力迅速上升，使其余 6 只动力瓶同时打开，高压气体经过集气管、高压阀进入减压阀，经减压后，通过球阀甲进入干粉罐。集气管中少量气体经减压器和过滤器后，一部分进入气动放大器，一部分进入定压发信器，当干粉罐的压力上升到规定压力时，定压发信器给出信号，使气动放大器动作，气体通过放大器推动气缸甲、乙，把球阀乙、丙同时打开。干粉罐中的粉气混合流，经过球阀乙、输粉管和喷嘴撒到保护对象表面。同时动力瓶乙内的高压气体又能经过球阀丙从干粉罐的顶部直接进入，以加速干粉的喷射速度。

（四）检查维护

（1）在装置区要设详细操作说明，工作人员必须严格遵守操作规程，对各部件勤加检查，确保完好。全套装置的喷粉时间一般仅为 1min 左右，某一部分一时的误动作，就会引起全套装置误动作，造成不必要的损失。

（2）动力气瓶要定期检查，测定气体压力和重量是否在规定范围内，低于规定数值时，要找出漏气原因，立即更换或修复。

（3）要检查喷嘴的位置和方向是否正确，喷嘴上有无积存的污物，密封是否完好。

（4）要经常检查阀门、减压器、压力表等是否都处在正常状态。

（5）干粉灭火剂应每隔 2 ~ 3 年进行开罐取样检查，当发现结块时，要把干粉送往专业单位检查，如不符合性能标准立即更换。

第七节　仓库火灾扑救方法

一、灭火基本方法

众所周知，燃烧需要具备三个条件：可燃物、助燃物和点火源。三者缺一不可。在发生火灾后，如果通过采取一定的措施，把维持燃烧所必须具备的条件之一破坏，燃烧就不能继续进行，火就会熄灭。

根据物质燃烧原理和同火灾作斗争的实践经验，灭火的基本方法主要有四种：冷却、窒息、隔离和化学抑制。前三种方法是通过物理过程进行灭火，后一种方法则是通过化学过程灭火。仓库内设置各种固定灭火装置或采用移动式灭火设备进行灭火，其灭火原理都是上述四种灭火方法中的一种或几种综合作用的结果。

1. 冷却灭火法

可燃物燃烧的条件（因素）之一，是在火焰和热的作用下，达到燃点、裂解、蒸馏或蒸发出可燃气体，使燃烧得以持续。若将可燃固体冷却到自燃点以下，火焰就将熄灭；可燃液体冷却到燃点以下，并隔绝外来的热源，就不能挥发出足以维持燃烧的气体，火灾就会被扑灭。

水具有较大的热容量和很高的汽化潜热，冷却性能很好，特别是采用雾状水流灭火，效果更为显著。

建筑水消防设备不仅投资少、操作方便、灭火效果好、管理费用低，且冷却性能好，是冷却法灭火的主要灭火设施。

2. **窒息灭火法**

窒息灭火法，就是阻止空气流入燃烧区，或用不燃物质冲淡空气，使燃烧物质断绝氧气的助燃而熄灭。

可燃物燃烧都必须维持燃烧所需的最低氧浓度，低于这个浓度，燃烧就不能进行，火灾被扑灭。一般碳氢化合物的气体或蒸汽通常在氧浓度低于15%时即不能维持燃烧。但有些可燃物能在氧浓度很低的条件燃烧，例如：木材由有焰燃烧发展到表面燃烧时，较低的氧浓度为4% ~5% 。

可燃物在密闭空间（如洞库）中燃烧，逐渐消耗氧，使空间内的氧浓度降低（空气中的氧的体积浓度约为21%），在氧气不足的情况下，不完全燃烧会导致大量可燃气体的积累，此时，若遇含氧充足的空气，会发生燃烧。为使火灾窒息而扑灭，需要加入惰性气体，以稀释着火空间的氧浓度。但可燃物本身为化学氧化剂物质，是不能采用窒息灭火的。

在火场上运用窒息的方法扑灭火时，可采用石棉被、浸湿的棉被、帆布、海草席等不燃或难燃材料，覆盖燃烧物或封闭孔洞。

高倍数泡沫充入燃烧区域内，利用建筑物上原有的门、窗等，封闭燃烧区，阻止新鲜空气流入，以降低燃烧区氧气的含量，达到窒息燃烧的目的。此外，在万不得已而条件又允许的情况下，也可采用水淹没（灌注）的方法扑灭火灾。

采用窒息的方法灭火时，必须注意以下几个问题：

（1）燃烧部位空间较小，容易堵塞封闭，并在燃烧区域内没有氧化剂存在的条件下，才能采取这种方法。

（2）在采取用水淹没的方法扑救火灾时，必须考虑到水对可燃物质作用后，不会产生不良后果。

（3）在采取窒息方法灭火以后，必须确认火已熄灭，温度下降，此时方可打开孔洞进行检查，严防因过早地打开封闭的空间，而使新鲜空气流入燃烧区，引起复燃或烟雾气流中的不完全燃烧产物的爆燃，导致火势猛烈地发展。

（4）在有条件的情况下，为阻止火势迅速蔓延，争取灭火战斗的准备时间，可先采取临时性的封闭窒息措施，降低燃烧强度，而后组织力量扑灭火灾。

（5）采用惰性气体灭火时，一定要保证充入燃烧区内惰性气体的数量，以迅速降低空气中氧的含量，窒息灭火。

3. **隔离灭火法**

可燃物是燃烧必备的条件，为燃烧反应提供了基本条件。若把可燃物与火焰、氧气隔离开来，燃烧即将停止，火灾就被扑灭。

隔离灭火法，就是将燃烧物体与附近的可燃物质隔离或疏散开，使燃烧停止。这种方法适用于扑救各种固体、液体和气体火灾。

采用隔离灭火法的具体措施有：将火源附近的可燃、易燃、易爆和助燃物质，从燃烧区内转移到安全地点；关闭阀门，阻止气体、液体流入燃烧区；排除设备容器内的可燃气体或液体；设法阻拦流散的易燃、可燃液体或扩散的可燃气体；拆除与火源相毗连的易燃建筑结构，形成防止火势蔓延的空间地带。

4. 化学抑制灭火法

现代燃烧理论指出，可燃物燃烧反应都是游离基的链锁反应，碳氢化合物在燃烧过程中分子被活化，产生游离基 H、OH 和 O 的链锁反应。若能有效压制游离基的产生或者能降低游离基的浓度，那燃烧就会停止、火灾即被扑灭。

化学抑制灭火法，就是使灭火剂参加到燃烧反应过程中去，使燃烧过程中产生的游离基消失，而形成稳定分子或低活性的游离基，使燃烧反应中止。

抑制法灭火对于有焰燃烧火灾效果好，但对深部火灾，由于渗透性较差，灭火效果不理想，在条件许可的情况下，应将水、泡沫等灭火剂联用，会取得满意的效果。

化学抑制法灭火，灭火速度快，使用得当，可有效地扑灭初期火灾，减少人员和财产的损失。

二、油库火灾扑救

（一）油料火灾的特点

1. 燃烧速度快

油料火灾，在燃烧初期时速度是缓慢的，随着燃烧深度的增高，燃烧速度也逐渐加快，直至达到最大值。此后，燃烧速度在整个燃烧过程中，就将稳定下来。

油料的燃烧速度，与液体的初始温度、油罐直径、罐内液体的高低、液体中水分含量、油品性质等因素有关。初始温度越高，油料燃烧速度越快；油罐中低液位时比高液位时燃烧速度快；含水的油品比不含水的油品燃烧速度要慢。

2. 火焰温度高，辐射热强

油料在发生燃烧时将释放出大量的热量，使火场周围的温度升高，造成火灾的蔓延和扩大，使扑救人员难以靠近，给灭火工作带来困难。

据测试，油罐发生火灾时，火焰中心温度高达 1050℃ ~ 1400℃，油罐壁的温度达 1000℃以上。油罐火灾的热辐射强度与发生火灾的时间成正比，与燃烧物的热值、火焰的温度有关。燃烧时间越长，辐射热越强；热值越大，火焰温度越高，辐射热强度越大。强热辐射易引起相邻油罐及其他可燃物燃烧，同时，严重影响灭火战斗行动。

3. 易流动扩散形成大面积火灾

油料是易流动的液体，具有流动扩散的特性，这在火灾时随着设备的破坏，极易造成火灾的流动扩散，而油料在发生火灾爆炸时又往往造成设备的破坏，如罐顶炸开，罐壁破裂或随燃烧的温度升高塌陷变形等。因此，油料火灾，应注意防止油料的流动扩散，避免火灾扩大。

4. 易沸腾突溢

储存重质油料的油罐着火后，有时会引起油料的沸腾突溢。燃烧的油品大量外溢，甚至从罐内猛烈喷出，形成巨大的火柱，可高达 70～80m，火柱顺风向喷射距离可达 120m 左右，这种现象通常称为"沸溢"。燃烧的油罐一旦发生"沸溢"，不仅容易造成扑救人员的伤亡，而且由于火场辐射热量增加，引起邻近油罐燃烧，扩大灾情。

5. 爆炸危险性大

油料在一定的温度下能蒸发大量的蒸气。当这些油蒸气与空气混合达到一定比例时，遇到明火即发生爆炸。这一类爆炸称为化学性爆炸。储油容器在火焰或高温的作用下，油蒸气压力急剧增加，在超过容器所能承受的极限压力时，储油容器发生的爆炸，称为物理性爆炸。在石油火灾中，有时是先发生物理性爆炸，容器内可燃蒸气冲出引起化学性爆炸，然后在冲击波或高温、高压作用下，发生设备、容器物理性爆炸；有时是物理性与化学性爆炸交织进行。

6. 具有复燃、复爆性

油料火灾在灭火后未切断液源的情况下，遇到火源或高温将产生复燃、复爆。对于灭火后的油罐、输油管道，由于其壁温过高，如不继续进行冷却，会重新引起油料的燃烧。

（二）油库火灾扑救方法

1. 组织指挥

（1）组织好火场供水工作，备足灭火剂和灭火器材。火场供水是扑救油库火灾的基本保证，要指定专人负责，具体落实供水的水源，确定最优的供水方法，要保证不间断地供给火场灭火和冷却用水。

（2）经常保持和各队联系，掌握情报信息，迅速决策，下达命令。

（3）扑救油库火灾应强调集中统一，协调一致，发起进攻时应由指挥员统一下达命令，实施总攻。

2. 火情的侦察判断

油库火灾，火势非常猛烈，瞬时间便会浓烟滚滚，形成熊熊大火，强烈的辐射热，凶猛的火势，严重地威胁着救火人员、邻近油罐和其他设施的安全。

正确判断和估计火情，对尽快控制火势，防止火灾蔓延，迅速扑灭以及保障人员安全都是很重要的。在火灾发生后，应迅速查明下列情况：

①着火罐的类型、直径、高度、油品性质、储油高度、底水厚度及设备设施的破坏情况等。

②火场周围的环境、地形、道路、与防火堤贯通的管沟情况及可供进攻的线路等。

③着火部位、燃烧形式、油品有无外溢的动向、对周围的威胁程度。

④观察火焰颜色，判断有无产生爆炸的可能性。

⑤着火罐内油品转移的可能性，防火堤及下水道水封情况是否完好。

⑥固定式、半固定式灭火装置是否被破坏，以及架设泡沫钩管的位置。

⑦对洞库火灾，应派出侦察组，着防火服装，戴防毒面具及照明设备，携必要探测仪表，迅速探明洞内氧气含量、有害气体浓度、温度高低、燃烧地点、损坏情况等。

3. 灭火的战术原则

油库一旦着火，火场情况非常复杂，瞬息万变。扑救时应根据具体态势决定具体战术。无论在什么情况下都应在灭火战斗中，根据油库火灾特点，迅速控制火势，防止火灾蔓延，把保证人员安全作为首要任务。一般情况下，扑救油库火灾应注意下列几个原则。

（1）先控制，后灭火。

油库着火爆炸后，应尽量保证设备结构完好，将油品限制在设备内稳定燃烧，不至于外泄扩大火势。因此，在做好灭火准备工作之前，应立即组织力量冷却着火油罐和可能危及的邻近油罐，以控制火势，防止火灾蔓延。特别是下风方向的油罐，受到着火罐的辐射热最强，罐壁温度往往高达80℃～90℃。如不冷却，很有可能被引燃，扩大火灾态势，造成更大范围的火灾，给消防人员的人身安全带来威胁。

对着火罐和邻近罐进行冷却的同时，还应组织力量对周围可能受到威胁的设备、建筑物进行疏散、拆迁和油品可能流散的方向、部位进行筑堤堵流，或将流散油品导向安全地点。

（2）集中优势兵力，速战速决。

油库着火不同于一般建筑物的火灾。油库着火后，燃烧速度快，燃烧时间过长，易使罐内油气混合气体达到爆炸极限，造成爆炸。因此，必须在火灾的初期集中优势力量，投入战斗，力图一举扑灭火灾。

（3）做好火场灭火防范措施。

在灭火抢险的整个过程中，必须始终把人身安全放在首位。预先考虑到火场可能出现的各种危险情况，既要能有效地灭火，又要处于比较安全的地位，一旦出现危及生命的状况，要及时撤离。

4. 油库火灾的扑救步骤

扑救油库火灾原则上要经过三个步骤：冷却保护、灭火准备与灭火。

（1）冷却保护。

冷却是控制火势，预防邻近油罐或建筑物燃烧爆炸的一种有效方法。通常，对燃烧的油罐和邻近油罐和建筑物都要冷却。

冷却油罐时，冷却水要射到罐壁上沿或罐顶部，使水从上往下流，起到全面冷却的作用；冷却水要均匀，不能留有空白点，以免罐壁温差过大，引起油罐变形或破裂。

（2）灭火准备。

消防队到达火场后，在对油库进行冷却的同时，要做好进攻灭火的一切准备工作。

①灭火剂。泡沫液的准备要备足相当于一次灭火需要量的6倍。

②供水准备。使用水池等水源，存水量要保证满足一次灭火的需要，中间不得断水。

③做好进攻时水枪掩护准备。进攻时会遭到高温和浓烟封锁，要组织喷雾水枪交叉进行掩护。

④佩戴好防护装备。穿隔热服、披湿棉被、戴防护面罩等。

（3）灭火。

掌握好灭火有利时机，在火场指挥员的统一号令下，各个阵地同时发动，一举将火扑灭，切忌各行其是，零星进攻，这样，既浪费人力物力，又达不到灭火的目的。

三、爆炸物品仓库火灾扑救

爆炸物品仓库是指储存火药、炸药及其他火化工生产成品和原材料的仓库。

爆炸物品在受到外界能量，如热能（加热、火星、火焰）、电能（电热、电火花）、机械能（冲击、摩擦、针刺）和光能、冲击波能等的作用下，极易发生燃烧爆炸。而在爆炸的瞬间又能释放出巨大的能量，使周围的人员及建筑物等受到极大的伤害和破坏。因此，扑救爆炸物品仓库火灾的基本点就是抑制或消除可能产生的爆炸或二次爆炸，防止人员伤亡。

（一）爆炸物品仓库的火灾特点

1. 容易发生爆炸

爆炸物品仓库一旦发生火灾，随时都会伴随爆炸。其主要危险性就是爆炸伤人，破坏力强。

（1）爆炸引起燃烧。库内发生爆炸后，冲击波在破坏库房的同时，爆炸高温瞬间便会将可燃结构及库内的可燃物引燃。

（2）燃烧引起爆炸。爆炸物品堆垛附近的包装纸、木箱等可燃物起火，或炸药起火燃烧后，随着火势的发展，突然引起猛烈爆炸，有可能摧毁整幢库房。

（3）殉爆。当库房、堆垛之间的殉爆安全距离不符合规定要求时，库内某一堆垛爆炸后，将引起其他堆垛爆炸；因某一库房爆炸而波及其他库房，造成连锁反应。

（4）间断性不规则爆炸。枪炮弹药仓库发生火灾时，在火焰烧烤及高温的作用下，枪弹、炮弹时而发生爆炸，其破坏力虽然不是很强，但弹头及爆炸碎片不规则地乱飞，常妨碍消防人员抵近灭火。

2. 燃烧面积大

（1）库房爆炸后，可燃材料被抛向空中，散落在较大范围内燃烧。

（2）高温爆炸碎片飞落远处，引燃可燃建筑及其他可燃物，扩大火场面积。

（3）散装的黑火药等炸药起火后，火势发展速度很快，能瞬间波及整幢库房。

3. 救人任务重

爆炸物品仓库发生爆炸，不仅会造成本库房工作人员伤亡，有时还会伤害周围的居民，消防人员到现场后，救人的任务十分艰巨。

（二）扑救爆炸物品仓库火灾的战斗措施

1. 火情侦察

（1）查明爆炸或燃烧物品的种类、性能、库存量。

（2）查明爆炸或燃烧的具体位置，燃烧的时间及火势蔓延的主要方向，爆炸波及的范围。

（3）发生爆炸后的人员伤亡情况和建筑结构的破坏情况。

（4）发生火灾后是否会引起爆炸，可能引起爆炸的大概时间；已经发生爆炸后会不会再次引起爆炸，再次爆炸的时间。

（5）火场周围的地理环境情况，库房有无防护土围堤，库内水源位置等。

2. 灭火行动

（1）全力以赴抢救伤员。

爆炸物品仓库发生火灾，消防人员是较早到达现场的救灾力量，抢救受伤人员是消防人员的首要任务。

①在接到爆炸物品仓库起火或爆炸的报警后，于调动力量的同时或出动途中，就要通知救护站调派力量前往救护。

②消防人员到场后，指挥员在部署力量控制火势、避免发生爆炸或再次爆炸的同时，要组织人员积极抢救伤员；在救护力量尚未到达现场时，要派消防车将伤员送到就近医院。

③抢救伤员的行动要积极稳妥，胆大心细。要尽量减少被建筑构件压埋人员的压埋时间和伤痛程度；运送伤员要轻抬轻放，有条件时应尽量先包扎止血，身体裸露者要用衣服覆盖后护送。

（2）制止爆炸，防止爆炸伤人。

①抓紧可能发生爆炸之前的有利战机，快速展开战斗。利用地形地物，接近火点射水灭火，或浇湿火源附近的炸药，制止可能发生的爆炸。

②疏散未爆炸药。扑救弹药仓库火灾，应一面组织力量控制火势，一面组织人员将火源邻近库房内的弹药箱、地雷箱等疏散出去，防止发生大的爆炸。

③要在基本消除爆炸险情的前提下，才能组织较多人员进入现场抢救伤员、疏散

弹药。如存在爆炸危险时，只能派少量人员进入现场。

④消防车不能停在离燃烧库房太近的地方，不能停靠、使用离燃烧库房太近的水源。一般前方战斗车要离燃烧库房 100m 以上，后方供水车更要选择有利地形展开行动。

（3）充分发挥消防水流作用。

水是扑救爆炸物品火灾最有效的灭火剂，绝大多数的爆炸性物质，在含水量达 30% 以上时，就会失去燃烧爆炸的性能。

①库区有防护土围堤时，应利用土围堤作阵地，靠近燃烧库房射水，冷却结构或控制火势。

②以最快的速度向火源附近的弹药箱、炸药包射水，使其失去爆炸性能。

③扑救爆炸物的火灾，应尽量使用喷雾或开花水流，不要用强水流冲击炸药堆垛，以防堆垛倒塌震动引起爆炸。若弹药箱（包）是靠近墙壁堆放的，可将水流射向墙壁上部，通过折射使水流散落在弹药堆垛上。

（三）灭火注意事项

（1）扑救爆炸物品仓库火灾，要及时划定警戒线，禁止无关人员进入现场；尽量减少前方战斗人员。

（2）扑救爆炸物品仓库火灾，须特别注意灭火人员的自身安全。要认真查明情况，对火情作出准确的判断，不可在情况不明时盲目进攻；在弹药接连不断地发生爆炸时，灭火人员要暂停前进，或暂时隐蔽，待爆炸停息后再灭火。

（3）靠近或进入库房灭火的水枪手，要注意利用地形地物，以匍匐或低姿接近火点；并注意利用墙角、土坡、坑凹地等设水枪阵地。

（4）疏散弹药要有专人组织指挥，搬运弹药箱（包）要轻提慢放，不能随意摔扔；疏散的弹药要放在安全可靠的地点，并指定专人看管。

（5）某些爆炸物品爆炸时，会产生有毒物质。如底火药爆炸时生成汞、二氧化硫等。汞在高温下呈气态，毒性较大，二氧化硫系剧毒气体。在扑救底火药等爆炸物品火灾时，要注意人身防护工作。

（6）如果是曳光药剂爆炸、燃烧，不可用水和泡沫扑救，因为这类药剂中含有镁和硝酸锶等，它们能和水反应生成氢和氧，从而会加剧燃烧。

四、地下仓库火灾扑救

（一）地下仓库火灾特点

（1）火灾发展速度慢，变化大。

对于储存 A 类物资的地下仓库，由于其建筑密闭，结构不易燃烧，库内存放物资空间小，自然通风差，火灾发生规律与地上仓库火灾发展有很大区别。其主要特点是阴燃时间长、旺盛燃烧时间短、下降阶段长而起伏大。火势进入旺盛猛烈燃烧阶段后，由于库内氧气的减少使火势不得不衰退又进入缓慢燃烧。火灾在缓慢发展中又由于物资堆垛出现燃烧钻心的现象，导致部分堆垛的倒坍造成短时间的旺盛燃烧，或者是由于温度过高造成毗邻堆垛燃烧和一些可燃物品包装容器爆炸，出现短时间的猛烈燃烧。这种突然出现的猛烈燃烧，如不能及时发现，往往给补救工作造成困难，甚至烧伤和砸伤扑救人员。深入内部灭火的战斗员要特别注意防止这种现象的出现，一旦发现要及时采取冷却和撤退措施。

（2）库内烟雾大，温度高。

由于阴燃和缓慢燃烧时间长，加之通风不畅，燃烧产生的大量烟和热都聚积在库内。因此，发生火灾后库内空间往往烟雾弥漫，温度也将急剧上升，浓烟和高温使消防人员无法进入库内救人、灭火和疏散物资。

（3）容易造成人员伤亡。

烟是有毒的，地下仓库发生火灾产生的烟毒性更大。一般有机物质燃烧生成的烟，主要成分是二氧化碳、一氧化碳、水蒸气、二氧化二硫和五氧化二磷，在不完全燃烧时，还能产生醇类、酮类、醛类以及其他复杂的化合物，对人体十分有害。以一氧化碳为例，一般着火房间浓度可达到4%～5%；地下仓库着火，一氧化碳浓度可高达10%，甚至更高；而人员在火灾时进行疏散要求最大浓度不允许超过0.2%，超过后极易造成人员中毒、伤亡。因此，消防人员在扑救地下仓库火灾时，必须先要考虑到救人。

（4）扑救行动艰难，战斗艰苦。

地下仓库出入口少、通道窄、拐弯多，火灾时烟大、浓度高、能见度低，消防人员深入内部进行侦察、救人、灭火时，不但要佩戴复杂的防护器材，还要携带照明、探测、破拆工具，行动非常艰难。

（二）地下仓库火灾扑救措施

（1）平时要做好充分准备。

主要是了解地下仓库建筑结构、火灾特点、烟雾流动规律，研究扑救战术与组织指挥，组织实地演练；配备充足的个人防护器材、照明、检测工具和排烟设备，并经常组织使用训练和维修保养，保持完整好用；制定灭火方案，定期组织联合演练，并通过制订方案和演练使消防队员熟悉仓库情况，使仓库人员了解灭火的基本知识、方法及自己担负的任务；加强对地下仓库内固定消防设备、给排风设备、应急照明设备的检查养护，保证正常运行；加强值班，一旦发生火灾能够及时发现、及时报警，争取主动。

（2）加强火灾扑救的组织指挥。

地下仓库发生火灾，应及时组织有关人员成立火场指挥部。火场指挥部通常应有消防队领导、仓库领导和有关技术人员参加。指挥部根据需要下设人员救护组、灭火作战组、物资疏散运输组、后勤保障组、政治工作组。火场总指挥由到场的公安消防队最高领导担任，火场的全部扑救工作由火场总指挥负责统一组织指挥。

（3）及时查明火灾情况。

扑救地下仓库火灾，公安消防队到达火场后必须首先要组织火情侦察，在未查明库内情况前，切勿盲目行动。通过火情侦察要查明：库内是否有人受到威胁，被困人员的位置、数量和抢救办法；库内结构及平面布局；物品存放数量、性质及堆放形式；库内是否有消火栓及排烟送风设施，消火栓水压能否满足灭火需要，排烟送风设施能否正常运行；库内是否有固定报警、喷淋设施，能否正常工作等。侦察方法：一是向知情人、特别是发生火灾后从仓库逃出的人询问；二是深入内部侦察。深入内部侦察首先对在询问中含混不清的问题进行重点侦察，其次是对仓库进行全面侦察。侦察人员深入库内侦察时，要对所有的通道、库房、设备间等进行全面细致的搜索，获得库内的全部情况，为正确地制定扑救行动方案提供全面、翔实的材料。

（4）积极抢救人员。

扑救地下仓库火灾要坚持“救人第一”的原则。公安消防队到达火场后，当查明有人受到火势威胁时，要立即组织精干力量佩戴个人防护装备，携带抢救器材，克服一切困难尽快将被困人员救出。

（5）保护和疏散物资。

保护和疏散物资是最大限度地减少火灾损失的一项重要措施。地下仓库物资多、出口少、通道窄，物资疏散十分困难，如不能处理好灭火与疏散的关系，同时进行，往往相互影响，导致事倍功半。为了减少物资损失，在地下仓库火灾扑救中应着重做好保护措施。保护物资可筑防火墙分隔；堵截火势蔓延；也可用不燃篷布遮盖在未燃物的表面，挡住火焰的辐射热，使物品免受损害；还可以采用喷雾水保护。

（6）科学组织排烟。

烟是扑救地下仓库火灾、影响战斗行动的最大障碍，因此，同烟雾作斗争是扑救地下仓库火灾一项十分突出和艰难的任务。正确适时地组织排烟，可提高库内的能见度，降低库内温度，缩短侦察救人、灭火、疏散时间。火场上排烟的方法很多，在具体火灾扑救中，可根据地下仓库的实际结构、库房排列形式、防火分区等，分别采取封闭排烟、自然排烟和机械排烟及喷雾水排烟等方法。

（7）灵活运用灭火战术。

地下仓库火灾扑救应根据地下仓库的实际和到场的灭火力量采取不同的战术措施。

①启动库内固定灭火装置灭火。凡设有灭火装置的地下仓库发生火灾，应及时查明起火部位，启动灭火装置灭火。

②战斗人员深入库内灭火。对于库内没有固定灭火装置或固定灭火装置损坏不能

正常运行的，要达到快速灭火的目的，消防人员必须深入内部打击火源。深入地下作战动作要迅速，尽量缩短在库内的停留时间。进攻时应选择进风口或烟雾少的洞口进入，顺烟流方向推进。在摸清库内情况需强攻灭火并从靠近火源一端的出入口直接进入时，要做好准备，加强攻势，速战速决。

③封闭洞（门）口窒息灭火。封闭洞（门）口一般可先用砂袋或不燃材料堵住，然后用不透气的不燃布帘覆盖达到隔绝空气的目的。实行封闭后要加强对封闭区的检查、观测，发现漏气，要及时采取措施堵死。一些实测结果证明，当封闭区内一氧化碳的浓度稳定在0.001%以下时，气体温度可降到30℃以下；当氧气浓度低于2%时，可以认为库内火源已经熄灭，封闭即可拆除。

④地面控制火势。先控制、后消灭，是公安消防队在灭火战斗中的基本原则。公安消防队到达火场后，在库内火灾发展正处于猛烈阶段、烟火已封锁出入口、人员无法进入内部灭火的情况下，应首先采取地面控制措施，打击火势。地面控制一般采取通过出入口和其他通向燃烧区的孔洞喷撒惰性气体、喷射雾状水、灌注高倍泡沫的方法，以达到控制火势的目的。

（8）防止复燃，造成二次火灾。

地下仓库火灾扑灭后，要进行认真的火场检查，防止留下残火复燃。即便残火全部扑灭，消防队在撤离火场时还应留下一定的留守力量继续守护2～4h。待库内的温度降至常温，彻底消灭复燃因素后，方可撤离。

五、带电火灾的扑救

（一）带电火灾的特点

（1）燃烧猛烈，蔓延迅速。

由于照明及生产作业所需，仓库中有许多电气设备中，如油浸式变压器、多油式油断路器等，其内部均储有大量的可燃绝缘油。这些设备在高温下一旦发生爆炸，就会引起绝缘油外溢或飞溅，形成大面积的油类火灾。而且电缆、电线的保护层都是用橡胶、塑料、黄麻之类的可燃物质制成，一旦发生火灾，则会沿线路迅速蔓延，形成立体火灾或多点火灾，给扑救工作带来难度。

（2）烟雾大，伴有毒气。

火灾发生后，将会产生大量的烟雾和毒气，不利于灭火人员的行动，影响视线并造成呼吸困难，防护不当，会导致中毒。

（3）容易触电。

灭火人员身体的某一部分或使用的灭火器材，直接与带电部位接触或与带电导体过于接近，会发生触电事故；灭火人员使用了能导电的灭火剂，如水枪射出的直流水柱、泡沫灭火剂喷出的泡沫等，射至带电部位，电流通过灭火剂导入人体而触电；着火时，由于带电的电气设备发生故障或电线断落对地短路，形成跨步电压，当灭火人员进入该地段时，易发生触电事故。

（二）带电火灾扑救措施

1. 带电灭火

发生火灾后，如果等待断电后再灭火，可能失去灭火时机，使火灾蔓延扩大，或者不能立即切断电源时，应采取带电灭火措施。

（1）确定最小安全距离。了解带电设备、线路的电压，确定最小安全距离，然后进行带电灭火。人与带电体的最小距离如表 7－27 所示。

表 7－27　人与带电体的最小距离

电压（kV）	10	35	66	110	154	220	330
距离（cm）	40	60	70	100	140	180	240

（2）正确使用灭火剂。扑救初起火灾，可采用 CO_2 灭火剂、1211 灭火剂、1301 灭火剂或干粉灭火剂。这些灭火剂电阻率很大，导泄电流很小。使用时，应尽量在上风向施放，特别是要使人体、盛装上述灭火剂的筒体、喷嘴与带电体之间保持最小安全距离以上。

（3）用水带电灭火。用水进行灭火时，带电体与水柱、人体、大地可以形成一个回路。在回路中，所通过的电流大小对人体的安全有直接影响。因此，带电灭火时，如果设法使通过人体的电流不超过 1mA，就可以保障灭火人员的安全。

为了减少电流流过人体，可采取以下措施：消防人员应穿着特种服装，如穿均压服，穿戴好绝缘靴、手套等保护用具；尽量选用电阻率大的水，即纯净的自来水；尽量使用喷雾水流带电灭火，在直流水枪的枪口上安一个双级离心喷雾头，即成为双线离心式喷雾水枪；直接使用充实水柱带电灭火，应采用小口径水枪，运用点射法进行远距离射水灭火；在金属水枪喷嘴上安装接地线，持水枪时，人手位置一定放在接地线后面，并根据电压的高低，与带电体保持安全距离；在不能使用接地棒的地方，可用铜网格接地板。

2. 断电灭火

在扑救带电设备、线路火灾时，为了防止发生触电事故，在允许断电时，要尽可能设法切断电源，然后扑救。

（1）切断用磁力开关启动的带电设备时，应先按电钮停电，然后再切断闸门，防止带负荷操作产生电弧伤人。操作时，最好使用绝缘操作杆或干燥的木棍。

（2）有配电室的部位可断开主开关（油开关）等，装有隔离开关的，不能随便拉开隔离开关，以免产生电弧，发生危险。

（3）对地电压在 250V 以下的电源，可穿戴绝缘靴和绝缘手套，用绝缘电剪将电线切断。切断的位置应在电源方向的支持物附近，防止剪断后导线掉落在地上，造成对地短路，触电伤人。对三相线路的非同相电线，应在不同部位剪断。剪断后，断头要用胶布包好，防止发生短路。

3. 带电灭火注意事项

（1）防止人体与水流接触。

在带电灭火过程中，灭火人员应避免与水流接触。没有穿戴防护用具的人员，不应该接近燃烧区，以防地面积水导电伤人。火灾扑灭之后，如果设备仍有电压，所有人员不得接近带电设备积水地区。

（2）水枪喷嘴与带电体之间须保持安全距离。

在其他条件相同的条件下，电压越高，越要注意安全，水枪喷嘴与带电体之间更应注意保持较大的距离。

（3）注意发现异常现象。

使用直流水枪灭火时，如发现放电声、放电火花或人有电击感，可以卧倒，将水带与水枪的结合部金属接地，采取卧姿射水，以防触电伤人。

（4）架空电线断落时的应变措施。

扑救架空带电设备、线路火灾时，在保证水流达到火焰的情况下，人与带电体之间应尽可能保持较大的水平距离，以防导线断落危及扑救人员的安全。如果发生电线断落时，要划出警戒区（距电线断落地点 18 ~ 20m），禁止人员入内，并通知电力部门迅速派人处理，以防因跨步电压而造成事故。已处于该区域内的灭火人员要镇静应付，扔掉灭火工具，用单腿或双脚并拢慢慢跳出，至带电体触地处 10m 以外，即较安全。

（5）破拆要注意安全。

当使用金属工具破拆结构时，要防止工具接触带电物体。在带电设备附近进行破拆作业，人与带电物体应保持必要的安全距离。

六、库区森林火灾的扑救

（一）库区森林火灾形成条件

一些仓库地处山区，库区内经过多年的绿化，林木繁茂，地面杂草、灌木、枯枝落叶甚多，特别是干燥季节，这些物质具备了较好的可燃性，为火灾的形成准备了可燃物质条件。

库区森林空气充足，为燃烧提供充足的助燃物——氧气。另外，野外条件下，特别是山区的风速较大，风的作用可加快空气对流和热对流，“风助火势”使燃烧速度加快，其燃烧速度每小时可达 8 ~ 25km，最高可达 40km，形成长带火舌，使火灾迅速蔓延扩展。

由于具备了较好的可燃和助燃的物质条件，因此，库区森林能否形成火灾，关键是能否有效地控制火源。反过来说，库区森林内火灾形成的原因，大都是由于火源控制不当造成的。主要有以下几个方面：①社会上不法分子故意纵火破坏；②进入库区人员将火种带入禁区或在禁区吸烟、动火；③禁区外森林着火，群众放火烧荒等，使山火蔓延进入禁区；④库区内独立树木、潮湿地带、水源露头处等易受雷击的地点，防雷措施不力，造成雷击起火；⑤库区内输电线路的故障、禁区周围电网短路、人畜触及电网等造成起火。

（二）库区森林火灾的类型

在地处山林茂密的区域发生火灾时，一般从地被物开始，进而蔓延到树木。在有利火灾发展的情况下，火焰逐渐烧到树干和树冠，若火焰遇到腐殖质层和泥炭层时就会深入地下燃烧引起地下火（这种火在原始森林中较多）。库区森林火灾大体上有三种：地表火（地面火）、树冠火（林冠火）、地下火（泥炭火）。

1. 地表火

地表火是由库区森林内表面的枯枝、落叶、杂草、灌木等燃烧起来的。这种火灾在地面上的燃烧蔓延，能烧毁幼树以及地被物等，对库房有很大威胁，尤其是地面库房。地面火蔓延速度快时可达每小时几百米，甚至一千米或几千米。由于燃烧物的种类和温度不同，火焰的高度通常为十厘米至二十厘米，烟呈浅灰色。地面火蔓延速度慢时每小时可延烧几十米，可燃物被燃烧的时间长，火焰高度通常为一米至二米，烟为浅灰色。

2. 树冠火

当地面火遇到强风，火焰遇到针叶幼树林或低垂树枝等，就一直烧到树顶，沿着树冠顺风迅速扩展。这种树冠火与地面火往往同时发生，所以又叫遍燃火。树冠火蔓延速度最快，一般每小时能达五千米至二十五千米。树冠火通过带火的枝丫、碎木的吹散和飞火引起新的火点而扩大灾情。树冠火易引燃地面建筑物（库房等），因此，在发生树冠火时，首先要做好地面建筑物（库房等）的防护工作。

3. 地下火

地下火是由林地土壤中的腐殖质层或泥炭层燃烧起来的火灾。它的火焰一般在林地表面上不易看出来。其蔓延速度慢，一昼夜不超过一千米，但是温度高，持续时间长，能燃烧几天甚至几十天，破坏性很大。地下火有时在地的表面上能吐出火舌或热烟，如遇可燃物，火焰能烧到地面上，形成地面火。这种火多见于原始森林，在仓库库区少见。

（三）影响火势的因素

影响库区森林火势的因素，主要决定于可燃物的性质和所处地理环境条件等。

1. 地被物对火灾发展的影响

火灾的发生一般都是从地被物开始燃烧，它是第一燃烧物。火灾的发生、发展与地被物的关系极为密切。

地被物有死地被物和活地被物之分，死地被物在干燥季节和干燥地点火灾危险性大，发生火灾时蔓延迅速，火焰温度可达 240℃以上（树木一般在 230℃即开始燃烧）。

2. 树种对火灾发展的影响

仓库经过几十年的建设和绿化，库区绿化覆盖率几乎都在 90% 以上，有的库区内是大片的果树，有的是满山松林。树木本身是区域内的第二燃烧物，就是说地被物开始燃烧后，进一步就是树木燃烧。火灾危险性最大的是针叶树木（如马尾松、红松、杉木），它们本身含有大量油脂，容易着火。阔叶树种耐火力较强，不易着火，但有的阔叶树种（如樟树、桉树、枫香等）树干和树枝里含有可燃性油脂，也易起火。因此，我们在库区绿化时要注意选择不易着火的树种。

3. 地形对火灾发展的影响

山地发生火灾时，林火沿着山坡向上蔓延很快，向下蔓延较慢；在阳坡蔓延较快，在阴坡蔓延较慢；在丘陵顶部蔓延较快，在下部和低洼地蔓延较慢。

（四）库区森林火灾的扑救

在扑救库区森林火灾时，要周密组织，分秒必争，充分发动群众，并实行小群、独立作战和主动协同的办法，利用有利地形，大胆实施堵截包围，控制火势，扑灭火灾。

1. 现场勘查

接到火灾报警后，应迅速、准确地进行现场勘查，查明下列情况：

（1）火灾的种类与规模、火势的蔓延方向；

（2）受其火灾威胁的库房和其他建筑物；

（3）火灾区域内地形、树木情况；

（4）有否可以利用的隔离地带，包括河流道路以及专门建造的防火带等。

对于初起之火，可立即投入灭火，力争“扑早、扑小、扑了”。对于一时难以扑灭的火灾，要先查明情况，然后确定灭火办法，统一调集人力和部署。

2. 扑救库区森林火灾的基本方法

扑救库区森林火灾主要有两种方法：一是人力直接扑打；二是隔离火势蔓延。这两种方法有时结合使用，有时单独使用，并通过以下具体方法进行：

（1）组织群众扑打。

组织群众扑打是扑灭地面火的常用办法。一般多用长柄扫帚、阔叶树枝条、沿着火线边缘扑打。扑打时最好从侧面斜落一打一拖，三人为一组，相继落下扫帚，顺序进行，不能乱打，也不能猛起猛落，这样才有利于扑灭火灾。

（2）开设隔离带。

在火势蔓延的前方，选择适当地点，开辟生土隔离带以阻止火势蔓延。可用锹、镐、铲、推土机等掘土，对小面积火灾还可以直接撒土覆盖。

（3）利用灭火剂灭火。

库区森林火灾用水灭火的效果较好，但用水灭火需要有水源、器材工具。当着火范围大，一时难以组织大量供水或者水源距火灾地点较远时，还可以用动力喷雾器在地面上喷洒化学药剂，如氯化钙、磷酸铵和硫酸铵等，它的灭火效果比水好，既可用来直接灭火，也可以用来设置防火线和控制带。

（4）以火灭火。

当发生强烈的地面火或树冠火，其他方法难以扑救时，可沿着原有防火线或临时开设的隔离带，迎着火势蔓延的方向，点燃可燃物，以防火线为依托，迫使火势向火灾方向发展，造成空间地带，两处火焰会合后自行熄灭。但这种方法危险性大，不易掌握，必须在主客观条件充分具备时方可采用。

3. 扑救库区森林火灾的基本战术

库区森林火灾往往由小火发展成大火，地面火发展成树冠火，树冠火又可转变为地面火。为了控制这些变化，特别是当火势迅速蔓延时，首先，应集中主要力量，运用阻前截后，围点打（火）头，重点设防，分片消灭的战术，抓住有利时机，积极、尽快地扑打。首要任务是积极扑打要害处的火头和火尾，集中人力、物力以两侧、三面或四面的包围阵势，力争在火灾初期阶段，就予以扑灭。在火场面积较大，燃烧猛烈时，可结合扑打开设防火线等防御措施，把火隔离开来，逐片消灭。其次，应尽力扑打火场边缘火，逐渐压向燃烧区中部，最后一举消灭火灾。对于易跑火的风口应派人监视，适时采取堵截措施，防止火势通过风口蔓延。

在一般情况下，区域火灾的蔓延方向基本上取决于风向，下风方向蔓延速度快。因此，扑打区域火灾，要根据地势、火势、风向，采取有风先堵截，无风先包围的灭火战术，如图7－39和图7－40所示。

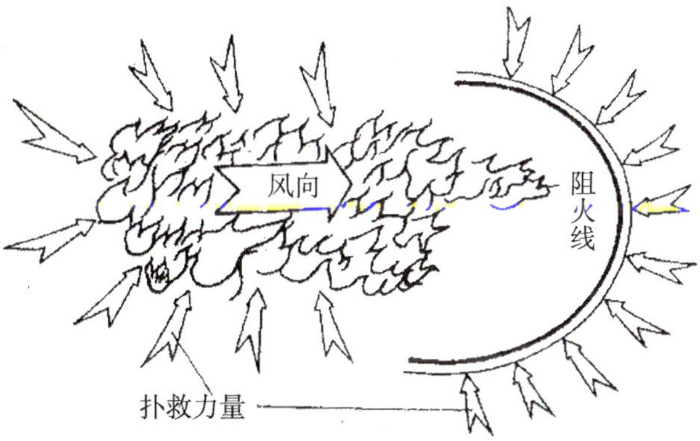

图7－39　有风时的火灾扑救

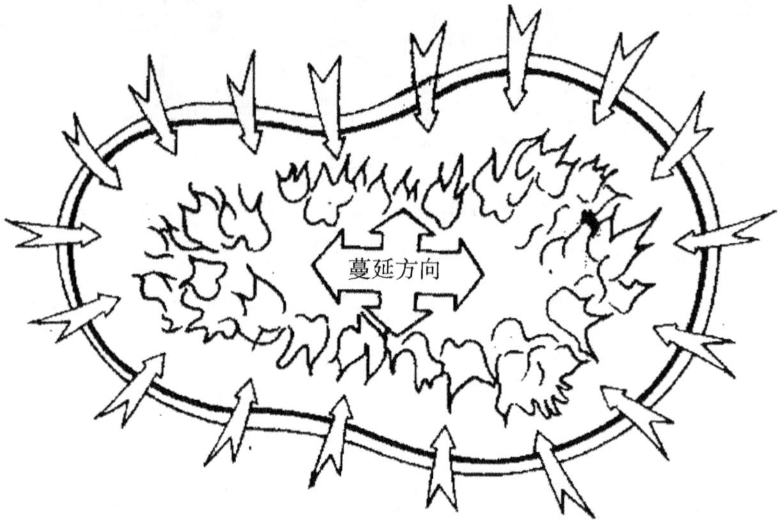

图7-40 无风时的火灾扑救

在有风情况下，蔓延速度较快，最好把人力分成几路。一方面，从燃烧区后方和两侧直接扑打；另一方面，抽出一路绕到蔓延方向的前方，在适当距离开设隔离带阻截火势，扑救这种火灾不能直接扑打火头以免发生危险。当火源成一条线前进时，可以两边夹打逐渐向中间汇合。当火势蔓延很慢时，可分段扑打，如遇无风天气，就需要集中优势力量实行四面包围一举彻底灭火。

扑打地面火时，可采用扑打、土掩、灭火剂喷射等方法直接扑灭火灾。如果地被物较少，火势比较微弱，可组织人力直接扑打。

扑救树冠火时，一般不能用人力直接扑打，而多利用设置防火线来阻隔火势蔓延。在火头的前方，相距一定距离，选择有利地形，迅速设置宽度为30m的防火线，并要迅速把防火线上的所有树木伐倒，树木倒向火场，消除残枝落叶，树干搬移到防火线外侧。当火焰接近时，应在防火线后面配备一定的灭火力量，以防飞火。

4. 库区森林火灾情况下的建筑物防护

当发生库区森林火灾时，对库房等建筑物是一个极大的危险，尤其是处于下风方向上的地面建筑，危险性更大。因此，在组织扑救火灾时应视情对建筑物采取防护措施。

（1）在距离建筑物30m以内有杂草、地被物、树木时，应进行清理，砍掉树木，使建筑物与易燃物之间形成一个隔离带。

（2）切断建筑物用电，要防止电线、配电盘等遭受火灾袭击而发生电气起火。

（3）在下风方向、遭火灾危险性较大的建筑物要配置一定的灭火力量，防止火焰到来时，引燃建筑物而出现危险。

（4）因山区风向变化较大，在上风方向应派专人监视，防止火灾蔓延到上风方向。

（5）对于下风方向上的洞库，应关闭洞库门，派专人监视洞库门口，并清理洞口附近的地被物、杂草，做好灭火准备。

第八章　仓库人员安全管理

仓库生产过程中的不安全因素，包括人、机、物、环、管五个因素，而仓库人员是这五个因素中最活跃的因素，也是仓库安全生产的主导因素。因此，加强仓库人员的安全管理，对于预防仓库事故发生具有重要意义。

第一节　仓库人员的不安全行为分析

人的不安全行为就是不符合安全生产客观规律，有可能导致伤亡事故和财产损失的人的行为。人的不安全行为可以分有意的和无意的两类。

一、人的行为的一般规律

为了了解人何以会产生不安全行为，首先应该了解人的行为的一般规律。所谓人的行为就是人的有机体对于刺激的反应，是人通过一连串动作实现其预定目的的过程。外界事物的变化（刺激）作用于人的有机体，人体做出行为反应，达到改变外界事物的目的，这就是人的行为的一般过程，如图 8－1 所示。

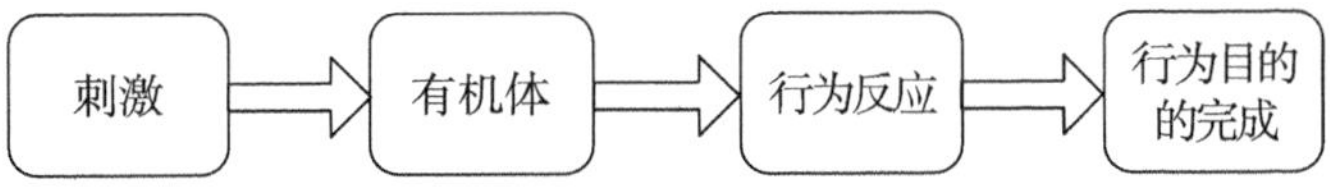

图 8－1　人的行为的一般过程

人从接受外界刺激到做出行为反应，实际上经历了一个复杂的心理过程。外界事物（刺激物）作用于人的感官（眼、耳、鼻、舌、身），引起神经冲动，沿着传入神经到达中枢神经（主要是大脑）。中枢神经对其进行加工处理后发出指令，通过传出神经，指挥运动器官（手、脚、声带等）做出行为反应。

上述这一心理过程，有时是依靠人的本能无意识地自动进行的，如手伸进了烫水中会马上自动缩回、眼睛遇到飞来物体会自动眨眼，等等。这种情况与动物是相同的。然而，作为人的特点是，人的多数心理过程都是在主观意识调节下，有计划、有目的地进行的。当中枢神经接受感官传来的信息时就会产生感觉（对客观事物个别属性的反应），并在此基础上进而形成知觉（对客观事物整体属性的反应），再应用头脑中原有的知识和经验（回忆），对感知到的事物信息进行认知（确认）、思维（分析、综合、判断、推理等），从而做到对客观事物的本质的、规律性的认识。在认识客观事物的同时会对之产生情绪，发生情感，采取一定的态度，并进一步做出如何采取行动以改变现实的决定。

对外界刺激的心理反应，无论是无意识的或有意识的，都要经历相同的心理过程，所不同的是：无意识反应，中枢神经的活动比较简单；而有意识的反应，中枢神经的活动则比较复杂。

人的心理活动在不同人的身上会表现出不同的个性，即个性倾向性和个性心理特征。个性倾向性指需要、动机、兴趣、爱好、态度、价值观、人生观等；个性心理特征指能力、性格和气质。心理个性在人与人之间往往表现出极大的差异。

人的心理个性的形成，一方面是基于先天的心理解剖特性（主要是神经系统、脑的特性和感觉、运动器官的特性），另一方面主要的还是在对客观事物不断认识和改造的过程中形成的，其间人所受的培养和教育起着极其重要的作用。

人的有意识的心理活动不仅依存于客观事物的情况，也受人的知识、经验、个性倾向性和个性心理特征的制约，它的一个显著特点就表现在它是围绕着满足人的需要进行的。人感知到的客观事物并不一定都会引起人的行为，只有符合人的需要的事物才会引起人的行为。

人的需要取决于人体内部的生理、心理状况和外部的社会条件。行为是人的内部状况和外部社会条件相互作用的结果。

人的心理过程都是在大脑的调节控制下进行的，因此人的心理活动状况（也决定了人的行为状况）是与大脑的活动水平或意识水平密切相关的。根据大脑生理学的研究，人的意识水平可以分为五个阶段。各阶段的特点及对人的安全的影响如下：

阶段零：人处于没有意识的状态，如在睡眠中。

阶段一：人处于意识不清醒或蒙眬状态，如酒醉、瞌睡、极度疲劳，从事单调工作时出现的无精打采。人在这种意识状态下进行工作是非常危险的，这是一种不安全的意识状态。

阶段二：大脑活动松弛的意识状态，如休息、进餐、从事很熟悉顺手的工作。工人在工作中的大部分时间是处在这一状态中。人在这一意识状态下注意力不集中，思维消极，只能从事比较一般的工作。如果身体不适或有心事，就应提高警惕，谨慎从事。

阶段三：大脑活动积极敏捷的意识状态。此时头脑清醒，思维活跃，注意力集中且范围宽广；反应迅速，决定果断，是适于从事任何工作的最可靠的意识状态。但是大脑处于这一意识水平的时间不能持久，每次只能持续15～30min。

阶段四：过度紧张、恐慌的意识状态，如工作时机械设备突然发生故障、出现意外危险情况时的意识状态。这一阶段尽管大脑活动高度兴奋，但注意力、判断力只集中于眼前，思维能力下降，很容易发生误操作，因此也是一种不安全的意识状态。

综上所述，人的行为是人的有机体对外界事物刺激做出行为反应的过程。人的行为反应有时是无意识的，多数情况是有意识的。然而，无论是无意识的还是有意识的行为反应，都要经历一个复杂的心理过程。人的不安全行为是与这一心理过程的状况密切相关的。

二、有意的不安全行为

有意的不安全行为指有目的、有意图、明知故犯的不安全行为，是故意的违章行为。

这类不安全行为除了极少数有犯罪企图或因极端不负责任而产生的行为不在讨论之列外，其表现形式是多种多样的。例如故意造成安全装置失效；明知设备不安全还要使用；冒险进入危险场所；故意攀坐不安全位置；必须使用个人防护用品时不使用；违章驾驶；无证操作；酒后开车等。这些不安全行为尽管表现形式不同，却有一个共同的特点，即“冒险”。进一步分析可见，之所以要冒险，均为企图实现某种不适当的需要，譬如怕麻烦，图省事；图“快”；怕脏，怕累；爱“美”；逞“能”；好“胜”；为多挣钱等。抱这些心理的人为了获得某种利益而甘愿冒受到伤害的风险。他们不恰当地估计了危险发生的可能性，心存侥幸，在避免风险和获得利益之间作出了错误的选择。由于事故的随机性，往往冒险行事并不会立刻发生事故。一时的成功就更助长了这种侥幸心理。久而久之习以为常，就更加麻痹大意，视险为不险而终至酿成大祸。

三、无意的不安全行为

无意的不安全行为是无意识的，或非故意的不安全行为，是不存在不适当需要和目的的不安全行为。人一旦认识到了，就会及时地加以纠正。

人在心理过程的任何一个环节发生失误都可能导致这类不安全行为。例如感知的失误（无知觉、误知觉）、思维判断的失误（遗忘、记错、误识别、误判断）、行为反应的失误（误动作、姿势不当、操作程序错误）等。

造成这类错误的原因是复杂的，概括起来可以分为下列各方面：

1. 外界事物信息本身有误或人无法感知事物信息的刺激

例如感知的失误，行为反应的失误，如因仪器仪表故障而错误地显示设备运行参数；刺激强度不够或刺激物未在感官范围以内而无法感知等。显然，这种因素造成的不安全行为是不应归咎于人体本身的。

2. 人体的生理机能有缺陷

由于先天不足或后天影响而造成的人的神经系统、感觉器官、运动器官有缺陷或机能低下都能导致感知、思维判断和行为反应方面的失误。如因视力不好而看错、因记忆力差记错而造成判断错误、因肢体协调机能差而造成肢体配合失误，等等。

3. 因知识和经验缺乏而造成思维判断失误

如因缺乏安全知识而不知道有危险，甚至把不安全行为误认为是安全行为。

4. 因技能欠缺而造成行为反应失误

人的技能要经过反复练习在大脑皮层建立起巩固的动力定型才能形成。因此，如果未经培训或学习培训不够，就会在实际操作中力不从心而造成行为反应失误。

5. 大脑意识水平低下

大脑意识水平处在阶段一、阶段四极易发生事故自不必言；处在阶段二也是难以适应复杂工作的；即使处在阶段三，如果情况紧急，被迫立即作出判断，那也难免发生失误。当然，这超过了大脑处理能力的限度，是情有可原的。

导致大脑意识水平低下的因素很多，如疲劳、酒醉、疾病、有害环境影响，因家庭、婚姻、名利、人际关系等方面忧喜过分而造成分神等。

以上诸方面的因素，可能单独导致不安全行为，也可能综合作用而导致不安全行为。如生理机能差再加以技能不佳则更易导致操作失误。

应该指出，无意的不安全行为有时是在无意识或意识水平低下的情况下发生的，但也有时是在由主观意识调节的情况下发生的，如因不懂安全知识而发生的不安全行为一般都是存在意识调节的，只是意识调节的根据（这里即安全知识）不足而已。因生理机能缺陷而产生的不安全行为也可能是在意识完全清醒的情况下发生的。这些有主观意识调节但非有意图有目的的不安全行为不应作为有意的不安全行为来对待。

无论是有意或无意的不安全行为都与人的心理个性有密切的关系。不良的个性倾向性（如不认真、不严肃、不恰当的需要和价值观）和某些不良的性格（如任性、懒惰、粗鲁、狂妄）往往容易引起有意的不安全行为；能力低下和某些不良的性格（如粗心、怯懦、自卑、优柔寡断）往往导致无意的不安全行为。然而良好的心理个性，如坚强的意志和高强的能力却有助于克服不安全行为。

人的心理个性有其先天的作用和后天的影响，但经过教育和实践是可以得到不同程度的改善的。

四、影响仓库人员行为的主要因素

仓库生产安全与作业人员有着密不可分的关系，人的不安全行为是导致仓库事故的直接原因。因此，从预防事故的角度来讲，有必要分析有影响的行为和各种因素，从而为控制人的不安全行为找到可靠的办法。

1. 个性对行为的影响

人的个性，也即个体差异，指的是人与人之间在心理特征上的差别。个体差异的范围是相当广泛的，也是相当复杂的。其中主要包括个体之间的性格差异、能力差异和气质差异这三个范畴，而这种错综复杂的组合，构成了个体带有稳定性和倾向性的各不相同的个性特征，也表现出各不相同的个性行为。

因此，仓库管理者在人员选择、任务分配的时候，应对人员的气质、能力、性格方面有一个比较透彻的了解，以便根据每个人的长处和短处，分配适合的任务或进行合理的编配，使其优势互补。这样就可以有效地避免一些潜在事故因素。

2. 态度对行为的影响

态度是个体对任何给定的客观对象所持的一种心理倾向。这种心理倾向包括认识的因素、感情的因素和意向的因素。态度在很大程度上决定了一个人的工作行为。

从预防事故的角度讲，一方面，正确态度有利于作业人员养成良好的安全行为，而不正确态度则不利于养成良好的安全行为，甚至形成逆反心理。比如，某仓库的《入库管理规则》规定，凡入库人员，严禁携带易燃、易爆物品进入库区。对于这项规定，大部分作业人员认识到了它的必要性和重要性，能够自觉地遵照执行，而有些作业人员则怕麻烦，认为多此一举，不按规定执行，尤其是如果有几次带入易燃易爆品后并未发生事故，这就更使他们变得无所谓，实际上这种由错误态度引起的不安全行为，已经对仓库的安全构成了威胁。另一方面，一个人的态度也是可以改变的。因此，态度上的改变也会导致行为的改变。同样对于前面这个例子来讲，如果原来遵守《入库管理规则》一直较好的某个人，多次看见某人携带易燃、易爆物品出入库区，未受到制裁，也未发生事故，他对遵守这条规则的态度就可能慢慢改变，也携带易燃、易爆物品进入库区，这就是态度的改变，使安全行为变成了不安全行为。如果对于不遵守《入库管理规则》的人员，某次由于携带易燃、易爆物品入库，引起燃烧或爆炸事故，或者受到了严厉的处罚，或者通过安全教育、安全监督，改变了原先错误的态度，能够自觉遵守规则，那么他的不安全行为也就变成安全行为了。

3. 动机对行为的影响

动机是用来说明人们努力达到的目的，以及用来追求这些目的的动力。不同的动机可能对安全产生不同的效果。美国心理学家马斯洛认为人的行为来自动机，而动机产生于需要，他把人的需求分成生理或生存需求、安全需求、社交需求、尊重需求和自我实现需求五类，依次由较低层次到较高层次，如图 8－2 所示。人希望不受工伤和职业病的危害是“安全需要”，以安全生产为目标的是由需要产生动机进而进行的一种

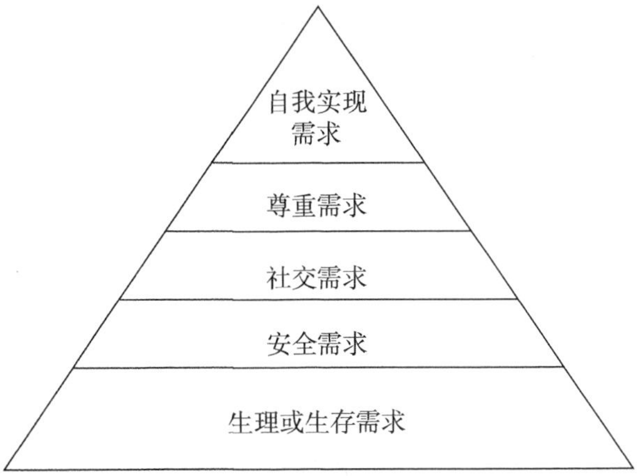

图 8－2　马斯洛需求层次理论

正常动作。但人作为一个有思想的行动自由的“系统”，受环境和物质影响，心理过程相当复杂，如遇挫折则会变正常动作为不安全动作（改变目标），从而成为影响仓库安全的一个因素，有发生事故的潜在危险。比如，某仓库保管人员为了争取“优秀保管员”荣誉，工作上一丝不苟，认认真真，特别注意安全，防止出事故，但是，一旦竞争失败，情绪低落，工作马虎，对仓库设备的检查也不仔细了，收发作业心不在焉，这往往容易导致不安全行为，进而引发事故的发生。

第二节　仓库人员的安全培训教育

安全教育是消除不安全行为的最基本的措施，也是仓库安全管理工作的重要内容之一，是搞好仓库安全生产的一个重要环节。通过安全培训教育，可以使仓库人员了解有关安全生产和劳动保护的方针、政策。自觉遵守安全法规，树立正确的安全态度，养成正确的作业行为，提高感觉、识别和判断危险的能力和处置意外事件的能力，防止各类事故的发生。

一、安全培训教育的内容

安全培训教育包括以下四个方面的内容：

1. 安全法制教育

安全法制教育，主要是让仓库人员了解两方面的内容：一是国家颁布的与仓库安全生产有关的法令、法规、国家标准，这些是贯彻“安全第一、预防为主”的法令性文件，是仓库安全生产的法律保证。二是为了贯彻安全法规。上级部门及仓库结合自身特点，通过对过去的大量事故的分析以及对仓库作业人员的不安全行为进行研究，制定有关安全规程，在这些安全规程中，对所有环节都作了详细具体的规定和作业强制性措施，法规一般只是从正面规定哪些可以做，哪些不允许做。为了使仓库人员了解为什么不允许做，做了以后有什么后果，如何避免不安全行为，就需要通过安全培训教育，讲清不安全行为的危害以及预防措施。

2. 安全知识教育

安全知识教育，主要是让仓库人员了解一般生产技术、一般安全技术和专业安全技术等方面的知识，提高其技术业务素质和预防事故的能力。

一般生产技术知识教育是为了仓库作业人员对仓库组成、工作性质生产作业特点有大致的了解。主要包括仓库的基本概况，收发作业流程及作业方法，设备设施的组成、性能及工作原理等。

一般安全技术知识主要是指仓库人员在从事某项工作时所应该具备的，为保障自己和他人安全以及免受工伤环境内务种危险因素伤害的基本知识和技能。教育的内容主要包括仓库生产过程的不安全因素及其规律性和可预防性，仓库各场所危险等级的划分及安全要求，有关火灾、爆炸及消防的基本知识，有关安全防护的基本知识及个体防护用具的正确使用，有关火警和事故报告程序等方面的知识。

专业安全技术知识教育是针对仓库中某一工种的职工所进行的与其从事的专业有关的安全技术知识教育。不同工种，教育的内容不同，其目的是使职工比较系统全面地掌握与其所从事的专业有关的安全知识。

3. **安全技能教育**

安全技能教育，对于仓库作业人员来讲，不但要应知而且应会，也就是不但要进行安全知识教育，而且在进行安全技能教育时，使他们既懂理论又会实际操作，以理论指导操作。

安全技能教育主要是通过对作业人员各种机能的训练，使其养成良好的作业习惯，对外界各种刺激能快速正确地作出反应，并预知随后可能出现的各种情况。比如，对泵房操作人员的安全技能教育，就需要通过反复实践，进行练习，通过其生理机能的条件反射，完成规定的开、停泵动作，使其养成良好的作业习惯。对于离心泵，应先开泵后开排出阀，先关排出阀后停泵，对于齿轮泵、螺杆泵等容积泵，则应先开排出阀后开泵，先停泵后关闭排出阀。

4. **安全态度教育**

安全态度教育，仓库发生的许多事故，并不是作业人员不懂安全知识，不知道危险，而是忽视安全，对安全持满不在乎的态度。就是针对作业人员进行判断时的心理状态，指出其判断错误，并使其改正已出现的错误行动。安全态度教育其目的就是给作业人员灌输进行安全行为的愿望，使他们“不但知道，而且去做”。

安全态度教育，不但需要耐心说服教育，言传身教，而且需要建立各种安全制度和相应的奖惩措施，以及采取一些科学的教育方法，比如，对不同性格特征的人采取不同的方法等，以提高安全态度教育的针对性和有效性。

二、安全培训教育形式

仓库开展安全培训教育主要有三种形式：三级教育、经常性安全教育和特殊工种的专门教育。

1. **三级教育**

凡新职工（包括徒工、外单位调入职工、合同工、代培人员和来库实习的大专院校学生）必须经上级业务主管部门、库（站）、班（组）三级教育并考试合格，方可进入生产岗位。

一级教育：新职工报到后，由业务主管部门负责组织，进行安全、消防教育，时间至少8h。

二级教育：由库（站）主管安全主任或指定专人负责教育，时间不少于40h，经二级安全教育考试合格后，方可分配到班（组）。

三级教育：由班组长或班组安全员负责教育，可采用讲解和实际表演相结合的方式，其教育时间不少于8h。经班组安全教育考试合格后方可指定师傅带领进行工作。

此外，对外来人员，如临时工、外包工、办事和参观人员，进入仓库前必须接受安全教育。

2. 经常性安全教育

这是油库人员业务学习的必修内容，应贯穿于生产活动之中。根据仓库具体情况，教育的形式有：安全月、安全周、安全日、班前班后会、安全会议、广播、黑板报、事故现场、劳动保护教育室、安全教育展览会以及有关安全的电影和录像等。

安全活动日是仓库以安全教育的主要形式，通常每周一次，科（股）或班（组）为单位开展活动，每次活动时间不得少于1h，安全活动日应做到有领导、有计划、有内容、有记录、防止走过场，仓库领导应经常参加班（组）安全活动日，以了解和解决安全中存在的问题。

3. 特殊工种的专门教育

仓库中的某些工种，如锅炉工、电工、装卸搬运工等，必须对其进行专门的训练，经有关部门考试合格后发给许可证，才能准许独立操作。

第三节　人体生物节律理论及应用

生物节律理论是研究自然界各种生物体内能够体现自身生理机能特点的“时间表”和运动规律的理论。人体生物节律则是研究一个人从他诞生的那天起直到生命终止，在这个过程中存在的体力、情绪和智力周而复始地按照自身规律以正弦波形式作周期性变化的规律性。据医学界测试，人体生物节律的大致波动周期分别为23天（体力周期）、28天（情绪周期）、33天（智力周期）三种基本情况。表征人体生命活动的体力、情绪和智力三个基本因素，分别以23天、28天和33天为周期，以一定的振幅，沿着一条标志生命的时间轴上，以正弦波的形式作有规律的振荡和循环，并贯穿生命的整个过程，这一规律称为“生物节律”。在这三种情况中分别存在的高潮期和低潮期

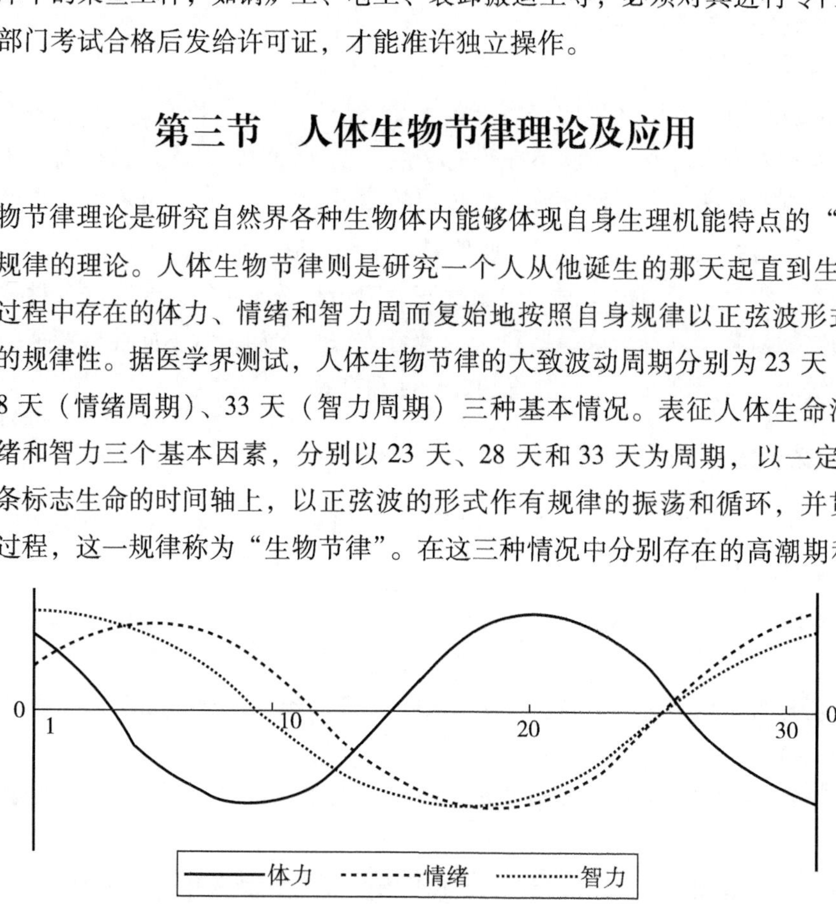

图8－3　人体生物节律

恰好形成了一个比较规则的正弦曲线，如图 8 －3 所示。目前，人体生物节律理论已在安全工作中得到广泛应用并取得显著效果。

一、人体生物节律的主要特性

人体生物节律的主要特性可从以下三个方面来描述：

（1）高潮期。

人在高潮期内一般表现为头脑比较清楚，思维比较敏捷，具有一定的创造力和解决复杂问题的能力；心情舒畅愉快，精力体力充沛，这个时期仓库人员在操作过程中不易发生事故。

（2）低潮期。

人在低潮期主要表现为精力不够集中，判断能力下降，心态烦躁不安，情绪喜怒无常，这个时期仓库人员容易发生事故，因而应尽量避免从事复杂操作和危险工作。

（3）临界期。

临界期时间为高潮期向低潮期转换时前后一天（临界期的全部时间为 2 ~3 天）。在这一状态下，人的身体各方面都处于频繁的变化和复杂的调整之中，主要表现为情绪低沉、协调性差、工作效率低，这个时期也较容易导致人为仓库事故的发生。正确把握人体生物节律的基本特性，对于指导仓库安全管理工作是十分有益的。

二、人体生物节律的概算方法

首先确定哪一天的节律状态（亦即指定日），然后列出被测算对象的出生年、月、日，于是得到某人到指定日已活过的总天数 $N_{总}$。

$$N_{总} = （周岁 \times 365） + （周岁 \div 4） + （生日到指定日的天数）$$

式中指定日若在当年生日前（即尚未过生日），应以去年的生日到指定日的天数计算；（周岁 ×365）或（周岁 ÷4）一般应取整数，即被测算对象经过的闰年数。算出 $N_{总}$后即可算出体力、情绪和智力周期。

$$体力周期（A）：N_{总}/23 = A/a$$

式中：A 为商（取整数），即某人从出生日直到指定日已经过的体力变化周期数；a 为余数，即某人的“指定日”已进入体力周期第几天。由此可测算知道其体力所处生物节律的状况。

$$情绪周期（B）：N_{总}/28 = B/b$$

式中：B 为商（取整数），即某人从出生日起到指定日已经过的情绪变化周期数；b 为余数，即某人的“指定日”已进入情绪周期第几天。由此可推算知道其情绪所处生物节律的状况。

$$智力周期（C）：N_{总}/33 = C/c$$

式中：C 为商（取整数），即某人从出生日起到指定日已经过的智力变化周期数；c

为余数，即某人的“指定日”已进入智力周期第几天。由此可测算知道其智力所处生物节律的状况。

用上述公式分别进行数学计算，即可根据计算结果在坐标图上分别绘出体力、情绪、智力的变化周期曲线。而后，根据这种变化曲线找出人的生物节律状态，并以此来指导仓库安全管理。

经过计算而得出的各节律在任一时间所处的位置，并描在节律曲线图上，在正半期为高潮期，负半期为低潮期，在时间轴附近为临界期，人的智力、体力、情绪在三个时期分别表现出不同特征，各节律点位置与生理、心理特征如表 8 – 1 所示。

表 8 – 1　　各节律点位置与生理、心理特征

位置 节律	高潮期	临界期	低潮期
智力	头脑灵敏，思路敏捷，记忆力强，具有处理复杂工作的内在条件与能力	介于高潮期与低潮期	健忘，办事粗心，判断力、记忆力下降，工作易出差错，易发生误操作
体力	体力充沛，力气比平常大，生机勃勃食欲增加，身体各部位协调	介于高潮期与低潮期	记忆力下降，易疲劳，办事拖沓，食欲下降，易感染疾病，机体各部位协调性差，肌肉张力下降
情绪	心情舒畅，愉快，达观，对工作热情、细心、有耐心	介于高潮期与低潮期	易怒、情绪低落、心烦、无耐心，极度消沉

三、用人体生物节律指导仓库安全应注意的问题

目前，许多国家对发生事故当事人的生理节律进行探索、研究，发现大部分发生事故时人的三条曲线均处于临界日，事故与人的生物节律存在明显的关系，如果运用生物节律指导安全工作，将取得明显的效果。

运用生物节律来指导仓库安全管理，目前还未开展这方面的研究，不过可以进行这方面的尝试，作业中，加强对处于低潮期或临界期的作业人员的管理，比如及时给予警告与提示，加强检查监督，低潮期或临界期人员与高潮期人员分组配合作业等。

第四节　生活事件分析法及应用

随着各种新技术的应用，仓库设备可靠性不断提高，安全防护设施日益完善，直接由设备设施等硬件所导致的事故比例不断下降，人失误成为导致仓库事故的主要原因。据统计，在我国目前发生的仓库事故中人失误造成的事故高达 80% 以上。分析其原因，在仓库作业中，人失误的发生与人自身所经历的生活事件有着必然联系。日常

生活中发生的很多生活事件都会对人的心理造成不同程度的影响，从而使其在作业过程中的心理呈现出多种多样的状态，诸如作业中的心理紧张、疲劳，对某件事的留心、热恋与追求，受到挫折后的压抑、烦闷，做错事或违章后的后悔，单调工作中的无所事事或无聊，等等。所有这些心理状态都对仓库安全有着直接的影响，不仅会降低工作的效率，还极易引起事故的发生。因此，运用生活事件分析法研究生活事件对仓库事故发生的影响，具有重要意义。

一、生活事件分析法简介

生活事件是一个心理学名词，是指个体生活中发生的需要一定心理适应的事件，包括负性事件和正性事件，并引起人情绪的波动。在工作和生活中，有许许多多的事件会使人们的情绪发生较大的波动，如亲友亡故、夫妻分离、工作变化等。这些事件无疑会对仓库人员的作业可靠性产生不利影响。当然，由于各种生活事件的性质和严重程度不同，其对人的影响程度也不一样。

1967 年美国心理学家霍尔姆斯等人通过大量研究，设计出一种生活事件转化为应激或紧张水平的量表，称为“社会生活再适应评定量表”（SRRS)。SRRS 的理论假定是：任何形式的生活变化都需要个体动员机体的应激资源去作新的适应，因而产生紧张。SRRS 的计算方法是在累计生活事件次数的基础上进行加权计分，即对不同的生活事件给予不同的评分，然后累加得其总值。量表对引起某些生活变化的事件，依其影响大小给予不同分值，用“生活改变单位”（0～100 LCU）的数值表示。如家庭密切成员死亡尤其是配偶死亡，影响最大，需要最大的再适应，因此定为 100 LCU，其他事件给予 0～100 LCU 的分值，根据量表总得分值来预计危险程度。

研究表明，单位时间内生活改变单位的累计值可以作为度量人的应激强度的指标，得分越高，表明要求人重新调节的程度越大，人的应激水平要求越高。当生活改变单位的累计值超过一定限度时，强烈的情绪应激足以损害一个人的身心健康和适应环境的能力，使他得病或卷入一场事故中去。两年内 LCU 累计值导致患病或受伤的概率如表 8－2 所示。经验证明，一年中生活变化值超出 150 分便有可能导致疾病或发生意外事故；若超过 300 分，则几乎 100% 会生病，发生意外事故或工作中发生差错的可能性更大。

表 8－2　　两年内 LCU 累计值导致患病或受伤的概率

LCU 累计值	患病或受伤的概率（%）	身体抵抗力和适应环境的能力
50～200（不含 200）	9～33	强
200～300（不含 300）	30～52	有限
大于 300	50～86	差～极差

此外，生活事件与心理障碍也有关系。如生活事件越多，发生的精神障碍（如抑

郁症状、睡眠失调等）越多，发生心理病理行为的可能性也越大，甚至可能促使精神分裂症发病。另外，生活事件与人的某些躯体疾病（如溃疡病、原发性高血压等）的发生亦有密切关系。若分数累计低于30分，即生活较安定，则可保持心理的稳定和有利于身体健康。有时，生活当中的小事也有可能对人的心理和行为产生很大影响。人作为“社会关系的总和”，作为复杂纷繁的现代社会中的一员，相对于个体来说正面的和反面的生活事件，几乎每日都在发生，它们对个体的心理和行为均会发生积极的或消极的作用。而当这种作用的强度达到一定程度，反映在仓库人员作业过程之中，就会导致人为失误的增加，更有可能发生事故。

二、生活事件分析法在仓库安全管理中的应用

1. 仓库生活变化值表的设计

应用生活事件分析法之前，必须在深入研究、分析的基础上，设计符合仓库实际的生活变化值表，列出仓库人员生活中可能遭遇到的对情绪有较大的影响的生活事件，制成生活变化值表，然后应用该表格进行生活事件分析。仓库生活变化值表的设计包括生活事件选择和LCU值的确定。

（1）生活事件选择。

安全管理实践表明，仓库人员家庭生活及社会生活中的重大事件会影响仓库人员的情绪，甚至导致事故。通常，生活状况的变化会增加人的思想负担，对其造成一定的精神打击。参照霍尔姆斯社会生活再适应评定量表，结合仓库人员的特定生活状况，选取在实际生活中发生的、对个人思想情绪影响较大的事件，我们制定了仓库生活事件选择表，然后征求了10多个仓库各类人员的意见，经修订完善形成了表8-3中所列出的49项生活事件。

表8-3　仓库人员生活事件的LCU值

序号	生活事件	LCU平均值	序号	生活事件	LCU平均值
1	配偶死亡	100	10	受到领导批评	44
2	离婚	78	11	妊娠、生子	39
3	近亲死亡	65	12	经济困难影响生活	39
4	被拘留、受审	63	13	性生活不满意或障碍	39
5	夫妻分居（因不和）	58	14	子女离家出走	38
6	家人或自己受伤、生病	52	15	一般亲友死亡	38
7	结婚	47	16	被人误会、诬告、议论	37
8	婚姻、爱情出现危机	45	17	子女升学、就业失败	37
9	中彩	45	18	工作调动前后	36

续　表

序号	生活事件	LCU 平均值	序号	生活事件	LCU 平均值
19	与爱人父母不和	33	35	装修住房	22
20	意外惊吓、自然灾害	31	36	介入民事法律纠纷	21
21	欠债一万元以上	30	37	加薪	21
22	抵押借出的钱荒	30	38	快到退休年龄	20
23	升职或降级	29	39	更年期	20
24	家属探亲	28	40	欠债一万元以下	18
25	赌博	25	41	社交活动频繁、熬夜	18
26	酗酒	25	42	生活规律重大改变（饮食、睡眠）	18
27	对现职工作不满意	29	43	显著的个人成就或事业上的失败	17
28	配偶就业或停职	28	44	工作差错被处罚	16
29	亲友病重、重伤	26	45	工作时间、条件变化	15
30	感到自己身体异常	25	46	春节等节假日	13
31	夫妻分居（工作原因）	23	47	加薪	13
32	与上级关系紧张	23	48	迁居	12
33	与同事、邻居不和	22	49	被上级、同事表扬	12
34	失窃、财产损失	22			

（2）LCU 值的确定。

我们采用专家咨询法确定生活改变单位值（LCU）的具体数值。专家咨询法就是在评价过程中收集有关专家的意见，通过规范化程序，从中提取出最一致的信息，利用专家的知识、经验来对系统进行评价的方法，也叫作专家评估法。具体步骤为：①每个成员在安静的环境下写出自己的意见；②组织者不分先后地听取并记录这些意见；③集体逐条讨论这些意见，弄清楚它们的意义；④对归纳意见所形成的条目的重要性初步投票；⑤讨论初步投票的结果；⑥最终投票；⑦按照最终投票结果，得到各生活事件的 LCU 值。按以上程序，取得各生活事件的 LCU 值，并填入表 8－3 中，即完成了仓库人员生活事件的 LCU 值。

2. LCU 总值的计算及分析

生活事件分析法对生活事件 LCU 总值的计算较简单，只需将过去 18 个月内发生的生活事件的 LCU 值相加即可，其计算公式为：

$$H = \sum_{i=1}^{n} LCU(i)$$

式中：H 为生活变化值之和；$LCU(i)$ 为生活事件 i 的生活变化值；n 为发生的生活事件的数量。

实际应用中，利用生活事件的 LCU 值表，可以通过一个人近期的生活遭遇变化记录，研究他的生活状况，给予定量评分。当某段时间内某人的分值达到某一点时，则表明他很可能会得病或卷入一场事故中。评定的时间段一般定为 1.5×工龄。用于判断的生活变化分值定为 150，当 $H \geqslant 150$ 时，表明该此人很可能得病或卷入事故中，应对其工作行为进行重点监控，严重时应调离危险较大的工作岗位。

3. 应用示例

（1）填写生活事件记录表。

生活事件记录表中记录考察时间点之前发生的对仓库人员产生影响的生活事件的具体时间及相应的 LCU 值，并以此表进行生活事件的分析及评价。选取某仓库职工张某的生活事件记录如表 8-4 所示。

某仓库职工张某，在 18 个月内发生了一系列生活事件：

①夫妻不和，经常吵架，后来离婚；

②离婚后，小孩判给了张某，张某带着孩子租房居住，住宅变化；

③由于要负担房租和孩子的生活，经济状况发生了较大的变化，经济有些困难；

④在此期间，孩子患病住院，家庭主要成员健康发生变化；

⑤工作出现差错，多次被领导批评。

表 8-4　　张某生活事件记录表

姓名	仓库人员信息			生活事件记录			
	出生年月	岗位	工龄	生活事件	发生日期	LCU 值	H 值
张某	1964.11	保管员	30	夫妻不和，经常吵架，后来离婚	2010 年 2 月 12 日	78	225
				张某带着孩子租房居住，住宅变化	2010 年 2 月 18 日	12	
				经济有些困难	2010 年 3 月 20 日	39	
				孩子患病住院，家庭主要成员健康发生变化	2010 年 10 月 16 日	52	
				工作出现差错，多次被领导批评	2010 年 11 月 6 日	44	

（2）生活事件总值计算及分析。

根据表 8－4 的生活事件值，利用公式计算 2011 年 1 月 1 日时的生活事件 LCU 总值，张某的生活事件积分值为：

$$H = \sum_{i=1}^{n} LCU(i) = 78 + 12 + 39 + 52 + 44 = 225$$

从计算结果可以看出：在考察日，张某的 LCU 总值为 225，表明在其身上发生的生活事件已经对他的工作产生威胁，因此应对其进行重点观察，并进行一定的开导，以避免卷入事故。

第五节　仓库人员疲劳的原因及预防

在仓库工作过程中，人的生活规律容易被打破，如连续地收发作业、加夜班等，加上作业过程中单调机械的动作，很容易使人疲劳。

一、疲劳的种类

长期劳动可能产生两种疲劳：体力疲劳和精神疲劳。体力疲劳是由于人的肌肉组织在静负荷状态下保持一个姿势或笨拙、重复的负荷状态下产生的肌肉疲劳。精神疲劳则是指人精神上的现象。

二、引起疲劳的原因

（1）连续重复的单调工作；

（2）脑力劳动和体力劳动时间过长；

（3）环境条件不适应生理和心理需要，如气候、通风、照明、噪声等；

（4）精神因素：烦恼、责任感、人与人之间的矛盾等；

（5）疾病、疼痛、营养和个人体质等；

（6）睡眠不足。

三、疲劳时的表现

（1）感觉机能弱化，听觉和视觉敏锐度降低，眼睛运动的正常状态被破坏。

（2）注意力分散、不稳定，注意力的范围变小，并且在注意力的转移和分配上发生困难。

（3）记忆力变坏，创造性和思维能力明显降低，同时，反应速度也降低，某些反应时间甚至延长到原先的两倍以上。

（4）动作节律失调，出现迟缓和忙乱，操作行动的准确性、协调性下降，甚至出现反常现象。

（5）人的思维和判断中的错误增多，对潜在事故的发生和应付的办法就会考虑不周，甚至出现判断错误。

（6）感觉无力，睡意，意志衰退等。

四、预防仓库人员疲劳的措施

为了有效地防止因仓库人员过度疲劳而引发事故，确保人员和物资安全，在仓库管理工作的全过程和全系统中，必须采取一系列消除疲劳的方法和措施。

一是加强仓库管理工作的计划性和科学性。如果没有特殊要求，应尽可能避免连续性作业，尤其是要避免突击性、高强度的繁重体力劳动。

二是注意劳逸结合的工作方式方法。使仓库各类人员经常保持足够的睡眠和必要的娱乐，使其始终保持旺盛的精力并轻松愉快地投入工作。

三是改进仓库作业环境和作业条件。如加强在作业场所作业时的通风，保持作业场所内适宜于人员工作的温湿度，消除噪声和粉尘，等等。

四是根据疲劳的性质，有针对性地采取不同的措施消除疲劳。比如，对于易产生急性疲劳的高强度操作，可采用间歇性休息的办法延缓疲劳的产生；对于易产生慢性疲劳的工作，短暂的间歇性休息是无法恢复身心机能的，而应适当安排较长的休息时间或调整作业间隔。

五是根据仓库人员的不同性别、不同年龄和不同的身体健康状况分别采取消除疲劳的措施。例如，当条件许可时，对年龄较大、身体素质较弱的仓库人员，安排休息的时间可以多一些而且长一些；年轻人的休息时间可以相对少一些且短一些；对于女性的特殊情况可酌情处理，一般休息时间比同龄男性要多一些和长一些。

疲劳虽然是人的正常生理现象，但是，疲劳也是导致各类仓库事故发生的重要根源之一。这是一个科学的问题，它在过去很长一段时间内被人们忽视了。解决这个问题并不难，只要能够正确地认识它并且有针对性地采取科学合理的措施，那么，就有可能最大限度地消除各种疲劳并有效地控制因人员疲劳带来的各种不安全因素。

第九章　仓库事故管理

做好仓库安全工作一定要重视仓库事故规律的研究，通过对事故形成过程及内在规律的研究，确定了事故发生的内在原因及激发因素，有利于针对性地采取安全防护措施，防止或减少事故的发生。

第一节　仓库事故概述

一、仓库事故

确定仓库事故内涵可以从两个方面来认识，第一，根据物理学观点进行定义。仓库管理过程是一个能量转换并做功的过程，或者说是一个能量流动的过程。当能量在流动的过程中出现了违反人们主观意志的能量逸散时，就会引起仓库管理全过程或局部过程的暂时或永久中断，这就是仓库事故。从这个意义上讲，仓库事故亦是能量流动过程中出现的异常或不恰当逸散的结果。第二，根据系统论观点，仓库管理过程是一个由人、机、物、环、管五种因素组成的相互关联、相互影响的系统，当这个系统在实现既定目标的过程中，无论系统中的哪个部分受到阻碍或出现非正常运转，只要使系统的行为出现与管理者的主观意志不同的情况时，就会发生事故。因此，仓库管理中的事故是由管理人员与仓库物资之间或环境与物资之间发生了某种异常的接触或影响的结果。人与物或环境与物之间之所以会发生非正常的接触或影响，是因为受某种事件或因素的制约或影响逐步发展而形成的，当这些因素按照某种性质或形态进行组合时，仓库事故就会发生，反之则不会发生。仓库事故主要表现在以下几种现象：

①物质直接遭受损失。如着火、爆炸、建筑物塌陷、设备损坏等。

②人员伤亡。

③物资损失和人员伤亡同时发生。

④生产或工作的非正常终止，带来物资成果的停滞。

⑤信息的失控，如失密。

二、仓库事故的特征

事物都具有其自身所固有的发生或发展规律，仓库物资有其本身所固有的理化性质和变化规律；仓库人员思想有其随外界环境而变化的规律；仓库设施设备也有其构造和性能的差异而表现出来的不同的运行规律。仓库事故的发生也都具有一定的规律性。即仓库事故的发生总是由于内因根据和外因条件的作用，是有序的而不是杂乱无章的一系列事件的组合，是集中的而不是分散的外在表现形式。从仓库管理工作的本质特征来看，仓库事故发生的特征性大致体现在以下三个方面：

（一）仓库事故的多因素性

一般来说事故是由多重因素决定的，即事故是多种因素共同促成的结果，单一因素难以形成事故。在确认事故时，要从多种因素的分析中找到事故的原因，才能为事故的确认提供依据，才能确定事故的性质。仓库管理中的事故往往是在进行与物资装卸、搬运、管理、维修、保养等有关的物资位移过程中发生的，而人员和物资两个系列又是在一定的自然、社会和管理环境中运动的，因此，除了人员和物资之外，还应着重研究自然环境、社会环境、管理环境以及仓库人—机系统结合下的作业方式或作业程序等方面的问题。

（二）仓库事故的偶然性

人们在从事的科研、生产和管理等各项活动中，往往是由于某一事件的出乎意料发生（如人的行为过失、设备故障没有发现、突然而来的外界干扰等）而发生事故，如果知道某一事故发生的时间、地点（部位）和受损害的严重后果，人们就会千方百计地阻止事故的发生，即使事故发生了也是必然事件。因此，一般来说事故都带有偶然性。仓库管理过程中的事故发生是偶然的、随机的现象，并具有一定的统计规律性。这种统计规律性的内涵除体现在仓库管理人员自身外，往往还与物资结构、管理条件、外界环境等因素有密切的关系。当然，事故的偶然和必然是相对的，例如对有意识进行破坏的肇事者来说，他对所要造成的事件的时间、地点和后果是已知的。但对管理者来说，由于对肇事者缺乏认识或管理不严，对他所要造成的事件出乎意料，事故的发生就具有偶然性。在确定事故原因时，往往要在“偶然”中找“必然”，注重研究事故的统计规律，总结事故的教训。

（三）仓库事故的损害性

事故发生的后果是否造成损害，是确认事故的重要依据。一般来说，发生了事故的后果，都要带来一定的不应有的损失（如人员伤亡、财产损失）或产生不良的社会影响。但并不是造成损失的不良社会影响的事件都是事故。确认是不是事故的损害，是依据国家部委、军队等具有权威性的管理部门制定的有关标准、文件，按规定的事故损失指标进行确认，并区分事故等级。

三、事故分类

由于构成事故的性质、原因、后果、责任等不同，通常将事故划分为若干个种类或等级，用以描述事故的性质或特征，以便于事故管理和评价。事故的种类和等级的划分，对不同的管理对象、不同的管理范围和不同的管理要求，有不同的划分方法。

（一）按事故的性质分

事故性质的区分是根据构成事故主要原因相对定性区分的。管理对象的不同，事故发生的内容不同，事故性质的区分方法也有所不同。对仓库物资管理来说，通常分为政治、责任、技术、产品质量、自然五种性质的事故。下面说明事故性质区分的一般原则和有关内容。

1. 政治事故

凡内部人员抱有政治目的或私欲，有意识地进行破坏活动，导致仓库物资爆炸、燃烧、被盗、变质等事故发生，在国内外造成极坏政治影响的均属政治事故。

因为内部人员管教不力，造成矛盾激化，而导致行凶报复性的破坏活动，仓库管理人员内外勾结、监守自盗、以物易物或私藏仓库危险物品，任意将危险物品送人，影响社会治安，造成严重后果的，也属政治事故。

2. 责任事故

凡因工作责任心不强、规章制度不落实，导致物资遭受损失的均系责任事故，责任事故又分为业务责任事故和行政责任事故。

业务责任事故是指由业务人员在组织物资管理工作时，导致物资遭受损失的事故。

（1）调拨物资或编制车运计划时，调错物资品种、数量；写错收、发单位或装卸车站名称；接收、发出物资时，发生差错，造成经济损失的。

（2）在收发物资、调库或翻堆倒垛中，因责任心不强，组织不严，防范措施不得力发生物资被盗、燃烧、翻车、倒垛、摔箱等造成损失的。

（3）违反物资管理的有关规章制度，致使物资受潮变质、报废；物资配套错误导致发生物资使用事故。

（4）在物资的技术处理过程中，违反安全操作规程或因业务素质差，发生物资爆炸、燃烧、损坏、丢失等事故。

（5）库房忘记锁门、关灯，造成物资丢失、破坏、电路起火等事故。

（6）不按规定标准设置防护设施、设备造成事故；事故发生后抢救、处置不及时加重物资损失的事故。

行政责任事故是指由非专业人员组织的物资管理工作中，发生的物资事故，均系行政责任事故。

例如在执行物资运输任务的车辆，因驾驶（操作）人员违章作业或其他原因，发生撞车（船）、翻车、出轨，造成物资损失的事故。

3. 技术事故

凡属缺乏业务知识，在技术处理时，因工艺规范或设施设备的技术原因，而造成的损失均系技术事故。

防雷设备不合格而造成的雷电事故，应依据不同情节定为责任事故或技术事故。

4. 产品质量事故

仓库物资在处理和使用中，发生失效、自燃、自爆等，经检查鉴定，符合下列情况之一者均为产品质量事故：

（1）工厂产品设计结构不合格。

（2）使用的原材料不合格。

（3）生产工序工艺存在质量隐患。

5. 自然事故

凡遇洪水、暴风、雨、雪、雷击、地震、地裂、泥石流、海啸、滑坡、自然火等自然危害，虽有防范措施，但人力无法抗拒而造成仓库物资损失的均系自然事故。

（二）按事故的后果分

事故后果一般分为人员伤亡和经济损失两个方面。下面根据国家标准的有关规定作以下介绍。

1. 伤亡事故分类

对伤亡事故采用按伤害后果或丧失劳动能力程度进行分类，共分为以下几类：

（1）死亡；

（2）永久性全部丧失劳动能力；

（3）永久性部分丧失劳动能力；

（4）暂时性全部丧失劳动能力。

2. 事故经济损失分级

对事故经济损失的严重程度分级为：

（1）一般损失事故；

（2）较大损失事故；

（3）重大损失事故；

（4）特大损失事故。

3. 经济损失

在经济损失中，包括直接经济损失和间接经济损失。

（1）直接经济损失的统计范围为：

①人身伤亡所支出的费用。如：医疗费、丧葬及抚恤费、补助及救济费、歇工工资等。

②善后处理费用。如：处理事故的事务费用、现场抢救费用、清理现场费用、事故罚款和赔偿费用等。

③财产损失值。如：固定财产损失价值、流动资产损失价值。

（2）间接经济损失的统计范围为：

停产、减产损失价值；工作日损失价值；资源损失价值；处理环境污染的费用；补充新职工的培训费用和其他损失费用。

（三）按事故的等级分

按事故的等级分，一般根据事故造成损失（人员伤亡、经济损失）的严重程度或对社会的影响程度进行区分，损失的严重程度一般应用定性或定量指标来区别。事故等级的区分，与管理系统的大小有关，一般认为，系统越大所承受的损失能力也越大，例如同类事故，国家的承受的损失能力就比某一个部门承受的损失能力大。因此，事故等级的划分和各等级所允许的损失严重指标，是针对某一个管理系统或管理对象的具体情况来确定的。

例如仓库事故等级的划分，按人员伤亡和物资遭受损失的直接经济价值来确定，划分为：一等事故、二等事故、三等事故、四等事故、五等事故。

第二节　事故致因理论

事故致因理论是从大量典型事故的本质原因分析中所提炼出的事故机理和事故模型。这些机理和模型反映了事故发生的规律性，能够为事故原因的定性、定量分析，为事故的预测预防，为改进安全管理工作，从理论上提供科学的、完整的依据。

随着科学技术和生产方式的发展，事故发生的本质规律在不断变化，人们对事故原因的认识也在不断深入，因此先后出现了十几种具有代表性的事故致因理论和事故模型。

一、事故致因理论的发展

在20世纪50年代以前，资本主义工业化大生产飞速发展，美国福特公司的大规模流水线生产方式得到广泛应用。这种生产方式利用机械的自动化迫使工人适应机器，包括操作要求和工作节奏，一切以机器为中心，人成为机器的附属和奴隶。与这种情况相对应，人们往往将生产中的事故原因推到操作者的头上。

1919年，由格林伍德（M. Greenwood）和伍兹（H. Woods）提出了事故倾向性格理论，后来又由纽伯尔德（Newboid）在1926年以及法默（Farmer）在1939年分别对其进行了补充。该理论认为，从事同样的工作和在同样的工作环境下，某些人比其他人更易发生事故，这些人是事故倾向者，他们的存在会使生产中的事故增多；如果通过人的性格特点区分出这部分人而不予雇用，则可以减少工业生产的事故。这种理论把事故致因归咎于人的天性，至今仍有某些人赞成这一理论，但是后来的许多研究结果并没有证实此理论的正确性。

1936 年美国人海因里希（W. H. Heinrich）提出事故因果连锁理论。海因里希认为，伤害事故的发生是一连串的事件按一定因果关系依次发生的结果。他用 5 块多米诺骨牌来形象地说明这种因果关系，即第一块牌倒下后会引起后面的牌连锁反应而倒下，最后一块牌即为伤害。因此，该理论也被称为“多米诺骨牌”理论。“多米诺骨牌”理论建立了事故致因的事件链这一重要概念，并为后来者研究事故机理提供了一种有价值的方法。

海因里希曾经调查了 75000 件工伤事故，发现其中有 98% 是可以预防的。在可预防的工伤事故中，以人的不安全行为为主要原因的占 89. 8%，而以设备的、物质的不安全状态为主要原因的只占 10. 2%。按照这种统计结果，绝大部分工伤事故都是由于工人的不安全行为引起的。海因里希还认为，即使有些事故是由于物的不安全状态引起的，其不安全状态的产生也是由于工人的错误所致。因此，这一理论与事故倾向性格理论一样，将事件链中的原因大部分归于操作者的错误，表现出时代的局限性。

第二次世界大战爆发后，高速飞机、雷达、自动火炮等新式军事装备的出现，带来了操作的复杂性和紧张度，使得人们难以适应，常常发生动作失误。于是，产生了专门研究人类的工作能力及其限制的学问——人机工程学，它对第二次世界大战后工业安全的发展也产生了深刻的影响。人机工程学的兴起标志着工业生产中人与机器关系的重大改变。以前是按机械的特性来训练操作者，让操作者满足机械的要求；现在是根据人的特性来设计机械，使机械适合人的操作。

这种在人机系统中以人为主、让机器适合人的观念，促使人们对事故原因重新进行认识。越来越多的人认为，不能把事故的发生简单地说成是操作者的性格缺陷或粗心大意，应该重视机械的、物质的危险性在事故中的作用，强调实现生产条件、机械设备的固有安全，才能切实有效地减少事故的发生。

1949 年，葛登（Gorden）利用流行病传染机理来论述事故的发生机理，提出了“用于事故的流行病学方法”理论。葛登认为，流行病病因与事故致因之间具有相似性，可以参照分析流行病因的方法分析事故。

流行病的病因有三种：①当事者（病者）的特征，如年龄、性别、心理状况、免疫能力等；②环境特征，如温度、湿度、季节、社区卫生状况、防疫措施等；③致病媒介特征，如病毒、细菌、支原体等。这三种因素的相互作用，可以导致人的疾病发生。与此相类似，对于事故，一要考虑人的因素，二要考虑作业环境因素，三要考虑引起事故的媒介。

这种理论比只考虑人失误的早期事故致因理论有了较大的进步，它明确地提出事故因素间的关系特征，事故是三种因素相互作用的结果，并推动了关于这三种因素的研究和调查。但是，这种理论也有明显的不足，主要是关于致因的媒介。作为致病媒介的病毒等在任何时间和场合都是确定的，只是需要分辨并采取措施防治；而作为导致事故的媒介到底是什么，还需要识别和定义，否则该理论无太大用处。

1961 年由吉布森（Gibson）提出，并在 1966 年由哈登（Hadden）引申的“能量异常转移”论，是事故致因理论发展过程中的重要一步。该理论认为，事故是一种不正常的或不希望的能量转移，各种形式的能量构成了伤害的直接原因。因此，应该通过控制能量或者控制能量的载体来预防伤害事故，防止能量异常转移的有效措施是对能量进行屏蔽。

能量异常转移论的出现，为人们认识事故原因提供了新的视野。例如，在利用“用于事故的流行病学方法”理论进行事故原因分析时，就可以将媒介看成是促成事故的能量，即有能量转移至人体才会造成事故。

20 世纪 70 年代后，随着科学技术不断进步，生产设备、工艺及产品越来越复杂，信息论、系统论、控制论相继成熟并在各个领域获得广泛应用。对于复杂系统的安全性问题，采用以往的理论和方法已不能很好地解决，因此出现了许多新的安全理论和方法。

在事故致因理论方面，人们结合信息论、系统论和控制论的观点、方法，提出了一些有代表性的事故理论和模型。相对来说，20 世纪 70 年代以后是事故致因理论比较活跃的时期。

20 世纪 60 年代末（1969 年）由瑟利（J. Surry）提出，20 世纪 70 年代初得到发展的“瑟利模型”，是以人对信息的处理过程为基础描述事故发生因果关系的一种事故模型。这种理论认为，人在信息处理过程中出现失误从而导致人的行为失误，进而引发事故。与此类似的理论还有 1970 年的“海尔（Hale）模型”，1972 年威格里沃思（Wigglesworth）的“人失误的一般模型”，1974 年劳伦斯（Lawrence）提出的“金矿山人失误模型”，以及 1978 年安德森（Anderson）等人对“瑟利模型”的修正，等等。

这些理论均从人的特性与机器性能和环境状态之间是否匹配和协调的观点出发，认为机械和环境的信息不断地通过人的感官反应到大脑，人若能正确地认识、理解、判断，做出正确决策和采取行动，就能化险为夷，避免事故和伤亡；反之，如果人未能察觉、认识所面临的危险，或判断不准确而未采取正确的行动，就会发生事故和伤亡。由于这些理论把人、机、环境作为一个整体（系统）看待，研究人、机、环境之间的相互作用、反馈和调整，从中发现事故的致因，揭示出预防事故的途径，所以，也有人将它们统称为系统理论。

动态和变化的观点是近代事故致因理论的又一基础。1972 年，本尼尔（Benner）提出了在处于动态平衡的生产系统中，由于“扰动”（Perturbation）导致事故的理论，即 P 理论。此后，约翰逊（Johnson）于 1975 年发表了“变化—失误模型”，1980 年诺兰茨（W. E. Talanch）在《安全测定》一书中介绍了“变化论模型”，1981 年佐藤音信提出了“作用—变化与作用连锁模型”。

近十几年来，比较流行的事故致因理论是轨迹交叉理论。该理论认为，事故的发生不外乎是人的不安全行为（或失误）和物的不安全状态（或故障）两大因素综合作用的结果，即人、物两大系列时空运动轨迹的交叉点就是事故发生的所在，预防事故的发生就是设法从时空上避免人、物运动轨迹的交叉。与轨迹交叉理论类似的理论是“危险场”理论。危险场是指危险源能够对人体造成危害的时间和空间的范围。这种理论多用于研究存在诸如辐射、冲击波、毒物、粉尘、声波等危害的事故模式。

事故致因理论的发展虽还没有给出对于事故调查分析和预测预防方面的普遍和有效的方法，然而，通过对事故致因理论的深入研究，必将在安全管理工作中产生以下深远影响：①从本质上阐明事故发生的机理，奠定安全管理的理论基础，为安全管理实践指明正确的方向；②有助于指导事故的调查分析，帮助查明事故原因，预防同类事故的再次发生；③为系统安全分析、危险性评价和安全决策提供充分的信息和依据，增强针对性，减少盲目性；④有利于认定性的物理模型向定量的数学模型发展，为事故的定量分析和预测奠定基础，真正实现安全管理的科学化；⑤增加安全管理的理论知识，丰富安全教育的内容，提高安全教育的水平。

二、几种有代表性的事故致因理论

（一）事故因果连锁理论

1. 海因里希事故因果连锁理论

海因里希是最早提出事故因果连锁理论的，他用该理论阐明导致伤亡事故的各种因素之间，以及这些因素与伤害之间的关系。该理论的核心思想是：伤亡事故的发生不是一个孤立的事件，而是一系列原因事件相继发生的结果，即伤害与各原因相互之间具有连锁关系。

海因里希提出的事故因果连锁过程包括如下五种因素：

第一，遗传及社会环境（M）。遗传及社会环境是造成人的缺点的原因。遗传因素可能使人具有鲁莽、固执、粗心等对于安全来说属于不良的性格；社会环境可能妨碍人的安全素质培养，助长不良性格的发展。这种因素是因果链上最基本的因素。

第二，人的缺点（P）。即由于遗传和社会环境因素所造成的人的缺点。人的缺点是使人产生不安全行为或造成物的不安全状态的原因。这些缺点既包括诸如鲁莽、固执、易过激、神经质、轻率等性格上的先天缺陷，也包括诸如缺乏安全生产知识和技能等的后天不足。

第三，人的不安全行为或物的不安全状态（H）。这两者是造成事故的直接原因。海因里希认为，人的不安全行为是由于人的缺点而产生的，是造成事故的主要原因。

第四，事故（D）。事故是一种由于物体、物质或放射线等对人体发生作用，使人员受到或可能受到伤害的、出乎意料的、失去控制的事件。

第五，伤害（A）。即直接由事故产生的人身伤害。

上述事故因果连锁关系，可以用5块多米诺骨牌来形象地加以描述。如果第一块骨牌倒下（即第一个原因出现），则发生连锁反应，后面的骨牌相继被碰倒（相继发生）。

该理论积极的意义就在于，如果移去因果连锁中的任一块骨牌，则连锁被破坏，事故过程被中止。海因里希认为，企业安全工作的中心就是要移去中间的骨牌，防止人的不安全行为或消除物的不安全状态，从而中断事故连锁的进程，避免伤害的发生。

海因里希的理论有明显的不足，如它对事故因果连锁关系的描述过于绝对化、简单化。事实上，各块骨牌（因素）之间的连锁关系是复杂的、随机的。前面的牌倒下，后面的牌可能倒下，也可能不倒下。事故并不是全都造成伤害，不安全行为或不安全状态也并不是必然造成事故，等等。尽管如此，海因里希的事故因果连锁理论促进了事故致因理论的发展，成为事故研究科学化的先导，具有重要的历史地位。

2. 博德事故因果连锁理论

博德在海因里希事故因果连锁理论的基础上，提出了与现代安全观点更加吻合的事故因果连锁理论。

博德的事故因果连锁过程同样为五个因素，但每个因素的含义与海因里希的都有所不同。

第一，管理缺陷。对于大多数企业来说，由于各种原因，完全依靠工程技术措施预防事故既不经济也不现实，只能通过完善安全管理工作，才能防止事故的发生。企业管理者必须认识到，只要生产没有实现本质安全化，就有发生事故及伤害的可能性，因此，安全管理是企业管理的重要一环。

安全管理系统要随着生产的发展变化而不断调整完善，十全十美的管理系统不可能存在。由于安全管理上的缺陷，致使能够造成事故的其他原因出现。

第二，个人及工作条件的原因。这方面的原因是管理缺陷造成的。个人原因包括缺乏安全知识或技能，行为动机不正确，生理或心理有问题等；工作条件原因包括安全操作规程不健全，设备、材料不合适，以及存在温度、湿度、粉尘、气体、噪声、照明、工作场地状况（如打滑的地面、障碍物、不可靠支撑物）等有害作业环境因素。只有找出并控制这些原因，才能有效地防止后续原因的发生，从而防止事故的发生。

第三，直接原因。人的不安全行为或物的不安全状态是事故的直接原因。这种原因是安全管理中必须重点加以追究的原因。但是，直接原因只是一种表面现象，是深层次原因的表征。在实际工作中，不能停留在这种表面现象上，而要追究其背后隐藏的管理上的缺陷原因，并采取有效的控制措施，从根本上杜绝事故的发生。

第四，事故。这里的事故被看作人体或物体与超过其承受阈值的能量接触，或人体与妨碍正常生理活动的物质的接触。因此，防止事故就是防止接触。可以通过对装置、材料、工艺等的改进来防止能量的释放，或者操作者提高识别和回避危险的能力，佩戴个人防护用具等来防止接触。

第五，损失。人员伤害及财物损坏统称为损失。人员伤害包括工伤、职业病、精神创伤等。

在许多情况下，可以采取恰当的措施使事故造成的损失最大限度地减小。例如，对受伤人员进行迅速正确的抢救，对设备进行抢修以及平时对有关人员进行应急训练等。

3. 亚当斯事故因果连锁理论

亚当斯提出了一种与博德事故因果连锁理论类似的因果连锁模型，该模型以表格的形式给出，如表9－1所示。

表9－1　亚当斯事故因果连锁模型

管理体系	管理失误		现场失误	事故	伤害或损坏
目标组织机能	领导者在下述方面决策失误或没做决策： 方针政策； 目标； 规范； 责任； 职责； 考核； 权限授予	安全技术人员在下述方面管理失误或疏忽： 行为； 责任； 权限范围； 规则； 指导； 主动性； 积极性； 业务活动	不安全行为； 不安全状态	伤亡事故； 损坏事故； 无伤害事故	对人； 对物

在该理论中，事故和损失因素与博德理论相似。这里把人的不安全行为和物的不安全状态称作现场失误，其目的在于提醒人们注意不安全行为和不安全状态的性质。

亚当斯理论的核心在于对现场失误的背后原因进行了深入的研究。操作者的不安全行为及生产作业中的不安全状态等现场失误，是由于企业领导和安技人员的管理失误造成的。管理人员在管理工作中的差错或疏忽，企业领导人的决策失误，对企业经营管理及安全工作具有决定性的影响。管理失误又由企业管理体系中的问题所导致，这些问题包括：如何有组织地进行管理工作，确定怎样的管理目标，如何计划、如何实施等。管理体系反映了作为决策中心的领导人的信念、目标及规范，它决定各级管理人员安排工作的轻重缓急、工作基准及指导方针等重大问题。

4. 北川彻三事故因果连锁理论

前面三种事故因果连锁理论把考察的范围局限在企业内部。实际上，工业伤害事故发生的原因是很复杂的，一个国家或地区的政治、经济、文化、教育、科技水平等诸多社会因素，对伤害事故的发生和预防都有着重要的影响。

日本人北川彻三正是基于这种考虑，对海因里希的理论进行了一定的修正，提出了另一种事故因果连锁理论，如表 9－2 所示。

表 9－2　北川彻三事故因果连锁理论

基本原因	间接原因	直接原因		
学校教育的原因 社会的原因 历史的原因	技术的原因 教育的原因 身体的原因 精神的原因 管理的原因	不安全行为 不安全状态	事故	伤害

在北川彻三的因果连锁理论中，基本原因中的各个因素，已经超出了企业安全工作的范围。但是，充分认识这些基本原因因素，对综合利用可能的科学技术、管理手段来改善间接原因因素，达到预防伤害事故发生的目的，是十分重要的。

（二）能量意外转移理论

1. 能量意外转移理论的概念

在生产过程中能量是必不可少的，人类利用能量做工以实现生产目的。人类为了利用能量做工，必须控制能量。在正常生产过程中，能量在各种约束和限制下，按照人们的意志流动、转换和做功。如果由于某种原因能量失去了控制，发生了异常或意外的释放，则称发生了事故。

如果意外释放的能量转移到人体，并且其能量超过了人体的承受能力，则人体将受到伤害。吉布森和哈登从能量的观点出发，曾经指出：人受伤害的原因只能是某种能量向人体的转移，而事故则是一种能量的异常或意外的释放。

能量的种类有许多，如动能、势能、电能、热能、化学能、原子能、辐射能、声能和生物能，等等。人受到伤害都可以归结为上述一种或若干种能量的异常或意外转移。麦克法兰特（McFarland）认为："所有的伤害事故（或损坏事故）都是因为：①接触了超过机体组织（或结构）抵抗力的某种形式的过量的能量；②有机体与周围环境的正常能量交换受到了干扰（如窒息、淹溺等）。因而，各种形式的能量构成伤害的直接原因。"根据此观点，可以将能量引起的伤害分为两大类：

第一类伤害是由于转移到人体的能量超过了局部或全身性损伤阈值而产生的。人体各部分对每一种能量的作用都有一定的抵抗力，即有一定的伤害阈值。当人体某部位与某种能量接触时，能否受到伤害及伤害的严重程度如何，主要取决于作用于人体的能量大小。作用于人体的能量超过伤害阈值越多，造成伤害的可能性越大。例如，球形弹丸以 4. 9N 的冲击力打击人体时，最多轻微地擦伤皮肤，而重物以 68. 9N 的冲击力打击人的头部时，会造成头骨骨折。

第二类伤害则是由于影响局部或全身性能量交换引起的。例如，因物理因素或化学因素引起的窒息（如溺水、一氧化碳中毒等），因体温调节障碍引起的生理损害、局部组织损坏或死亡（如冻伤、冻死等）。

能量转移理论的另一个重要概念是：在一定条件下，某种形式的能量能否产生人员伤害，除了与能量大小有关以外，还与人体接触能量的时间和频率、能量的集中程度、身体接触能量的部位等有关。

用能量转移的观点分析事故致因的基本方法是：首先确认某个系统内的所有能量源；然后确定可能遭受该能量伤害的人员，伤害的严重程度；进而确定控制该类能量异常或意外转移的方法。

能量转移理论与其他事故致因理论相比，具有两个主要优点：一是把各种能量对人体的伤害归结为伤亡事故的直接原因，从而决定了以对能量源及能量传送装置加以控制作为防止或减少伤害发生的最佳手段这一原则；二是依照该理论建立的对伤亡事故的统计分类，是一种可以全面概括、阐明伤亡事故类型和性质的统计分类方法。

能量转移理论的不足之处在于：由于意外转移的机械能（动能和势能）是造成伤害的主要能量形式，这就使得按能量转移观点对伤亡事故进行统计分类的方法尽管具有理论上的优越性，然而在实际应用上却存在困难。它的实际应用尚有待于对机械能的分类做更加深入细致的研究，以便对机械能造成的伤害进行分类。

2. 应用能量意外转移理论预防伤亡事故

从能量意外转移的观点出发，预防伤亡事故就是防止能量或危险物质的意外释放，从而防止人体与过量的能量或危险物质接触。在仓库作业中，经常采用的防止能量意外释放的措施有以下几种：

①用较安全的能源替代危险大的能源。例如：在危险品仓库作业时，用电瓶车辆代替内燃车辆作业等。

②限制能量。例如：利用安全电压设备；降低设备的运转速度；等等。

③防止能量蓄积。例如：通过良好接地消除静电蓄积；采用通风系统控制易燃易爆气体的浓度；等等。

④降低能量释放速度。例如：采用减振装置吸收冲击能量；使用防坠落安全网；等等。

⑤开辟能量异常释放的渠道。例如：给电器安装良好的地线；在压力容器上设置安全阀；等等。

⑥设置屏障。屏障是一些防止人体与能量接触的物体。屏障的设置有三种形式：第一，屏障被设置在能源上，如机械运动部件的防护罩、电器的外绝缘层、消声器、排风罩等；第二，屏障设置在人与能源之间，如安全围栏、防火门、防爆墙等；第三，

由人员佩戴的屏障，即个人防护用品，如安全帽、手套、防护服、口罩等。

⑦从时间和空间上将人与能量隔离。例如：设备的防护装置等。

⑧设置警告信息。在很多情况下，能量作用于人体之前，并不能被人直接感知到，因此使用各种警告信息是十分必要的，如各种警告标志、声光报警器等。

以上措施往往几种同时使用，以确保安全。此外，这些措施也要尽早使用，做到防患于未然。

（三）基于人体信息处理的人失误事故模型

这类事故理论都有一个基本的观点，即：人失误会导致事故，而人失误的发生是由于人对外界刺激（信息）的反应失误造成的。

1. 威格里斯沃思模型

威格里斯沃思在1972年提出，人失误构成了所有类型事故的基础。他把人失误定义为"（人）错误地或不适当地响应一个外界刺激"。他认为：在生产操作过程中，各种各样的信息不断地作用于操作者的感官，给操作者以"刺激"。若操作者能对刺激做出正确的响应，事故就不会发生；反之，如果错误或不恰当地响应了一个刺激（人失误），就有可能出现危险。危险是否会带来伤害事故，则取决于一些随机因素。

威格里斯沃思模型可以用图9－1中的流程关系来表示。该模型给出了人失误导致事故的一般模型。

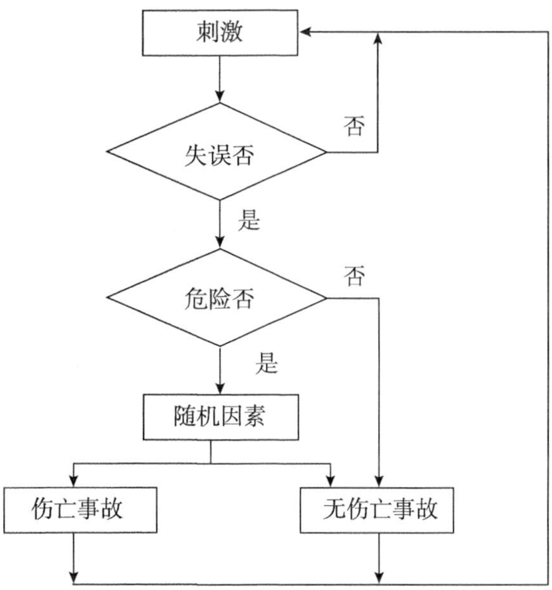

图9－1　威格里斯沃思模型

2. 瑟利模型

瑟利把事故的发生过程分为危险出现和危险释放两个阶段，这两个阶段各自包括一组类似的人的信息处理过程，即知觉、认识和行为响应过程。在危险出现阶段，如果人的信息处理的每个环节都正确，危险就能被消除或得到控制；反之，只要任何一个环节出现问题，就会使操作者直接面临危险。在危险释放阶段，如果人的信息处理过程的各个环节都是正确的，则虽然面临着已经显现出来的危险，但仍然可以避免危险释放出来，不会带来伤害或损害；反之，只要任何一个环节出错，危险就会转化成伤害或损害。瑟利模型如图9－2所示。

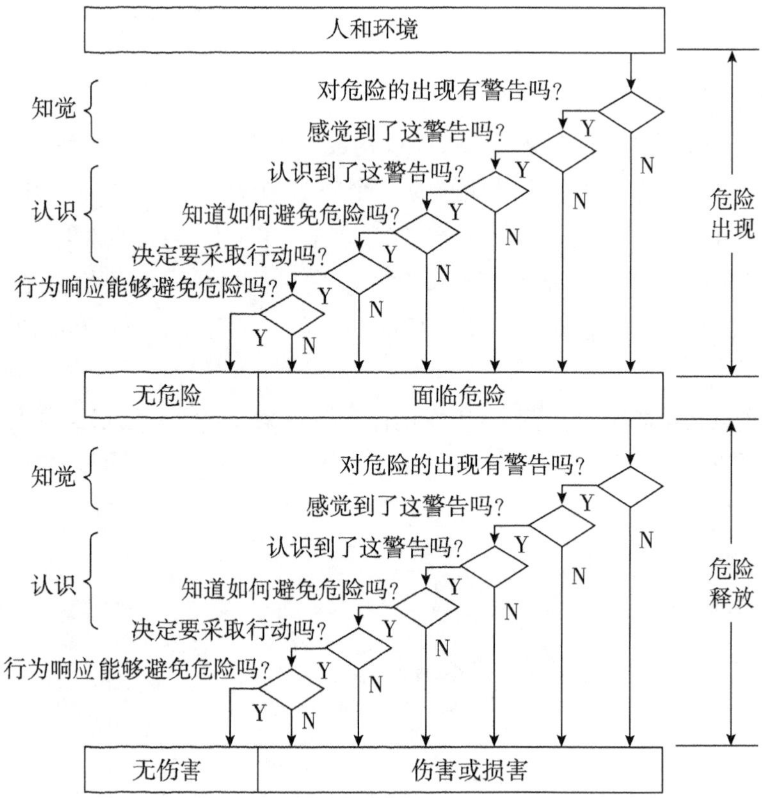

图9－2　瑟利模型

注：Y＝是；N＝否。

由图9－2可以看出，两个阶段具有相类似的信息处理过程，每个过程均可被分解成六个方面的问题。下面以危险出现阶段为例，分别介绍这六个方面问题的含义。

第一个问题：对危险的出现有警告吗？这里警告的意思是指工作环境中是否存在安全运行状态和危险状态之间可被感觉到的差异。如果危险没有带来可被感知的差异，则会使人直接面临该危险。在生产实际中，危险即使存在，也并不一定直接显现出来。这一问题给我们的启示就是，要让不明显的危险状态充分显示出来，这往往要采用一定的技术手段和方法来实现。

第二个问题：感觉到了这警告吗？这个问题有两个方面的含义：一是人的感觉能力如何，如果人的感觉能力差，或者注意力在别处，那么即使有足够明显的警告信号，也可能未被察觉；二是环境对警告信号的“干扰”如何，如果干扰严重，则可能妨碍对危险信息的察觉和接受。根据这个问题得到的启示是：感觉能力存在个体差异，提高感觉能力要依靠经验和训练，同时训练也可以提高操作者抗干扰的能力；在干扰严重的场合，要采用能避开干扰的警告方式（如在噪声大的场所使用光信号或与噪声频率差别较大的声信号）或加大警告信号的强度。

第三个问题：认识到了这警告吗？这个问题问的是操作者在感觉到警告之后，是否理解了警告所包含的意义，即操作者将警告信息与自己头脑中已有的知识进行对比，从而识别出危险的存在。

第四个问题：知道如何避免危险吗？问的是操作者是否具备避免危险的行为响应的知识和技能。为了使这种知识和技能变得完善和系统，从而更有利于采取正确的行动，操作者应该接受相应的训练。

第五个问题：决定要采取行动吗？表面上看，这个问题毋庸置疑，既然有危险，当然要采取行动。但在实际情况下，人们的行动是受各种动机中的主导动机驱使的，采取行动回避风险的“避险”动机往往与“趋利”动机（如省时、省力、多挣钱、享乐等）交织在一起。当趋利动机成为主导动机时，尽管认识到危险的存在，并且也知道如何避免危险，但操作者仍然会“心存侥幸”而不采取避险行动。

第六个问题：能够避免危险吗？问的是操作者在作出采取行动的决定后，是否能迅速、敏捷、正确地作出行动上的反应。

上述六个问题中，前两个问题都是与人对信息的感觉有关的，第三至第五个问题是与人的认识有关的，第六个问题是与人的行为响应有关的。这六个问题涵盖了人的信息处理全过程并且反映了在此过程中有很多发生失误进而导致事故的机会。

瑟利模型适用于描述危险局面出现得较慢，如不及时改正则有可能发生事故的情况。对于描述发展迅速的事故，也有一定的参考价值。

3. 劳伦斯模型

劳伦斯在威格里斯沃思和瑟利等人的人失误模型的基础上，通过对南非金矿中发生的事故的研究，于1974年提出了针对金矿企业以人失误为主因的事故模型如图9－3所示，该模型对一般矿山企业和其他企业中比较复杂的事故情况也普遍适用。

在生产过程中，当危险出现时，往往会产生某种形式的信息，向行为人发出警告，如突然出现或不断扩大的裂缝、异常的声响、刺激性的烟气等。这种警告信息叫作初期警告。初期警告还包括各种安全监测设施发出的报警信号。如果没有初期警告就发生了事故，则往往是由于缺乏有效的监测手段，或者是管理人员事先没有提醒行为人存在着危险因素，行为人在不知道危险存在的情况下发生的事故，属于管理失误造成的。

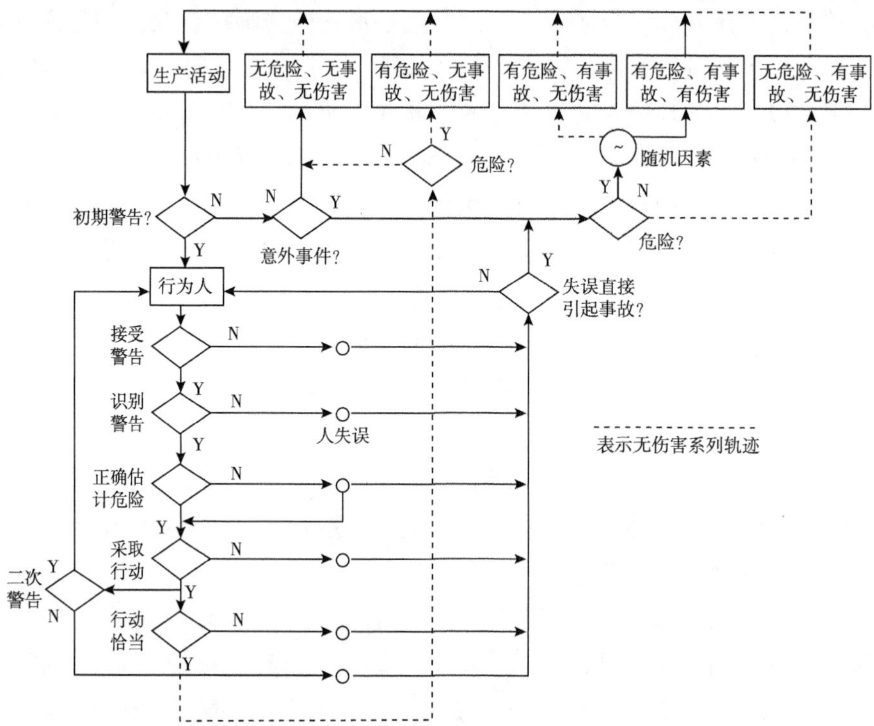

图 9－3　劳伦斯模型

注：Y＝是；N＝否。

在发出了初期警告的情况下，行为人在接受、识别警告，或对警告作出反应等方面的失误都可能导致事故。

当行为人发生对危险估计不足的失误时，如果他还是采取了相应的行动，则仍然有可能避免事故；反之，如果他麻痹大意，既对危险估计不足，又不采取行动，则会导致事故的发生。这里，行为人如果是管理人员或指挥人员，则低估危险的后果将更加严重。

矿山生产作业往往是多人作业、连续作业。行为人在接受了初期警告、识别了警告并正确地估计了危险性之后，除了自己采取恰当的行动避免伤害事故外，还应该向其他人员发出警告，提醒他们采取防止事故的措施。这种警告叫作二次警告。其他人接到二次警告后，也应该按照正确的步骤对警告加以响应。

劳伦斯模型适用于类似矿山生产的多人作业生产方式。在这种生产方式下，危险主要来自自然环境，而人的控制能力相对有限，在许多情况下，人们唯一的对策是迅速撤离危险区域。因此，为了避免发生伤害事故，人们必须及时发现、正确评估危险，并采取恰当的行动。

（四）动态变化理论

世界是在不断运动变化着的，企业生产过程也在不断变化之中。针对客观世界的变化，安全工作也要随之改进，以适应变化了的情况。如果管理者不能或没有及时地适应变化，则将发生管理失误；操作者不能或没有及时地适应变化，则将发生操作失误。外界条件的变化也会导致机械、设备等的故障，进而导致事故的发生。

1. 扰动起源事故理论

本尼尔认为，事故过程包含着一组相继发生的事件。这里，事件是指生产活动中某种发生了的事情，如一次瞬间或重大的情况变化，一次已经被避免的或导致另一事件发生的偶然事件等。因而，可以将生产活动看作一个自觉或不自觉地指向某种预期的或意外的结果的事件链，它包含生产系统元素间的相互作用和变化着的外界的影响。由事件链组成的正常生产活动，是在一种自动调节的动态平衡中进行的，在事件的稳定运行中向预期的结果发展。

事件的发生必然是某人或某物引起的，如果把引起事件的人或物称为“行为者”，而其动作或运动称为“行为”，则可以用行为者及其行为来描述一个事件。在生产活动中，如果行为者的行为得当，则可以维持事件过程稳定地进行；否则，可能中断生产，甚至造成伤害事故。

生产系统的外界影响是经常变化的，可能偏离正常的或预期的情况。这里称外界影响的变化为“扰动”（Perturbation）。扰动将作用于行为者。产生扰动的事件称为起源事件。

当行为者能够适应不超过其承受能力的扰动时，生产活动可以维持动态平衡而不发生事故。如果其中的一个行为者不能适应这种扰动，则自动平衡过程被破坏，开始一个新的事件过程，即事故过程。该事件过程可能使某一行为者承受不了过量的能量而发生伤害或损害，这些伤害或损害事件可能依次引起其他变化或能量释放，作用于下一个行为者并使其承受过量的能量，发生连续的伤害或损害。当然，如果行为者能够承受冲击而不发生伤害或损害，则事件过程将继续进行。

综上所述，可以将事故看作由事件链中的扰动开始，以伤害或损害为结束的过程。这种事故理论也叫作“P 理论”。图 9－4 为扰动起源事故理论示意。

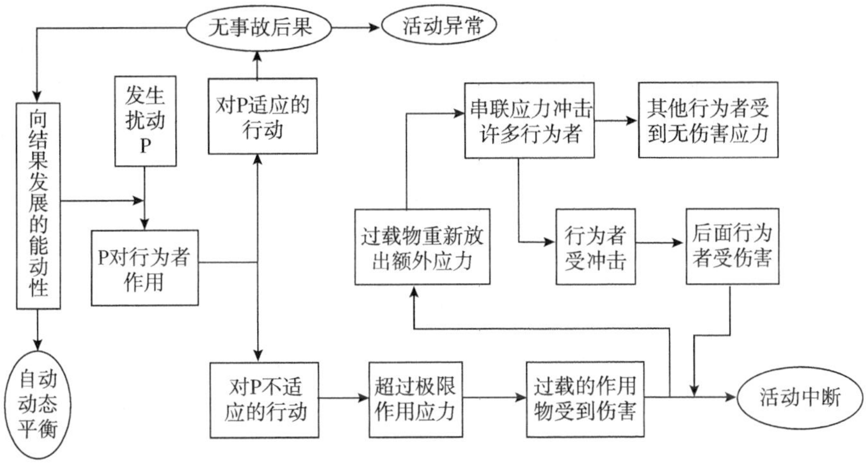

图 9－4　扰动起源事故理论示意

2. **变化—失误理论**

约翰逊认为：事故是由意外的能量释放引起的，这种能量释放的发生是由于管理者或操作者没有适应生产过程中物的或人的因素的变化，产生了计划错误或人为失误，从而导致不安全行为或不安全状态，破坏了对能量的屏蔽或控制，即发生了事故，由事故造成生产过程中人员伤亡或财产损失。图 9－5 为变化—失误理论示意。

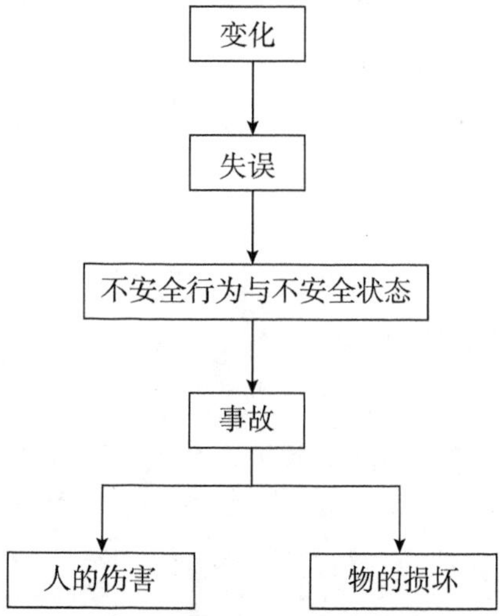

图 9－5　变化—失误理论示意

按照变化的观点，变化可引起人失误和物的故障，因此，变化被看作一种潜在的事故致因，应该被尽早地发现并采取相应的措施。作为安全管理人员，应该对下述的一些变化给予足够的重视：

（1）企业外部社会环境的变化。企业外部社会环境，特别是国家政治或经济方针、政策的变化，对企业的经营理念、管理体制及员工心理等有较大影响，必然也会对安全管理造成影响。

（2）企业内部的宏观变化和微观变化。宏观变化是指企业总体上的变化，如领导人的变更、经营目标的调整、职工大范围的调整、录用、生产计划的较大改变等。微观变化是指一些具体事物的改变，如供应商的变化、器设备的工艺调整和维护等。

（3）计划内与计划外的变化。对于有计划进行的变化，应事先进行安全分析并采取安全措施；对于不是计划内的变化，一是要及时发现变化，二是要根据发现的变化采取正确的措施。

（4）实际的变化和潜在的变化。通过检查和观测可以发现实际存在着的变化；潜在的变化却不易发现，往往需要靠经验和分析研究才能发现。

（5）时间的变化。随着时间的流逝，人员对危险的戒备会逐渐松弛，设备、装置性能会逐渐劣化，这些变化与其他方面的变化相互作用，引起新的变化。

（6）技术上的变化。采用新工艺、新技术或开始新工程、新项目时发生的变化，人们由于不熟悉而易发生失误。

(7) 人员的变化。这里主要指员工心理、生理上的变化。人的变化往往不易掌握，因素也较复杂，需要认真观察和分析。

(8) 劳动组织的变化。当劳动组织发生变化时，可能引起组织过程的混乱，如项目交接不好，造成工作不衔接或配合不良，进而导致操作失误和不安全行为的发生。

(9) 操作规程的变化。新规程替换旧规程以后，往往要有一个逐渐适应和习惯的过程。

需要指出的是，在管理实践中，变化是不可避免的，也并不一定都是有害的，关键在于管理是否能够适应客观情况的变化。要及时发现和预测变化，并采取恰当的对策，做到顺应有利的变化，克服不利的变化。

约翰逊认为，事故的发生一般是多重原因造成的，包含着一系列的变化—失误连锁。从管理层次上看，有企业领导的失误、计划人员的失误、监督者的失误及操作者的失误等。变化—失误连锁模型如图 9-6 所示。

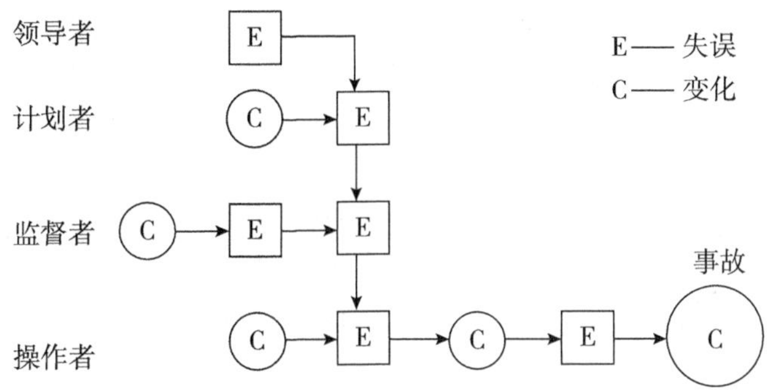

图 9-6　变化—失误连锁模型

(五) 轨迹交叉理论

轨迹交叉理论的基本思想是：伤害事故是许多相互联系的事件顺序发展的结果。这些事件概括起来不外乎人和物（包括环境）两大发展系列。当人的不安全行为和物的不安全状态在各自发展过程中（轨迹），在一定时间、空间内发生了接触（交叉），能量转移于人体时，伤害事故就会发生。而人的不安全行为和物的不安全状态之所以产生和发展，又是受多种因素作用的结果。

轨迹交叉理论事故模型如图 9-7 所示。图中，起因物与致害物可能是不同的物体，也可能是同一个物体；同样，肇事者和受害者可能是不同的人，也可能是同一个人。

轨迹交叉理论反映了绝大多数事故的情况。在实际生产过程中，只有少量的事故仅仅是由人的不安全行为或物的不安全状态引起，绝大多数的事故是与二者同时相关的。例如：日本劳动省通过对 50 万起工伤事故调查发现，只有约 4% 的事故与人的不

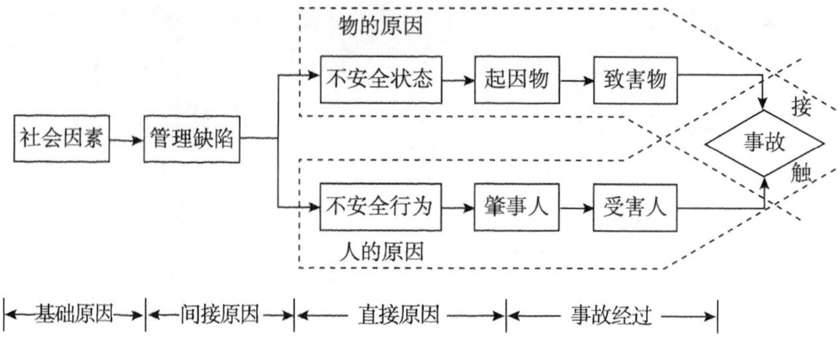

图9－7 轨迹交叉理论事故模型

安全行为无关，而只有约9%的事故与物的不安全状态无关。

在人和物两大系列的运动中，二者往往是相互关联、互为因果、相互转化的。有时人的不安全行为促进了物的不安全状态的发展，或导致新的不安全状态的出现；而物的不安全状态可以诱发人的不安全行为。因此，事故的发生可能并不是如图9－7所示的那样简单地按照人、物两条轨迹独立地运行，而是呈现较为复杂的因果关系。

人的不安全行为和物的不安全状态是造成事故的表面的直接原因，如果对人和物进行更进一步的考虑，则可以挖掘出两者背后深层次的原因。事故发生的深层次原因的示例如表9－3所示。

表9－3 事故发生的深层次原因的示例

基础原因（社会原因）	间接原因（管理缺陷）	直接原因
遗传、经济、文化、教育培训、民族习惯、社会历史、法律	生理和心理状态、知识技能情况、工件态度、规章制度、人际关系、领导水平	人的不安全状态
设计、制造缺陷、标准缺乏	维护保养不当、保管不良、故障、使用错误	物的不安全状态

轨迹交叉理论作为一种事故致因理论，强调人的因素和物的因素在事故致因中占有同样重要的地位。按照该理论，可以通过避免人与物两种因素运动轨迹交叉，来预防事故的发生。同时，该理论对于调查事故发生的原因，也是一种较好的工具。

第三节 仓库事故模型

模型是对系统本质的描述、模仿和抽象。在建立系统时，为了便于试验和预测，而设法把系统的结构形态或运动状态变成易于考查的形式，就是为表达系统实体而使用的适当的数学方程、图象或物理的形式。模型应具有现实性、适应性及简洁性。

（一）仓库事故模型

仓库事故模型就是用图像把仓库系统形成事故的本质形象描述出来，以反映仓库系统形成事故的规律性。研究仓库事故模型就是从根本上寻求防止仓库事故的方法。

在千差万别的仓库事故形态中，构成事故的具体原因可以是多种多样的，大致有人的因素、管理因素、物的因素、外界环境因素。把这些因素如何相互影响、相互作用而导致事故的过程，给以形象的描述，就构成仓库事故模型，如图 9 –8 所示。

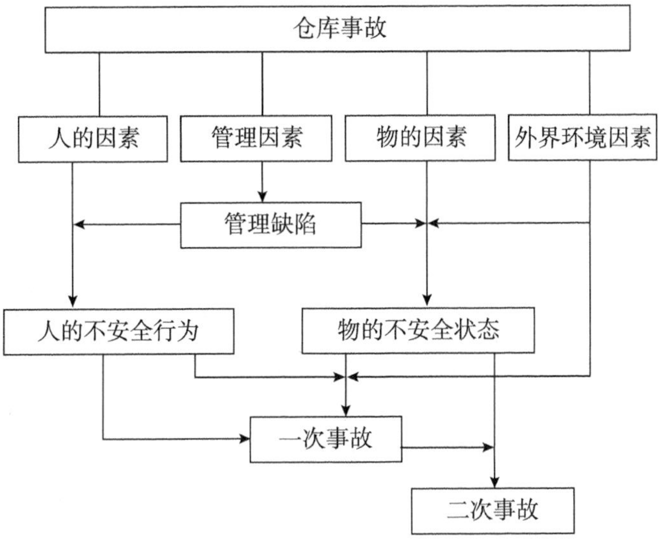

图 9 –8　仓库事故模型

从仓库事故模型中可以看出，在工作过程中，人（指挥者、组织者、操作者）和物（劳动对象、设施、工具等）组成一个系统，在这个系统里，物质条件（即仓库物资自身因素和设备、设施因素）中的危险因素是造成事故的物质基础；人的安全行为、外界因素会激发危险因素而形成事故；而管理工作中缺陷则是导致人的不安全行为和形成物的不安全状态的主要原因。

1. **人的因素**

仓库管理是一个涉及人的作用的系统，特别是对于人作为分系统而构成的复杂系统对整个仓库系统在运行过程中安全性的影响，是一个十分重要的问题。仓库人员，尤其是负责仓库工作的领导和业务管理人员是影响仓库安全的主要因素。通过大量的仓库事故分析可以发现，人员与事故的关系是通过政治思想、业务技术、身体状况和纪律等素质方面表现出来。例如，仓库人员的政治素质差，会因其破坏行为导致事故的发生；安全知识和业务素质低下，会因盲目蛮干和违章作业而造成能量逸散导致事故；纪律松弛，会因擅离职守导致工作过程中断而引发事故；功能失调或非正常发挥，会因工作强度超过人体功能限度或无法抗拒外界环境干扰而导致事故。因此，控制人的因素是防范仓库事故发生的主要任务。

2. **管理因素**

仓库管理的对象是物资，完成仓库管理任务的物质基础是管理人员和设施设备，所要达到的目的是确保仓库物资的可靠性。在这个复杂的过程中，如果是主观和客观的因素所造成的管理不善，与其他各方面的因素一样，也是引发仓库事故的重要因素。如仓库禁区不禁，就会造成各种不安全因素的渗透；仓库制度不健全，就会造成整个仓库管理秩序的紊乱和安全工作的失控；安全措施不落实，就会使事故防范工作忙乱和被动。因此，加强全系统的工作，是防范仓库事故的重要环节。

3. **物的因素**

仓库物资因其自身的物理和化学性质所决定，在外界环境的作用下，它将在一定的时间、一定的空间和一定的环境下发生变化，这种变化将对仓库工作和仓库人员构成严重的威胁，有时甚至会酿成重大事故。物资之所以发生质的变化，最根本的原因在于它的内在质量与外界环境因素不相协调，内在因素不具备抗御外界因素侵蚀和干扰的能力。当外部环境的影响超过物质本身抗拒侵蚀和干扰的能力时，物资就会发生物理和化学性质的变化，而这种变化的结果就可能引发仓库事故。例如，物资在装卸搬运等位移过程中遭到严重碰撞而摔落时，就会损伤物资或造成人员伤亡；又如，仓库火源管制不严，就会造成易燃易爆物资的燃烧；易挥发性物资管理不善会形成浓度很高的空气混合物从而酿成重大爆炸事故等。仓库管理的实践得知：事故的发生，更多的不在于物资本身所具有的某些影响安全的物理和化学性质，重要的是必须按照仓库物资固有的理化性质实施科学的管理与控制。

仓库物的因素除库存物资外，还包括各种设施设备，设施设备是完成仓库管理任务的物质基础，其自身结构技术状况是否良好，与仓库管理是否匹配，操作使用是否正确，检查维护是否及时，对仓库安全都会构成直接的或间接的影响。一般来说，设施设备构成仓库事故的原因大致有四个方面：①结构性能不合理。一是不符合设计规范，安全系数小；二是与仓库工作不匹配，不适合安全作业；三是设施设备不配套，不能形成连续的作业环节。②检修保养不及时。由于各类仓库设施设备会因长期运行而造成疲劳和损伤，如不及时检修保养就会造成隐患，积少成多就会由量变到质变而降低自身性能，引发仓库事故。③使用运行超负荷或随意改变设施设备性能而引发仓库事故。④操作使用不正确。仓库操作人员如果不熟悉设施设备的性能，盲目蛮干也是导致仓库事故的一个原因。随着仓库管理的不断发展，及时更新改造与之配套的设施设备，是防止仓库事故发生的一个重要措施。

4. **外界环境因素**

仓库工作处处都受着各种外界环境因素的影响和制约。外界环境因素一般指自然因素和社会因素两大系列。自然因素包括雷击、洪灾、风灾、火灾、温湿度等，倘若对上述灾害控制不力，则有可能导致仓库事故的发生。如雷击可以造成库房倒塌、人员伤亡、物资着火爆炸；温湿度过高会导致物资物理和化学性质的变化，从而造成物资老化变质、潮解溶化、自燃爆炸等。自然因素虽然是不为人们意志所逆转的，但是完全可以通过各种有效的措施加以防范，使因自然因素造成的仓库事故降到最低限度。社会因素是指仓库单位所在地的社情和所在地域的疫情。倘若社会情况或治安情况不好，就会发生因盗窃和破坏而导致的仓库事故；如果疫情严重，就会对仓库人员健康构成威胁，进而影响仓库工作的正常运行。尤其在新的形势下，要特别注意研究仓库防事故工作的新情况和新问题，消除由于不断变化的社会环境因素带来的各种不安全影响。

（二）形成仓库事故的主要渠道

从事故模型我们可直接看出，在仓库管理过程中，物的安全状态即危险因素是形成事故的物质基础，而人的不安全行为、外界因素则会激发危险因素导致事故发生。形成仓库事故的主要渠道是：

第一，物的不安全状态 + 人的不安全行为→事故；

第二，物的不安全状态 + 外界因素→事故；

第三，一次事故 + 人的不安全行为→二次事故；

第四，人的不安全行为→事故。

事故发生最多的是由于人的不安全行为激发了物的不安全状态而引起的。例如，油流动易产生静电，这是物的不安全性，如果作业人员采用明流、高速、瀑布式加油就可能引起静电起火，反之就可避免静电事故。物的不安全状态受外界条件的激发也易形成事故。例如雷击洞库油罐爆炸起火等。

由于一次事故发展而导致的二次事故，如电工未系安全带进行带电作业，发生触电并从电线杆上摔下来造成的死亡事故。

一次事故进一步激发物的不安全状态而形成二次事故，如油罐着火爆炸无密闭门、无拦油措施而引起的火灾扩大、蔓延。

外界环境对物的影响有些是渐变的，有些是突发的。如油罐、管线腐蚀是渐变的，而雷击、山洪又多属于突发的。就某种意义来讲，事故是变化和失误的连锁。然而正确认识事故的形成过程，对采取措施防范事故的发生是十分有益的。

直接由人的不安全行为引起的事故例子是很多的，如打架斗殴引起的死亡事故。

在这些众多类型的事故中最多的还是第一种，即由物的不安全状态和人的不安全行为共同引起的，在这个事故模型中我们不难看出，没有物的不可靠性和不安全性就没有潜在危险，没有人的不安全行为就不会触发能量逸散，把潜在危险升华为事故灾害。能量逸散的多少直接影响事故的严重程度。

1. 物的不可靠性和不安全性是形成事故的潜在危险

一方面，事故可以造成物质损失以及生产、流通的中止；另一方面，物的不安全性和不可靠性其本身又是事故形成的潜在危险。

对仓库工作来讲：一是物资本身，二是进行物资收发、储存、运输的设备、设施。物资本身的不安全决定于自身的物理、化学性质，决定于能量转换的难易程度。设备、设施是否可靠，技术性能优劣又与事故能否发生密切相关。物的不安全性同时受人的行为和环境因素的影响和激化。物的不安全状态多存在一个由量变到质变的过程。例如油料挥发、油蒸气的逸散，开始量少并不会形成一个爆炸性的环境，随着时间推移，油气浓度不断增加，当达到一定浓度就有爆炸危险。

2. 人的不安全行为多是触发事故的直接原因

事故除了导致物质的损失或物质生产流通的停滞，还可能造成人员的伤亡。然而产生事故的原因又与人的不安全行为密切相关，人的不安全行为多是事故触发的直接原因。

人的不安全行为或称人的失误是人为地使系统产生故障或发生机能不良的事件，是违背设计和操作规程的错误行为，失误使那些本来应该而且可以做好的事由于不良习惯或偶然原因把事情弄糟了，而且形成事故。人的失误可分两类，一类属偶然性失误，另一类属习惯性失误。偶然性失误在平时找不到痕迹，失误的时机、场合以及失误的具体行为多属偶然性，一旦行为发生后悔莫及。习惯性失误多属平时作风散懒、不执行操作规程。

人的失误或促使物质危险因素产生或直接触发危险因素而形成事故，在油库的大量事故中许多都是由于人的错误行为造成的。人的失误多具有突发性，多是一个突变的过程。人的判断、决策的失误，人的错误行为瞬间就可导致事故，酿成大祸，造成工作终止或库毁人亡。

人的失误的首要原因就是安全知识的不足。作为一个仓库工作者必须懂得安全的基本知识、基本要求、基本技能，相信科学，切忌蛮干。

综上所述，事故之所以发生主要是人的不安全行为（或失误）和物的不安全状态（或故障）两大因素作用的结果。即人、物两大系列运动轨迹相交的时间和地点就是发生事故的时空。

第四节　仓库事故调查处理

在仓库管理工作中，发生的各种事故，都有其内因根据和外因条件，如何科学地分析和处理事故，是安全管理工作的一个重要课题，也是安全管理的一个难题。事故发生后认真调查事故原因，总结经验教训，实事求是报告，对搞好仓库安全有着重要的作用和意义。

一、事故调查的目的、组织

（1）事故调查的目的。

事故调查的目的就是通过事故调查，弄清事故发生发展的过程、事故原因，以便拟定改进措施避免事故再现，同时有利于分清事故责任。事故调查的一般程序如图 9－9 所示。

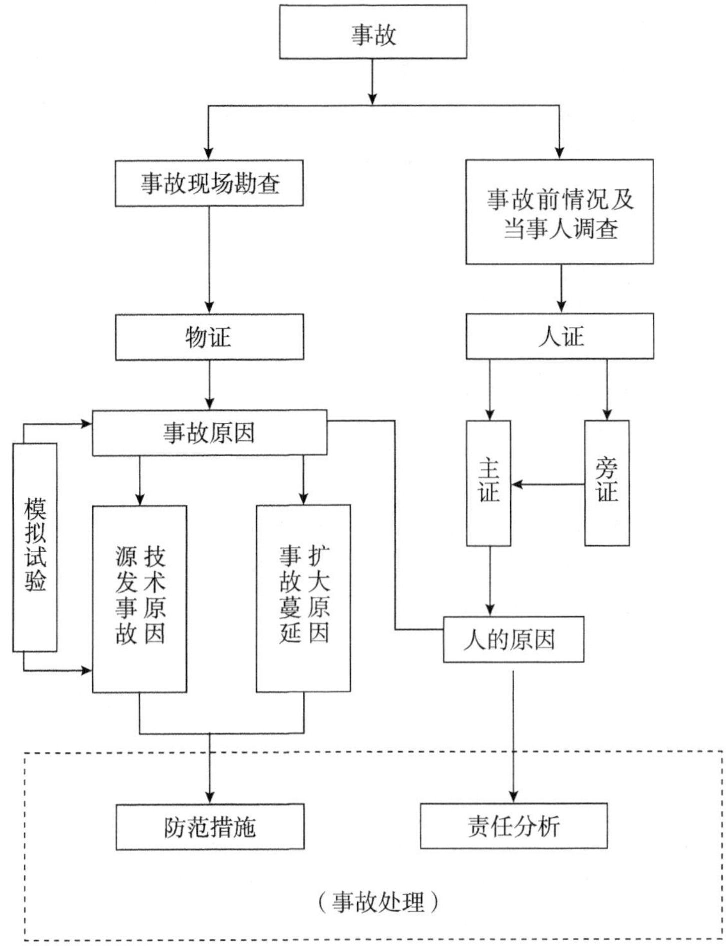

图 9－9　事故调查的一般程序

（2）事故调查的组织。

事故调查的组织形式是根据事故的性质、事故的损失程度、事故产生和发展复杂程度，以及进行事故分析的目标等因素来确定，没有固定的模式。通常对于性质不严重、损失较少、过程不复杂的案例，可由事故单位直接召集有关人员，弄清情况，确定事实，统一认识，形成结论，必要时报请有关部门认可。对于性质严重、损失较大、过程较复杂的案例，则要成立专门的事故调查组。调查组的组成一般由事故单位的上级部门确定，调查组的成员应具有较高的责任感、有较高的政策水平和分析能力、有一定的专业知识和实践经验。同时，调查组的组成还要具有一定的代表性，以便协调工作。对事故负有责任或有嫌疑的人员，一般不应参与事故调查组织，以确保事故调查结论的公正和可靠。

二、事故调查的步骤和方法

事故调查应先拟订调查计划，确定调查步骤，准备调查用的设备，尽早开始调查活动。事故的全过程一般可分为事故的孕育、发生、发展、后果四个阶段。每个阶段的各因素（如人员、物资、设备设施、管理、环境等）相互作用才能形成事故的全过程。因此，事故调查首先要查清参与事故各个阶段因素的具体情况，以及它们的相互作用过程。通常的方法是根据事故的见证人、幸存者、现场存留物品和痕迹等，核实事故形成的时间、地点、人员、条件、对象、后果，从而取得充分可靠的依据。对于事故发生后，展现在人们面前的只有事故的后果和有限的线索和证据时，要依据事故所造成的后果和已掌握的线索，深入调查造成事故的诸因素及形成事故的条件；根据形成事故的条件，分析各因素在事故中所起的作用，必要时可以通过科学试验、模拟试验等验证方法，确定事故的原因和条件，从中找出规律。

掌握了事故的证据和真相后，通过系统、全面的分析，应对事故作出结论，结论的内容主要是准确地回答以下问题：

（1）诱发本次事故的直接原因和间接原因是什么；

（2）诱发事故的诸要素中，哪些是关键的起主导作用的因素；

（3）哪些问题或环节上，存在着什么缺陷和错误；

（4）事故造成的经济损失的具体数据及有哪些政治影响；

（5）事故的主要责任、次要责任应由谁来负，应负哪些具体责任，属什么性质。

在调查过程中，要经常及时地向派出部门汇报调查工作的进展情况，以便取得支持和指导。调查中，如有重大不同意见分歧或发现重大问题，应报请上级审查批示才能进行下一步工作。调查情况分析研究时，一般应由调查组全体人员参加，集体决策有关问题。调查结果应写出书面报告呈送派出部门和首长。

三、事故的调查记录

及时做好事故记录，对有效地和成功地进行各项安全调查活动有着极其重要的意义，它能把杂乱的、时效性很强的资料条理化并延续保存下来，对安全工作提供有力的帮助。

事故记录包括以下几个方面内容：

（1）“前期事件”的记录和“近期事件”的记录。“征兆”是事故的“前期事件”，是事故的苗头，事件虽未发生但它预示事件可能发生。“近期事件”或叫“险性事件”或叫“接近事件”说明事件业已发生只是没有形成灾害。例如，收发油作业出现了闪燃而未发生火灾、轻油洞库发生了雷击跳火而未形成爆炸等。

（2）事件过程记录。包括事故的前期事件、最早发现事件的人或事件发现的经过、事件发展的过程、抢救或扑救的过程、事故现场等。

（3）事故的处置记录。主要是事故损失情况、事故原因及扑救措施和吸取教训、事故处理的情况等。

事故记录中注意以下几个问题：一要及时、完整地记录事故；二要真实；三要报告规范化，既要详细具体，又要避免繁杂；四要汇总存档；五要及时进行事故的统计分析。

第五节　仓库事故分析

一、事故因果分析法

事故本身是一种随机事件，但就其事故形成过程而言必然存在着一个起因、发生、发展过程，必然存在着彼此联系、相互依存和相互制约的各种条件，因果分析就是根据联系、依存和制约的条件研究事故起因和结果的关系。事故发生原因往往是多方面的，因果分析就是把这些大大小小的原因条件化，把原因与结果的关系搞清楚，然后再确定主要原因，并采取有效措施防范。因果分析常用以下两种方法。

（一）问题分析法

问题分析法是按照安全的4个方面（人、物、环境、管理）层层分解，依次找出主次原因。这种方法主要借助因果分析图，它可以把错综复杂的因果关系比较明快地展示在人们面前，如图9－10为事故因果分析图。作图分析时，首先把影响安全的4个主要因素合并为人的不安全行为和物的不安全状态两个方面，干线的上方表现人的不安全行为，主要是人的因素和管理因素，干线的下方表现物的不安全状态，主要是操作管理的对象和物资以及环境因素。然后从不安全行为和不安全状态这两个方面依次寻求主次原因。

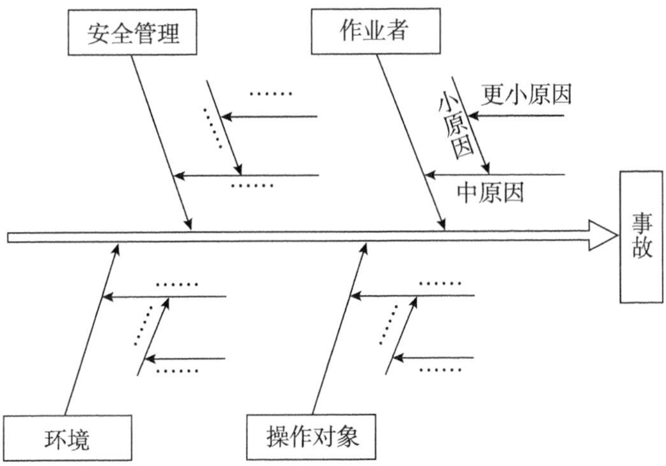

图9－10　事故因果分析图

（二）穷追分析法

因果分析的另一形式是穷追分析法。举一个例子来说明这种方法。某油库收发油过程停泵，追其停泵原因是因为齿轮坏了，齿轮为什么会坏呢？是因为润滑不良；为什么缺油？因为无专人负责；为什么无专人负责？因为司泵员对齿轮和维护认识不足。

二、事故树的分析法

事故树分析（Fault Tree Analysis，FTA）是对安全性进行分析评价的一种科学的和先进的方法，这种方法能对各种系统的危险性进行辨识和评价，既适用于定性分析，也适用于定量分析，并具有简明形象的特点。

（一）事故树分析的基本概念

事故树分析又称作故障树分析或事故逻辑分析，是一种表示导致灾害事故（或称为不希望事件）的各种因素之间的因果及逻辑关系图。这种由事件符号和逻辑符号组成的模式图，是用以分析系统的安全问题或系统的运行功能问题，并为判明灾害或功能故障的发生途径及导致灾害（功能故障）各因素之间的关系，提供一种形象而简洁的表达方式。

在仓库活动中，由于设备故障或误动作，作业人员的误判断、误操作等，从而会产生一定的危险性。为了不使这些危险性因素导致灾害后果，就需要预先分析和判明仓库作业系统中可能发生什么危险，哪些条件可能导致这些危险，以及发生危险的可能性有多大。有了这种分析和判断就可以采取相应的措施和手段消除危险。在分析一个系统，特别是一个大而复杂的系统时，必须了解并确定所有可能导致危险的多种因素，也就是具体分析组成该系统的各个单元或子系统的功能、相互关系及对导致该系统发生灾害事故的影响，并进行详细的逻辑推理，找出引起事故的必要和充分的条件，才可能对事故进行有效的控制。

1. 事故树分析图包括内容

（1）系统可能发生的灾害事故，即确定顶上事件。

（2）系统内固有的或潜在的危险因素，包括由于人的误操作而导致灾害的因素。

（3）各个子系统及各要素之间的相互联系与制约关系，即输入（原因）与输出（结果）的逻辑关系，并用专门符号标示出来。

2. 事故树分析具有的功用

（1）发现与查明系统内固有的或潜在的危险因素，明确系统的缺陷，为改进安全设计、制定安全技术措施及采取管理对策提供依据。

（2）搞清楚由于设备的故障和误动作，以及人的误操作对系统的影响，找出重点和关键，并使作业人员全面了解和掌握各项防灾控制要点。

（3）能对导致灾害事故的各种因素及其逻辑关系，作出全面、简洁和形象的描述。

（4）可以对已发生的事故，通过事故树全面分析事故的原因，以充分吸取教训，作为拟定防范措施的依据。

（5）便于计算顶上事件的发生概率，进行定量分析与评价。

（二）事故树分析的基本程序

实施事故树分析，基本上可分为三个阶段，即编制事故树、进行定性和定量分析以及制定防灾对策和改善系统。其基本程序如图 9－11 所示。

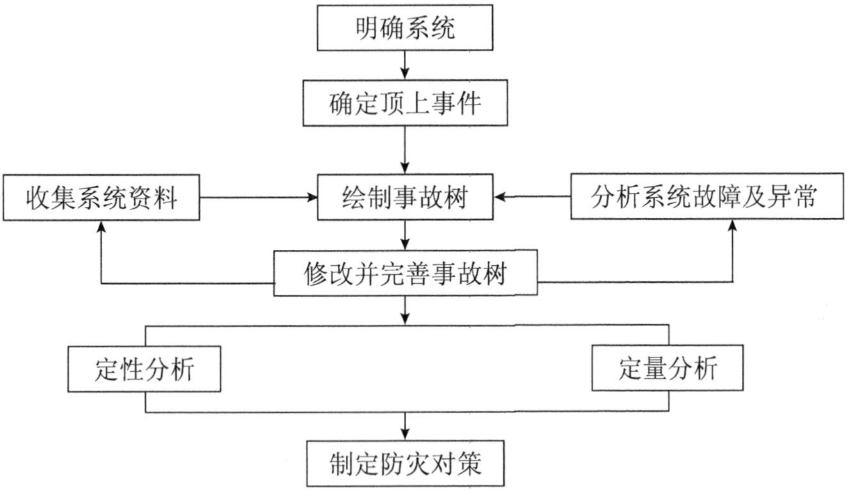

图 9－11　事故树分析的基本程序

1. **编制事故树（第一阶段）**

编制事故树的过程，也就是研究系统中的各种信号的异常以及人和环境因素对系统运行的影响，所以首先要明确所要分析的对象系统，充分掌握所分析系统的设备、作业环境和操作项目，了解作业过程中危险特性，收集事故实例，分析仓库安全事故及其影响，根据可能发生事故的危险程度，把对系统影响大的灾害或事故，作为分析对象，也就是顶上事件。

编制事故树应先找出系统内固有的或潜在的危险因素。系统的危险性可能有许多原因，如操作差错、设备隐患、未知环境因素的影响以及规程不完善等。对所分析的对象，包括物资、设备、人员等，要弄清其各种可能发生故障（失效）的状态、相互联系及其对系统的影响。

事故树分析的特点是由顶上事件按系统构成的逆程序逐项展开。如以火灾爆炸事故作为顶上事件，则应控制系统的逆程序，先分析可能导致火灾爆炸的流量、温度、压力等参数的变动，进而分析引起上述条件变动的泵、阀门及仪表系统的故障。根据它们之间的输入（原因）与输出（结果）的逻辑关系，按规定的符号加以标示。

绘制出事故树，基本上就可以看清灾害事故发生的途径以及事故原因之间的关系，但是初步编成的树，往往不完善或者在符号应用上欠妥，必要时可以安全检查表作参考，或进行故障类型和影响分析以及安全操作研究，对已编制的树进行完善。

2. 进行定性和定量分析（第二阶段）

事故树的定性分析主要是求出导致发生灾害事故的基本事件的组合，分析重要度，对于有重复事件的树进行化简。

定量分析应根据需要和条件来确定。在进行定量分析时，应具有故障数据和误操作率数据，已编成的树应包括全部的故障并考虑到人的因素，这样通过计算所得到的顶上事件的发生概率，才有意义。

3. 制定防灾对策和改善系统（第三阶段）

编制事故树的最大好处并不是为了计算，而是为了找隐患，找薄弱环节，查明系统的缺陷，然后加以改进。所以在编制出事故树并进行全面分析之后，必须制定防止灾害的对策，在考虑投资和技术等各个方面条件之后，选择最经济、最合理、最切合实际的对策和措施。

（三）事故树的符号表示

事故树是“树”的一种特殊形式。在系统工程里，对于复杂系统中各个元素的结合情况，通常把它的结构和功能加以抽象，用“○”表示元素，即“节点”，用“→”表示流过节点的信息，即“边”，由若干个节点和边连接成的图像，就是网络图。网络图也就是节点和边的集合，如图 9 - 12 所示。不封闭的图就称作“树”，如图 9 - 13 所示。事故树也就是在元素（事件）的边上加进了逻辑门的一种特殊的“树”。

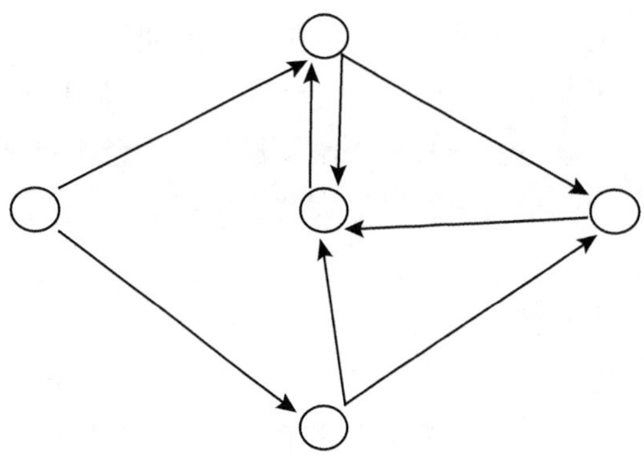

图 9 - 12　网络图

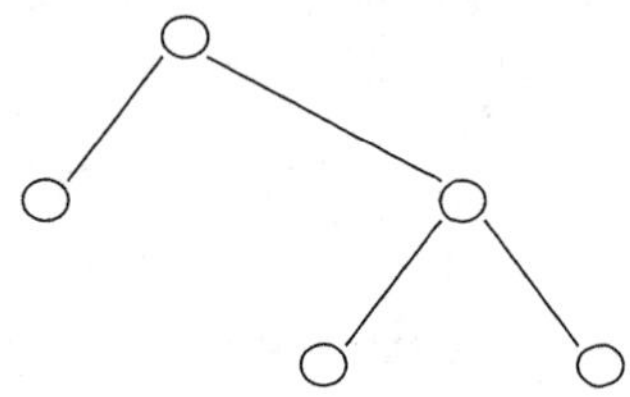

图 9 - 13　“树”

事故树所采用的符号包括事件符号、逻辑门符号和转移符号三种。

1. 事件符号

表示事件特性的符号。常用的事件符号有顶上事件、基本事件、省略事件和中间事件，事件符号如图 9 - 14 所示。

（1）顶上事件：位于事故树的顶端，是事故树的最后输出事件，表示所分析系统的不希望发生事件，也就是系统可能发生的或实际发生的事故结果。

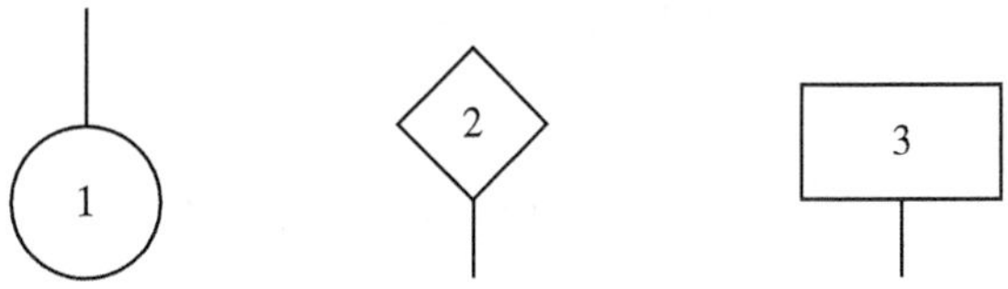

图 9－14　事件符号

（2）基本事件：位于事故树的底部，是事故树的基本输入事件，表示库存物资本身质量的故障，即“一次故障”，这种事件可不必再展开分析。

（3）省略事件：位于事故树的底部，是事故树的输入事件，表示库存物资在库存期间受外部因素的影响所发生的事故。如环境影响的超温、超湿，或由于地震、台风所造成的影响，即“二次故障”。这种事件事先不能分析或有意省略而不作进一步分析。

（4）中间事件：介于事故树顶上事件和底部事件之间，既有输入又有输出，表示导致顶上事件的原因以及系统的各种异常状态。

2. 逻辑门符号

逻辑门符号是表示各事件之间的逻辑因果关系的符号。常用的逻辑门符号有“与门”和“或门”（见图 9－15）。

（1）与门：表示下面连接的事件（输入）全部发生时，才能引起上面的事件发生（输出）。

（2）或门：表示下面连接的事件（输入）任意一个发生，就会引起上面的事件（输出）发生。

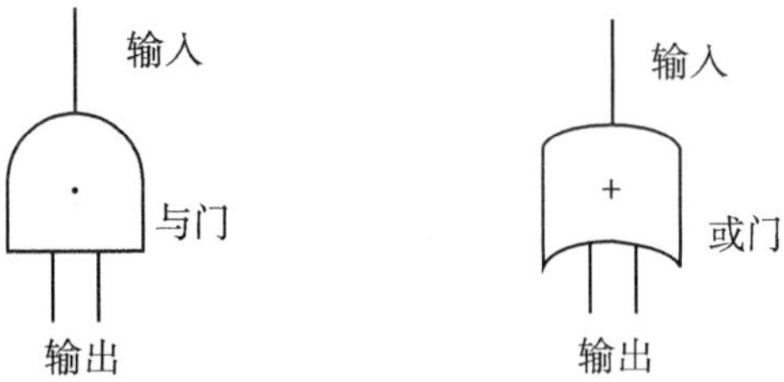

图 9－15　逻辑门符号

3. 转移符号

转移符号是表示在同一事故树中，中间事件下面所连接的子树（分支）的转移。它的作用有两个：一是可避免相同的子树在作图上的重复；二是可解决大的事故树在一张图纸上画不开时，作为在不同图纸上子树相互衔接的标志。转移符号分为转出符号和转入符号两种，如图 9－16 所示。

图 9－16　转移符号

（1）转入符号：表示此处的子树在有相同字母或数字标志的转入符号处展开或相接。

（2）转出符号：表示此处的子树与有相同字母或数字标志的转出符号处相接。

（四）事故树的定性分析

事故树的定性分析就是对任何事件都不需要给予数值，对事件只分配“0”和“1”的分析方法。这里所说的数值，是指基本事件的发生概率或故障率，而分配则是指事件是否发生“0”或“1”，发生为“1”，不发生则为“0”。事故树定性分析的目的，主要是发现系统的事故（故障）及其发生的途径，即故障模式。找出各个事件之间的关系及事件的种种组织形式，搞清它们对顶上事件的发生有什么重要影响。

定性分析有以下优点：

第一，可以查明由初始状态（基本事件）发展到事故状态（顶上事件）的途径，并求出能引起发生顶上事件的最少的事件的组合。

第二，可以了解测试及控制装置对系统的保护作用。

第三，可以发现已有安全措施中的薄弱环节，以及对未加保护的事件应采取的相应措施。

1. 结构函数与事故树的数学表达式

由若干个部件所组成的系统，应当符合下面的两个条件：

（1）部件和系统都只有正常和故障这两种状态，这相当于一个两态开关，或者是开，或者是关；

（2）系统的状态是由系统的结构和组成系统的部件的状态所决定的，这相当于照明回路中的灯亮和不亮取决于开关的串联和并联结构及其开关状态。

现在假设由 n 个部件组成的系统中，部件 i 的状态用 x_i 表示，则

$$x_i = \begin{cases} 1 & \text{表示第 } i \text{ 个部件正常} \\ 0 & \text{表示第 } i \text{ 个部件故障} \end{cases}$$

同样，系统的状态用 $\phi(x)$ 表示，它是部件状态的函数，即 $\phi(x) = \phi(x_1、x_2, \cdots, x_n)$，则

$$\phi(x) = \begin{cases} 1 & \text{表示系统正常} \\ 0 & \text{表示系统故障} \end{cases}$$

$\phi(x)$ 就叫作系统的结构函数。

在分析的系统中，每个部件都对系统的功能发生影响，如果系统中的所有部件都发生故障，则系统一定呈故障状态，反过来说，如果所有部件都完好，那么系统一定也是完好的，而且当部件由故障转为正常时，系统不可能出现由正常而转为故障的情况。具有以上特性的系统结构叫作相关结构。

将上面所讲的结构函数和相关结构理论，用到事故树分析上，就可以写出事故树

的数学表达式。

设由 n 个不同的基本事件构成的事故树，其基本事件具有发生或不发生两种状态，用1，0表示，其中任一基本事件 i 的状态用 y_i 表示，于是有

$$y_i = \begin{cases} 1 & \text{基本事件 } i \text{ 发生} \\ 0 & \text{基本事件 } i \text{ 不发生} \end{cases}$$

同样，顶上事件状态用 ϕ 表示，由于顶上事件的状态是基本事件状态的函数，所以

$$\phi(y) = \begin{cases} 1 & \text{顶上事件发生} \\ 0 & \text{顶上事件不发生} \end{cases}$$

在这里，顶上事件的状态 $\phi(y)$ 是由各基本事件的状态 y 决定的，因此 $\phi(y)$ 就称为事故树的结构函数。

事故树的结构函数可以用数学公式加以表示。

①与门的表达式。

所有基本事件发生时，顶上事件才发生的并联系统事故树，如图9－17所示。

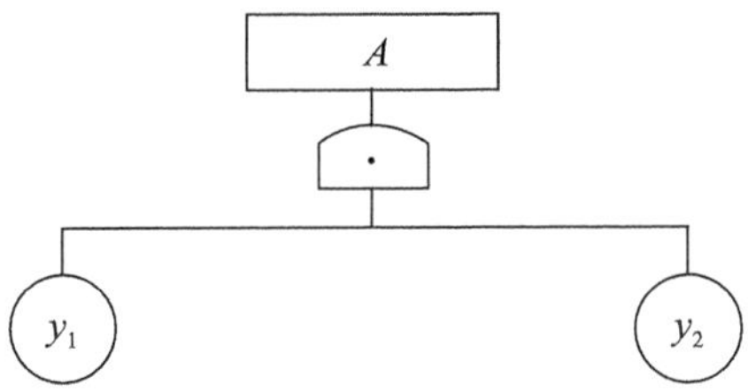

图9－17　并联系统事故树

其中：

$$y_1 = 1,\ y_2 = 1 \text{ 时，} \phi(y_A) = 1$$

$$\left.\begin{array}{l} y_1 = 1,\ y_2 = 0 \\ y_1 = 0,\ y_2 = 1 \\ y_1 = 0,\ y_2 = 0 \end{array}\right\} \text{时，} \phi(y_A) = 0$$

用结构函数表达：

$$\phi(1, 1) = 1$$

$$\phi(1, 0) = \phi(0, 1) = \phi(0, 0) = 0$$

$$\phi(y_A) = y_1 y_2 = \prod_{i=1}^{2} y_i = \min(y_1, y_2)$$

式中，$\min(y_1, y_2)$ 表示取 y_1、y_2 中的最小值，只要其中有一个最小的“0”，整个系统就为0，即

$$\min(0, 1) = 0$$

$$\min(1, 1) = 1$$

与门的数学表达通式为：

$$\Phi(y) = \prod_{i=1}^{n} y_i = y_1 \times y_2 \times y_3 \times \cdots \times y_n = \min(y_1, y_2, y_3, \cdots, y_n)$$

式中：$\prod_{i=1}^{n}$ 是连乘的符号，“Π”就是布尔代数中的“交”。

②或门的表达式。

有一个及一个以上的基本事件发生时，顶上事件就发生的串联系统事故树如图 9－18 所示。

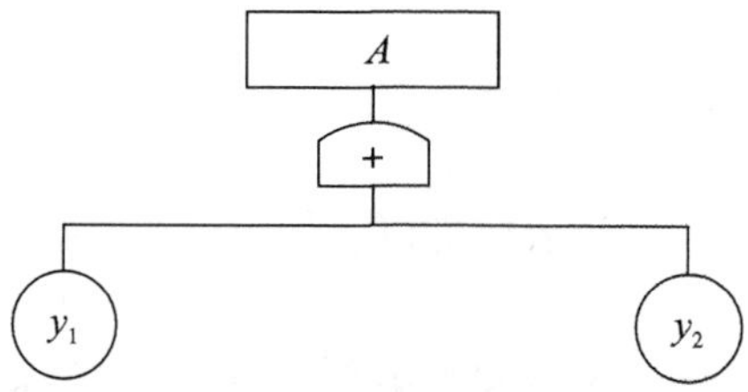

图 9－18　串联系统事故树

其中：

$$y_1=0,\ y_2=0 \text{ 时}，\phi(y)=0$$

$$\left.\begin{array}{l} y_1=1,\ y_2=0 \\ y_1=0,\ y_2=1 \\ y_1=1,\ y_2=1 \end{array}\right\} \text{时}，\phi(y)=1$$

用结构函数表达：

$$\phi(0,0)=0$$

$$\phi(1,0)=\phi(0,1)=\phi(1,1)=1$$

$$\begin{aligned}\phi(y_B) &= 1-(1-y_1)(1-y_2) \\ &= 1-\prod_{i=1}^{2}(1-y_i) \\ &= \max(y_1, y_2)\end{aligned}$$

式中 $\max(y_1, y_2)$ 表示取基本事件中的最大值，表示取 y_1，y_2 中的最大值，只要其中有一个最大的“1”，整个系统就为 1，即：

$$\max(0,1)=1$$

$$\max(1,1)=1$$

或门的数学表达通式为：

$$\phi(y) = 1 - \prod_{i=1}^{n}(1-y_1)(1-y_2)\cdots(1-y_n) = \max(y_1, y_2, \cdots, y_n)$$

在安全系统工程中采用了一种特殊的符号“Ц”，即反“Π”，将“$\prod_{i=1}^{n}$”定义为：

$$\prod_{i=1}^{n} y_i = 1 - \prod_{i=1}^{n}(1 - y_i)$$

所以也可表达为：

$$\begin{aligned}\phi(y) &= \prod_{i=1}^{n} y_i = 1 - \prod_{i=1}^{n}(1 - y_i) \\ &= 1 - (1 - y_1)(1 - y_2)\cdots(1 - y_n) = \max(y_1, y_2, \cdots, y_n)\end{aligned}$$

2. 最小割集和最小通集

事故树定性分析的主要任务就是找出导致系统故障（事故）的全部故障模式，系统的故障模式就是系统的割集，系统的正常模式就是系统的通集。在事故的定性分析中，结构函数的最小割集表达式是便于分析和计算的一种形式，下面分别加以说明。

（1）割集和最小割集。

在事故树中，凡能导致顶上事件发生的基本事件的组合，就叫作割集。它表示当该组合中的基本事件全部发生时，顶上事件必然发生。所以系统的割集也就是系统的故障模式。

但是在一个事故树中，这种能导致顶上事件发生的事件组合数是很多的，而且在内容上互有包含和重复，其中有的重复或多余的事件可以除去。所谓最小割集，就是指能导致顶上事件发生的最低限度的基本事件的组合，在最小割集里，如果任意去掉其中任一个基事件，就不称其为割集了。因此最小割集表示了当发生哪些故障或差错时，就会导致事故的发生，即表示系统的危险性。

最小割集的要领在 FTA 定性分析中是十分有用的，因为它能指出发生何种基本事件（包括故障及失误等）及其组合就会发生事故。因此可以发现系统最薄弱的部分。例如，仅包含一个基本事件的最小割集，则这个基本事件单独发生就导致顶上事件的发生，所以它是最关键的事件，必须采取安全措施消除它发生的可能性。

当基本事件增多时，割集的数目相应增大，很难凭直观找出最小割集，因此随之发展了许多求最小割集的方法，其中行列法简单易行，并可以编程序上机计算，故得到广泛应用。

行列法是根据事故树中，或门能指示出有哪些割集（即使割集的数目增加），与门能指示出割集中包含哪些事件（即使割集的结构增大）这样的性质，运用矩阵的行来排列“与门”的输入事件，用矩阵的列来排列“或门”的输入事件，在基本事件没有重复的情况下，当把全部门事件替换为基本事件后，所得到的矩阵的各项就是最小割集。具体做法是从紧接顶上事件的逻辑门开始，如果是或门就将该门的各个输入事件纵向排列；如果是与门，就将该门的各个输入事件横向排列，依次将门的输出事件用输入事件替换，直至全部门事件均被基本事件替换为止。

（2）通集与最小通集。

在事故树中，凡不能导致顶上事件发生的基本事件的组合，就叫作通集。它表示当该组合中的基本事件全部不发生时，顶上事件也不会发生。所以系统的通集也就是系统的完好模式。

所谓最小通集，就是指不能导致顶上事件发生的最低限度的基本事件的组合。在最小通集里，如果任意去掉其中任一个基本事件，就不能成为通集了。因此最小通集表示了当不发生那些故障和差错时，就不会导致事故的发生，即表示系统的安全性。

3. 基本事件的结构重要度

在一个事故树中往往含有众多的基本事件，这些基本事件对顶上事件产生多大程度的影响，如果用数值来表示，就称为重要度。在不考虑基本事件自身的发生概率，而仅从结构上分析各个基本事件对顶上事件的影响程度，则称为结构重要度。下面分析一个基本事件 i，假定在其他基本事件的状态不发生变化的情况下，当基本事件 i 从 0 变到 1（$0_i \to 1_i$）时，则顶上事件的状态变化可有以下四种情况：

（1）顶上事件处于 0 状态不发生变化。

$$\phi(0_i, y) = 0 \to \phi(1_i, y) = 0$$

即
$$\phi(1_i, y) - \phi(0_i, y) = 0$$

（2）顶上事件从 0 变为 1。

$$\phi(0_i, y) = 0 \to \phi(1_i, y) = 1$$

即
$$\phi(1_i, y) - \phi(0_i, y) = 1$$

（3）顶上事件处于 1 状态不发生变化。

$$\phi(0_i, y) = 1 \to \phi(1_i, y) = 1$$

即
$$\phi(1_i, y) - \phi(1_i, y) = 0$$

（4）顶上事件从 1 变为 0。

$$\phi(0_i, y) = 1 \to \phi(1_i, y) = 0$$

即
$$\phi(1_i, y) - \phi(1_i, y) = -1$$

由于结构函数是仅限于相关的，对于上述算式中的第（4）项所反映出的部件发生了故障而系统却恢复到正常状态的情况是绝不会发生的，所以应不予考虑。而顶上事件发生从 0 到 1 的情况主要是上述的第（2）项，也就是当基本事件 y_i 的状态从 0 到 1 时，顶上事件的状态 $\phi(0_i, y)=0$ 变为 $\phi(1_i, y)=1$，这表明这项基本事件是决定顶上事件发生的主要原因。

如果用方程 $\phi(1_i, y)-\phi(0_i, y)=1$ 来表示，这时状态（1_i，y）称为基本事件 i 的临界割变量，与此相对应的割集 C_1（1_i，y）称为临界割集。然后固定这种状态，把所有这样的情况，即把所有与基本事件 i 相对应的临界割的总数求出来，如果用方程式表示，如下所述：

$$\phi(1_i, y) - \phi(0_i, y) = 1$$

式中：y 为各个基本事件。

此时在含有该基本事件 i 的向量（1_i，y）的割集中，其向量叫作临界向量，而此割集叫作临界割集。临界割集在总割集中所占的比例叫作结构重要度。可以用下式表示：

$$I_\phi(i) = 1/2^{n-1}\{\sum[\phi(1_i, y) - \phi(0_i, y)]\}$$

式中：$[\phi(1_i, y) - \phi(0_i, y)]$ 为与基本事件 i 对应的临界割集；2^{n-1} 是总割集数；n 是基本事件的总数。

（五）事故树的定量分析

事故树分析除了可以对系统进行上述的定性分析以外，还可以运用数学方法和计算技术，对系统的各可靠性参量进行计算，求出顶上事件发生的概率，从而为安全评价和决策提供科学的依据。

在进行定量分析时，必须取得准确的基本事件的故障率数据，编制的事故树应能包括系统的所有故障形式并对全部事件用布尔代数作出正确的描述。

1. 基本事件的故障率

在事故树的定量分析中，必须取得正确的基础数据，即给出基本事件的故障率数据，包括设备的故障率、人的误操作率以及其他统计数值。

（1）故障率（失效率）。

故障率，用 $\lambda(t)$ 表示，是指设备或部件工作 t 时间后，单位时间内发生失效或故障的概率。所谓失效是指系统丧失规定的功能，对可修复系统的失效则称为故障。

由许多零部件构成的设备，其失效过程随时间变化的故障率曲线如图 9－19 所示，这是一个典型的故障率曲线。

故障过程可大致分为三个阶段：

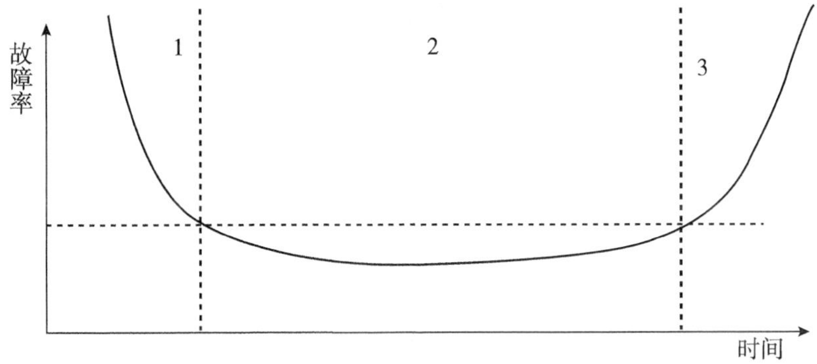

图 9－19　故障率曲线

注：1——早期故障期；2——偶然故障期；3——损耗故障期。

①早期故障期，故障率随时间由较高值迅速下降。这主要是由于部分元件因内部缺陷，在试验或调试过程中损坏。

②偶然故障期，故障率趋近于常数。它描述了系统正常工作状况下的可靠性。在这个期间所产生的故障是随机的，故障率低而且稳定。

③损耗故障期，故障率上升，由于元件老化、磨损所致，若能事前知道元件开始损耗时间而予以更换，就可以降低故障率，从而延长设备或系统的有效寿命。

设备或系统在两相邻故障间隔内正常工作时的平均时间，称为平均故障间隔时间。若第一次工作 t_1 时间后出现故障，第二次工作 t_2 时间后出现故障，第 n 次工作 t_n 时间后出现故障，则平均故障间隔时间

$$T = (t_1 + t_2 + \cdots + t_n)/n$$

系统在规定条件下和规定时间内完成规定功能的概率，称为可靠度，用 $R(t)$ 表示，可靠度是一个定量指标。

$$0 \leqslant R(t) \leqslant 1$$

（2）误操作率。

对仓库作业的危险分析，必须考虑人的因素，即人的误判断和误操作的影响，这些误差，有的可能只是操作中的简单差错，有的则可能导致灾害性后果。

所谓误操作是指在仓储活动中，作业人员在操纵使用和处理设备时，对情况的了解、判断和行动中所发生的错误。在上述三个阶段中发生误操作的情况如图 9－20 所示。

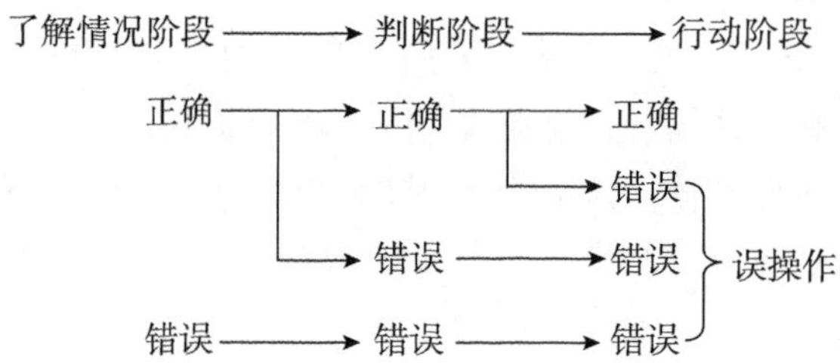

图 9－20　在三个阶段中发生误操作的情况

人的操作误差可按以下程序求出：

①分析人的操作程序；

②分析各个程序中的作业内容及因素；

③求各项作业要素的误差率的经验数值；

④求总的操作误差率。

表 9－4 为误操作率的求法举例。

2. 顶上事件发生概率的计算

关于顶上事件发生概率的计算方法，可以根据事故树的结构函数和各种基本事件

的发生概率 qi 求得。在这里仅介绍两种方法，一是直接分步算法，二是以最小割集求概率的算法。

表 9－4　　**误操作率的求法举例**

误操作类型	误操作率误差数/总数
未听到报警	21.3×10^{-3}
误判报警信号	18.3×10^{-3}
操作错误	3.8×10^{-3}
总的误操作率（21.3＋18.3＋3.8）$\times10^{-3}=43.4\times10^{-3}$	

注：误操作率同故障率一样，受作业条件和环境因素的影响很大。此外作业时间的长短、作业人员的心理和生理条件、作业的繁重程度等也与误操作的发生有关，所以在具体应用误差率时，还应乘以 1～10 的修正系数。

（1）直接分步算法。

这种方法适用于树的规模不大，不需要进行布尔代数化简时。它是从底部的门事件算起，逐次向上推移计算到顶上事件。

对于或门连接的事件，其计算公式为：

$$p_0 = 1 - \prod_{i=1}^{n}(1 - q_i)$$

式中：

p_0——或门事件的概率；

q_i——第 i 个事件的概率；

n——输入事件数。

对于由与门连接的事件，其计算公式为：

$$p_A = \prod_{i=1}^{n} q_i$$

（2）以最小割集求概率的算法。

这种方法是根据事故树的顶上事件与最小割集的关系来进行计算的，具有以下的特性：

①顶上事件 T 与最小割集的事件 E_i 之间是用“或门”连接的；

②每个最小割集与它所包含的基本事件 y_i 之间是用“与门”连接的。

也就是说，顶上事件的发生概率等于各个最小割集的概率和。

设 E_i 为最小割集 $\boldsymbol{k}_i$ 发生的事件，也就是属于 $\boldsymbol{k}_i$ 的所有基本事件发生时的事件，如果最小割集的总数有 k 个，那么使顶上事件发生的事件，应当是 k 个最小割集中至少有一个发生的事件，可以用 $\bigcup_{i=1}^{K} E_i$ 表示。因而顶上事件的发生概率 g 可用下式表示：

$$g = p\left\{\bigcup_{i=1}^{K} E_i\right\}$$

而事件的概率如以 F_1 表示，则：

$$F_1 = \sum_{1 \leq i_1 < i_2 \cdots < i_n} P\{E_{i_1} \cap E_{i_2} \cap \cdots \cap E_{i_j}\}$$

事故树的规模很大时，可将它分成几个部分，即“模块”。事故树的模块是整个事故树的一个子系统，一般应是至少有两个基本事件的集合。它没有来自其他部分的输入，且只有一个输出到事故树的其他部分，这个输出称为模块的顶点。事故树的模块可以从整个事故树中分割出来，单独计算其最小割集及概率。而在事故树中，可以用“准基本事件”来代替这个分解出来的模块。由于模块规模小，计算量不大，而且数量集中，便于掌握，在没有重复事件的事故树中，可以任意分解模块来减少计算的规模。

（六）事故树分析实例

在故障树分析中，造成顶事件（亦即结果事件）发生（亦即失效）的故障模式可能是多种的，如何找出最易发生的故障模式，不论是对于系统管理人员，还是对于系统维修人员，都具有十分重要的意义。

设有某一正规故障树（见图 9－21）。试按各部件的失效概率值排列出了顶事件发生的各种故障模式的可能性大小关系。已知各部件的失效概率值（见表 9－5）（设各部件失效相互独立）。

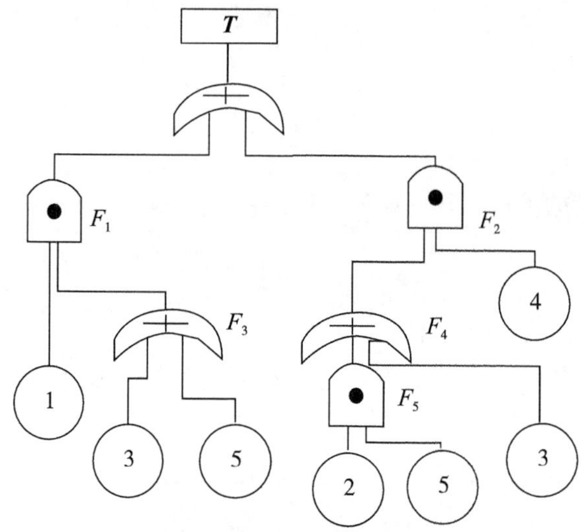

图 9－21　某一正规故障树

表 9－5　各部件的失效概率值

部件	1	2	3	4	5
失效概率	5×10^{-5}	1×10^{-2}	2×10^{-4}	2×10^{-3}	2×10^{-5}

1. **求出最小割集**

根据“下行法”求出最小割集为：

$\boldsymbol{T}_{k1}=\{1,3\}$；$\boldsymbol{T}_{k2}=\{1,5\}$；$\boldsymbol{T}_{k3}=\{4,2,5\}$；$\boldsymbol{T}_{k4}=\{4,3\}$ 共有四个最小割集，亦即 $m=4$。

2. **给出典型故障的特征矩阵**

由题意知底事件为5个，即 $n=5$，最小割集中所包含的底事件在特征矩阵中取为“1”，其余的为“0”，则特征矩阵为：

$$\boldsymbol{T}_k=\begin{Bmatrix}\boldsymbol{T}_{k1}\\ \boldsymbol{T}_{k2}\\ \boldsymbol{T}_{k3}\\ \boldsymbol{T}_{k4}\end{Bmatrix}=\begin{pmatrix}1&0&1&0&0\\1&0&0&0&1\\0&1&0&1&1\\0&0&1&1&0\end{pmatrix}$$

3. **给出待检模式向量**

依各底事件的失效概率，可以得出各底事件的重要度，如表9－6所示。

表9－6　　各底事件的重要度

Q_S	Q_1	Q_2	Q_3	Q_4
4.107×10^{-7}	1×10^{-3}	5×10^{-10}	2×10^{-10}	4×10^{-7}
e_1	e_2	e_3	e_4	e_5
0.026	0.012	0.998	0.974	0.001

由此得出待检模式向量：

$\boldsymbol{X}_\pi=\{e_1\quad e_2\quad e_3\quad e_4\quad e_5\}=\{0.026\quad 0.012\quad 0.998\quad 0.974\quad 0.001\}$

4. **计算关联度**

以 $\boldsymbol{X}_\pi=\{0.026\quad 0.012\quad 0.998\quad 0.974\quad 0.001\}$ 为母因素，$\boldsymbol{T}_{ki}$（$i=1,2,3,4$）为子因素。

（1）将原始数据初始化处理得：

$$\boldsymbol{X}_\pi=\left(\frac{0.026}{0.026},\frac{0.012}{0.026},\frac{0.998}{0.026},\frac{0.974}{0.026},\frac{0.001}{0.026}\right)=(1,0.462,38.385,37.462,0.038)$$

$\boldsymbol{X}_{k1}=(1,0,1,0,0)$　　$\boldsymbol{X}_{k1}=(1,0,0,0,1)$　　$\boldsymbol{X}_{k1}=(0,1,0,1,1)$　$\boldsymbol{X}_{k1}=(0,0,1,1,0)$

（2）求差序列。

由上式可得，$\Delta_{\pi ki}(k)=|X_\pi(k)-X_{ki}(k)|$

$i=1,2,3,4$

$k=1,2,3,4,5$

即：$\Delta_{\pi 1}$ = （0，0.462，37.385，37.462，0.038）；

$\Delta_{\pi 2}$ = （0，0.462，38.385，37.462，0.962）；

$\Delta_{\pi 3}$ = （1，0.538，38.385，36.462，0.962）；

$\Delta_{\pi 4}$ = （1，0.462，37.385，36.462，0.038）。

（3）求两级最大差和最小差。

$\overset{\max}{k}|X_{\pi}(k)-X_{k1}(k)| = 37.462$；$\overset{\max}{k}|X_{\pi}(k)-X_{k2}(k)| = 38.385$

$\overset{\max}{k}|X_{\pi}(k)-X_{k3}(k)| = 38.385$；$\overset{\max}{k}|X_{\pi}(k)-X_{k4}(k)| = 37.385$

即 $\Delta_{\max} = \overset{\max}{i}\ \overset{\max}{k}|X_{\pi}(k)-X_{ki}(k)| = 38.385 \quad \Delta_{\min} = 0$

（4）计算关联系数。

取 $\rho = 0.5$，求得 $\varepsilon_{\pi ki}(k)$ 为：

$i \backslash \varepsilon_{\pi ki}(k) \backslash k$	$k=1$	$k=2$	$k=3$	$k=4$	$k=5$
$i=1$	1	0.976494	0.339225	0.338764	0.998024
$i=2$	1	0.976494	0.33333	0.338764	0.952269
$i=3$	0.950477	0.972733	0.33333	0.34485	0.952269
$i=4$	0.950477	0.976494	0.339225	0.34485	0.998024

（5）计算关联度。

由式 $r_{\pi ki} = \frac{1}{N}\sum_{k=1}^{N}\varepsilon_{\pi ki}(k)$ 可得：

$r_{\pi k1}$	$r_{\pi k2}$	$r_{\pi k3}$	$r_{\pi k4}$
0.7306	0.7202	0.7107	0.7218

（6）排出关联序。

因为 0.7306 > 0.7218 > 0.7202 > 0.7107

则 X_{ki} 对 X_{π} 的关联度为：$r_{\pi k1} > r_{\pi k4} > r_{\pi k2} > r_{\pi k3}$。

可以得出结论：造成顶事件发生的四种故障模式的可能性大小依次为（由大到小排列）：{1，3}、{4，3}、{1，5}、{4，2，5}。

在故障树分析中，依据故障树底事件的重要度来判断各种故障模式的可能大小。将底事件按重要度排序，可以找出系统的可靠性和安全性薄弱环节；将各种故障模式按关联度排序，可以找出造成事故发生的各种故障模式发生的可能性大小，从而为处理事故的轻重缓急、控制事故的发生、改进系统可靠性和安全性提供了理论依据。

第六节　仓库事故处理

一、事故责任区分

（一）确定事故责任的原则

（1）凡是由不安全行为发生的事故或造成严惩后果的由本人负责。

（2）凡因不安全状态等外部因素而发生的事故或造成严惩后果的，根据具体情况分别由有关人员负责。

（3）因工艺条件、操作规程错误发生事故或造成严惩后果的，由工艺条件和操作规程制定者负责。

（4）因管理不善发生事故或造成严惩后果的，由相应的管理部门及其领导负责；规章制度不健全，缺少防护措施，由直接生产组织者负责；不学习有关规章制度，不懂安全知识而发生事故，由指派者负责；已发生事故未及时采取措施，致使类似事故重复发生，由有关领导负责；不组织进行安全检查、教育、宣传，由有关部门和直接领导负责。

（5）擅自决定拆除防护装置、解除防护措施和瞎指挥造成的事故，由决定者负责。

（二）事故的责任类别

（1）全部责任：是指事故发生的唯一或全部原因者；

（2）主要责任：即对事故的发生居主要地位起主要作用者；

（3）一定责任：即负有责任但不是主要责任者；

（4）领导责任：事故原因与领导不履行职责有关的领导者。

二、事故有关人员处理

事故有关人员包括事故中的伤亡人员、事故的责任人员、制止或抢救事故中的有功人员等。对事故中的伤亡人员，应根据有关优抚政策予以妥善安置和处理；事故的责任者，要根据责任轻重，依据法律、纪律、纪律的有关规定追究责任，予以适当的处罚；制止和抢救事故中的有功人员，要按照有关规定予以奖励和表彰。

三、事故损失的处理

由事故造成的损失，要按照有关规定和程序予以处理。如事故中造成设备或武器装备、弹药的报废，应报请有关部门核准；可以修复的设备和武器装备、弹药，应制订计划报请有关部门批准，及时予以修复；涉及外单位（地方单位）和个人的财产损失，要根据双方协商结果或法律程序予以赔偿。

四、总结事故教训

总结事故教训，是人们认识事故的反思过程，其目的是改进和指导今后的工作。总结教训的过程中，要根据事故形成的前因后果和因素的作用结果，作详细认真的分析，归纳、概括、上升到一定理论高度，从政治思想、业务技术、行政管理的诸方面，找出真正的缺陷和错误，从中获取有指导意义的教益。切忌回避现实和强调客观，否则达不到总结教训的目的。

五、采取预防事故的措施

事故处理是事故的善后工作，应认真做好。如处理不好，不但对此项事故无益，而且对以后的安全工作也将产生不良影响。对事故的处理能起到对事故责任者和有关人员的教育及惩罚作用，从中吸取教训，改进工作，完善制度，改进操作、改造设备，避免事故的再现。因此，对事故的处理坚持三不放过的原则（即原因分析不清不放过，事故责任者和群众没有受到教育不放过，没有防范措施不放过）。在事故处理上既要严肃，更要谨慎，要坚持有法必依、执法必严、违法必究的原则。

有针对性地采取预防事故的措施，是事故分析和总结教训的目标。所谓预防事故的措施，就是根据事故所暴露的薄弱环节和总结出的教训，按照安全系统工程的观点和方法，提出预防事故的目标和要求，进而制定、修改和落实各种具体措施。如加强人员的思想教育、技术训练和行政管理；改进设备和工艺规程；增加安全监控技术手段，制定有关规章制度等。在措施的落实过程中，要充分发动群众，群策群力，自力更生，想尽一切办法使措施科学合理，落到实处。如果确有本单位权限和财力无法解决的问题，要及时上报。

第七节　仓库事故报告与统计

一、事故报告的一般程序和内容

事故报告的程序，一般可分为首次报告、后续报告和调查报告三个阶段。

（一）首次报告

首次报告主要是报告事故的基本情况，也称初次报告。报告方式可采用电话、电传等进行，但应尽可能多地包括已获得的有关信息。下面以弹药爆炸事故为例，说明首次报告的基本内容。

（1）报告单位名称和地址。

（2）报告人的姓名、职务、电话号码，以及与事故发生地点进行联系的电话号码。

（3）事故现场的具体地点，如库房位置、库房号码等。

（4）物品名称和数量。如弹药品种、发数、吨数、爆炸药量等。

（5）现场描述。如炸坑大小、周围建筑物和其他财产损失的基本情况。

（6）残废人数、受伤人数、受伤程度，伤亡人员的身份。

（7）事故原因。如已查明原因，应如实报告；不能马上准确确定的原因，但已有迹象说明的“可能原因”可简单陈述；毫无线索时可报告为“情况不明”或“原因待查”。

（8）已采取的或计划采取的行动。包括纠正的、调查性的、正在抢救的、爆炸物处理的情况，以及组织指挥机构和协助单位的情况。

（9）需要请示上级支持和批示的有关问题。

（二）后续报告

后续报告是对首次报告的补充报告，主要包括以下两个方面的内容：

（1）首次报告中没有涉及的情况。如首次报告后，事故仍在延续发展的情况，事故原因又已查明的情况等。

（2）比首次报告中更详细的情况。如受伤人员抢救治疗的情况，财产损失更准确的数据等。

后续报告的方式，应视情况的紧急程度，采取电话、电传、加急电报、口头汇报和局面报告等方式。

（三）调查报告

调查报告是在事故局势或状态基本稳定后，根据现场调查、人员调查和首次报告、后续报告中提供的信息，对事故的基本情况进行核实和分析，并作出结论，主要包括以下几个方面的内容：

①调查分析事故的原因。

②详细描述事故的经过。

③核准事故的损失。

④确定事故的性质、责任和等级。

⑤提出事故处理的基本意见。包括法律的、行政的、技术的等各个方面。

⑥总结经验教训，提出改进措施。

仓库应建立、健全事故报告制度，以便上级业务部门了解情况、掌握动态。同时充分利用事故报告等有关资料进行统计分析，找出事故规律，为安全决策提供依据。

（1）事故报告内容。

包括事故单位、事故时间、地点场所、气温、事故等级、事故类型、事故性质、事故原因、发生经过、吸取教训和防范措施、经济损失、事故处理等。人身伤亡事故按轻伤、重伤、死亡划分。

（2）事故报告应注意的几个问题。

①瞒而不报，为保持本单位、本部门的荣誉，回避追究个人事故的责任。

②相互推诿，缩小范围。本应是本单位、本部门的事故硬是划出门外，推给他人，结果无人承担责任。

③大事化小，降低事故等级。

④改变事故性质。为掩盖矛盾，把责任事故说成技术事故，技术事故定为自然灾害。

⑤多报损失。主要针对自然灾害造成的损失无人过问。追究的漏洞，在报损失时，漫天要价，以求上级部门多拨款。

仓库安全管理工作必须严格事故报告制度。事故报告是事故处理的凭证，是将来复审考核的依据，大量事故报告的资料积累是事故统计分析最基本、最基础的原始材料，通过分析能找出普遍性、规律性的东西，从而确定安全工作的重点和报表格式，及时准确地上报事故情况，真正使事故发生的原因、损失情况、当事者的责任一清二楚，以便使上级明白、本单位明白、肇事者明白。通过此次事故吸取教训，更有利于本系统的安全。

二、事故损失伤亡统计

（一）事故统计指标

（1）事故频率。是指单位时间内发生事故的频（次）数，即：

$$P = \frac{A}{T}$$

式中：

P——事故频率；

A——事故频（次）数；

T——时间。

（2）千人负伤率。表示统计期内每 1 千人中负伤的人数，即：

$$K = \frac{A}{H} \times 1000‰$$

式中：

K——千人负伤率；

A——统计期内负伤人（次）数；

H——统计期内平均在册人数。

统计期一般以年、月、季算。K值相应为年、月、季千人负伤率。

（3）严重度。是指一次事故严重程度，即：

$$E = \frac{Q}{A}$$

式中：

E——严重度；单位是损失金额/次、死亡人数/次、损失工作日/次；

Q——经济损失与劳动力损失；

A——事故次数。

（4）损失率。是指单位时间的事故损失，即：

$$U = EP = \frac{EA}{T} = Q/T$$

式中：

U——损失率；单位是损失金额/单位时间、死亡人数/单位时间、损失工作日/单位时间；

P——事故频率；次/单位时间；

E——严重度；损失金额/次。

（二）事故统计方法

事故统计分析是事故的宏观分析方法，根据事故统计的原始资料，从占有的大量事故实例中探求事故发生的基本原因和基本规律。从而有效地评价安全程度，确定安全管理工作的重点。为使统计分析具有较高的准确性、科学性、可靠性，一是必须大量地占有资料；二是占有资料要新；三是资料要近，要紧密结合所要统计的范畴去收集本部门、本系统的资料；四是标准要统一，不要经常变动；五是资料要准确无误。在具有上述前提下，就比较容易对事故进行统计分析。统计分析的方法主要有下面几种。

1. 分组法

分组法是将事故进行分类组合，是一种对事故整理，进行事故规律研究的基本方法。是事故分析的第一步。可以根据发生事故的地点、单位、年龄结构、工作年限、时间、事故性质、事故原因、损失、金额、人数等不同关联关系进行分类，不同的分类方法将从不同角度给人以启迪。具体分组又可分别采用以下几种形式。

（1）列表法。

将所发生的事故按分组要求表的形式进行排列组合。方法简单易行。

（2）圆图法。

将统计期内发生的事故画成一个圆，定为100%，按照事故分组、分类的要求确定出该类事故占总事故的百分比，依此做出大小不同的扇形面积来代表各构成的部分，并组成圆图。这种方法给人以更直观的感觉。

（3）直方图。

按分组、分类的要求，将各类或其他组分的事故指标用相同宽度的直条方块的高矮作出表达，给人以清晰的直观感。

2. **排列图法**

排列图也称主次图或巴雷特曲线。它是分析影响产品质量主次因素的一种统计图。将它用于安全管理主要是抓住“极其重要的少数和无关重要的多数”，抓住安全管理的关键环节和主要因素。图9－22是某仓库事故的巴雷特曲线。

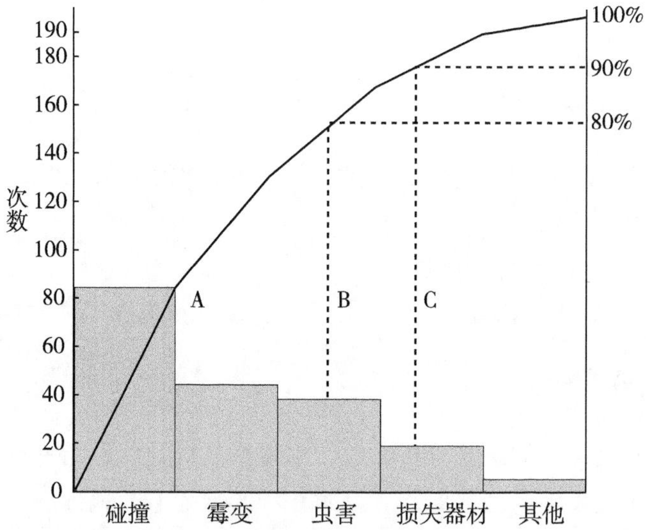

图9－22 某仓库事故的巴雷特曲线

作图步骤如下：

（1）收集资料。

收集一段时间的事故资料，按分析目的和要求进行分类、分组是绘制巴雷特曲线的前提。

（2）按重要程度和影响大小列出数据表。

将分类、分组的项目按数据大小排列，把分类项目的频率（次）等数据进行累加，并求出相对频率和累计相对频率。所谓频率即一般时间所发生的事故次数，累计频率则是按排列次序对频率的累加。

$$相对频率 = （事故频率/事故总频数）\times 100\%$$

（3）绘制巴雷特曲线。

左边纵坐标表示事故频率，横坐标表示分类、分组项目，绘制直方图。右边纵坐标表示累计相对频率，沿分类项目直方图右上角标定其累计相对频率，并将标定点连成折线。其折线终点即最高点应为100%，从相对累计频率的80%、90%各点分别做水平线与折线相交，并从交点向下做垂线，交横坐标。

通常把累计相对频率的百分数分为三类，0～80%是主要事故，80%～90%次之，90%～100%则一般。

3. 事故率曲线

事故率曲线实际上是一种以时间分组的直方图。事故率为在一定统计时间内事故发生的次数，它可以反映在一般时限内不同时期事故分布状态，并可通过动态看发展趋势，以便采取有效措施实施控制。事故率曲线是一种动态分布曲线，既可以展示现在，也可以预测未来。这是与直方图的不同之处。当然事故损失率曲线、伤亡率曲线等也可绘出。

参考文献

[1] 中华人民共和国住房和城乡建设部，中华人民共和国国家质量监督检验检疫总局. GB 50016—2014 建筑设计防火规范 [S]. 北京：中国计划出版社，2014.

[2] 中华人民共和国住房和城乡建设部，中华人民共和国国家质量监督检验检疫总局. GB 50074—2014 石油库设计规范 [S]. 北京：中国计划出版社，2014.

[3] 中华人民共和国国家质量监督检验检疫总局，中国国家标准化管理委员会. GB/T 13816—2009 生产过程危险和有害因素分类与代码 [S]. 北京：中国标准出版社，2009.

[4] 中华人民共和国国家质量监督检验检疫总局，中国国家标准化管理委员会. GB 3836.1—2010 爆炸性环境 第 1 部分：设备 通用要求 [S]. 北京：中国标准出版社，2011.

[5] 中华人民共和国住房和城乡建设部，中华人民共和国国家质量监督检验检疫总局. GB 50057—2011 建筑物防雷设计规范 [S]. 北京：中国标准出版社，2011.

[6] 中华人民共和国公安部. GA 173—2002 计算机信息系统防雷保安器 [S]. 北京：中国标准出版社，2003.

[7] 中华人民共和国住房和城乡建设部，中华人民共和国国家质量监督检验检疫总局. GB 50174—2008 电子信息系统机房设计规范 [S]. 北京：中国标准出版社，2008.

[8] 中华人民共和国国家质量监督检验检疫总局，中国国家标准化管理委员会. GB 2887—2011 计算机场地通用规范 [S]. 北京：中国标准出版社，2011.

[9] 中华人民共和国国家质量监督检验检疫总局，中国国家标准化管理委员会. GB/T 4968—2008 火灾分类 [S]. 北京：中国标准出版社，2008.

[10] 中华人民共和国住房和城乡建设部，中华人民共和国国家质量监督检验检疫总局. GB 50140—2005 建筑灭火器配置设计规范 [S]. 北京：中国计划出版社，2005.

[11] 毛海峰. 现代安全管理理论与实务 [M]. 北京：首都经济贸易大学出版社，2000.

[12] 曲和鼎. 安全系统工程概论 [M]. 北京：化学工业出版社，1988.

[13] 真虹，张婕姝，胡蓉. 物流企业仓储管理与实务 [M]. 3 版. 北京：中国财

富出版社，2015.

［14］王丰. 油库安全技术［M］. 北京：中国石化出版社，1997.

［15］林泽炎. 事故预防实用技术［M］. 北京：科学技术文献出版社，1999.

［16］易建政. 安全技术与管理［D］. 石家庄：军械工程学院，1992.

［17］王丰. 油库消防管理与技术［M］. 北京：中国石化出版社，2000.

［18］中国消防协会. 灭火手册［M］. 上海：上海科学技术出版社，1989.

［19］叶如格. 石油静电［M］. 北京：石油工业出版社，1983.

［20］张继民. 仓储建设与管理［M］. 西安：陕西科学技术出版社，1997.

［21］杨磊，李峰，田艳生. 闭路电视监控系统［M］. 北京：机械工业出版社，2003.

［22］殷德军，张晶明. 安全技术防范原理、设备与工程系统［M］. 北京：电子工业出版社，2001.

［23］杜吉宗. 仓库安全［M］. 西安：陕西人民教育出版社，1992.

［24］王丰. 油库安全行为管理［M］. 北京：中国石化出版社，2013.

［25］隋鹏程. 安全原理［M］. 北京：化学工业出版社，2005.

［26］周志敏. 雷电防护技术［M］. 北京：中国电力出版社，2016.

［27］吴超. 安全科学方法学［M］. 北京：中国劳动社会保障出版社，2011.

［28］舒中俊. 工业火灾预防与控制［M］. 北京：化学工业出版社，2010.

［29］詹姆斯·G. 昆棣瑞. 火灾学基础［M］. 北京：化学工业出版社，2010.

［30］刘茂. 事故风险分析理论与方法［M］. 北京：北京大学出版社，2011.

［31］邵辉. 安全心理与行为管理［M］. 北京：化学工业出版社，2011.

［32］曹庆仁. 煤矿员工不安全行为管理理论与方法［M］. 北京：经济管理出版社，2011.